UMA HISTÓRIA DA CONQUISTA ESPACIAL

da vinci

EDITOR
Daniel Louzada

TRADUÇÃO
Clóvis Marques

PREPARAÇÃO
Cássio Yamamura

REVISÃO
Marcella Sarubi

CAPA
Maikon Nery

PROJETO GRÁFICO E DIAGRAMAÇÃO
Saavedra Edições

UMA HISTÓRIA DA CONQUISTA ESPACIAL

Dos foguetes nazistas aos astrocapitalistas do *New Space*

Irénée Régnauld
Arnaud Saint-Martin

Clóvis Marques
TRADUÇÃO

da vinci
RIO DE JANEIRO, 2025.

Este livro, traduzido do original francês, foi publicado por La Fabrique Éditions com o título *Une histoire de la conquête spatiale. Des fusées nazies aux astrocapitalistes du New Space.*

IMAGEM DA CAPA
Ilustração de Maikon Nery baseada em ilustração de reparo de nave espacial
(General Dynamics - Divisão Aeroespacial, 9 de fevereiro de 1962).

Primeira edição, outubro de 2025.
Rio de Janeiro, Brasil.

Dados Internacionais de Catalogação na Publicação (CIP)
Vagner Rodolfo da Silva CRB — 8/9410

S157h Saint-Martin, Arnaud

Uma história da conquista espacial: dos foguetes nazistas aos astrocapitalistas do New Space / Arnaud Saint-Martin, Irénée Regnauld; traduzido por Clóvis Marques. - Rio de Janeiro: Da Vinci Livros, 2025.
336 pp.; 16cm x 23cm.

Tradução de: Une histoire de la conquête spatiale - Des fusées nazies aux astrocapitalistes du New Space

Inclui índice.
ISBN 978-65-8497-218-6

1. História. 2. Conquista espacial. I. Regnauld, Irénée.
II. Marques, Clóvis. III. Título.

CDD 900
2025-4179 CDU 94

Índice para catálogo sistemático:
1. História 900
2.História 94

DA VINCI LIVROS
Livraria Leonardo da Vinci
Av. Rio Branco, 185 - subsolo - lojas 2-4
Centro - Rio de Janeiro - RJ - 20040-007
davincilivros@leonardodavinci.com.br
www.davincilivros.com.br
www.leonardodavinci.com.br

INTRODUÇÃO

It's silly, no? When a rocket ship explodes and everybody still wants to fly.[*]

Prince[1]

16 de novembro de 2022, Cabo Canaveral, Flórida. O foguete *Space Launch System* (SLS) da NASA[†] decola ante uma multidão de cem mil a duzentos mil fãs devidamente captados pelas câmeras em seu espaço reservado, depois de uma primeira tentativa abortada no verão e de vários adiamentos. Com 2.608 toneladas distribuídas em 98 metros de altura na decolagem, o SLS é literalmente um monstro, e, durante alguns meses, seria o maior foguete do mundo.[2] Uma verdadeira relíquia da Guerra Fria (como herdeiro dos motores-foguetes e dos propulsores a pólvora do ônibus espacial, aposentado em 2011), ele é uma peça essencial do programa Artemis, que tem como objetivo levar uma tripulação ao solo lunar até 2025 — em várias etapas. Um trampolim para o planeta vermelho, e sobretudo uma evidente resposta ao programa Apollo, de quem Ártemis, filha de Zeus, é irmã gêmea. Por enquanto, contudo, o megafoguete ainda não é tripulado: o único passageiro a bordo da cápsula *Orion* — montada na coifa do foguete (e projetada pela Lockheed Martin) — é um manequim coberto de sensores para medir os

---

* "Não é um absurdo? Um foguete explode e todo mundo ainda quer voar".

† A Administração Nacional de Aeronáutica e Espaço dos Estados Unidos. [N. T.]

efeitos da aceleração na decolagem e da desaceleração na volta à atmosfera, depois de 25 dias de missão no espaço e de um sobrevoo da Lua. A missão inegavelmente assume ares de *remake* de uma sequência que se prolongou durante a década de 1960, tendo como auge os primeiros passos de Neil Armstrong e Edwin "Buzz" Aldrin no astro da deusa Selene, em 21 de julho de 1969.

Podemos, entretanto, distinguir pelo menos três diferenças notáveis que singularizam o atual período. Para começar, a concorrência não é mais a mesma. A China tomou o lugar da URSS, com o programa Chang'e — dublê maléfico do Artemis, aos olhos dos americanos — e um objetivo não menos ambicioso: levar "taikonautas"[*] à Lua em 2029, no octogésimo aniversário da República Popular da China. Segunda diferença: a posição do setor privado[3] — sobretudo nos Estados Unidos, que, além da infinidade de subempreiteiros participando do programa, contavam com a nave *Starship*, da empresa SpaceX, para levar a cabo a missão lunar. Mas a explosão dessa nave durante o voo, no dia 20 de abril de 2023 — data em que ela roubava do SLS o título de maior foguete do mundo — lança dúvidas sobre a confiabilidade da empresa, que poderá ser substituída por concorrentes.[4] De todo modo, a NASA não deve colher sozinha os frutos simbólicos de uma nova epopeia lunar, compartilhando-os com certos protagonistas do *New Space*, nova fase da história da corrida espacial, na qual assistimos ao surgimento de atores privados supostamente incumbidos de dinamizar um setor anquilosado. Terceira diferença: não se trata mais de pisar em solo lunar por alguns momentos — digamos, pela duração de uma partida de golfe[5] —, mas de se instalar nele, construir bases, prospectar metais... em suma, de ir até o fim de um processo que não foi concluído na virada da década de 1970, quando os orçamentos lunares se evaporavam nos Estados Unidos, e de assim relançar, em melancólico elã retrofuturista, uma "conquista" espacial deixada de lado durante muito tempo, para contrariedade de toda uma comunidade de amantes do espaço, cansados de tergiversações e cortes orçamentários. Em 2022, o custo estimado do programa Artemis era de 93 bilhões de dólares (incluídos o SLS

* Em mandarim, *taikong* significa "espaço". A expressão taikonauta foi cunhada na década de 1990 para se referir a tripulantes do programa espacial chinês que então surgia. [N. T.]

e a *Orion*), no período 2012-2025,[6] um pesado compromisso econômico para os Estados Unidos.

Naturalmente, essa leitura da questão espacial apresenta certos limites. A China não é a URSS,[7] e os protagonistas do *New Space* incumbidos de "privatizar" o espaço não são tão novos quanto podem parecer, inscrevendo-se, na verdade, na continuidade de um projeto mercantil iniciado na década de 1960. Em compensação, a ocupação humana do espaço (o "voo tripulado") ainda concentra muito da atenção da imprensa em geral, embora represente apenas a parte não submersa das atividades do nicho astronáutico. Essa distorção ficou patente já no surgimento da NASA em 1958. A "corrida para a Lua" é transformada em espetáculo *pop* por um presidente Kennedy empenhado em demonstrar a supremacia tecnológica e ideológica dos EUA frente à URSS. Os dois blocos se confrontam, assim, num cenário geoestratégico espetacular, ao ritmo das grandes estreias de astronautas e cosmonautas. Simultaneamente, todavia, os astuciosos gênios das forças armadas preparam o roteiro do "holocausto nuclear", promovendo a explosão de bombas atômicas no espaço. E, enquanto todo mundo olha para o céu, os foguetes são muito mais numerosos em terra, prontos para transportar cargas nucleares em direção ao inimigo.

A terminologia reflete fielmente esse paradoxo. Se o leigo diz "foguete", o jargão do setor prefere "lançador", "míssil balístico intercontinental" ou simplesmente "veículo" (supondo que os dois últimos voltem a cair na Terra com bombas). Em meio às designações confusas — recorrendo a quase sinônimos no plano técnico —, o espaço é sempre um lugar de fascínio, ponto de fuga dos anseios de contemplação. Essa representação é, em grande parte, moldada por mitos e lendas incansavelmente reiterados em manuais escolares e *blockbusters* hollywoodianos. Desse modo, embora os foguetes nada mais sejam que mísseis reciclados, o discurso de fascínio persiste. Ditos e proezas dos astronautas, "embaixadores" das agências espaciais (Thomas Pesquet, na versão europeia),[†] fazem eco às narrativas épicas de um Yuri Gagarin e dos astronautas do programa Apollo, cuja função consistia assumidamente em divertir as massas e

† Nascido em 1978, Thomas Pesquet é um astronauta francês formado pela Agência Espacial Europeia em 2010. Participou de missões no espaço a partir de 2016. [N. T.]

construir um consentimento "ao espaço" — qualquer que seja ele, o que quer que se venha a fazer nele.

Logo depois dos primeiros passos na Lua, essa "era espacial", inaugurada com o breve voo do satélite soviético *Sputnik* em 1957, entra, contudo, em uma fase de desencanto e nostalgia crepuscular que as agências espaciais não conseguiriam superar nas décadas seguintes. A meta marciana, postulada pelos estrategistas da conquista do espaço como segunda etapa natural depois da Lua, não inspira mais os dirigentes políticos, voltados para outras prioridades na década de 1970. Os *lobbies* pró-espaço voltam-se para programas mais modestos, apesar de ruinosos, nas imediações da Terra, para manter acesa uma chama a ponto de se apagar. O auge dessa fase é a acoplagem do ônibus espacial à estação espacial Freedom, prelúdio da Estação Espacial Internacional (ISS).

Nesse processo, o espaço consolidou-se como campo relativamente autônomo de organizações e atividades, mas inseparavelmente ligado ao poder político-administrativo e à defesa, empregando milhões de trabalhadores em todo o mundo e constituindo um instrumento de "poder" para Estados que, nesse terreno como em outros, continuam emaranhados na dramaturgia da Guerra Fria. Mas o espaço é também, sobretudo, um mercado que vale hoje dezenas de bilhões de dólares (essencialmente nas telecomunicações), em constante crescimento desde o advento de um regime neoliberal na esfera das tecnologias espaciais, na década de 1980,[8] e da "globalização" ocorrida a partir da queda da URSS.[9] Aproximadamente nos últimos dez anos, primeiro nos Estados Unidos, em seguida onde quer que vigore a *doxa* do astrocapitalismo[10] — o capitalismo no espaço —, a mitologia da "corrida espacial" e, de modo geral, da "conquista" do espaço tem se renovado constantemente ao sabor de um ressurgimento do espírito de empreendimento e da cultura dos pioneiros, encarnados pelos bilionários do Vale do Silício, as *startups* do *New Space* e as indústrias de capital de risco.[11] Projeções e estudos de mercado permitem entrever um mercado de 3 trilhões de dólares por volta de 2050.[12] As fantasias de colônias espaciais e implantação duradoura na Lua e depois em Marte voltaram a empolgar os apreciadores de utopias cósmicas e os mercadores de futuros astrocapitalistas,[13] e assim se revigora o ciclo da crença. Além disso, ele se beneficia de manás proporcionados por governos convencidos de que se trata de um futuro ao mesmo tempo inevitável e desejável.

A repetição desse mote é tanto mais problemática na medida em que hoje, mais do que ontem, o "uso" do espaço, refletindo diretamente o funcionamento das sociedades industriais ditas desenvolvidas, inscreve-se num sistema econômico capitalista cujas contradições internas e externas já são patentes. Da busca de um "planeta B" às pretensões expansionistas e extrativistas que visam os astros (a Lua, os asteroides), passando pela invasão bem mais concreta da órbita terrestre baixa por milhares de satélites de telecomunicações (as "megaconstelações", funcionando em rede), o imaginário espacial permanece prisioneiro de visões do passado. E, inclusive, desvirtua-se completamente, ameaçando no longo prazo a sustentabilidade do meio ambiente espacial, hoje essencial para o acompanhamento dos efeitos das mudanças climáticas, mas cada vez mais cheio de detritos, que podem comprometer o seu acesso. O novo contexto jurídico de regulamentação da infinidade de atividades[14] que tecem a teia desse astrocapitalismo — especialmente a Lei do Espaço (SPACE Act) promulgada em 2015 pela administração Obama — reflete a politização do espaço, numa sequência histórica na qual fica claro que ele será entregue aos apetites de indústrias em busca de novos escoadouros econômicos.[15]

Este livro propõe uma tese geral: a história do espaço é a afirmação progressiva de um paradigma, o paradigma da "conquista". Ele surge na década de 1930, com atividades dispersas de grupos de engenheiros. Em seguida, consolida-se na experiência da pesquisa militar, durante a Segunda Guerra Mundial, e vem a se estabilizar nas décadas subsequentes, sob a forma de um regime organizacional de tecnologias de larga escala (a "*Big Science*") durante a Guerra Fria. Por fim, complexifica-se por agregação de novas sequências que não alteram esse curso. Naturalmente, esse paradigma é apropriado e construído de maneiras diversas em função da época, dos países e das "astroculturas" (que correspondem a construções simbólicas do "espaço"), mas nem por isso deixa de ter características que transcendem as variações locais, sejam técnicas, políticas ou culturais. Esse encaminhamento não é totalmente linear, mas é linear o bastante para permitir uma cronologia ao longo de cerca de um século.[16] As sequências são cumulativas, superpondo camadas de organizações e tradições técnicas e sempre ampliando os possíveis usos do espaço: prestígio, vigilância, comércio e telecomunicações, ciência etc. O paradigma da conquista espacial estrutura imaginários sociotécnicos[17] e maneiras de fazer as coisas.

As tecnologias espaciais fascinam, às vezes a ponto de ofuscar a visão. E, como se aplicam num meio tão singular, desfrutam de uma espécie de excepcionalismo. Com isso, raras vozes levantam-se contra a devastação que causam:[18] a conquista do espaço é antes de tudo uma história de apaixonados; uma narrativa intolerante à crítica. É construída, justamente, de modo a absorvê-la, com o objetivo de estimular mais paixão ainda — à imagem do mito da conquista do Oeste, idealmente recodificado para a era espacial, com a troca das grandes planícies pela Lua ou Marte.

A conquista espacial é também um lugar-comum, um reflexo semântico. Parece difícil e mesmo impertinente distanciar-se da expressão quando se fala do espaço, pois ela traduz com muita propriedade o que se quer dizer: alargar fronteiras, ouvir o ronco dos motores-foguetes e conversar com as estrelas. Por isso, não será encarado, aqui, como um conceito analítico neutro, mobilizado para entender uma história centenária, e sim como um preconceito cultural que analisaremos em seus usos e realidades. Isso se faz tanto mais necessário porque essa noção esconde uma armadilha, e é o que constatamos na realidade prática: muitos atores da comunidade espacial consideram que, a essa altura, o imaginário da conquista deve ser banido do vocabulário da astronáutica, pois resumiria uma atitude predadora, historicamente ultrapassada. É um problema análogo ao do conceito não menos polêmico de "colonização", não raro associado ao de conquista. Sem por isso se desviarem desse objetivo, dirigentes e comentaristas mantêm as aparências recorrendo a outras conceituações, como exploração, aventura e mesmo cooperação e diplomacia espacial internacional, ou ainda espírito de descoberta. Mas o que foi recalcado na Guerra Fria continua a se manifestar por trás desses termos. Desde a década de 2010, a imagística em *technicolor* da corrida espacial vem sendo atualizada, na era da "nova" corrida espacial[19] — especialmente o confronto entre a China e os Estados Unidos, que beneficia, antes de mais nada, os incitadores da guerra e as corporações do complexo industrial-militar. Desse ponto de vista, a conquista espacial efetivamente prossegue. As potências espaciais secundárias não teriam alternativa senão acompanhar o movimento, sem dispor de meios de alterar o roteiro — roteiro esse que ainda se ampliou nos últimos anos, com as especulações sobre o "ressurgimento" da era espacial[20] e sobretudo a militância e as ambições cósmicas dos empreendedores privados do *New Space*, entre os quais Elon Musk e Jeff

Bezos fazem figura de ícones públicos.[21] Tudo isso faz parte do fascínio, da empolgação, e quem não quiser contribuir para a precipitação cega no espaço é prontamente desqualificado, pois significaria ir de encontro ao curso da história e ao devir cósmico da humanidade.[22]

Contrariando a história clássica das tecnologias espaciais, escrita por e para convertidos, a trama que propomos adota um enfoque político global. Vamos expor uma série de fatos comprovados nas pesquisas históricas recentes, mas não raro ignorados pela história das "questões espaciais" — não sem motivo, pois ainda há pouco esses fatos com frequência eram considerados "segredo militar", ou então confidenciais, por envolverem sigilo industrial. Para isso, documentaremos e sintetizaremos *as* histórias espaciais, passando por dados biográficos, a história dos programas de maior destaque e de outros que passaram despercebidos. Esse trabalho permite desvendar o curso dos acontecimentos, como se raspássemos um palimpsesto: um pergaminho de camadas superpostas de escrita que encobrem a profundidade histórica dos fatos. É justamente a continuidade que nos empenharemos em revelar. Desse modo, um papel importante é conferido, no livro, às fontes consultadas, dando ao leitor a possibilidade de aprofundar sua própria investigação: outras publicações documentaram de maneira mais precisa alguns desses detalhes, em campos tão diversos quanto a astrocultura, a espionagem e a conquista de Marte.

A história aqui esboçada permite enfocar esse paradigma da conquista do espaço por um ângulo crítico, desconstruir os discursos de fascínio e reconstruir as dinâmicas de fabricação de uma suposta evidência espacial moldada segundo as narrativas utópicas de ficção científica. Nesse sentido, veremos que os "sonhos" da astronáutica nada têm de universal ou de certo: não só não beneficiam igualmente a todos como ainda, na maioria dos casos, sequer se concretizam, a exemplo da conquista de Marte. Os argumentos de sustentação dessa evidência espacial, oferecidos numa bandeja pelos porta-vozes das organizações e *lobbies* do campo da astronáutica (o espaço seria o espírito de aventura, e/ou a ciência, e/ou o crescimento ilimitado, ou uma busca espiritual etc.), muitas vezes não fazem sentido e acabam aceitos por conta de mal-entendidos persistentes e narrativas truncadas. Para atestá-lo é necessário interromper o ciclo da crença, tão exacerbado no caso dos voos tripulados, cuja indústria estimula as comunidades de entusiastas que alegam ter disposição de sacrificar a própria vida pela conquista do cosmo.

Nesse empenho, assumimos um certo viés na direção da história da conquista em suas versões estadunidense, soviética e depois russa e, em menor medida, francesa e chinesa. Perfeitamente conscientes dos efeitos mais recentes da globalização no terreno da astronáutica e do surgimento de potências espaciais menores, nem por isso deixamos de constatar que a ideia de conquista se enraizou nessas zonas geográficas por motivos tanto culturais como históricos. Mas também há o fator econômico: o orçamento da principal agência espacial mundial, a NASA, supera de longe, cumulativamente, o total de fundos mobilizados por todos os outros países que têm o espaço como horizonte simbólico, militar ou científico. Do mesmo modo, os Estados Unidos e a URSS são os países que foram mais longe na estruturação das representações do meio espacial, recorrendo à cultura *pop*, à propaganda e a toda uma série de estratégias destinadas a afirmar uma visão hegemônica do espaço.

O espaço da nossa prospecção é delimitado em cinco capítulos. O primeiro propõe uma reavaliação da proto-história sombria e vergonhosa da era espacial. Tecnicamente, a conquista do espaço nasceu na Alemanha nazista, o que não é um mero acidente histórico. Essas fundações, apesar de conhecidas pelos especialistas, e com menor frequência pelos leigos, são muito pouco expostas nas obras sobre o espaço. Por esses motivos, dedicamos o início do livro exclusivamente a esse período. As pesquisas pioneiras dos engenheiros do III Reich firmaram os esteios de uma tecnologia decisiva para o acesso ao espaço extra-atmosférico: os foguetes *V-2*, produzidos em série na fábrica Mittelwerk, integrante do complexo de campos de concentração de Dora-Nordhausen. Criou-se assim uma certa matriz organizacional da astronáutica, que prosperaria depois da guerra nos Estados Unidos, na URSS, na Inglaterra e na França.

O segundo capítulo adota uma perspectiva crítica em relação aos discursos e técnicas de naturalização da conquista do espaço. Esse papel foi desempenhado pela astrocultura: apresentar o espaço como destino final e incontornável da humanidade, derradeira etapa de sua evolução. A ideia não surgiu do nada. Antes de conquistar materialmente o espaço, foi necessário conquistar as mentes. Condicioná-las por meio de toda uma série de estratagemas e construções simbólicas, prepará-las para os sacrifícios e esforços econômicos consideráveis empreendidos em seu nome. Seja pelas narrativas de ficção científica, a influência do *marketing*, as diferentes formas de entretenimento, a projeção na figura emblemática do astronauta ou o uso da ciência, não faltam aos empreendedores da causa espacial materiais para justificar a pertinência de seus objetivos, com o risco de tomar seus sonhos pela realidade ou descambar para a manipulação.

O terceiro capítulo rompe com esse discurso de encantamento, frisando implicitamente a que ponto ele serve de diversão e oculta num "mundo fechado" os usos militares do espaço com fins de conquista e hegemonia.[23] A militarização do meio espacial ocorre desde o início e se inscreve na história dos mísseis-foguetes. No fim da Segunda Guerra Mundial, está intimamente ligada à militarização da arma nuclear. Projetos dos mais devastadores foram concebidos e testados no auge da Guerra Fria, testes nucleares em grande altitude com disparos de mísseis antissatélites. Simultaneamente, os satélites espiões alimentavam a paranoia reinante. Neste início do século XXI, ainda são feitos gastos militares substanciais com sistemas espaciais. A intensificação de manobras em órbita terrestre baixa — inclusive durante conflitos armados, com participação de empresas privadas (Starlink) — assim como as projeções imperialistas em relação à Lua ou a Marte justificam ainda mais a consolidação das defesas espaciais, como no caso da Força Espacial (US Space Force), criada em 2019 nos Estados Unidos.

O quarto capítulo analisa os mecanismos de conquista dos mercados do espaço. O astrocapitalismo contemporâneo radicaliza um processo de longo curso, pelo qual o espaço foi progressivamente posto a serviço do mercado. Essa economia desenvolve-se sob controle dos Estados, baseado em promessas não raro distantes da realidade. Basta mencionar a prospecção de uma hipotética economia marciana e os sítios virtuais de extração mineral nos asteroides. Em termos comparativos, o mercado de telecomunicações por satélite, em crescimento à medida que se multiplicam os projetos de "megaconstelações", é muito mais lucrativo. Desse ponto de vista, o progresso do *New Space* representa não tanto uma ruptura, mas uma mudança de direção, e, de qualquer maneira, um endurecimento da ideologia capitalista no espaço. Além da dimensão propriamente econômica, trata-se igualmente de um sistema de crenças, de uma astrocultura que amplia com seus códigos próprios a *doxa* do mercado, ao mesmo tempo reavivando um imaginário surgido na década de 1970, num momento em que já se manifestava a ideia de "livre empresa" espacializada. Embora devamos nos abster de antecipar o futuro desse astrocapitalismo, temos de constatar que seu desenvolvimento é sobredeterminado pelas forças do capital planetário.

O quinto e último capítulo, contudo, tentará identificar outras construções do espaço que não dependam do discurso da conquista. Esses outros espaços possíveis foram pensados no alvorecer da era espacial e se mantiveram teóricos, fictícios, porém não menos perseverantes nos imaginários sociotécnico, político e cultural do espaço. Nosso objetivo não é despertar um improvável espírito de utopia cósmica, mas enriquecer o repertório de construções sociais do espaço e assim, por contraste, levar a cabo um processo de estranhamento em relação à narrativa dominante.

I

O "MAL NECESSÁRIO": AS RAÍZES NAZISTAS DA ASTRONÁUTICA NA USINA DE PEENEMÜNDE

Cientistas, técnicos e engenheiros tiveram mais sorte [que os carrascos dos campos de concentração]. Têm menos sangue nas mãos. É a aristocracia do mal. Eles têm a possibilidade miraculosa de negociar a própria vida: suas pesquisas sobre as armas revolucionárias. A cada um, o seu viático.

Jean Michel,
Dora, Dans l'enfer du camp de concentration où les savants nazis préparaient la conquête de l'espace.[1]

Em termos esquemáticos, a cronologia da conquista espacial é conhecida. Algumas etapas importantes são incansavelmente lembradas para ilustrar um início em grande pompa, simultâneo ao da Guerra Fria: o primeiro satélite (soviético), *Sputnik*, é posto em órbita em 1957, ponto de partida da "era espacial". O *Sputnik* também assinala o começo da série de "grandes estreias", que têm prosseguimento contra o pano de fundo do confronto Leste-Oeste: primeiro animal no espaço (a cadela Laika, que morre sete horas depois do lançamento, 1957); primeiro homem (Gagarin, 1961); primeira mulher (Valentina Terechkova, 1963); primeira incursão fora do veículo no espaço (Leonov, 1965), até chegar aos primeiros passos na Lua, a 21 de julho de 1969, fim do parêntese histórico da "corrida ao espaço", vencida pelos americanos com o programa Apollo. Na continuação, assiste-se a um desfile de bases orbitais soviéticas e americanas, ônibus espaciais e uma infinidade de programas infalivelmente ilustrados em toda boa história do espaço, com fotos de engenheiros, astronautas e outras imagens e descrições técnicas de equipamentos diversos, criando em seu conjunto a iconografia de um setor à parte. Em compensação, não vemos tão frequentemente mencionadas as origens mais profundas da astronáutica, aquelas que permitiram sua manifestação material, industrial e organizacional na era nazista. Este primeiro capítulo tentará sintetizar essa etapa inicial, que se prolonga em várias décadas, mas cuja menção é escamoteada pelo programa Apollo, que, embora muito mais fotogênico, é verdade, ainda se inscreve plenamente nela.[2]

A contribuição dos engenheiros do III Reich para a conquista do espaço é decisiva e incontornável. A simples menção de certos nomes permite relembrar a sequência: Wernher von Braun (1912-1977) e Walter Dornberger (1895-1980), que desenvolveram os primeiros mísseis *V-2* para Hitler, transferiram-se clandestinamente para os Estados Unidos, a partir de 1955, com 118 outros engenheiros,[3] no contexto da operação *Overcast* (mais tarde *Paperclip*).[4] Na França, tivemos Karl-Heinz "Henri" Bringer (1908-1999), pai dos motores *Viking* do foguete "francês" *Ariane*, criados no Laboratório de Pesquisas Balísticas e Aerodinâmicas (LRBA) de Vernon, no departamento do Eure, na Normandia. Até hoje, uma rua leva seu nome no município de Saint-Marcel, mas isso já é um detalhe;

nas publicações sobre o espaço destinadas ao grande público, a reciclagem de nazistas em direção ao que viria a ser a NASA — e outras agências ou futuras agências espaciais — é, na melhor das hipóteses, uma pequena informação acessória que não deve ser ocultada, a bem do decoro histórico, e, na pior, um "mal necessário" que tornou possíveis as etapas seguintes da conquista do espaço, da Lua e além.[5]

O fato, no entanto, é que esses indivíduos lançaram as bases essenciais da tecnologia espacial. Não apenas suas competências foram transferidas no pós-guerra para os Estados Unidos, a URSS, a França, o Reino Unido e outros países, mas também uma organização material, social e política da produção de armas de agressão. Trata-se de uma organização nascida na ilha de Usedom, no mar Báltico, onde, já na década de 1930, se instala, sob a proteção do Exército, um centro de pesquisa e desenvolvimento associado a uma fábrica ultramoderna (e, mais tarde, um campo de concentração): milhares de engenheiros e técnicos reunidos na base secreta de Peenemünde, onde criam as primeiras "bombas voadoras" para atender aos desígnios de um regime político homicida e infame. Eles trabalhavam com conhecimento de causa e não raro com plena convicção, o que os levou a privilegiar métodos criminosos, especialmente a partir de 1943, explorando a mão de obra de trabalhadores forçados vindos dos campos de concentração, a começar pelo de Dora-Mittelbau.

Esses são fatos corroborados desde a década de 1970 em depoimentos de sobreviventes e monografias de historiadores(as) do sistema genocida nazista. Já foram abordados em uma grande variedade de documentários, não raro sensacionalistas e quase sempre deprimentes. Não obstante, essa realidade histórica costuma ser reconstruída, esquecida, senão recalcada. Claro que seria simplista, ou mesmo de um determinismo técnico rudimentar, encarar a gênese da conquista espacial exclusivamente à luz dessa sequência fundadora.[6] Mas é um esforço necessário, no mínimo, para nuançar uma narrativa dominante cujos protagonistas, no fim das contas, seriam apenas alguns engenheiros obcecados com as promessas da viagem interplanetária, que só teriam participado do empreendimento nazista contra a vontade: uma linha de defesa rapidamente adotada pelos "especialistas"[7] que tentaram controlar a narrativa. Essa linha, contudo, adequou-se perfeitamente a uma certa organização da pesquisa balística necessária para a criação dos mísseis em Peenemünde, sob a guarda do

Exército e da SS. Segundo o próprio general Walter Dornberger, encarregado do programa de pesquisa sobre mísseis da Wehrmacht,* "o desenvolvimento de foguetes movidos a carburante líquido só seria possível passando previamente pela etapa da pesquisa militar".[8]

É um legado incômodo, moralmente embaraçoso, mas todos reconhecem que as realizações técnicas do grupo de especialistas aceleraram consideravelmente o acesso ao espaço extra-atmosférico. Essa conquista ariana do espaço, e particularmente seu ponto de partida em Peenemünde, são uma matriz do que caberia identificar como a "*Big Science*"[9] — a ciência fortemente escorada em investimentos governamentais — que durante toda a Guerra Fria teria trânsito livre nas instituições da tecnologia ocidental.

Peenemünde, ou a pesquisa de mísseis em cadência militar

Foi em Peenemünde, assim, num centro de pesquisa militar no litoral do mar Báltico, que mais rapidamente se sucederam os avanços da engenharia dos mísseis balísticos, entre 1936 e 1945.[10] Entre as duas guerras mundiais, as pesquisas já provocam entusiasmo em grupos de indivíduos apaixonados[11] — em geral relativamente isolados, a exemplo do professor de física aplicada Robert Goddard, da Universidade Clarke, nos Estados Unidos. Na Alemanha, eles se reúnem em associações como a Sociedade pela Navegação Espacial (Verein für Raumschiffahrt, ou VfR), ativa de 1927 a 1934, ao mesmo tempo em que a moda da viagem interplanetária se vulgariza, graças aos escritos tecno-futuristas de Hermann Oberth ou a filmes como *A mulher na Lua* (1929), de Fritz Lang.[12] Dominam dessa forma a experimentação e a improvisação, em práticas embrionárias e pouco estruturadas, masculinas e perigosas.[13]

Essas pesquisas atraem o interesse de oficiais e engenheiros militares na URSS e na Alemanha. Nesta, sua curiosidade é motivada, por volta de 1930, pelos testes com mísseis balísticos dos amadores da VfR. O potencial

* A "força de defesa", ou as Forças Armadas da Alemanha do III Reich, compreendendo o *Heer* (Exército), a *Kriegsmarine* (Marinha) e a *Luftwaffe* (Força Aérea). [N. T.]

estratégico é evidente. O objetivo da Wehrmacht e da Luftwaffe é dispor de sistemas de armas, como por exemplo mísseis guiados, para conduzir as missões de maneira autônoma.[14] Na gama de mísseis desenvolvidos e testados a partir de 1939, o mais conhecido é o *A4* (*Aggregat 4*), rebatizado como "*V-2*" (armas de vingança ou punição) pela propaganda nazista depois de anos de desenvolvimento mais ou menos irregular.

Os engenheiros civis recrutados pelo Exército, a começar pelo mais conhecido, Wernher von Braun, têm uma só missão: desenvolver essas armas.[15] Peenemünde — codinome Heimat-Artillerie-Park — ainda não é uma base espacial propriamente dita, mas um centro de pesquisa técnica associado a uma fábrica de armamento sob controle militar. Embora no início se mostrem céticos e mais adiante exasperados com os repetidos atrasos e fracassos dos mísseis, Hitler e os chefes de guerra do III Reich acabam por transformá-los em potencial arma fatal ou miraculosa — uma "*Wunderwaffe*" ("arma milagrosa") — para a vitória contra os Aliados, quando finalmente os dispositivos são considerados funcionais. Em 3 de outubro de 1942, um míssil *A4* — foguete movido a propelente líquido, 14 metros, 12-14 toneladas na decolagem, mais de 300 quilômetros de alcance, para uma capacidade de carga de uma tonelada — atinge 80 quilômetros de altitude, finalmente permitindo contemplar ataques à distância.

O alto investimento se traduz em infraestruturas e logística ultramodernas. Peenemünde é um componente do vasto sistema de indústrias alemãs de armamento que se dissemina pela Europa,[16] dependente do sistema concentracionário. Trabalham na base entre 4 mil e 5 mil engenheiros, 1,3 mil cientistas, técnicos e operários alemães, concentrados na aplicação do programa balístico. Mas os engenheiros-chefes, sobretudo, exploram o trabalho forçado de mil prisioneiros poloneses, em 1940, e mais tarde de outros trabalhadores forçados, italianos ou franceses. No início, a exploração dessa mão de obra escravizada não envolve a fabricação das armas, sob estrito regime de segredo militar; mas a decisão de Hitler de aumentar a produção — seu sonho era fabricar dois mil mísseis por mês — altera as condições da operação. No fim de 1942, ela é controlada por Albert Speer, ministro do Armamento. Em julho de 1943, ele convida von Braun e Dornberger a um quartel-general de Hitler para uma apresentação do programa. Em suas memórias, Speer observa que von Braun cumpre a obrigação com entusiasmo e enriquece a demonstração com um filme em cores mostrando uma decolagem do *A4*: Hitler fica tão impressionado com as possibilidades da arma quanto com o brilhantismo e a precocidade do diretor técnico de Peenemünde, por ele comparado a Alexandre, o Grande, e Napoleão.[17]

Arthur Rudolph (1906-1996), o engenheiro-chefe responsável pela usina de produção, próximo de von Braun, se entusiasma por sua vez com a ideia de dispor de mão de obra tecnicamente qualificada e previamente "selecionada" pela SS* nos campos de concentração, como já acontece no caso das fábricas da aviação militar. Em 1943, cerca de três mil trabalhadores forçados, originários dos campos de Mauthausen e Buchenwald, lhe são "entregues" e postos à disposição nas linhas de montagem de um dos prédios da fábrica de Peenemünde.[18] A fiscalização desses trabalhadores fica a cargo dos soldados da SS, com a previsível brutalidade (humilhações, violências, execuções), sem que os engenheiros responsáveis pelo programa de mísseis — colaborando com o Ministério do Armamento e a SS — achem necessário intervir, pois assim é possível cumprir as metas do Führer.[19]

Na noite de 17 para 18 de agosto de 1943, um ataque da força aérea britânica, a Royal Air Force (RAF), devasta alojamentos, danifica a fábrica, mata 178 integrantes do pessoal alemão e entre 500 e 600 trabalhadores forçados estrangeiros. Decide-se então transferir a fábrica para Nordhausen, na Turíngia (estado do centro-leste da Alemanha). As bombas voadoras *A1* (*V-1*)[20] e os mísseis *A4* seriam fabricados nas instalações subterrâneas da empresa estatal Mittelwerk GmbH (fundada com esse fim específico), perto do campo de Dora-Mittelbau, a cerca de 40 quilômetros de Buchenwald, ao qual está vinculada inicialmente a fábrica-campo de Dora. As cadências são tão infernais no túnel de Dora quanto em Peenemünde, e as condições de "trabalho", cada vez mais infames. Seriam descritas com precisão, anos depois, por sobreviventes e historiadores do Holocausto.†[21] Essas diferentes fontes, apuradas e aprofundadas desde os anos 1970, não

* *Schutztaffel*, ou "tropa de proteção": organização paramilitar ligada ao Partido Nacional-Socialista dos Trabalhadores Alemães (NSDAP, o partido nazista) e incumbida da segurança, da vigilância e do terror no país e, depois, nos territórios conquistados durante a Segunda Guerra Mundial. [N. T.]

† Ou *Shoah*, em hebraico: o genocídio de milhões de judeus, principalmente, pelo regime nazista. [N. T.]

deixam a menor dúvida quanto à atrocidade das condições de sobrevivência nas entranhas das montanhas de Harz, onde as fábricas foram instaladas, para fugir ao alcance dos bombardeios aliados.[22] Os oficiais da administração desses campos e seus suplentes civis têm perfeita consciência da situação, a começar pelos engenheiros de Peenemünde, em particular Rudolph (encarregado por Himmler de supervisionar os trabalhos nas galerias subterrâneas), von Braun e seu irmão Magnus (um nazista convicto). Eles devem se conformar com a "qualidade" da mão de obra fornecida e conciliá-la a suas exigências: a construção e montagem dos *V-2* requer certas aptidões técnicas e uma seleção compatível de "recursos humanos", a serem tratados com um pouco mais de cuidado que os forçados habituais — embora as condições de trabalho sejam igualmente desumanas.[23] Os prisioneiros são mandados para o complexo dos campos de Dora-Nordhausen para morrer: lá encontraram a morte 20 mil deles, dos quais pelo menos 10 mil estavam associados à produção dos *A4/V-2*.[24] Não obstante os desmentidos posteriores, é inconcebível que os responsáveis pelo programa dos *V-2* não estivessem no mínimo informados das implacáveis condições de exploração dos forçados do túnel. E por sinal já haviam observado suas primícias na fábrica de Peenemünde.

Em agosto de 1944, o *Gruppenführer* da Waffen-ss* Hans Kammler é escolhido por Himmler para substituir o general Dornberger, com o objetivo de industrializar a produção em massa e contribuir para a esperada mobilização no teatro de operações, depois de supervisionar a construção da fábrica em condições homicidas. O dr. Kammler, engenheiro civil obcecado com organização racional, tecnologia e modernização dos processos de produção, é um criminoso de guerra fanático da pior espécie.[25] Pouco antes de chegar a Dora, supervisionou a construção de campos de concentração e extermínio, especialmente o de Auschwitz-Birkenau.[26]

No dia 8 de setembro de 1944, um primeiro *V-2* é lançado contra Paris, das Ardenas belgas. Aterrissa em Maisons-Alfort, depois de percorrer uma trajetória balística perfeita. Resultado: 6 mortos, 36 feridos e estragos consideráveis. No mesmo dia, outro *V-2* atinge Londres. Esses testes são considerados animadores. Seguem-se campanhas intensas (cerca de 4 mil

---

* Um comandante de pelotão (*Gruppenführer*) da seção militarizada (*waffe* = arma) da organização. [N. T.]

mísseis disparados, num total de 6.175 mísseis fabricados, dos quais 5.975 nas instalações da Mittelwerk em Dora-Nordhausen)[27] tendo como alvo Londres e Anvers. O balanço não é exatamente concludente. Mais que o número de vítimas ou a gravidade dos estragos, o que se visa é o impacto moral e psicológico. Globalmente, os ataques de *V-2*, imprecisos e infinitamente menos destrutivos que os dos bombardeiros, não se revelaram à altura das expectativas dos estrategistas nazistas,[28] tendo causado mais mortes em Dora do que entre os aliados.

No início de 1945, quando tudo leva a crer que o III Reich perdeu a guerra, os engenheiros de Peenemünde avaliam suas opções. A produção de *V-2* na Mittelwerk é interrompida em março, por falta de matérias-primas. No dia 1º de abril, a fábrica de Mittelwerk é evacuada, 500 engenheiros são transferidos para uma base secreta nos Alpes bávaros. A equipe de especialistas agora é objeto de cobiça fora da Alemanha. Um grupo é formado em torno de Dornberger e von Braun, que decidem entregar-se ao exército americano no fim de 1944-início de 1945. Conseguindo se safar graças ao Escritório de Serviços Estratégicos (Office of Strategic Services — OSS), no contexto da operação clandestina *Overcast/Paperclip*, depois de longos interrogatórios, e tendo como trunfo a abundante documentação técnica em seu poder, os engenheiros de Hitler levariam suas pesquisas adiante trabalhando para o Exército americano.[29]

Detidos nas bases militares vizinhas de White Sands e Fort Bliss, no deserto do Novo México, eles testam e contribuem para aperfeiçoar uma centena de *V-2* resgatados pelos militares americanos. Cooperam com os engenheiros da General Electric no programa Hermes, destinado a dominar e reproduzir a tecnologia dos *V-2*, e a partir de 1946 participam das experiências dos físicos e astrônomos que estudam a alta atmosfera atravessada pelos mísseis-foguetes.[30]

Entre agosto e dezembro de 1947, no tribunal militar de Dachau, a justiça militar americana promove o julgamento de Dora, tendo como réus cerca de 20 dos SS e *Kapos*,[†] entre eles Georg Rickhey, engenheiro

† *Kapos*, nome vulgar dos *Funktionshäftling* (supervisores de função), eram prisioneiros obrigados a supervisionar o trabalho dos demais nos campos de concentração ou cumprir tarefas administrativas. Jogados contra os demais prisioneiros, gozavam de privilégios e eram ameaçados de degradação à condição anterior em caso de desobediência. [N. T.]

e diretor da Mittelwerk GmbH a partir de abril de 1944, encarregado de supervisionar a construção dos *V-1* e *V-2*; deportado para Ohio em 1945, na operação *Paperclip*, ele é afinal absolvido e mandado de volta ao seu país. Nem Dornberger nem von Braun foram julgados, mas apenas interrogados como testemunhas. A essa altura, os dois já estavam profundamente envolvidos no desenvolvimento dos mísseis balísticos intercontinentais (ICBM) da Força Aérea dos Estados Unidos, a US Air Force (USAF) — um prolongamento direto das pesquisas embrionárias que efetuaram a partir de 1940 em torno do *A9/A10*, versão intercontinental do *A-4* alada, tripulada por um piloto, e desenvolvida no contexto do *Amerika Projekt*, em 1944, para atingir... Nova York.[31]

Engenheiros simpatizantes do III Reich em Peenemünde

As atrocidades cometidas na fábrica Mittelwerk e as milhares de vítimas civis dos bombardeios com os *V-2* são fatos atestados que constituem uma das tramas da história dos engenheiros e técnicos de Peenemünde. Essas realidades já eram comentadas logo depois de 1945. A imagem pública de von Braun já era contraditória, entre admiração e incômodo, inclusive na imprensa francesa.[32] Os veteranos de Peenemünde empenharam-se, assim, em controlar a narrativa pública, para não serem confrontados com os próprios atos nem processados por crimes de guerra.

Um dos "*peenemünders*", Walter Dornberger, publica em 1952 sua versão dos fatos.[33] A contextualização é simplista e distorcida: o míssil *A-4* era inicialmente um foguete espacial, ou mesmo simples "laboratório voador",[34] e os engenheiros do centro de "pesquisa e desenvolvimento" incumbidos de transformá-lo em arma (*V-2*) tinham como meta a Lua, e não populações civis a serem aniquiladas. É semelhante a postura de Wernher von Braun, que, depois da guerra, não se cansaria de repetir que foi detido pela Gestapo em 1944 e acusado de traição, querendo dar mostra de um sentimento antinazista amplamente desmentido pelos fatos.[35] Por esses relatos, a única motivação dos programas nazistas seria conquistar as estrelas. Um objetivo apolítico e elevado, surgido muito antes da guerra. Disciplinados e patrióticos, eles não tiveram alternativa senão se pôr a serviço do Exército alemão. Obedeciam a ordens e tratavam de se acomodar como podiam com a loucura dos dirigentes da SS e dos Estados-Maiores. Simples executantes, não eram responsáveis pelos crimes de guerra cometidos nos campos de concentração. Seriam, inclusive, heróis modernos, pois no fundo foi graças ao seu empenho que se alcançou em 1942 o espaço extra-atmosférico, pela primeira vez na história. A atividade em Peenemünde não se trataria tanto de pesquisa militar sobre mísseis, mas de um embrião de "*rocket science*" corajosamente desenvolvido contra a vontade da SS;[36] a tecnologia é neutra, os usos a que se destina é que podem ser criticados. Wernher von Braun, Dornberger e todos aqueles que replicaram sua visão romanceada da conquista do espaço frisavam o caráter secreto e intrigante de sua atividade na base, lugar de progresso e inovação sem precedente. Entretanto, essas narrativas de diversionismo e negação — nas quais nunca se fala dos milhares de mortos nos túneis da Mittelwerk, em Londres ou Anvers, onde foram lançados os mísseis *V-2* — escritas nos Estados Unidos, depois da transferência e americanização da tecnologia nazista, não sobrevivem muito tempo à força dos fatos e dos depoimentos de sobreviventes.

As monografias históricas esbarram na falta de documentos e provas que atestem a intensidade do engajamento dos engenheiros no regime — o que abre campo, por sinal, a todo tipo de especulações —, mas os atos permitem esclarecer objetivamente o comportamento dos envolvidos e seu comprometimento com o programa do regime nazista. Os responsáveis pelo centro de Peenemünde são oficiais do exército ou da SS. Dornberger é coronel, depois promovido a major-general da Wehrmacht, sendo feito general durante a guerra.[37] Von Braun, SS desde maio de 1940, é, por sua vez, promovido a comandante em junho do mesmo ano pelo próprio Himmler, durante sua visita a Peenemünde, e mais adiante condecorado — por iniciativa de Speer — com a Cruz de Cavaleiro do Mérito de Guerra com gládios,[38] assim como Dornberger. Esses oficiais são membros do NSDAP, o partido nazista, e, em certos casos, se filiaram muito cedo. Eles e seus subalternos de fato se integram plenamente no sistema nazista e até nas rivalidades entre a Wehrmacht e a SS e nos conflitos internos da SS. Trabalharam num programa militar que serve objetivamente aos fins estratégicos do regime.[39] Cúmplices, alternam entre o banal conformismo da lealdade nacionalista em tempo de guerra, a obediência servil, a convicção nazista pura e simples e o oportunismo sem escrúpulos.[40] Essas maneiras de servir ao III *Reich* deram continuidade a relações e a um certo *ethos* surgido na década de 1930, que viria a se consolidar no ambiente confinado de uma base de pesquisa militar ideal: o meio de uma elite de especialistas convencidos da grandeza de seu empreendimento e apaixonados por foguetes movidos a propelentes líquidos, cultivando o microcosmo de sua comunidade fechada e partilhando uma história comum.

Claro que a pesquisa sobre os mísseis-foguetes não surgiu do nada em Peenemünde, mas esse centro é um ponto de consolidação de pesquisas preliminares realizadas por numerosos amadores nas décadas de 1920 e 1930. Estavam reunidas as condições de uma "aculturação", para que surgisse a matriz em que Peenemünde se transformou, assim como a lenda desse "paraíso" para os *peenemünders*, que sobreviveriam em outros países depois da guerra.[41]

Transplantes transatlânticos: os *peenemünders* se americanizam no Alabama

Vimos que os especialistas de Peenemünde passam a trabalhar para a Força Aérea americana em bases sob vigilância em Fort Bliss, no Novo México. A transferência de 118 deles, em 1950, para o Arsenal Redstone, perto da cidadezinha de Huntsville, no Alabama, acelera o processo de americanização. Eles se adaptam a um ambiente que não lhes é tão estranho: o transplante vinga. Embora von Braun e equipe ainda se mostrem interessados na aventura espacial, são empregados sobretudo na concepção e desenvolvimento de mísseis teleguiados, particularmente mísseis balísticos intercontinentais, no exato momento em que estoura a Guerra da Coreia. A maioria dos membros do grupo de Peenemünde entra em seguida para a Agência de Mísseis Balísticos do Exército (Army Ballistic Missile Agency — ABMA), criada em 1956 para desenvolver em particular o míssil PGM-11 *Redstone* (de ogiva nuclear) e seus derivados, entre eles o foguete *Jupiter*. Por volta de 1954, von Braun ambiciona converter esse foguete em lançador espacial, para acelerar a corrida ao espaço frente à URSS, mas não consegue a adesão dos oficiais militares, que confiam a missão ao Laboratório de Pesquisas Navais da Marinha, por meio do projeto do lançador *Vanguard*. Ante os fracassos catastróficos da Marinha com o *Vanguard*, o Exército volta atrás, e em 1958 autoriza o grupo de von Braun a testar o foguete *Redstone*, depois da humilhação histórica ante o *Sputnik* soviético. O lançamento do voo em 31 de janeiro de 1958 é um sucesso, pondo em órbita o primeiro (pequeno) satélite dos Estados Unidos (*Explorer-1*). Para os *peenemünders* é a promessa de um apoio mais decidido dos empregadores federais.

A criação da NASA, em 29 de julho de 1958, confirma o surgimento de um programa espacial civil que logo seria dotado de recursos humanos e materiais. O Centro de Voos Espaciais Marshall (George C. Marshall Space Flight Center, MSFC) é criado em setembro de 1960 pelo governo Eisenhower, tendo à frente von Braun. Suas missões principais: um programa espacial tripulado e o desenvolvimento dos primeiros mísseis para o Exército. A lembrança de Peenemünde parece distante, e von Braun, naturalizado em 1955, desdobra-se para fazer valer sua visão da exploração interplanetária. Ao mesmo tempo em que contribui para o desenvolvimento de armas de destruição maciça em plena Guerra Fria, ele preconiza uma missão humana pacífica em direção a Marte num livro (*Project Mars: a Technical Tale* [*Projeto Marte: uma descrição técnica*], 1952) que se pretende técnico, realista e confiável, situando-o entre os primeiros fundadores de organizações pró-espaciais da década de 1950.

Na literatura científica e popular, a interpretação dominante sobre a conquista do espaço é que o recrutamento dos engenheiros alemães representaria uma espécie de "transplante" para um Novo Mundo estranho aos horrores nazistas, provocando não poucos protestos do outro lado do Atlântico. Mas devemos levar em conta certas nuances para entender por que a aclimatação dos antigos profissionais de Peenemünde ocorreu com perfeita naturalidade (tanto para eles como para aqueles que os recrutaram) e por que até hoje só muito marginalmente isso causa estranheza. A adaptação de von Braun e dos outros especialistas se deu sem problemas não só porque a acolhida mostrou-se à altura de suas raras qualificações como também porque uma parte não desprezível dos EUA não tinha na época como se escandalizar com esse aporte humano: o terreno era propício. Longe do velho continente, eles descobrem em 1946 um Estados Unidos que, sob muitos aspectos, não difere do regime nazista: o seu lado sulista, racista, rural, convencido da ideia de uma supremacia da raça branca e cujas leis segregacionistas, por sinal, influenciaram as de Nuremberg em 1935.[42]

A possibilidade de desfrutar do *American way of life* foi uma bênção inesperada para muitos engenheiros que poderiam ter sido levados ao tribunal de Nuremberg por crimes de guerra. A Força Aérea americana transfere para Huntsville, pequena cidade de 16 mil habitantes, a equipe dos 118 especialistas (80% deles tinham sido membros do partido nazista). A principal atividade na região é o cultivo de algodão. A maior parte da população é de afro-americanos, submetidos à segregação. Uma vez instalados, os alemães tratam de mostrar serviço e de se tornar indispensáveis aos novos patrões. Para eles, era óbvia a escolha dos Estados Unidos, país que oferece dinheiro a rodo aos exércitos, no qual a religião do progresso técnico funciona como forte liame cultural e político, e dominado pela Europa "nórdica", a excelência racial dos americanos brancos protestantes (os WASPS — *White-Anglo-Saxon-Protestant*), elite da nação e descendentes dos colonos britânicos. No Alabama, o comunismo não é tolerado e, enfim, é possível começar vida nova: com os EUA, o branco fica ainda mais branco. Além disso, a política de expansão imperialista que define a "fronteira" como objetivo e sua mitologia da conquista colonialista do Oeste "selvagem" — que exterminou os povos ameríndios — inspiram simpatia racista nos conquistadores genocidas do "espaço vital" do leste da Europa.[43]

Von Braun e colegas recriam em Huntsville uma espécie de bolha alemã. Como em Peenemünde, paraíso para os engenheiros e suas famílias, cuja lembrança desperta neles a nostalgia do pós-guerra,[44] um microcosmo germânico aos poucos vai surgindo. Mas, na década de 1950, o clima é pesado no Alabama, o estado mais racista do sul dos Estados Unidos. É o momento em que surge o movimento dos direitos civis,[45] enfrentando crimes, linchamentos e provocações racistas de uma Ku Klux Klan em processo de ressurreição.[46] Essa militância mórbida em nome da liberdade e da nação não causa grande indignação no campo político,[47] no qual republicanos e democratas do Sul, adeptos das chamadas leis segregacionistas de Jim Crow, toleram o grupelho terrorista e até contam com seu apoio.

Antes da transferência dos *peenemünders*, a história das trocas entre os Estados Unidos e a Alemanha envolvia os mesmos meios técnicos, militares, industriais e econômicos que viriam a evoluir durante a Guerra Fria. O modelo industrial e militar de Peenemünde nada tem de especificamente alemão ou nacional-socialista, sendo no máximo uma adaptação de um esquema que já estava em circulação. De fato, o modelo econômico e industrial norte-americano marcou profundamente a mentalidade na República de Weimar. O fordismo como produtivismo e a racionalização do trabalho de inspiração taylorista encarnam uma certa visão desejável da eficácia e do desempenho econômicos, o que desperta entusiasmo na Alemanha.[48] Nas fábricas da Ford Motor Company, na Detroit do período 1910-1920, vigora uma organização autoritária do trabalho produtivo, conjugada à visão política de Henry Ford: uma sociedade moderna movida pelo consumo de massa. As convicções de Ford — conspiracionista, antissemita, racista, nacionalista, ruralista... numa palavra: fascista[49] — e seu fascínio pela grande empresa moderna entram em ressonância com as de Hitler. O ódio exalado por Ford em *The International Jew* (*O judeu internacional* — 1920-1922) teve eco em *Mein Kampf*; Ford apoiou financeiramente o partido nazista já a partir de 1923 e implantou seu negócio na Alemanha, onde era suficientemente admirado para ser homenageado pelo Führer em 1938 com a mais alta condecoração nazista. A contribuição das fábricas alemãs de Ford para a logística nazista (especialmente na produção de caminhões, com utilização de trabalhadores forçados dos campos de concentração) é mais um atestado dessa convergência objetiva. Na época, a empresa de Ford não estava associada ao setor aeroespacial,[50] mas os métodos passam de uma indústria a outra. As linhas de montagem dos *V-1* e *V-2* na fábrica de Peenemünde, racionalizadas pelos métodos fordistas de produção em massa, sob a direção do ministro alemão Speer,[51] são uma das manifestações dessa tendência nas indústrias de armamento.

Encarar a operação *Paperclip* e, de maneira geral, a exploração no pós-guerra da mão de obra alemã ultraqualificada como simples importação para os Estados Unidos seria escamotear a colaboração industrial e tecnológica mais amplamente desenvolvida depois da Primeira Guerra Mundial. Não vamos generalizar para as indústrias alemãs e estadunidenses como um todo,[52] mas certos casos hoje bem conhecidos e particularmente emblemáticos, por dizerem respeito a empresas americanas envolvidas no setor aeroespacial, relativizam a ideia de que o transplante *ad hoc* representaria uma espécie de anomalia histórica.

Isso é o que ilustra a indústria automobilística (Ford e General Motors *via* Opel),[53] mas o exemplo da empresa de informática IBM também é interessante. Entre 1933 e 1945, a companhia esteve longamente a serviço da política eugenista e de controle racial do III Reich. A contribuição "técnica" fornecida por sua filial alemã de Dehomag — cujos diretores eram declaradamente nazistas — foi crucial na execução da Solução Final.* Concessionária de atrocidades, a empresa automatizava o recenseamento das populações internadas nos campos de concentração, fornecendo enorme quantidade de cartões perfurados. Já em 1934, por exemplo, a administração do campo de Dachau dispunha de máquinas IBM em regime de *leasing*. Esses equipamentos também serviram nos campos de extermínio e na assistência ao expansionismo alemão na Europa, especialmente na Polônia, depois da invasão de setembro de 1939. A direção americana da IBM não só se ajustou a essa parceria lucrativa como manifestava certa simpatia pelas realizações nazistas. Durante muito tempo, tais fatos permaneceram relativamente encobertos ou foram simplesmente ignorados, até que o jornalista e historiador Edwin Black os revelasse na virada da década de 2000,[54] enfrentando negativas da IBM que se repetem até hoje. Enquanto isso, milhares de engenheiros e técnicos da Divisão de Sistemas Federais (Federal Systems Division) da IBM eram contratados para trabalhar no programa Apollo, em particular no MSFC de Huntsville, sob a direção de von Braun. Além da infraestrutura informática dos centros da NASA e dos sistemas de guiagem dos lançadores — especialmente do *Saturn*-V-*1*, no programa Apollo —, uma das realizações mais notórias da empresa são os computadores de bordo do módulo lunar (LEM — designando o veículo espacial usado para desembarcar homens na Lua) e do módulo de comando e serviço, ambos usados na assistência aos astronautas durante a alunissagem de julho de 1969. Assim como ainda domina uma concepção apolítica das técnicas neutras, todas essas trocas reafirmam a ideia de que a identidade e os posicionamentos ideológicos de quem dá as ordens não devem ser levados em consideração: os prestadores de serviços limitam-se a atender a encomendas; negócios são negócios.

Esses, portanto, foram os transplantes transatlânticos. Ao contrário do clichê cômodo e tranquilizador segundo o qual os EUA teriam se apropriado

---

* Eufemismo que designa o projeto de eliminação dos judeus, formalizado na reunião da liderança nazista na Conferência de Wannsee, nas proximidades de Berlim, em janeiro de 1942. A expressão original completa era "Solução Final da Questão Judaica". [N. T.]

de um corpo estranho de especialistas, descartando seus membros mais nocivos depois do momento difícil de um casamento de conveniência, estavam reunidas, na verdade, todas as condições para que a introdução do modelo de Peenemünde se realizasse sem obstáculos.

O devir Peenemünde da NASA

A padronização da gestão de programas espaciais é estabelecida na década de 1950. O legado de Peenemünde aclimata-se de diferentes maneiras, de acordo com cada país, mas certas constantes podem ser observadas. Uma matriz se manifesta na intersecção entre a organização da ciência e da tecnologia em grande escala, a racionalização industrial dos processos de concepção, desenvolvimento e produção e a disciplina militar. Essa matriz organizacional concretiza-se em espaços confinados, discretos, secretos, aos quais só tem acesso o pessoal credenciado. No Centro Marshall, os engenheiros alemães deparam-se com modos de gestão diferentes. Mas sua influência ainda assim é maciça, de tal maneira que seus modos de organização acabam sendo importados em caráter permanente.

Os centros de pesquisa tecnológica das forças armadas e a Comissão Consultiva Nacional da Aeronáutica (National Advisory Committee for Aeronautics, ou NACA, a agência que antecede a NASA)[55] formam a base de apoio das futuras inovações organizacionais. Os diretores dos programas não partem do nada, pois alguns pioneiros já se dedicam à pesquisa balística nos Estados Unidos, especialmente Robert Goddard, mas a mobilização da Guerra Fria intensifica esse movimento, que aceleraria a criação da NASA em 1958. Centros ligados à agência são criados *ex nihilo*, outros são absorvidos, a exemplo do Laboratório de Propulsão a Jato (Jet Propulsion Laboratory — JPL) de Pasadena.

Em 1960, os cerca de cem membros do grupo de Peenemünde são transferidos para o Centro de Voos Espaciais Marshall (MFSC) da NASA em Huntsville,[56] o que põe fim às rivalidades entre a Aeronáutica e a Marinha.[57] No MSFC, o objetivo seria projetar e desenvolver grandes sistemas de transporte espacial para a NASA. O sucesso do satélite americano *Explorer-1*, em 1º de fevereiro de 1958, meses depois da humilhação causada pelo *Sputnik*, autoriza a seguir em frente. Até então contidos pelos militares e frustrados por não poderem testar seus lançadores *Redstone*, os "especialistas" de Peenemünde americanizados ganham livre trânsito para impor seus planos.[58] No Arsenal de Redstone, em seguida no próprio MFSC, os membros do grupo agora dividem entre si os cargos de direção. No topo da hierarquia, von Braun, diretor do MSFC, assistido por Eberhard Rees, como em Peenemünde desde 1939; Arthur Rudolph, chefe do programa *Saturn-V*; Kurt Debus (até poucos anos antes coronel da SS e considerado um "ardoroso nazista" pelos oficiais dos serviços de informação), diretor do Kennedy Space Center no Cabo Canaveral;[59] além dos ex-*peenemünders* que se transferiram para a indústria. Os engenheiros de Peenemünde pretendem cultivar uma "independência intransigente", sem nada alterar em relação ao funcionamento da antiga base nazista, como frisaria décadas depois o engenheiro Georg von Tiesenhausen (outro ex-*peenemünder*), resumindo a interpretação da equipe de von Braun a respeito da incumbência recebida: "Deem-nos o dinheiro e não se preocupem. Nós faremos o que é necessário".[60]

No início, o MFSC conta com cerca de 4,7 mil empregados. A cultura organizacional *in-house* de Peenemünde é adequada ao sistema dominante nos Estados Unidos, que consiste, em particular, em terceirizar tarefas e contratos firmados com a indústria. O MFSC passa então a colaborar com os grandes protagonistas do "complexo industrial-militar" (Boeing, General Electric, Thiokol, Chrysler, Rocketdyne etc.), instalados em Huntsville.[61] Os gerentes de projeto do centro se empenham em controlar integralmente a força de trabalho. Ao passo que, nos Estados Unidos, o Exército se concentra na concepção, delegando o desenvolvimento e a construção a subempreiteiros, o grupo de Peenemünde procura reproduzir a organização preconizada por Dornberger e von Braun: "*Alles unter einem Dach*" (tudo sob o mesmo teto). Essa abordagem da engenharia, conhecida como "do arsenal", é "conservadora", pois procede etapa por etapa, por consolidações sucessivas de um mesmo sistema num mesmo lugar; enraíza-se na tradição técnica dos engenheiros alemães, que consiste em desenvolver os sistemas internamente de maneira metódica, testá-los até seus limites (inclusive quando um lançador explode, pois isto permite reunir dados úteis para os próximos testes), para propiciar o surgimento de esquemas técnicos resistentes e seguros.[62]

Errar não é uma opção, tratando-se de voos tripulados, e assim os engenheiros oferecem máximas garantias de segurança aos sistemas, observando a estrita disciplina imposta pela direção. O voluntarismo e a confiança na capacidade técnica e na inventividade dos engenheiros prefiguram a cultura técnica e a atitude confiante associada ao programa Apollo.[63]

Essa conquista organizacional é fulminante, mas o centro precisa de um objetivo, pois a finalidade da construção do foguete pesado *Saturn* ainda não está clara, apesar da pressão política de von Braun em favor da instalação de uma base lunar já em 1966. A decisão de John F. Kennedy de levar os americanos à Lua até o fim da década fixa um objetivo no qual os engenheiros finalmente podem se concentrar, de início sem limitação orçamentária, com uma sequência de programas ainda em definição (Mercury, Gemini, Apollo). Marshall é, de longe, o centro mais capacitado da NASA, dispondo de infraestruturas gigantescas, como a área de testes. Esses prédios destinados ao desenvolvimento do *Saturn-V* estão ligados a outros, sobre os quais o centro exerce controle: o centro de montagem de Michoud, a leste de Nova Orleans, e a área de lançamento da base do Cabo Canaveral, recuperada pela NASA depois de anos sob a supervisão da Força Aérea dos EUA (e de testes da equipe de von Braun associada ao Arsenal de Redstone). Em consequência, o número de empregados do Centro de Voos Espaciais Marshall aumenta em 1966 para 22 mil (entre eles os funcionários públicos e prestadores). Embora seja um organismo federal, obrigado a cumprir as normas de dessegregação, o MFSC reflete a situação na região em que se encontra: branco (1% dos empregados são afro-americanos), masculino e elitista.[64] Apesar dos planos de recrutamento de pessoas negras e de minorias na década de 1960, a tendência não é alterada.

A execução do programa Apollo, iniciada em 1961, é vasta e complexa. Conta com cerca de 400 mil pessoas, mas ainda assim os *peenemünders* são exortados a se acostumarem aos poucos à gestão de sistemas que prevalece na indústria militar, habituada a trabalhar para as forças armadas.[65] A gerencialização se intensifica, mas essa etapa de aumento do poder da organização é negociada por engenheiros experientes como Rudolph, encarregado do veículo da conquista lunar, e Debus, nas bases de lançamento da Apollo ligadas às imensas infraestruturas, entre elas o Vehicle Assembly Building (gigantesco prédio de montagem, com altura de

160 metros), onde as unidades do *Saturn-v* são montadas e erguidas com vistas à decolagem. A construção do Centro de Voos Espaciais Marshall tem valor emblemático: ele moderniza uma região ainda contaminada pela segregação e um desenvolvimento agrário marcado pela escravidão.

O MFSC também materializa uma certa visão do *engenheiro-chefe*, além de um incontestável desejo de liderança. É um desejo que se ilustra na celebração de um líder político suficientemente digno de confiança para decidir uma viagem à Lua até 1970. Essa decisão presidencial é um fetiche da história política dos Estados Unidos, objeto de intermináveis exegeses e de um verdadeiro culto entre os nostálgicos de uma época perdida em que os estadistas, corajosos e inspirados, sabiam tomar decisões.[66] A cultura do chefe também toma corpo no Marshall, manifestando-se na reverência ritualizada ao principal diretor, von Braun. Seu antigo chefe, Dornberger, não lhe poupa elogios: "Estou convencido de que ele é o maior representante de uma classe absolutamente nova de homens criativos modernos, reunindo em uma só pessoa as qualidades excepcionais do cientista, do engenheiro, do gestor e do verdadeiro chefe".[67] Essa organização importada da Alemanha encontrou asilo nos Estados Unidos, onde, como vimos, a mentalidade já estava preparada pelo fordismo, no mundo empresarial, e pela banalização da figura do chefe.[68] Ela é descrita por certos observadores como de "ordem feudal",[69] disciplinada, centralizada, tendo no topo, reinando como chefe, um senhor-engenheiro que personifica o programa espacial aos olhos do público, como resume o escritor Norman Mailer: "o verdadeiro engenheiro, o chefe espiritual, o inventor, a força, o filósofo, o gênio! do programa espacial americano".[70] É nesses termos que vem a ser legitimada a ordem hierárquica (com a equipe de Peenemünde nos estratos superiores), e mais precisamente a ordem tecnocrática, que os quadros dirigentes da NASA tratam de realizar na prática por meio do programa Apollo, com vocação para simbolizar a excelência tecnológica, o elitismo da especialização dos engenheiros-chefes e, no fim das contas, a excepcional grandeza dos Estados Unidos.[71] Esses engenheiros devem prestar contas única e exclusivamente de suas conquistas heroicas no espaço, e qualquer "contratempo" (segundo o engenheiro von Tiesenhausen) — até mesmo a obrigação de explicar o custo da conquista da Lua — significa um obstáculo.

Marshall é um nicho ecológico na tradição de Peenemünde, tradição que "penetra"[72] além das instalações permanentes e estruturantes. Antigos integrantes da equipe de Peenemünde progrediram consideravelmente nos Estados Unidos depois de entrarem secretamente para a operação *Paperclip*. Sua influência pode ser observada nas organizações governamentais e nas empresas prestadoras de serviços. Por exemplo, Dornberger vem a se impor na empresa americana de construção aeronáutica Bell Aircraft Corporation, onde ocupou o cargo de vice-presidente e de líder da equipe de cientistas. Inicialmente discreta, depois declarada e por fim exaltada, essa conquista por "penetração" da elite americana caracteriza uma dependência a esse caminho: uma vez legitimada pela razão de Estado, a dominação se impõe por si mesma — pelo menos durante a fase do programa Apollo.

Os *peenemünders* lavados em banho de lua

A clareza dos fatos envolvendo a participação dos especialistas de *Peenemünde* no sinistro empreendimento do III Reich não foi suficiente para lhes criar problemas. Não a todos, de qualquer modo, e certamente não na medida dos seus atos. Em sua maioria, os construtores do programa lunar americano atravessam sem dificuldades o período do pós-guerra — e mesmo boa parte do resto do século XX — para afinal chegarem a uma morte tranquila. Nesse percurso, contaram com a proteção e mesmo a admiração de uma minoria de entusiastas dos voos espaciais e de dirigentes políticos os mais autorizados, todos dispostos a apagar o quadro-negro da história. A ideia de um "mal necessário" desemboca na justificação final da escravização dos prisioneiros dos campos de concentração: a conquista do astro da deusa Selene, um "banho de lua" que pasteuriza o passado.

Durante uma visita de von Braun a Paris em junho de 1967, para receber o Prêmio Galibert de astronáutica em cerimônia no Hotel Lutetia, o "especialista" é lembrado de sua "participação nas brutalidades" de Dora: "O fato de ter adquirido nacionalidade americana não pode de modo algum atenuar a responsabilidade do von Braun hitlerista, hoje a serviço dos responsáveis pela guerra no Vietnã".[73] Nesse mesmo ano, tem início na República Democrática da Alemanha (RDA) um processo contra três torturadores da SS da Mittelwerk. Von Braun é convocado a prestar depoimento em Washington. Nos anos seguintes, seria obrigado a se explicar, apesar da aura de pioneiro da foguetologia. Na Alemanha Oriental[74] da década de 1960, também surgem críticas ao grupo de Peenemünde liderado pelo barão von Braun, homens vendidos aos americanos para dar *prosseguimento* à sua obra fascista.[75] O clima torna-se insustentável. Em 1966, dúvidas são alimentadas por revelações sobre o passado do presidente da República Federal da Alemanha (RFA), Heinrich Lübke. Engenheiro civil em uma empresa de construção, ele trabalhou, sob a autoridade de Speer e do Ministério do Armamento, em importantes obras de ampliação da base de Peenemünde. Nessas obras, empregou-se trabalhadores forçados, como de hábito na época.[76]

Apesar de cada vez mais confrontado com seu passado depois do programa Apollo, von Braun continua intocável. Deixou a NASA em 1972 e passou a emprestar seu talento à construtora aeronáutica Fairchild Industries, em Germantown, no estado de Maryland, promovendo sua visão da exploração humana do espaço por meio do National Space Institute, que fundou em 1974. No dia 23 de março de 1977, membros da Câmara de Representantes conquistados pela sua "grande visão" comemoram os 65 anos de von Braun. Os discursos pronunciados na ocasião são unanimemente elogiosos, deixando transparecer a admiração pelas realizações, a contribuição "vital" ao programa espacial americano e as qualidades pessoais (especialmente espirituais) de um "herói espacial". Nenhuma menção do passado nazista desse "*Great American*" tocado pela graça divina.[77] Morto de câncer aos 65 anos, ele é homenageado pelo presidente Jimmy Carter:

> Para milhões de americanos, o nome de Wernher von Braun estava indissociavelmente ligado à nossa exploração do espaço e à aplicação criativa da tecnologia. Ele não era apenas um engenheiro hábil, mas um homem de visão audaciosa; sua liderança inspiradora contribuiu para mobilizar e sustentar o esforço necessário para chegar à Lua e mais longe. Não só o povo da nossa nação, mas povos de todo o mundo tiraram proveito do seu trabalho. Seu exemplo continuará a nos inspirar.[78]

A morte de von Braun marca o fim de um ciclo e ao mesmo tempo a santificação de uma certa visão da exploração, que seria retomada por outros nas décadas seguintes (ver capítulo II).

No fim da década de 1970, contudo, essa proteção murcha e começam a circular comentários. A linha de defesa dos antigos engenheiros nazistas não variou: não só não tinham escolha em Peenemünde, como seu verdadeiro destino era o espaço. As especulações são as mais variadas, mas é possível chegar a conclusões com base nas confidências posteriores dos engenheiros do grupo. Em entrevista concedida em 1985, Eberhard Rees (1908-1998), braço direito e sucessor de von Braun na direção do MSFC, afirma:

> Vamos ser honestos: em Peenemünde, de modo algum trabalhávamos no campo dos voos espaciais. Trabalhávamos diretamente nos mísseis e mísseis teleguiados, e só em caráter privado falávamos à noite dos voos espaciais. Muitos disseram que éramos muito ativos no terreno dos voos espaciais, mas isso é simplesmente falso.[79]

Ante a conscientização das atrocidades cometidas nas galerias de Mittelbau-Dora, tornou-se insustentável a narrativa de engenheiros espaciais apolíticos.[80] Os sobreviventes falam da sua experiência, fornecendo detalhes crus sobre o envolvimento dos antigos participantes em Peenemünde. É a partir do início da década de 1980 que se intensifica a caçada aos antigos nazistas de Peenemünde. Os alvos são vários engenheiros do grupo de von Braun, atacados proporcionalmente ao seu peso no *establishment* burocrático dos Estados Unidos.

Sem querer esgotar a lista desses personagens, voltemos a algumas figuras mais polêmicas, para compreender melhor até que ponto chegou seu engajamento no regime nazista. Comecemos por Arthur Rudolph. Ele é um dos amadores de foguetes que se reúnem na VfR, a Associação pela Navegação Espacial onde conheceu Valier, Dornberger, Walter Riedel e von Braun. Paralelamente às atividades de engenheiro apaixonado por foguetes, ele adere ao partido nazista em 1931 e, no ano seguinte, à Seção de Assalto (Sturmabteilung, ou SA)* — engajamento que explicaria *a posteriori* por uma suposta preocupação com o declínio da Alemanha e com o comunismo, compreensíveis em um Estados Unidos macartista.

---

* Significando literalmente "destacamento tempestade", a designação se refere às tropas ou seções de assalto do Partido Nazista. Criadas para agitação e pressão política e famosas pela camisa parda do uniforme, tiveram enorme poder ao longo dos anos 1930, mas vieram a ser relegadas pelo regime em favor da SS. [N. T.]

Contribui para as pesquisas sobre os mísseis *Aggregat* e integra em 1937 a equipe de Peenemünde, exercendo funções de orientação e disciplina na fábrica. Depois do ataque da Força Aérea britânica a Peenemünde, em 1943, trabalha na edificação da fábrica subterrânea Mittelwerk, chegando afinal a supervisionar a produção dos *A4/V-2*. Após a visita a outra fábrica sob o mesmo regime, vinculada à SS, ele se entusiasma pela ideia, recomendada pelo Ministério do Armamento, de explorar os trabalhadores forçados dos campos de concentração sob controle da SS.[81] Assiste por vontade própria e ordena aos prisioneiros que assistam a enforcamentos públicos de operários escravizados em Mittelbau-Dora, acusados de sabotagem em relatórios da SS — alguns assinados por ele.[82] Está sempre exigindo mais prisioneiros qualificados, com pleno conhecimento dos maus-tratos praticados nos túneis.[83]

Enviado para os Estados Unidos com outros membros do grupo de Peenemünde, no contexto da operação *Overcast/Paperclip*, Rudolph revelou-se muito útil aos novos empregadores. Os primeiros relatórios dos serviços secretos americanos, que o interrogaram no momento da sua transferência, em 1945, reconhecem: Rudolph é "100% nazista, indivíduo perigoso, uma ameaça para a segurança: deve ser encarcerado".[84] Nos anos seguintes, as avaliações são mais favoráveis. A partir de 1950, seu talento de organizador e responsável por programas o levou a ocupar cargos de direção no Arsenal Redstone e sobretudo de chefe do programa *Saturn-V-1*, a partir de 1963 (sete mil empregados da NASA e vinte mil contratados sob sua coordenação). Essa carreira exemplar de um homem dedicado ao programa espacial americano, naturalizado em 1954, condecorado por serviços excepcionais com medalhas do Exército (1960) e da NASA (1969), avaliado favoravelmente como cidadão leal e dedicado pelo FBI,[85] oculta seu papel em Peenemünde e em Mittelbau-Dora. Tudo isso até que o engenheiro-chefe vem a ser alcançado pelo passado nazista. Em 1982, ele é interrogado pelo Escritório de Investigações Especiais (Office of Special Investigations — OSI) do Departamento de Justiça. A reconstituição é arrasadora, confirmando seu envolvimento "gerencial" no campo de concentração e expondo-o à justiça. Temendo ser julgado pelos crimes de guerra que cometeu, ele assina um acordo com o OSI, abre mão da cidadania americana, deixa o país em 1983 e se estabelece no Canadá, vindo a morrer na Alemanha. Em outubro de 1984, a revelação do passado de Rudolph na imprensa nacional causa grande impacto. Esse passado fora enterrado ao longo de décadas, mas a publicação de memórias de sobreviventes de Dora, como Jean Michel,[86] permite restabelecer aos poucos a conexão entre a produção dos *V-2* e o sistema concentracionário.[87] O engenheiro de Peenemünde é interpelado, assim como o governo dos Estados Unidos, acusado de ceder à tentação maquiavélica de recrutar um "nazista ardoroso", entre outros engenheiros nada frequentáveis, para puxar o tapete dos soviéticos, igualmente interessados por esses recursos humanos. A lenda do programa Apollo é gravemente comprometida, mas em benefício de um entendimento muito mais realista das consequências da matriz de Peenemünde do que as trucagens narrativas de Dornberger, von Braun e outros.

Mas não falta nos Estados Unidos quem apoie Rudolph — como von Braun, morto em 1977 —, além dos antigos membros do grupo de Peenemünde e sua rede de adeptos no *establishment*. Em Huntsville, fala-se de injustiça, a comunidade germano-americana e seus apoiadores se mobilizam. Mas dessa vez a contribuição leal de Rudolph ao Apollo não basta: está sob ataque a honra de uma cidade que se alinhou ao programa espacial, por meio da implantação do Marshall e sua equipe de *peenemünders*.[88] Amigos e colaboradores de Rudolph, alguns temendo serem processados também, não se cansam de clamar sua inocência, entrincheirando-se por trás da narrativa de Dornberger e von Braun: os engenheiros eram servidores apolíticos obrigados pela situação de guerra, "simples executantes" de uma burocracia militar impessoal — como aliás, ao que parece, Adolf Eichmann.[89] Em "*Rocket City*", a acusação contra Rudolph gera uma certa ambivalência, mas o reconhecimento dos serviços prestados acaba levando a melhor: banir Rudolph seria ingratidão, perseguição e mesmo traição frente a um dos mais eminentes engenheiros da NASA que participaram da história do programa espacial americano. A defesa se organiza e seus advogados não hesitam em atacar os investigadores federais do OSI e sua "caça às bruxas".[90] Não caberia imaginar que fosse diferente, tendo em vista a transformação de Huntsville a partir do fim da década de 1950. Os especialistas de Peenemünde contribuíram notavelmente para a vida da comunidade, com a criação em 1954-1955 de uma sociedade local de astronomia (hoje levando o nome de Von Braun Astronomical Society), do U.S. Space & Rocket Center em 1965, por iniciativa de von Braun (o museu é uma ferramenta de propaganda para glorificar seu grupo e suas criações, sem mencionar o campo de Mittelbau-Dora), comemorações anuais da epopeia do programa Apollo, a fundação de uma orquestra sinfônica, de uma igreja luterana etc. Os alemães transferidos para o Alabama fazem parte da paisagem, e seu envolvimento é honrado, por exemplo, com a abertura, em 1975, de um Von Braun Center (que ainda existe).[91] Essas realizações sublimam a lembrança macabra de Dora, inclusive entre os membros da comunidade judaica de Huntsville, que aprenderam a conviver com os antigos carcereiros Mittelbau-Dora. "É algo que não se pode esquecer, mas nós tínhamos o objetivo de chegar à Lua", reconhece o ex-engenheiro da NASA Max Rosenthal, falando ao *Wall Street Journal* em 2004.[92]

"Ele não podia fazer grande coisa para melhorar a situação dos trabalhadores, mas é inconcebível que tenha contribuído para que fossem espancados e passassem fome", declara ao *New York Times* o dr. Krafft Ehricke (1917-1984), que conviveu em Peenemünde com esse "sujeito competente, amistoso, com o qual era agradável trabalhar" — já agora na década de 1950, nos Estados Unidos.[93] As mesmas estratégias de defesa circulam entre os antigos integrantes do grupo de Peenemünde. Mas seus posicionamentos ideológicos desmentem tais inclinações pacifistas. A contribuição de Krafft Ehricke para os sistemas de propulsão é incontestável, assim como seu envolvimento na indústria espacial americana (ao lado, em particular, de Dornberger, na Bell Aircraft, na década de 1950), mas certamente é menos festejada na comunidade espacial que suas visões da colonização do espaço. Seus ensaios de futurologia, que se pretendem rigorosos e tecnicamente confiáveis, propõem a hipótese de um "imperialismo extraterrestre", segundo o qual "o Homem, que representa o ponto avançado da vida terrestre, não tem outra escolha racional senão estender sua base ambiental e seus recursos além da Terra".[94] Os desdobramentos políticos dessa visão tecno-otimista opõem-se radicalmente às perspectivas consideradas declinistas dos militantes do meio ambiente, que passam a despertar maior interesse na opinião pública ao longo da década de 1970. Lyndon LaRouche, eterno candidato à presidência dos Estados Unidos, polêmico em seu conspiracionismo delirante de um extremismo direitista fascizante, é um dos paladinos políticos da visão de Ehricke.[95] Esse e outros da equipe de Peenemünde, como Konrad Dannenberg, colaboram na revista *Fusion*, editada pela fundação de LaRouche. Os adeptos do culto sectário larouchista também se fazem defensores do grupo de

Peenemünde, ao qual atribuem, nos anais da astronáutica, o crédito por terem permitido à humanidade ter acesso ao espaço.[96] Morto em 1984, Ehricke é homenageado em junho de 1985 na conferência "Colonizar o Espaço!" promovida pelo grupo de LaRouche e o Instituto Schiller, com a participação de seus colegas alemães, em particular Dannenberg — que aborda as "origens científicas da tecnologia espacial em Peenemünde". São os mesmos fanáticos da guerra que alguns anos depois defenderão os mais radicais projetos de militarização do espaço, como a Iniciativa de Defesa Estratégica (IDS) de Ronald Reagan contra o "Império do Mal" soviético, revelando-se, a exemplo de Lyndon LaRouche, fervorosos partidários da visão ehrickiana da sobrevivência cósmica de uma "Civilização Interplanetária".[97] Décadas depois, todo esse imaginário persiste no mesmo meio, escorando-se em diferentes manifestações internacionais de apoio, como, na França, por meio do grupelho político Solidarité & Progrès, fundado por Jacques Cheminade.

Uma derradeira ilustração do encobrimento desse passado comprometedor é a carreira de Hubertus Strughold (1898-1986). Professor de fisiologia reputado, ele é em geral considerado um dos fundadores da "medicina espacial" e da "astrobiologia".[98] Na década de 1930, antes de atravessar o Atlântico em direção aos Estados Unidos, como outros cientistas ativos no III Reich, Strughold trabalha no prestigiado Instituto de Fisiologia de Würzburg. Dedica-se ao campo então emergente da medicina aeronáutica, que o leva a aprofundar, especialmente numa visita de pesquisa aos Estados Unidos, em 1928, o estudo dos efeitos sensório-motores do voo em grande altitude sobre o corpo humano. Essas pesquisas pioneiras despertam o interesse da Luftwaffe. Em 1935, Hermann Göring lhe confia a direção do Laboratório Aeromédico da Academia Médica Militar (a serviço do Ministério da Aviação), e mais adiante sua carreira de professor universitário útil à causa do III Reich teria continuidade em Berlim. Coronel da Luftwaffe a partir de 1939, Strughold supervisiona numerosas pesquisas na força aérea. Certas experiências sádicas e homicidas sobre os efeitos corporais da hipotermia são realizadas pelo dr. Sigmund Rascher — membro fanático da SS, obedecendo às ordens de Himmler — com prisioneiros do campo de Dachau. Segundo várias fontes,[99] Strughold não teria participado diretamente delas, mas era devidamente informado a respeito e poderia tê-las proibido em sua condição de responsável pelo laboratório.[100] Esse comprometimento, mesmo distante, justificaria sua inclusão entre os criminosos de guerra processados em Nuremberg. Depois de interrogado pelos britânicos em 1945, e não obstante pesadas suspeitas, Hubertus Strughold escapole entre os fios da malha e volta a trabalhar na Universidade de Heidelberg, na Alemanha. De lá, transfere-se sem problemas para os Estados Unidos, onde é convidado a prosseguir em suas investigações tão promissoras. Em 1947, inicia novos estudos sobre o "fator humano" nos voos espaciais, trabalhando na US Air Force School de Randolph Field, no Texas. Influente e produtivo, ele é aceito na associação profissional de medicina espacial e se naturaliza em 1956. A NASA recruta-o em 1962 para dirigir o departamento aeromédico. Seus estudos práticos são cruciais para o progresso dos programas Gemini e Apollo. Mas o passado de Hubertus Strughold ressurge no curso de investigações federais realizadas em 1958, 1974 e por fim em 1983. Ele nega as acusações de cumplicidade em crimes cometidos em nome da medicina aeronáutica. Nenhuma dessas investigações foi concludente por falta de provas definitivamente incontornáveis. A morte em 1986 do inventor das *Mars Jars* (câmaras de simulação da atmosfera do planeta vermelho, desenvolvidas a partir de 1953)[101] interrompe as investigações. Nos anos seguintes, a aura e a herança do pioneiro da medicina espacial entraram em declínio. A revelação de que teria participado de experiências de estudo dos efeitos da grande altitude (especialmente a hipoxia, ou seja, falta de oxigênio) em câmaras de vácuo, envolvendo meia dúzia de crianças epiléticas, comprometeu definitivamente sua imagem. Seus retratos foram retirados da parede em vários estabelecimentos, o Prêmio Hubertus Strughold, concedido desde 1963 no congresso anual da Associação de Medicina Espacial, é rebatizado em 2012 e seu nome fica associado às mais graves concessões dos cientistas durante o III Reich.[102] São infindáveis as questões éticas e políticas envolvendo os fundamentos históricos do programa de medicina espacial da NASA[103] e da astronáutica em geral.

Fuga de cérebros: a cada um, os "seus alemães"

A focalização nas transferências de especialistas nazistas para os Estados Unidos transmite uma imagem apenas parcial das movimentações ocorridas logo depois da Segunda Guerra Mundial. Entre os Aliados, é dura a concorrência para açambarcar o *know-how* e os cérebros alemães. Na URSS, na França, no Reino Unido e em outros países, sua contribuição também é decisiva — especialmente na França, que, graças a eles, alcança na década de 1960 o status de "terceira potência espacial".

As migrações de grupos de peritos e especialistas alemães depois de 1945 permitem que vários países se aculturem em conhecimentos e capacitações técnicas. Essa importação mais ou menos forçada e acolhedora se efetua sob estreita vigilância dos serviços militares e de segurança interna. O mesmo esquema se repete: nos Estados Unidos, na URSS, na França e no Reino Unido (mas também, marginalmente, na Argentina, refúgio nazista sob a ditadura de Juan Perón, no Brasil, na Austrália, no Canadá, no Egito de Nasser...),[104] a cada um os seus *V-2* e os "seus alemães".[105] "O cinismo, a *raison d'État* amoral e o interesse nacional eram a norma em todos os países que receberam alemães", frisa o historiador Michael Neufeld.[106]

As pioneiras pesquisas de balística realizadas na década de 1930 na URSS, especialmente sob a direção de Sergei Koroliov (1907-1966) e Valentin Glushko (1908-1989), rivalizavam com as dos especialistas alemães na mesma época,[107] mas os expurgos stalinistas e o insuficiente apoio material e financeiro às forças armadas frearam os avanços. Em 1945, quando o Exército Vermelho ocupa a Turíngia, Stálin ordena a captura do máximo de especialistas e materiais em Peenemünde e Mittelbau-Dora. Assim como os militares e engenheiros americanos, os soviéticos recuperam foguetes *V-2* e tratam de copiá-los, para dominar seu funcionamento. Engenheiros, chefes de serviços de segurança e dirigentes do complexo industrial-militar soviético dão ênfase à "utilidade" dessa perícia técnica instrumentalizável em total segredo, com vistas a um programa espacial que não seja captado pelos radares,[108] ao contrário da prolífica propaganda dos caixeiros viajantes do programa espacial americano, tendo von Braun à frente. Na URSS, a pesquisa balística não era nula, mas, como nos outros países, o recrutamento de "especialistas estrangeiros" capturados em Peenemünde ou nos territórios ocupados e transferidos para o Leste sob a devida guarda militar representa um acelerador importante.[109] Um Instituto *Rabe*[*] é instalado pelos soviéticos perto de Nordhausen, para

---

* Corvo, em alemão. [N. T.]

recriar o *A-4* com a ajuda de antigos participantes de Peenemünde, entre eles Helmut Gröttrup (1916-1981), engenheiro de física aplicada, assistente de von Braun a cargo da guiagem, do controle e da telemetria. Lançada em 1946, a operação secreta *Osoaviakhim*, equivalente à operação *Paperclip*, coordena a recuperação dos recursos humanos alemães. Em outubro de 1946, entre 5 mil e 7 mil engenheiros e técnicos alemães são empregados no Instituto Nordhausen, dando assistência aos 733 especialistas soviéticos.[110] Esse pessoal não procede apenas de Peenemünde: são recrutados profissionais ultraqualificados, como professores universitários e engenheiros da indústria; é o caso de Kurt Magnus (1912-2003), especialista em técnicas giroscópicas. Mais de 2,1 mil são transferidos para a fábrica OKB de Khimki, nas imediações de Moscou.

Uma das primeiras missões de Gröttrup é redigir um relatório completo e "objetivo" sobre a história e os problemas técnicos tratados em Peenemünde. Sua equipe acompanha a fabricação do *R-1*, cópia soviética do *V-2* feita a partir de peças fabricadas pelos russos, no terceiro departamento do Instituto NII-88, fundado em 1946 e dirigido por Koroliov — libertado do *gulag* onde vegetou entre 1938 e 1944.[111] Um primeiro *R-1* é testado em setembro de 1948. Ao contrário dos adversários americanos, contudo, os engenheiros de Stálin domesticam a tecnologia *V-2* e mandam de volta à Alemanha os antigos membros da equipe de Peenemünde, poucos anos depois do recrutamento temporário, criando em seguida, em sucessivos desdobramentos, famílias de mísseis balísticos livres das "manchas de nascimento" da tecnologia alemã.[112] O primeiro míssil balístico intercontinental *R-7 Semiorka* — que põe em órbita o *Sputnik*, em outubro de 1957, e do qual o célebre e inútil foguete *Soyouz* é uma derivação — inscreve-se, assim, na linhagem técnica do *R-1*. Os engenheiros soviéticos também aprenderam com a matriz de Peenemünde, mas depois da fase de domesticação desse *know-how*, suas pesquisas seguiram um caminho próprio.

A França é outro refúgio dos antigos engenheiros do III Reich. O químico Henri Moureu pesquisou os destroços dos *V-2* lançados em Paris em 1944 e saiu em busca de peças e vestígios na Alemanha, em particular na fábrica Mittelwerk, em 1945.[113] Ele consegue despertar o interesse dos militares, que se incumbem de recrutar a mão de obra de especialistas ainda disponível, entre eles nazistas convictos, a exemplo do antigo Waffen-SS Helmut von Zborowski, colaborador de von Braun, especialista em voos verticais e que, durante muito tempo, exerceu funções de direção na Sociedade Nacional de Estudos e Construção de Motores de Aviação (Snecma), na França.[114] As pesquisas ainda tateantes de pioneiros franceses como Jean-Jacques Barré, nos anos 1940, não se mostram à altura das exigências militares,[115] e com isso as autoridades têm um pretexto para justificar a "pilhagem" da herança técnica de Peenemünde: está em jogo o interesse superior do país, na busca de um veículo para transporte de cargas nucleares.[116] O Exército francês resgata, assim, uma centena de especialistas alemães em matéria aeroespacial. O que representa apenas uma parte, pois outros seriam recrutados por uma série de empresas do setor de armamento:

> Eles trabalharam em motores de helicópteros, mísseis ar-terra, radares, motores de submarinos, granadas de alto poder explosivo contra blindados, nos motores do *Ariane*, do *Mirage*, em sistemas de guiagem, na ciência de explosivos, na Matra, na Thomson-CSF [...],

escreve o jornalista Michel Tedoldi, autor de uma investigação na qual lembra que o número desses especialistas varia, segundo os historiadores, entre 800 e 6.772.[117] Sua contribuição é particularmente apreciada. Hermann Oestrich, por exemplo, ex-diretor técnico de uma fábrica da BMW, igualmente ligada a uma unidade de produção subterrânea anexa ao campo de Buchenwald, é condecorado cavaleiro da Légion d'honneur em 1962.[118]

Muitos acabam se instalando em Vernon, departamento do Eure, no Laboratório de Pesquisas Balísticas e Aerodinâmicas (LRBA) criado em 1946, cópia exata das instalações alemãs de Peenemünde: "Mesma construção, mesmos materiais, mesmas instalações de teste de protótipos aeronáuticos, mesmo urbanismo... e mesmo pessoal".[119] Subordinadas ao Ministério do Armamento, as pesquisas secretas permitem recuperar o atraso em relação às outras grandes potências militares,[120] que são "pelo menos cinco", segundo o historiador Emmanuel Chadeau.[121] O trabalho dos engenheiros alemães é decisivo para a aquisição de poderio espacial e a independência estratégica da França.[122] Alguns trabalharam antes para os britânicos e encontram na França condições contratuais particularmente atraentes. Herbert Graf, Helmut Habermann e Helmut Weiss recebem em

Vernon um salário mensal de 1.833 marcos de ocupação, "soma considerável em vista da situação econômica do país".[123] Entre os antigos membros do grupo de Peenemünde atuantes em Vernon, encontramos também Karl-Heinz "Henri" Bringer (1908-1999), quadro dirigente e especialista da propulsão a combustível líquido. O projeto de realizar um "super-*V-2*" que representasse um desdobramento do *A8* é adiado para 1948, mas Bringer e seus colegas se concentram na concepção dos motores dos primeiros foguetes-sondas *Véronique*, testados em voo a partir de 1953 na base de Hammaguir, no Saara, para efetuar experiências na alta atmosfera.[124] Os trabalhos posteriores da equipe de Bringer em Vernon contribuiriam para a realização do primeiro voo orbital do foguete *Diamant* em novembro de 1965 (com o satélite *A-1*, conhecido como *Astérix*) e, mais adiante, para o projeto do motor *Viking*, que propulsionaria o primeiro e o segundo estágios da família de lançadores *Ariane* 1 a 4, a partir dos anos 1970. Essa sequência representa a fundação da indústria espacial francesa: a matriz técnica e organizacional de Peenemünde é aclimatada à pesquisa balística do Exército francês, e viria a se fundir na cultura técnica e profissional do programa da terceira potência espacial depois do lançamento do foguete *Diamant* em 1965. Bringer aderiu ao partido nazista em 1932, esteve com frequência em Dora, mas declara nos arquivos consultados por Tedoldi que "durante o trabalho, os operários [os deportados] não sofriam".[125] Viria a morrer com 90 anos.

Na corrida ao espaço, que justifica a fundação do Centro Nacional de Estudos Espaciais (CNES), a contribuição dos especialistas alemães revelou-se tão inestimável quanto, durante muito tempo, inconfessável. Os testemunhos sobre "o inferno de Dora", numerosos logo depois da Liberação,[126] não são ouvidos, e as condições de perpetuação do segredo da transformação da França em potência espacial se eternizam.[127]

Bombardeada por centenas de *V-2* de sinistra memória, a Inglaterra se mostra mais contida na percepção das potencialidades da tecnologia alemã, mas não menos determinada a capturá-las. Os militares britânicos e americanos testam vários *V-2* em Cuxhaven, no litoral do mar do Norte, em julho de 1945, como parte da operação *Backfire*, com a assistência de engenheiros alemães capturados.[128] Os quadros dirigentes de Peenemünde, entre eles Dornberger (mantido em detenção pelos ingleses, que querem levá-lo a julgamento em Nuremberg pelos bombardeios de Londres e, no fim das contas, executá-lo), são interrogados pelos serviços de informação e os especialistas são enviados a Cuxhaven. O objetivo é aprender e continuar aperfeiçoando essa arma, e assim os ingleses colaboram com seus colegas americanos (sob supervisão do general Eisenhower) nos testes do *Backfire*.[129] Em seguida, menos de uma centena de especialistas é recrutada e parcialmente instalada em 1946 na base da Real Força Aérea (RAF) em Westcott, menos de 100 quilômetros a noroeste de Londres. Assim é que Walter "Papa" Riedel (1902-1968), engenheiro-chefe do *A4* em Peenemünde, leva sua carreira adiante sem obstáculos. O principal objetivo é equipar a RAF com armas para sua aviação e dotá-la de mísseis balísticos de alcance médio, capazes de transportar cargas explosivas biológicas ou termonucleares — tendo a URSS como alvo.[130] Certamente tão avançados tecnicamente nas pesquisas balísticas quanto seus colegas americanos, soviéticos ou franceses, os engenheiros militares britânicos se concentram em projetos relativamente modestos, em particular no míssil balístico de longo alcance *Blue Streak*, desenvolvido a partir de 1955,[131] e esses avanços da tecnologia militar durante muito tempo passariam ao largo do campo espacial.

Um impulso estrutural

Durante muito tempo, a conquista do espaço foi uma ficção racional, modelada por sonhadores e personalidades versadas na espiritualidade e no misticismo. Sua materialização foi acompanhada de saltos tecnológicos, e, depois da fase de experimentação artesanal dos pioneiros, nos anos 1920-1930, o acesso ao espaço só se concretizou sob o domínio e a proteção da pesquisa militar. Decorre daí uma percepção confusa dessas origens históricas, inclusive por parte dos protagonistas mais implicados no processo. É o que manifesta o físico Jacques Blamont, um dos fundadores do programa espacial francês na virada da década de 1960, em uma confissão constrangida:

> Tenho o profundo sentimento, confesso que absolutamente irracional, de que não por acaso o mesmo arquiteto construiu os crematórios de Auchwitz [*sic*] e as máquinas que permitiriam a

> conquista da Lua, e o mesmo homem tem igual responsabilidade no maior crime de todos os tempos e na maior façanha de todos os tempos.[132]

Por muito tempo, esse constrangimento frente à matriz de Peenemünde foi um segredo de polichinelo. O escândalo era sublimado na farsa, como no caso do alarmante personagem de *Dr. Fantástico*, de Stanley Kubrick, diretamente inspirado em von Braun (e em John von Neumann). A mitologia dos "*V-7*" (discos voadores nos quais os altos dirigentes nazistas teriam fugido em 1945), da base nazista na Antártica (onde Hitler e seus colaboradores teriam se refugiado...), da base nazista na Lua[133] etc., associada a diferentes teorias da conspiração da década de 1970 ("NASA = NAZI"), é outro canal graças ao qual perdura a lembrança da foguetologia nazista, como se se quisesse distanciá-la, por contraste, das motivações da *rocket science* americana, embora a segunda seja uma derivação técnica da primeira.

A questão se coloca com a mesma gravidade no caso das relações entre outras disciplinas científicas e técnicas e o nazismo.[134] O III Reich apoiou generosamente as ciências aplicadas: da biologia à química, da agronomia às ciências humanas, além das ciências médicas (sendo vinte dos seus praticantes levados ao tribunal militar americano de Nuremberg, pelas atrocidades cometidas sob a fachada de "experiências", sete dos quais seriam executados), do eugenismo, da antropologia física e todas as especialidades úteis à doutrina racial dos nazistas.[135] Os cientistas colaboravam de bom grado com as respectivas hierarquias políticas, as adesões ao partido nazista foram significativas em certas disciplinas (cerca de 60% da amostragem de biólogos levantados por Ute Deichmann,[136] muito mais que os 20% de físicos e os 15% de matemáticos que eram membros do partido), e em troca as pesquisas que tivessem interesse direto para a condução das questões políticas eram generosamente apoiadas. A pesquisa sobre os mísseis balísticos, assim, se insere em uma configuração mais ampla, uma economia política das ciências e técnicas sob o nazismo.

No caso da astronáutica, cabe frisar mais uma vez que o que aconteceu na Alemanha serviu de impulso estrutural, cujas consequências ainda hoje são constatadas. No mínimo, no terreno da organização das atividades, mas também no que diz respeito à destinação e conceitualização da conquista do espaço. Nos Estados Unidos, o barão von Braun teve toda a liberdade para demarcar uma visão pessoal da colonização humana do espaço, na forma de um "paradigma von Braun"[137] definindo uma trajetória linear para a NASA (ônibus espacial → estação → Lua → Marte) que será analisada mais detidamente no próximo capítulo.[138] Esse paradigma impôs-se de maneira duradoura no programa das políticas espaciais americanas, não sem gerar controvérsias nas arenas da astropolítica, em virtude da obstinada preconização de uma exploração humana do espaço. Na década de 1950, von Braun sustenta o paradigma como arma de distração maciça para conquistar mentes. Não é uma chave capaz de explicar todos os desdobramentos posteriores, e não vamos aqui validar uma reescrita da história desejada por von Braun e os adeptos da "escola de Huntsville", mas essa sequência deixa flagrante que uma estrutura foi ancorada por décadas sucessivas.

II

A ASTROCULTURA CONQUISTA AS MENTES

Gostaria de agradecer a todos aqui presentes pelo excepcional apoio que sempre deram ao programa. Pois, sem as relações públicas e uma boa apresentação desses programas ao público, não poderíamos tê-lo levado a cabo.

Wernher Von Braun,
diretor do Centro de Voos Espaciais Marshall,
da nasa, falando à imprensa após a aterrissagem
da Apollo 11 na Lua, 22 de julho de 1969.[1]

A referência ao espaço muitas vezes começa como uma redação medíocre: "desde a origem dos tempos, os homens" teriam levado os olhos ao céu e desejado projetar-se nele fisicamente, atendendo a uma necessidade de conquista consubstancial à sua natureza profunda. O espaço, assim como a fantasia de espalhar nele a espécie humana, mobiliza pensamentos oníricos, pacifistas e futuristas. É o que se constata nas numerosas citações de presidentes dos Estados Unidos que invariavelmente voltam à superfície de tempos em tempos, do célebre "*We choose to go to the Moon*" (*Escolhemos ir à Lua*) de John Fitzgerald Kennedy, em setembro de 1962, às palavras dirigidas por Richard Nixon à equipe da *Apollo 11* que acabava de desembarcar na Lua: "[...] e neste momento em que vocês se dirigem a nós do Mar da Tranquilidade, isso nos inspira a redobrar esforços para trazer paz e tranquilidade à Terra. Neste inestimável momento da história, os seres humanos estão todos unidos na Terra".[2] São duas mensagens que resumem bem a equiparação do desejo de espaço a esse insuperável impulso humano que seria concretizado, em princípio, em benefício de todos. Veremos neste capítulo que uma parte importante da grande narrativa assim composta tem mais a ver com um trabalho persistente nas mentes e uma construção cultural e midiática do que com uma inclinação natural da espécie humana para os motores movidos a propelentes líquidos.

Será interessante, assim, ilustrar a fabricação do desejo de espaço e a naturalização do imaginário espacial enquanto tal lembrando quais foram os diferentes protagonistas, meios técnicos, imaginários, mitos e ícones mobilizados para ancorá-lo permanentemente na cultura ocidental, na URSS e nos países de poderio espacial mais recente, como a China. Esse exercício é tanto mais necessário na medida em que, ao contrário da narrativa dominante, e como lembrou o historiador Neil M. Maher, o apoio do grande público aos programas espaciais mais emblemáticos, a começar pelo Apollo, nunca foi unânime, sendo alvo de críticas das mais diferentes procedências.[3] Já na década de 1950, uma impressionante máquina de conquista dos corações é posta em funcionamento para construir um consentimento baseado em mitos solidamente enraizados na cultura americana (da alegoria da conquista do Oeste à noção de "fronteira"), descambando às vezes para o ilusionismo.

Certamente não esgotaremos aqui a variedade de fatos ou a diversidade dos imaginários que tecem a grande teia da "astrocultura" há mais de um século, mas destacaremos o que nos parece relevante e esclarecedor em relação ao período atual, pois é evidente que esses mitos moldados para "vender o espaço" ainda irrigam a imaginação sociotécnica a fim de transformá-la num suposto lugar comum. Na definição proposta pelo historiador Alexander Geppert, a astrocultura é "um conjunto heterogêneo de imagens e objetos, de meios de comunicação e práticas que visam a conferir significados ao espaço extra-atmosférico, ao mesmo tempo estimulando a imaginação individual e coletiva".[4] Esse conjunto surgiu aos poucos e se consolidou nas diferentes fases da história espacial. Envolve crenças historicamente construídas — por exemplo, a necessidade de exploração humana do espaço com "voos tripulados" — de tal maneira que, na história espacial, é comum associar as diferentes formas de astrocultura à religião. Essa convergência não é gratuita, e pode ser documentada com exemplos de fascínio coletivo pelo espaço. Ela permite entender por que a *libido astronautica* — a atração pela conquista do espaço[5] — atravessa épocas apesar dos constantes questionamentos e da realidade dos fatos, muitas vezes decepcionantes para os adeptos (por exemplo, os inúmeros adiamentos da conquista de Marte). Não obstante sua diversidade, esse fundo astrocultural apresenta, assim, uma certa coerência: os mesmos lugares comuns, o mesmo patrimônio de valores, proezas e conquistas.

O voo espacial: uma história de berço e fronteiras

Viajar e habitar o espaço é um velho sonho que tem seus profetas e autores. Podemos identificar uma primeira sequência que abre espaço sobretudo para obras do Romantismo, mais ou menos sintonizadas com a ciência e a engenharia da época, mas suficientemente estimulantes para encorajar o transportamento imaginário no espaço. Uma segunda sequência, a partir da década de 1920, assiste à proliferação de tratados, relatos e ensaios que se pretendem tecnicamente dignos de crédito e banalizam a ideia dos voos interplanetários. Uma última sequência, na qual ainda nos encontramos, tenta relançar essa invenção astrocultural no exato momento em que os voos tripulados passam por uma crise de destinação, após a experiência do programa Apollo.

A partir do século XIX, a literatura explora o espaço em romances de ficção científica. Entre os de maior impacto, temos *Da Terra à Lua* (1865) e *À volta da Lua* (1869), de Júlio Verne (1828-1905), obras que o autor submete, por preocupação de realismo, à avaliação de um matemático, para conferir consistência mais científica às opções técnicas plausíveis para chegar ao nosso satélite natural — no caso, utilizando um supercanhão que atira um obus transportando três passageiros, posicionado a 28 graus de latitude norte para não errar o alvo.[6] Em 1894, o coronel e homem de negócios John Jacob Astor IV publica *A Journey in Other Worlds* (*Uma viagem a outros mundos*), ensaio de previsão sobre o mundo no ano 2000, que alcança certo sucesso.

O interesse do grande público aumenta quando Robert Goddard divulga em 1919 *A Method of Reaching Extreme Altitudes* (*Método para atingir altitudes extremas*), tratado financiado pela Smithsonian Society, no qual propõe o envio de uma sonda a ser largada na face oculta da Lua ("*The Moon-Rocket*") e em seguida observada por um telescópio terrestre. Apesar de seu caráter altamente técnico,[7] o texto chega à primeira página dos jornais e contribui para garantir ao autor abundante apoio financeiro de organizações privadas e — já então — do Exército.[8] Uma boa história da conquista espacial tampouco pode deixar de mencionar o prolífico Herbert George Wells (1866-1946), que publica *A guerra dos mundos* em 1898 e *Os primeiros homens na Lua* em 1901; ou ainda, num registro técnico, a obra de Hermann Oberth, especialmente *Die Rakete zu den Planetenraüm* (*O foguete para o espaço planetário*, 1923), livro derivado de uma tese de doutorado não validada, na qual ele afirma a possibilidade da viagem interplanetária, recorrendo a lançadores movidos a propelentes líquidos. Seu trabalho rapidamente se torna um *best-seller*, popularizando na Europa a ideia do voo espacial.[9]

Essas obras inauguram um vasto *corpus* no qual vão se abeberar incansavelmente engenheiros, cientistas e militares do século XX, quando chegar o momento de desenvolver os meios técnicos adequados para alcançar o espaço e a Lua. Um deles, que se inspirou muito em Júlio Verne, é o russo Konstantin Eduardovich Tsiolkóvski (1857-1935).[10] Teórico da cosmonáutica moderna, ele é igualmente obcecado pelos foguetes e pelo cosmismo, uma filosofia russa barroca que considera as viagens espaciais um meio para que a humanidade atinja a perfeição e a imortalidade pela ressurreição dos mortos.[11] Nosso teórico postula em 1903 a equação fundamental da astronáutica, baseada no princípio de ação e reação no vácuo. Em termos simples: um foguete projeta matéria (gás) para trás, e com isto é projetado por uma força igual na direção oposta. Tsiolkóvski é autor de várias obras de ficção científica e sobretudo de um plano de exploração do espaço em dezesseis etapas, da invenção da aviação à saída do sistema solar, quando o Sol explodir. O engenheiro russo sonha em mandar a humanidade — toda a humanidade — para o espaço, para poder controlá-lo. Lança na época uma ideia constitutiva desse inabalável imaginário espacial: a necessidade, no sentido filosófico da palavra, de uma disseminação celeste que garanta a salvação universal da humanidade, graças a uma grande empreitada tecnológica. Sua contribuição para a astrocultura é mencionada com frequência, mas reduzida a uma citação em particular, extraída de uma correspondência e gravada em seu túmulo: "A Terra é o berço da humanidade, mas quem tem vontade de passar a vida inteira num berço?".[12]

Num registro equivalente, Krafft Ehricke, antigo membro da equipe de Peenemünde, como vimos, está na origem de três "leis" que levam seu nome. A primeira estipula que o homem não tem limite algum, senão os que ele próprio estabelece; a segunda, que suas atividades "legítimas" podem transcorrer onde ele quiser. A terceira afirma que, ocupando o universo, "o homem cumpre seu destino de elemento da vida, dotado do poder da razão e trazendo em si a sabedoria da lei moral".[13] Interessante notar o emprego dúbio da palavra "lei", supostamente designando o fruto de uma observação científica, logo, baseada (na acepção mais simples) em experimentações ou fatos que se repetem. Se de fato existem leis científicas em disciplinas como a astronomia, a física e a química, sempre será mais delicado enunciá-las com respeito à história da espécie humana ou de áreas técnicas, entre as quais se situa a astronáutica.

Os planos de conquista espacial em longo prazo também se sucedem no pós-guerra, num confronto de visões que, no entanto, convergem para uma ambição comum: a descrição de grandes etapas sucedendo-se ao longo de uma mesma flecha voltada para a colonização do espaço, encarada como fatalidade histórica. A questão fundamental que estrutura a conquista nos seus primórdios, portanto, é menos a do "por quê" que a do "como", o que é ilustrado pelo paradigma de von Braun (apesar de pouco original, na medida em que retomava ideias que estavam no ar), que constitui desde a década de 1950 uma referência estruturante. No caso do astrônomo Carl Sagan (1934-1996), de enorme influência junto ao público nos anos 1970, o objetivo era construir *habitats* espaciais como a "Esfera de Bernal", onde os colonos viveriam milhares de anos graças a reatores a fusão, para em seguida se lançarem no espaço mais distante. O físico Gerard Kitchen O'Neill (1927-1992), por sua vez, imagina em 1977, em *The High Frontier: Human Colonies in Space* (*A grande fronteira: colônias humanas no espaço*), a construção de colônias espaciais funcionando como ilhas cercadas de subúrbios residenciais e *hubs* (núcleos) industriais — em tudo semelhantes às cidades americanas médias do *boom* econômico do pós-guerra, expostas aos riscos de um crescimento demográfico descontrolado na Terra, justificando assim o expansionismo cósmico.[14] Esse expansionismo tem várias versões, que vão da simples ocupação do espaço circunterrestre (para fins de geoengenharia,[15] em busca de recursos ou para estabelecer *habitats* próximos da Terra no estilo utópico de O'Neill) à colonização do espaço profundo (indo da "terraformação de Marte" — que consiste em tornar seu meio natural compatível com a vida humana —, como propõe o engenheiro e líder da Mars Society Robert Zubrin, às "esferas de Dyson", estruturas de astroengenharia artificiais e ocas que cercariam uma estrela para capturar sua energia para uso industrial).[16]

Essas visões do futuro se reproduzem ao longo do século XX, consolidando imaginários sociotécnicos fortemente marcados por um tropismo ocidental, masculino e tecnicista. Pouco questionadas, acabam sufocando as visões alternativas e progressivamente dominam os debates sobre o espaço. Desse modo, as "etapas" de von Braun, Sagan, O'Neill e outros influenciam a programação das agências e dos grupos pró-espaço, mas também os projetos redundantes e por enquanto fictícios dos multibilionários Elon Musk e Jeff Bezos — o primeiro pretende enviar 1 milhão de seres humanos a Marte até 2060[17] (influência, como se vê, de Zubrin) e o segundo quer fundar colônias espaciais de "vários quilômetros de comprimento [...] capazes de abrigar, cada uma delas, 1 milhão de habitantes ou mais"[18] (projeto inspirado nos relatos de O'Neill, que foi professor do bilionário em Princeton).

A naturalização da ideia de voo espacial também passa por uma bateria de argumentos de ordem biológica ou baseados numa certa leitura — conquistadora — da história da humanidade. Em defesa do voo tripulado, com frequência encontramos referências à "motivação intrínseca" de explorar o meio ambiente, não raro alimentada por um desejo de colonização territorial na linha do "Destino Manifesto", visão teleológica da história que decorre da ideologia calvinista segundo a qual a nação americana teria a missão divina de expandir a "civilização" para o Oeste. Com igual regularidade é evocado o determinismo do DNA, que, do fóssil Lucy a Gagarin, passando por Alexandre, o Grande, Cristóvão Colombo ou Napoleão,[19] incitaria inevitavelmente a humanidade a conquistar novos territórios, inclusive as estrelas.[20] Desse ponto de vista, estaríamos de certa maneira fadados a habitar o espaço, pois somos humanos. Embora seja uma instrumentalização da história e das ciências, essa filiação é frequentemente invocada em nossa época, inclusive por dirigentes de agências governamentais;[21] o que deixa os grupos pró-espaço — cujo negócio é vender o espaço — numa posição delicada, na qual os voos espaciais são ao mesmo tempo um dado natural indiscutível e uma atividade política altamente contingente e resultante de numerosas escolhas, recusas e compromissos que precisam ser assumidos e financiados, pondo em dúvida a ideia de que o futuro já está escrito (seja no DNA ou em outro lugar).

Mas o fato é que essas escolhas, recusas e compromissos estão na base de muitos momentos-chave da história da conquista do espaço, história essa cuja leitura idealizada resiste a rememorar as próprias raízes traumáticas, assim como tem dificuldade em abrir mão da aparente simplicidade de seus primeiros momentos de glória, sob o impulso de um presidente popular, John F. Kennedy, que teria aberto uma perspectiva concreta e material para as paixões fronteiristas tão caras ao seu povo. A fronteira é ainda hoje uma referência forte, cultural e simbolicamente, na história política dos Estados Unidos. Ao enunciar o conceito em seu discurso de 1893[22] na Exposição Universal de Chicago, o historiador Frederick Jackson Turner resume a identidade dos Estados Unidos num folclore simplista e enganoso, atribuindo ao povo americano características que lhe seriam naturais: individualismo, espírito de pioneirismo, excepcionalismo, providencialismo do povo escolhido, livre mercado, crescimento ilimitado e a ideia de que o ser humano precisa conquistar novos territórios a qualquer custo, na Terra mas também, por extensão, além dos limites planetários. A fronteira é o que permite garantir a continuidade e a vitalidade da espécie, além da sua diversidade cultural, num espaço natural apresentado como selvagem (*wilderness*) e a ser domesticado.[23] Em outras palavras, ela é uma garantia contra o declínio e a morte programada, e a sublime fronteira do espaço prolonga a mitologia pastoral do pioneiro na figura do astronauta-colono.[24] Mas Turner sustentava sobretudo que a fronteira, já agora fechada — e, com ela, o "primeiro período da história dos Estados Unidos" —, devia em consequência corroborar a ideia de um crescente alargamento. A metáfora da fronteira também é insistentemente convocada durante a Guerra Fria, por exemplo, pelo verdadeiro cérebro da *Big Science* que é Vannevar Bush, especialmente em seu relatório *Science: The Endless Frontier* (1945), que ressalta a necessidade de maciços investimentos do Estado federal na ciência fundamental, para fins de defesa e prosperidade da nação, e sob o comando de uma elite tecnocrática.[25] Mais tarde, o fronteirismo seria usado por muitos grupos e lobistas do movimento pró-espaço,[26] como a Sociedade Nacional do Espaço (National Space Society), criada em 1987 com a fusão entre o Instituto Nacional do Espaço (National Space Institute — NSS) fundado por von Braun em 1974 e a L5 Society fundada em 1975 por Carolyn e Keith Henson. Embora possa ser clichê para os historiadores e muitos americanos, ainda assim a metáfora da fronteira é transposta sem problemas para a década de 1960: ontem, a mística do Oeste, com suas vastas planícies virgens e desocupadas; amanhã, o espaço, novo "lugar" a ocupar e sentir na carne.

Essa necessidade de "chegar lá" requer, por definição, meios técnicos e operacionais: um programa espacial. Com frequência, a conquista lunar é reduzida a essa narrativa bem azeitada, que tem como ator principal John F. Kennedy. Uma narrativa que ignora o fato de que ele certamente não era o adepto mais incondicional da ideia de conquista espacial, pelo menos no início.[27] Ao chegar ao poder, Kennedy posterga longamente os contatos com a NASA e, quando a decisão de participar da corrida espacial acaba por se impor, não resta a menor dúvida de que ele teria preferido outro projeto científico para fazer frente ao poderio da URSS — em campos muito diferentes, como por exemplo a dessalinização da água, que poderia, do seu ponto de vista, oferecer no longo prazo vantagens muito maiores que o fato de pisar na Lua antes dos soviéticos.[28] Pouco mencionadas, as muitas dúvidas de Kennedy em relação a essa corrida mais ou menos imaginária que contribuiu para lançar são conhecidas, assim como a grande incerteza a respeito da real existência de um projeto de conquista da Lua do lado soviético.[29] (Em outras palavras, nem sempre a corrida, pelo menos em matéria lunar, pareceu uma evidência histórica na qual era preciso embarcar — e isso apesar de o programa Apollo sugar enormes recursos do orçamento federal, com um apoio popular longe de parecer certo nas pesquisas de opinião,[30] especialmente entre as populações negras e as mulheres.)[31] Na realidade, Kennedy teria se livrado de bom grado de semelhante mastodonte político, por exemplo, recorrendo a uma missão conjunta com os soviéticos (o que propôs várias vezes a Nikita Khrushchev entre 1961 e 1963, com a intenção de lançar pontes entre as duas superpotências) ou contando com uma reviravolta no Congresso.[32] De qualquer modo, Kennedy nunca foi um apaixonando pela conquista das estrelas. Suas decisões se pautavam pela busca de prestígio, num momento da história em que os Estados Unidos estavam em situação ruim, depois da humilhação quase simultânea representada pelo primeiro voo orbital de Gagarin e a fracassada tentativa de invasão militar da Baía dos Porcos, em Cuba, em abril de 1961. Depois do seu assassinato em 1963, contudo, a possibilidade de uma cooperação com a URSS evaporou. O programa espacial transforma-se numa homenagem ao falecido presidente, o Cabo Canaveral passa a se chamar "Cabo Kennedy" e o programa Apollo se torna um monumento sagrado e definitivamente a salvo de críticas: um objetivo incontornável a ser alcançado até o fim da década. Como escreve o historiador Gerard DeGroot, "um dos grandes feitos de Kennedy foi a maneira como conseguiu convencer os americanos de que realmente se preocupava com o espaço".[33] Assim, se muitas vezes nos perguntamos por que a "humanidade" não voltou à Lua desde 1972, não é menos interessante entender por que a nação que se apresentava como embaixadora dessa ideia foi a primeira a chegar, num curioso acidente da história e por força de certos mitos persistentes.

A disneylandização do astrofuturismo

Desde os primórdios, na fábrica de Peenemünde, e depois no túnel de Dora, onde as primeiras bombas voadoras são fabricadas em condições pavorosas, a era espacial é envolta em uma visão supostamente apolítica da ciência e da tecnologia. Um objetivo superior motiva seus desdobramentos. Mas, assim como os foguetes não brotam da terra, o entusiasmo pelo espaço não caiu do céu. Os autores citados acima fincaram os primeiros marcos de uma cultura de nicho dita "astrofuturista",[34] mas, em meados do século XX, essa cultura ainda não está suficientemente difundida na sociedade para justificar as despesas colossais ligadas a um programa espacial de envergadura gerado pelo poder público, de modo que a máquina dos meios de comunicação desempenha um papel decisivo na fabricação generalizada do consentimento. É preciso "vender o espaço" a todo custo.[35]

Na antiga URSS, a revista científica *Tekhnika Molodeji* (*Tecnologia para a juventude*) publicava já em 1933 imagens de uma visão moderna do espaço, constituindo uma importante iconografia de tonalidade futurista.[36] Nela encontramos cidades estelares e foguetes dos mais variados tipos, homens e mulheres de ar altivo, contemplando no céu um futuro constelado de veículos voadores, antecessores das naves modernas. É difícil distinguir, nessas ilustrações, o que tem a ver com a exaltação da modernidade ou com pura propaganda do comunismo e do modo de vida a ele associado, numa época em que, mais que nunca, ciência e tecnologia rimam com poderio e progresso humano. O entusiasmo pelo espaço é maior ainda no pós-guerra, alimentado pelos avanços técnicos fulgurantes alcançados nesse período. Para os autores de ficção científica, é a oportunidade de inscrever suas narrativas no imaginário coletivo, ao mesmo tempo associando-as de maneira mais concreta ao estado real das ciências e técnicas. Não só se torna concebível o envio de homens ao espaço como uma viagem assim transforma-se numa finalidade em si.

A partir do fim da década de 1940, muitas obras de ficção contribuem para popularizar essa busca nos Estados Unidos, defendendo uma certa visão da exploração espacial: difícil, aventurosa, mas sobretudo inevitável. O escritor Arthur C. Clarke lança em 1951 as bases de uma epopeia espacial da espécie humana em *The Exploration of Space* (*A exploração do espaço*). Nas décadas de 1940-1950, Willy Ley — veterano da VfR na época "lírica" da fuseologia, nos anos 1930, mas que deixou a Alemanha nazista[37] — publica *The Conquest of Space* (*A conquista do espaço*, 1949), *The Conquest of the Moon* (*A conquista da Lua*, 1953, com von Braun), *The Exploration of Mars* (*A exploração de Marte*, 1956, ainda com von Braun) e *Rockets, missiles and space travel* (*Foguetes, mísseis e viagens espaciais*, 1957), que alcançam certo sucesso e contribuem para o estabelecimento de uma *doxa*. Fato digno de nota: essa última obra foi ilustrada por um renomado "*space artist*", Chesley Bonestell, com desenhos tão realistas que às vezes eram tomados por fotos, tendo sido muito usados pelos centros da NASA.[38] Chesley Bonestell é conhecido sobretudo como autor de *Saturno visto de suas Luas* (1944) e muitas outras ilustrações que marcaram as décadas de 1940 e 1950. Muitas vezes, essas concepções artísticas contêm figuras humanas que, num canto da imagem, sugerem uma futura habitabilidade dos astros.

Mas é a partir de 1952 que há uma grande virada no *marketing* da "era dos foguetes",[39] quando o semanário *Collier's*, com tiragem de mais de 3 milhões de exemplares, lança uma série de edições tratando da exploração espacial. A primeira, *Man Will Conquer Space Soon* (*O homem em breve vai conquistar o espaço*), reúne textos de vários autores, entre eles Wernher von Braun, e é acompanhada de uma importante campanha publicitária nos meios de comunicação. O antigo oficial SS, já então célebre, percorre estações de rádio e estúdios de televisão para expor sua visão da conquista espacial tripulada. Na TV, ilustra seu "paradigma" com o plano de uma fantástica estação orbital do planeta Terra, girando sobre si mesma de maneira a gerar a própria gravidade artificial. A série da *Collier's* e os artigos de von Braun[40] logo chamam a atenção do apresentador de TV Ward Walrath Kimball, que convence Walt Disney — entusiasmado com a ideia — a transformá-los em série documental para a televisão, com produção da ABC (American Broadcasting Company).[41] Von Braun participa na condição de conselheiro técnico e também aparece em certas sequências, contribuindo com o sotaque alemão para a construção do próprio mito. Decidido e cheio de certezas, ele não hesita em afirmar que, "se déssemos início hoje a um programa espacial organizado e de longa duração, creio que, em dez anos, poderíamos construir um foguete capaz de levar um passageiro".[42] É de certa maneira o início das grandes promessas de colonização do espaço, com uma argumentação científica que parece realista.

Mas voltemos a Ward Walrath Kimball. Com esses documentários, ele pretende não apenas divertir, mas também educar o público, com um formato do tipo "*edutainment*" (neologismo formado com as palavras "*education*" e "*entertainment*"). Fora a novidade que, para muitos entusiastas do espaço, constitui um elemento adicional da grande novela da história da conquista espacial, a participação especial de von Braun num programa dessa importância não é indiferente. Com sua presença na telinha, o engenheiro contribui para o surgimento e a difusão maciça de uma introdução geral às "ciências" da referida conquista: uma introdução à "*rocket science*", da qual seria o inspirador mais carismático. Como seu passado pessoal não foi completamente esquecido, o antigo "especialista" de Hitler sabe que precisa conquistar corações. Compartilha com Disney uma convicção: a conquista espacial deve tornar-se objeto de fascínio estético, uma inspiração tecnológica sublime, emblemática dos Estados Unidos da América.[43] Precisa ter estilo. É com esse objetivo que ele adapta as máquinas que mostra na TV, acrescentando ao lançador de três estágios descrito nos artigos da *Collier's* um quarto estágio rematado no bico por um planador de amplas asas, que prefigura os ônibus espaciais americanos. O efeito é imediato. Em 1954, mais de 42 milhões de americanos assistem ao primeiro episódio de *Man in Space* (*O homem no espaço* - 49 minutos), o equivalente a um quarto da população do país, fração essa que sobe para 50% se incluirmos a reexibição em 1956.[44] Esse sucesso nada tem de anedótico, pois teve efeitos concretos nas crenças associadas ao espaço (numa época em que nenhum ser humano ainda se aventurou nele), ao mesmo tempo funcionando como valioso combustível para o imaginário. Depois das publicações na *Collier's* e das reinterpretações de Disney pela televisão, o percentual de americanos convencidos de que seria possível pousar na Lua "nos próximos quinze anos" sobe para 38% numa pesquisa, contra 15% em 1949.[45] É efetivamente esse processo de "disneylandização" que aos poucos inscreve o espaço na cultura popular americana, além do interesse mais pontual despertado por alguns grandes romances e as ilustrações que caem no agrado do público. Para o historiador Roger D. Launius, firmar na mente dos americanos a convicção de que seria possível promover voos espaciais era, na década de 1950, um componente crítico das decisões tomadas nos tempos que se seguiram.

"Sem isso", escreve ele, "os programas de exploração agressivos da década de 1960 jamais teriam sido aprovados".[46]

A história não para por aí para Disney, que usa o programa televisivo como base da seção Tomorrowland (Terra do Amanhã) do seu novo parque de atrações no sul da Califórnia. Último *Land* a ser construído — depois de Fantasyland, Frontierland e Adventureland —, Tomorrowland projeta os visitantes 31 anos no futuro (1986, data da próxima passagem do cometa Halley) e os embarca em atrações diversas, como um trem (Autopia) que circula num monotrilho ao redor do parque e a maquete de um foguete lunar em tamanho real. A vida no futuro é apresentada como simples e fluida, as casas são feitas de plástico e equipadas com tecnologias que permitirão ganhar tempo, como os fornos de micro-ondas. Para a pesquisadora Catherine L. Newell,[47] Disney consegue com *Man in Space* e Tomorrowland a proeza de acalmar as ansiedades do momento, ligadas à bomba atômica e à industrialização de massa, ao mesmo tempo dando a entender que esses mesmos elementos vão se tornar instrumentos da salvação. Disney também mobiliza imaginários profundos, reavivando a nostalgia de um passado visto como de conquistas, graças ao deslocamento do mito da fronteira para o espaço e o tempo.[48]

Na década de 1950, milhões de americanos se entusiasmam com o espaço, obcecados com sua exploração e a conquista da Lua ou de Marte. Embora tenha ficado convencionado que o *Sputnik* assinala a entrada na era espacial, o pioneirismo soviético não basta para explicar por que o espaço se tornou um fenômeno cultural tão importante: entre outros vetores desse fascínio, a dupla formada por von Braun e Disney conseguiu engrenar uma aculturação à "nova fronteira", que prosperaria em seguida. O êxito do plano de propaganda pelo divertimento reside não apenas na capacidade de capturar a nostalgia de um passado idealizado, reavivando a fé no futuro, mas sobretudo no fato de ter conseguido apresentar o espaço como não apenas uma simples fronteira, mas uma fronteira ao alcance de qualquer americano. Como sugere Catherine Newell, "na imaginação popular, o espaço não estava cheio de canhões nucleares flutuando em órbita baixa ou pistolas a *laser* apontadas contra Moscou, o espaço era habitado por eles mesmos, pessoas normais que transporiam seu estilo de vida periurbano para a Lua".[49] A origem militar da indústria espacial passa para o segundo plano, como lamenta Gerard DeGroot: em

Tomorrowland, "ninguém parecia preocupado com o fato de os foguetes do parque serem estranhamente semelhantes aos *V-2*, ou de a Autopia lembrar a *Autobahn* de Hitler".[50]

Marketing espacial: das concepções artísticas ao martelar da mídia

O interesse pelo espaço é constantemente alimentado com novas obras de ficção, livros, filmes e relatos de astronautas, grandes embaixadores da causa.[51] Tudo serve para estimular a "necessidade de sonhar" que justifica as atividades espaciais, encaradas como um conjunto homogêneo. Não é só uma questão de vender, mas de vender o espaço a um preço alto, num permanente diapasão de especulação e outros apelos a sentimentos profundos: para os americanos, é a fronteira, mito que se espraiou para a Europa;[52] mas em outros países poderiam ser as referências patrióticas e outras invocações nacionalistas. "Vender a um preço alto", por sinal, deve ser encarado tanto no sentido figurado quanto no literal. O interesse pelo espaço é uma construção artificial da sensibilidade que repousa em parte em maquetes, filmes e uma permanente confusão entre ficções astrofuturistas e realidade. Disney e von Braun estão na origem de um cânone estético que é reproduzido em toda parte, dos Estados Unidos à Alemanha Ocidental, onde, na expectativa das imagens da alunissagem da *Apollo 11*, certos meios de comunicação difundem suas próprias montagens, prática que tem continuidade na década de 1980 — e até hoje —, com o progressivo desenvolvimento das imagens geradas por computador.[53] Essas concepções artísticas frisam o aspecto vanguardista dos voos espaciais, simulando realidades mediante recurso sistemático ao que Günther Anders chamava de "imagens de imagens de imagens".[54] O emprego maciço de maquetes e ilusões gráficas das mais diversas para estimular o imaginário do público ou levantar fundos é associado a grandes campanhas nos meios de comunicação, igualmente ressaltando os sucessos concretos do programa espacial na corrida de prestígio com a URSS e frente a outros países, confinados ao papel subalterno de espectadores.

Numa época em que o envio de homens ao espaço é sinônimo de progresso, paz e concórdia, os EUA tentam por todos os meios, por intermédio da Agência de Informações dos Estados Unidos (United States Information Agency, ou USIA), maximizar o efeito positivo dos voos tripulados, e mais especificamente o de John Glenn, primeiro americano a entrar em órbita da Terra, em 1962. O documentário *John Glenn orbits the world* (*John Glenn na órbita do mundo*) é exibido em 106 países, em 32 línguas, para um público de 200 milhões de pessoas.[55] Sua cápsula, a *Friendship 7*, é exibida em mais de 30 cidades, de Londres à Cidade do México, passando por Accra e Tóquio,[56] enquanto Gagarin, do lado soviético, também faz a sua turnê mundial.[57] A NASA constantemente alimenta a imprensa com anedotas, *kits*, fotografias, entrevistas e coletivas, chegando também a lançar seus próprios programas de rádio e televisão, com o objetivo de alcançar o público da maneira mais direta possível.[58] Não seria exagerado dizer que o programa Apollo foi, sob certos aspectos, a maior operação de relações públicas da história. Após a volta do módulo *Columbia*, consumados os primeiros passos na Lua, o próprio von Braun, agradecendo à imprensa da tribuna do Centro de Naves Espaciais Tripuladas (Manned Spacecraft Center) em Houston, declara: "Pois sem as relações públicas e uma boa apresentação desses programas ao público, não poderíamos tê-lo levado a cabo".[59]

Nem de longe ele era o único a pensar assim. Entre 1963 e 1969, os Estados Unidos canalizam até 4,4% do Produto Interno Bruto (PIB) para a conquista lunar (o equivalente a 833,6 bilhões de dólares em 2020), valor que os defensores dos programas de voos tripulados costumam comparar às somas muito superiores gastas nas guerras do Vietnã, do Iraque ou do Afeganistão.[60] Embora se tenha formado uma espécie de aliança entre a NASA e certos meios de comunicação na cobertura do programa Apollo, a indústria não deixou de participar. A agência espacial, a imprensa e numerosas empresas (Boeing, Grumman, RCA, Honeywell, IBM) se encontram no Escape Velocity Press Club de Houston, cidade onde também se estabelece o Joint Industry Press Club (JIPC), ambos frequentados pelos repórteres em busca dos *kits* de imprensa de que precisam e dos encontros com os industriais mais indicados para responder a suas perguntas até os menores detalhes técnicos.[61] O simples fato de participar de perto ou de longe do programa espacial é em si um argumento de venda, motivo de orgulho. A empresa sueca Hasselblad, por exemplo, produtora das primeiras câmeras de astronautas, distribui um *kit* de 36 páginas cheias de fotos das missões Apollo e enumerando toda uma série de razões pelas quais a NASA escolheu o equipamento. Outros fornecedores, atuando em áreas menos concretas para o grande público e os jornalistas, distribuem gráficos, bótons e mapas ilustrando sua contribuição. Sony, Omega, Ford, Allison e uma série de outras empresas empreendem campanhas promocionais utilizando a figura do astronauta e imagens do espaço ou da Lua para vender seus produtos nos jornais e na televisão, meio indissociável do programa espacial: são os americanos que estão pagando e, portanto, devem poder acompanhar da própria sala.[62] A Grumman Aerospace Corporation chega a oferecer maquetes do módulo lunar (LEM) a jornalistas de TV para apresentação em seus programas. Seria um equívoco negligenciar a força de persuasão desses objetos — relógios, brinquedos, reproduções — que inundam os Estados Unidos, decorando a sala de estar dos contribuintes e participando da apropriação mais concreta e palpável do programa espacial por esse verdadeiro reservatório de fãs. Essa estratégia de "penetração" pela cultura material e simbólica da era espacial adquire importância tanto maior quando se sabe que, depois dos primeiros passos na Lua, o apoio do público arrefece. A construção da figura do astronauta perseguiria esses mesmos objetivos, desdobrando-se dos anos 1960 até o presente ao sabor das transformações políticas e sociais nas sociedades em que esses valores são cultivados.

Embora as estratégias de sedução ainda sejam moeda corrente, é preciso ter em mente que elas agem fora da esfera do grande público. As tecnologias ditas modernas seduzem além do que são capazes de proporcionar aos usuários de um ponto de vista puramente funcional. Suas linhas, curvas e superfícies brilhantes e polidas encantam e constroem a *libido astronautica*, no diapasão do "techno-porn"[63] também do agrado sobretudo de industriais, vendedores de eletrônicos e *smartphones*[64] (práticas que por sinal já eram amplamente usadas nos anos 1920, com produtos de consumo dotados de curvas que sugeriam aviões, barcos e trens).[65] Na década de 1980, quando os Estados Unidos querem conquistar os europeus para a ideia de uma estação orbital comum (que viria a ser a Estação Espacial Internacional), a equipe de Reagan também entoa essa musiquinha da beleza das tecnologias, não hesitando em encomendar à NASA, ao custo de quarenta mil dólares, uma maquete da estação que foi levada ao velho continente; o objetivo era fotografá-la cercada do maior número possível de chefes de Estado europeus, alguns dos quais ainda hesitavam na época em participar do projeto.[66]

Se na década de 1960 surgiram e se banalizaram maquetes e espetáculos destinados a capturar mentes e convencer financiadores, nas seguintes os artifícios e truques também são manipulados por razões estritamente econômicas. Claude Rosental[67] revelou essa continuidade nos anos 1990, especialmente com o emprego de demonstrações — ou "demos" — junto às comunidades espaciais profissionais. Pretexto para encontros comerciais, ferramenta relacional e de pré-venda, a "demo" (no caso, de um *software* utilizado no terreno da astronomia) tem múltiplos usos. Ela é habilmente preparada, ajustada, teatralizada, à maneira dos "*pitchs*"* que também se disseminariam na economia digital (como no caso do *shadow-testing*, que consiste, por esses mesmos métodos, em vender um produto antes que ele exista oficialmente).[68] Como o *pitch*, a demo se adapta: as imperfeições do produto a ser vendido são aplainadas, o que ressalta as possibilidades oferecidas por ele. Menos uma questão de dizer a verdade que de avaliar o apetite do público-alvo.

Essas técnicas continuam atuais. Não é raro que, em sua comunicação, as agências e empresas do setor espacial apostem nessa mistura de elementos factuais, científicos e prospectivos, quando não completamente inventados. Por exemplo, o Laboratório de Propulsão a Jato (Jet Propulsion Laboratory), onde são efetuados e supervisionados os voos não tripulados da NASA, produz em 2016 uma série de cartazes, *Visions of the future* (*Visões do futuro*), sobre turismo espacial, retomando o estilo gráfico futurista e afirmando esperar que um dia, "com a ajuda das novas gerações de inovadores e exploradores, essas visões do futuro se tornem realidade".[69] Certos anúncios em vídeo da Agência Espacial Europeia (ESA), da empresa SpaceX e semelhantes combinam cenas reais ou quase cinematográficas com múltiplas referências à ficção científica, contribuindo para a permanente confusão entre o possível, o provável e o hipotético.

Essa ciência-espetáculo por sinal infiltrou-se nos principais lugares de contato e troca entre os protagonistas do espaço e o grande público: da Cidade do Espaço de Toulouse (onde são apresentadas atrações teatrais com

---

* Em inglês, *pitch* é a apresentação concisa de uma proposta criativa ou de negócios, para formar uma nova empresa (*startup*) ou empreendimento, originar um filme ou outra obra de arte etc. [N. T.]

rovers[†] marcianos, contra o fundo sonoro de ruídos extraídos dos droides da saga Guerra nas Estrelas) à emblemática Smithsonian Institution, que em 2021 recebe 200 milhões de dólares de Jeff Bezos para a reforma do Museu Nacional do Ar e do Espaço e a construção de um centro de ensino com o seu nome (o Bezos Learning Center), com o objetivo de estimular alunos e estudantes a se interessarem pelas ciências e a tecnologia.[70] Escolas e outros centros de ensino são os vetores privilegiados para transmitir todo o potencial "inspirador" da dimensão espacial, setor que levaria os jovens a se interessarem pelas ciências e mesmo a abraçar carreiras científicas. Embora na década de 1960 de fato exista uma correlação entre o aumento do número de doutorados em ciências e técnicas (STEM) e o programa Apollo, nenhum estudo empírico detectou um nexo de causalidade: esse aumento também poderia ser explicado pelo crescimento global das despesas públicas e privadas no setor. Não dispomos de dados a respeito dos anos mais recentes, mas o argumento se sustenta.[71]

A religião do espaço

A racionalidade tecno-científica em geral considera-se independente das convicções religiosas. Entretanto, como vislumbramos com o conceito de "destino manifesto", o vínculo entre questões espaciais e religião é bem real. Os dois se entrelaçam há décadas, tanto no nível individual — muitos apaixonados pelo espaço são movidos por uma sensibilidade ou sentimentos religiosos — quanto no organizacional, onde o mundo astronáutico inspira-se em ritos e práticas do âmbito religioso. A conquista das mentes é mais forte que nunca quando se escora em valores e sistemas de representação religiosos. Antes mesmo que se firmasse a possibilidade de um lugar hipotético chamado "espaço", quando muitas outras designações (céu, cosmo, "*heaven*" etc.) eram empregadas, as ciências astronômicas já contemplavam a ideia de uma ascensão celeste tendo como força motora a glorificação de Deus. Em 1609, Johannes Kepler (1571-1630) equipara os

---

† Veículos robóticos usados na exploração da superfície de astros ou corpos celestes. A palavra "astromóvel" tem sido proposta como tradução para o português. [N. T.]

astrônomos a "sacerdotes do mais alto Deus", ao mesmo tempo imaginando que escaparia da crueldade de um mundo em guerra se encontrasse refúgio nas estrelas.[72] Para voltarmos ao terreno da astronáutica pura e ao componente astrocultural já mencionado, Júlio Verne, cristão convicto, é ideal para ilustrar as raízes religiosas dos primeiros relatos de conquista do espaço. As referências religiosas são onipresentes em sua obra, e, como lembrava o não menos célebre Ray Bradbury (1920-2012), a respeito da influência de Verne, "por que os homens sobem ao pico das mais altas montanhas e viajam à Lua? O motivo apresentado por Verne é que isso nos aproxima das estrelas, e se alcançarmos as estrelas, um dia seremos imortais".[73]

Esse resvalar para o repertório religioso não se detém nas fronteiras do imaginário. Tanto na Rússia como nos Estados Unidos, ele se corporifica em pessoas, engenheiros, cientistas e políticos, transitando de um continente a outro — com algumas adaptações locais — graças a textos, movimentos migratórios, instituições (é o caso, em particular, do cosmismo russo, cuja influência no Vale do Silício californiano está bem documentada).[74] O voo espacial parece espiritualmente tripulado; especialmente nos Estados Unidos, ele acompanha um ressurgimento do cristianismo em sua variante evangélica, escatológica.[75] O caso de Wernher von Braun é, mais uma vez, interessante. Apesar de criado no luteranismo, ele só se torna realmente crente ao chegar ao Texas, onde começa a estudar a Bíblia e se declara "[cristão] renascido". Em Huntsville, sua fé é compartilhada na pequena comunidade do meio espacial e por grande parte da população do norte do Alabama. Sem espaço para a dúvida, as razões que ele invoca para justificar a conquista do espaço são de natureza religiosa. Em fevereiro de 1958, von Braun propõe que um americano seja enviado ao espaço um ano mais tarde com um míssil *Redstone*, como parte de um projeto que denomina "Adam" (Adão), argumentando, entre outras coisas, com o desígnio divino e a necessidade de um "novo começo" para a espécie humana.[76] As declarações do engenheiro alemão em discurso pronunciado em 1958 também ilustram essa recusa de distinguir a ciência da religião. Von Braun se diz perplexo com o fato de semelhante erro de percepção ainda ser tão disseminado, acrescentando que, "pelo contrário, elas são irmãs. Se a ciência procura saber mais sobre a Criação, a religião busca entender melhor o Criador. De minha parte, só posso dizer que a grandeza do cosmo não pode deixar de confirmar minha crença na existência de um Criador".[77]

Para Catherine L. Newell, o vínculo entre conquista espacial e religião é tão forte que não seria absurdo situar a origem da conquista da Lua, não no "momento *Sputnik*" de 1957, mas na ideia de uma missão sagrada — expandir-se e explorar novos territórios — e na fé no chamado de Deus para "erguer uma nova Israel em um Novo Mundo e preparar a nação para o juízo final".[78] Nessa perspectiva, o mesmo fio liga a Terra Prometida à *Terra Incognita*, até a conquista dos astros, recorrendo também ao tema da fronteira, por sua vez profundamente enraizado na religião. Trata-se de uma leitura compartilhada pela historiadora das religiões Mary-Jane Rubenstein, para quem as pretensões de conquista dos entusiastas do espaço atuais — a começar pelos protagonistas do *New Space* (ver capítulo IV) — apenas renovam a versão mais imperial de um cristianismo que justificou a tomada do continente africano e a expansão europeia com o objetivo de construir um Novo Mundo, sempre com a bênção de Deus.[79]

Esse sentimento de ser o "escolhido" impregna a história da conquista do espaço e ao mesmo tempo lhe serve de refrão, e, apesar de as referências religiosas serem mais sutis nos anos recentes do que em meados do século XX, ainda assim elas ressurgem de tempos em tempos, inclusive em discursos oficiais. Assim, embora a filiação histórica aos períodos expansionistas e coloniais que se seguiram à "descoberta" da América possa parecer algo brutal, o catálogo de argumentos utilizados ainda hoje para justificar o esforço humano e financeiro empatado na conquista do espaço mantém-se inalterado, pelo menos nos Estados Unidos. Em discurso pronunciado em 2019 em Huntsville, na quinta reunião do Conselho Nacional do Espaço (National Space Council), o vice-presidente Mike Pence anunciou sob uma chuva de aplausos o calendário do retorno de astronautas americanos à Lua, invocando a fé repetidas vezes: fé na competência dos engenheiros da NASA, fé no fato de que os enviados não irão sozinhos, mas guiados pela mão de Deus, dando a entender que perpetuarão com seus atos a missão confiada aos peregrinos estabelecidos no Novo Mundo nos séculos XVI e XVII, ao mesmo tempo concretizando o que é bom e justo aos olhos do Senhor.[80] Desse modo, o messianismo e o excepcionalismo estadunidense são indefinidamente atualizados, com uma insistência quase neurótica que beira o "sublime", um "sublime americano" representado por gerações de tecnocratas do espaço.[81]

De maneira ainda mais concreta, devemos nos deter nos numerosos rituais — religiosos ou não — que envolvem o terreno espacial e suas realizações mais visíveis em uma aura sagrada. Tanto nos Estados Unidos como na URSS e depois na Rússia, os procedimentos observados pelos astronautas antes dos voos são extremamente ritualizados. Do lado americano, a chegada ao Kennedy Space Center na Flórida é sistematicamente acompanhada de um momento de isolamento e de um café da manhã, antes de serem vestidos num prédio especificamente destinado a essa finalidade, para em seguida passarem por uma "Sala Branca" (*White Room*) e finalmente serem alçados à cápsula, cumprimentando de passagem os circunstantes. Os russos, por sua vez, são abençoados por um padre ortodoxo na véspera do voo (assim como os foguetes *Soyouz* que os transportam). A França não fica atrás. No primeiro lançamento do *Ariane*, em 1979, na Guiana, todos os recursos humanamente possíveis são mobilizados para garantir o sucesso: 80 velas foram acesas na igreja de Kourou, tradição que se manteve pelo menos nos dezessete lançamentos seguintes, entrando para o protocolo a partir do sexto, "à exceção do segundo e do quinto, que fracassaram",[82] como frisa o antropólogo Peter Redfield. E as missões espaciais propriamente ditas estão cheias de referências religiosas, desde a leitura das primeiras linhas do Livro do Gênese pela tripulação do *Apollo 8* (que por sinal suscitou um processo contra a NASA da militante do ateísmo Madalyn Murray O'Hair, invocando desrespeito à laicidade)[83] até o texto constante da placa depositada na Lua pelos astronautas da missão *Apollo 11*, na qual consta um discreto "A. D. 1969" — abreviação de *Anno Domini* equivalendo a "1969 depois de Jesus Cristo" —, solução de meio-termo adotada para evitar uma referência mais direta ao cristianismo.[84] Para citar um último exemplo, registremos que em 1974 o Programa de Observação da Terra americano (Earth Observation Program) se envolve num projeto que consiste em localizar a Arca de Noé no alto do monte Ararat, na Turquia; ou, mais simplesmente ainda, o fato de que 90% dos astronautas americanos dos programas Apollo e Skylab eram cristãos praticantes.[85]

O historiador do espaço Roger D. Launius (que é mórmon) resume bem a diversidade das práticas simbólicas próximas do fato religioso, acrescentando à figura quase santa dos astronautas a experiência semelhante à comunhão dos lançamentos de foguetes (e, poderíamos acrescentar, seu acompanhamento pela televisão, que, naturalmente, transferiu-se para a internet), ou ainda a demonização de personalidades supostamente hostis ao programa espacial (Nixon por exemplo, que reduz drasticamente os orçamentos da NASA no período pós-Apollo, jogando um balde de água fria nos sonhos de voo tripulado de toda uma comunidade), sem esquecer a importância dos textos sagrados (os artigos da *Collier's* mencionados anteriormente) e certos lugares que poderíamos qualificar como de culto, como o Museu Nacional do Ar e do Espaço, que é o museu mais frequentado do mundo, com mais de 8 milhões de visitantes por ano.[86]

A religião do espaço pode ser uma motivação importante para sua conquista, mas é apenas um pilar dentre outros, como a figura do astronauta. Surgidos muito cedo na história da conquista, eles são a face pública dos programas espaciais. Esses personagens ilustres — ainda hoje — são fruto de uma construção midiática e simbólica que os transformou em ícones dos tempos modernos.

Encarnar o espaço: da invenção do astronauta...

Os astronautas encarnam não apenas a viagem para o espaço como tal, mas também os valores de seus países de origem. Hoje, o grande público já se familiarizou com os critérios draconianos da sua seleção, que, no entanto, nem sempre pareceram óbvios. Yuri Gagarin, o primeiro homem em órbita (1961), é escolhido antes de mais nada pelas origens camponesas modestas e por seu percurso, comparável pela simplicidade ao de muitos outros russos, aproximando-se ao máximo do ideal do homem soviético. Desfruta também de uma simpatia essencial e sem igual. Nos Estados Unidos, os sete astronautas do grupo *Mercury Seven* — os primeiros da série — são escolhidos em 1959 com a mesma ideia de representar o povo americano. São bonitos e casados com lindas mulheres, leais, patriotas, brancos, emocionalmente estáveis, dispostos a assumir riscos. Em suma: a fina flor, o melhor do que os Estados Unidos têm a oferecer ao mundo. Cabe notar que poucos deles se interessam por ciências ou astronomia.[87] Como evidencia o filme *The Right Stuff* (*Os eleitos*, 1983),[88] trata-se na verdade de um bando de valentões em busca de sensações fortes e dispostos a embarcar na coifa de mísseis balísticos levando cargas nucleares para o outro lado do mundo — com êxito apenas relativo a essa altura.

Mas são adorados pelas multidões, antes mesmo de terem percorrido um único quilômetro na vertical. Como também são pilotos de caça de talento, personificam a competência dos Estados Unidos em matéria tecnológica, o senso do dever e a coragem necessária para a concretização de uma missão sagrada a serviço do país. Os critérios fisiológicos observados em sua seleção, contudo, ainda não são muito claros. Os primeiros testes realizados pela NACA, supostamente para atestar sua confiabilidade, parecem concebidos com o objetivo de humilhá-los ao máximo: eles são fotografados nus, penetrados em todos os orifícios por diferentes aparelhos e submetidos às mais absurdas experiências, sem que ao fim se possa estabelecer um vínculo real entre as características físicas e a capacidade de bom desempenho no espaço.[89] E por sinal a própria ideia de recrutar prioritariamente pilotos de caça não parece tão evidente. Antes que essa escolha fosse feita por insistência do presidente Eisenhower, estabeleceu-se uma lista de profissões das quais poderiam sair os futuros astronautas a serem formados. De jogadores de beisebol a trapezistas, passando por médicos, alpinistas e professores: as mais variadas hipóteses são levadas em conta. Mas, no fim da década de 1960, a agência busca antes de tudo um perfil de "super-homem comum"[90]: o genro ideal e bem-comportado com quem todo mundo pode se identificar, de preferência não muito exuberante. Além disso, os pilotos de caça são militares, dóceis, habituados a macacões pressurizados e, ao contrário dos pilotos civis dotados de qualidades semelhantes, capacitados em matéria de segurança e mais fáceis de contactar. E um último detalhe: resistem menos a terem de se mudar para onde for necessário, sem fazer muitas perguntas.

Seus primeiros passos nesse novo meio, a astronáutica, não são simples. A profissão ainda não existe propriamente e consiste, fora os testes infindavelmente repetidos, em se munir de paciência à espera de um eventual voo no espaço dentro de vários meses ou anos (o que seria ainda mais o caso para as gerações seguintes de astronautas, alguns dos quais esperariam até 21 anos para voar).[91] No início da era espacial, os *Mercury Seven* enfrentam o duplo desafio de demonstrar sua utilidade externamente, frente ao grande público, e internamente, para os cientistas e engenheiros de profissão já constituída. Cabe lembrar que os primeiros seres vivos mandados para o espaço pelos americanos são macacos, e que os astronautas precisam provar que sua presença no alto oferece mais valor agregado que a desses primatas. A realidade da profissão de astronauta, ir para o espaço, resume-se então em sentar-se em uma cápsula exígua e suportar turbulências até entrar em órbita. Uma vez no espaço, ainda não está na hora de brincar de imponderabilidade. Depois vêm a descida e novas turbulências durante a arriscada operação de retorno à atmosfera terrestre. Os cientistas, pouco habituados à ideia de se preocupar com sistemas de sobrevivência durante voos em grande medida automatizados, pensam até em drogar os astronautas na cápsula, não para protegê-los dos inconvenientes da viagem, mas para evitar que se sintam tentados a apertar o botão errado. A bordo, assim, eles não têm mais autonomia que um passageiro de uma companhia aérea clássica, "autorizado a ajustar o assento, a mesinha e a vedação da janela", ironiza Gerard DeGroot.[92] A própria existência da vigia é motivo de conflito entre os *Mercury Seven* e os engenheiros responsáveis pela concepção da cápsula *Mercury* — que a certa altura pretendem rebatizar como "*spacecraft*" (nave espacial), para dar a ilusão de uma pilotagem de altíssimo risco. Como sustentar a ideia de que os astronautas controlam alguma coisa se não podem ver nada do interior da nave? O conflito de cultura entre astronautas, cientistas e engenheiros persiste nos anos seguintes, especialmente nos momentos em que a NASA tenta incluir cientistas no quadro de astronautas: esses nunca mais voltariam a ocupar seu verdadeiro lugar, pois sua simples presença permitia supor que qualquer um podia se tornar astronauta.

De início, a ideia de tornar pública a vida dos astronautas não agrada nem aos dirigentes políticos americanos nem aos da NASA. Hesitando em deixar vazar a imagem dos seus protegidos para os meios de comunicação de massa, eles acabam por se conformar, vendo nisso uma vantagem indubitável para sustentar o interesse do público pelos voos tripulados. Os *Mercury Seven* são autorizados a vender sua imagem à *Life* em 1959, com a exigência de que a revista se atenha a sua vida privada e ao apoio incondicional das famílias e dos filhos em suas perigosas proezas. Os muitos casos extraconjugais, apesar de conhecidos pelos repórteres, são acobertados, assim como os divórcios — ou o fato de que só não se divorciam para manter as aparências. De modo geral, a vida dos astronautas é idealizada, enquanto seus deveres se estendem a uma autêntica função promocional: percorrendo o país, eles repetem incansavelmente os mesmos discursos em escolas e seminários de motivação empresarial, caracterizando-se mais oficialmente como porta-vozes da NASA junto ao grande público.

Em questão de poucos anos, eles transformam-se em ícones culturais incontornáveis: novos heróis simbolizando o poderio tecnológico absoluto dos Estados Unidos e também uma certa ideia da masculinidade e da virilidade. Os primeiros macacões de astronautas do programa Mercury, herdeiros dos que eram usados a bordo do avião-foguete *X-15*, são pintados com spray prateado para lhes conferir um aspecto mais futurista.[93] Durante o programa Apollo, a NASA exibe os escafandros lado a lado com armaduras de cavaleiros[94] (muito embora sejam concebidos inicialmente pela Playtex, marca de roupas íntimas femininas) e o cinema apresenta os heróis do espaço em forma não menos romanesca: eles são especialistas em luta corpo a corpo no James Bond de 1967, *Com 007 só se vive duas vezes*, e aparecem armados com *lasers* numa cena épica do filme de 1979 da mesma série, *Moonraker*. Mas ainda está fora de cogitação mandar mulheres para o espaço, não obstante seus desempenhos físicos semelhantes, senão melhores que os dos homens,[95] e, apesar de a URSS ter-se arriscado — não sem intenções propagandísticas — já em 1963, com Valentina Vladimirovna Tereshkova (só vinte anos depois uma mulher americana, Sally Rider, subiria ao espaço, e também se passariam mais vinte anos para que uma segunda mulher soviética fosse enviada). Numa conferência, Wernher von Braun, descartando a ideia de mandar mulheres ao espaço, explica, com um humor um tanto duvidoso, que uma carga útil de 50 quilos — o peso de uma mulher, segundo ele — já está prevista a bordo para os "equipamentos de lazer". Como escreve Neil M. Maher, "no início da década de 1960, as mulheres que desejassem tornar-se astronautas tinham duas opções: dona de casa ou prostituta".[96]

Na França, a cobertura das primeiras décadas da conquista espacial nos meios de comunicação revela-se igualmente voltada para o espetáculo e a heroicização dos astronautas, tanto franceses como soviéticos ou americanos, apesar de certo favoritismo em relação aos primeiros, cujas façanhas são focalizadas com mais frequência.[97] A pretexto de vulgarização, os jornais da TV despolitizam as questões espaciais, pelo menos nas primeiras décadas — reduzindo-as, sem qualquer distanciamento crítico, a uma competição esportiva entre os dois blocos, aos gastos ilimitados dos Estados, aos lançamentos bem-sucedidos ou fracassados, seja contendo cargas de uso militar ou civil. Na busca dos índices de audiência, os jornalistas que cobrem o tema pecam por excesso de entusiasmo, resvalando para uma verdadeira celebrização dos astronautas. Só em 1982, o primeiro francês a partir para o espaço, Jean-Loup Chrétien, sobe a bordo da estação soviética *Saliut 7*, mas o período anterior foi mais que suficiente para transformar os astronautas em geral em estrelas da televisão. Para o historiador Robert Nardone, era "uma maneira de se apropriar deles, de torná-los mais próximos como simples seres humanos, sem a carga heroica. O que significa que são equiparados ao cantor ou cantora popular, ao ator ou atriz de cinema".[98]

... à adulação dos influenciadores do espaço

É difícil traçar uma linha dos *Mercury Seven* a Thomas Pesquet sem nos determos mais especificamente na evolução do papel atribuído aos astronautas no período pós-Apollo, ou seja, na época do ônibus espacial. Depois da conquista da Lua, celebridade e heroísmo não bastam mais para legitimar a presença deles no espaço. Os americanos se preocupam cada vez mais com a ecologia e as questões sociais. Dos astronautas, esperam mais que uma repetição no espaço dos ícones do passado, de atores de faroestes como John Wayne. Em busca do maior apoio possível, a NASA precisa de uma nova narrativa e se vale de metáforas que ultrapassam as habituais referências à fronteira — que, no entanto, rapidamente voltariam. Já na década de 1970, e mais ainda na seguinte, temos a narrativa da rotineirização do acesso ao espaço (graças ao ônibus espacial) e de sua manifestação humana, o astronauta como trabalhador orbital incumbido de montar a estação e realizar experiências científicas a bordo. "Ir ao espaço é sinônimo de ir para o trabalho", escreve a historiadora Valerie Neal:[99] durante anos, os astronautas constroem estações em órbita, pedaço a pedaço, numa atividade amplamente ilustrada em imagens. Em 1972, quando é tomada a decisão de construir o ônibus espacial, a NASA encomenda ao artista Robert McCall, que havia trabalhado no filme *2001, uma odisseia no espaço* (1968), cenas de ônibus espaciais coloridos para ilustrar o trabalho dos astronautas.[100] Do lado soviético, astronautas dos países aliados, especialmente do Pacto de Varsóvia, são convidados à estação *Saliut*. Entre eles, em julho de 1980, o vietnamita Pham Tuam, primeiro asiático no espaço, além de antigo piloto que abateu um avião *B-52* dos Estados Unidos na Guerra do Vietnã: é a máquina simbólica funcionando a pleno vapor. Em órbita, ele constata os danos ambientais causados pelo uso do agente laranja, um desfolhante jogado pelo Exército americano nas florestas vietnamitas e em culturas de víveres de 1962 a 1971.[101]

Nas décadas de 1980 e 1990 também há maior participação de mulheres e pessoas não brancas nos voos. A NASA entende a necessidade de representar melhor no espaço a diversidade do povo americano, num momento em que se intensificam as críticas à utilidade do ônibus espacial e da ciência em órbita propriamente dita. A ideia de que qualquer um pode subir ao espaço chega ao paroxismo em 1986, quando a professora Christa McAuliffe é escolhida para participar de um voo no ônibus espacial *Challenger*, com o objetivo de inspirar os alunos do país. Infelizmente, o veículo explode 73 segundos depois de iniciado o voo. É um drama nacional que lembra que a rotineirização dos voos espaciais (ainda longe de se concretizar efetivamente) não os transforma em uma atividade como outra qualquer. Por mais que se queira considerá-lo um trabalhador, depois dessa tragédia (e da tragédia do *Columbia* em 2003) a figura do astronauta volta a ser sinônimo de heroísmo: trata-se de uma atividade arriscada e potencialmente mortal.

É à luz desses acontecimentos que devemos entender o papel atual dos astronautas nos Estados Unidos, na França ou na China, onde recursos semelhantes de promoção do programa espacial são mobilizados em torno deles.[102] Distinguimos aí uma herança histórica comum que remonta aos *Mercury Seven*, à figura de Gagarin e às centenas de outros que se seguiram, sempre apresentados como heróis, embaixadores, cientistas e sobretudo modelos de virtude para os concidadãos. Estrela e ao mesmo tempo homem comum: eis a situação do astronauta Thomas Pesquet. Pode-se ser fã dele como se adora Jenifer, o Abade Pierre ou Jean-Jacques Goldman,* ao mesmo tempo reconhecendo que o homem do espaço é

* Celebridades francesas: a cantora e atriz Jenifer (n. 1982); o Abade Pierre (1912-2007), padre católico que participou da Resistência à ocupação alemã durante a Segunda Guerra Mundial e fundou o Movimento Emaús, de combate à pobreza e à exclusão social; Jean-Jacques Goldman (n. 1951), cantor e compositor doze vezes considerado a "personalidade favorita dos franceses" em pesquisa anual do Instituto Francês de Opinião Pública. [N. T.]

fruto de uma superseletividade que quase o transforma em super-homem. Essa condição de herói moderno casa perfeitamente com o ideal do homem simples, apreciado justamente porque não deixa os admiradores complexados. Num livro em que questiona a utilidade da viagem à Lua,[103] Günther Anders observa que os astronautas eram a um tempo heroizados e mediocrizados, pois, "para ser admirado como herói nas democracias de massa, os indivíduos precisam ser de uma tal natureza, ou pelo menos apresentados de tal maneira que todo mundo possa se reconhecer neles e se identificar".[104] Se os astronautas são semideuses, também precisam aparentar ser apenas "*boys around the corner*" (garotos da vizinhança), segundo Anders, que acrescenta: "De fato eles são um pouco melhores que a média, mas sempre com a aparência de garotos impecáveis, bem ensaboados pela moralidade americana".[105] Nessa perspectiva, o astronauta é "o sujeito do bairro", que assegura e tranquiliza tanto pela competência como pela proximidade e a normalidade, a exemplo do canadense Chris Hadfield, que, falando da Estação Espacial Internacional (ISS), explica a importância de estar conectado com todo mundo, inclusive "se filmar [se] barbeando, bebendo e comendo amendoins livre da gravidade...".[106] Pois o astronauta do século XXI também é um influenciador adepto das redes sociais digitais, apesar de muito limitado em suas intervenções pelas diretrizes estabelecidas pelas agências que o empregam: deve manter uma atitude positiva, ater-se a comentários convencionais sobre a beleza da Terra e a fragilidade do seu clima, não falar muito da poluição decorrente do número de destroços constantemente aumentando no espaço.[107] A astronauta italiana Samantha Cristoforetti, por exemplo, resolveu inspirar as gerações jovens, estimulando-as a se interessar pelas carreiras científicas. Desse modo, serve de modelo de inspiração, recorrendo por exemplo a uma parceria com a fabricante da Barbie, que passa a ser vendida como a primeira boneca do espaço.[108]

Esses fatores explicam por que Thomas Pesquet, 550º homem a subir ao espaço e 10º francês, torna-se uma celebridade na década de 2010, muito mais conhecido que os compatriotas antecessores.[109] Uma celebridade perfeitamente orquestrada e coreografada pela Agência Espacial Europeia (ESA), com equipes terrestres cujo empenho permitiu integrar o astronauta à comunidade das estrelas francesas. Seja nos esportes, na música ou em ações beneficentes como os Restaurantes do Coração,* Pesquet está em toda parte e cultiva a imagem de sujeito simpático que ninguém teria por que recriminar. E o astronauta tem talento para a coisa: estimulando sentimentos patrióticos ou regionalistas com suas fotos bem escolhidas (a Borgonha e seus vinhos de fama internacional "amplamente" merecida,[110] a Bretanha, essa "silhueta conhecida" ideal para servir de fundo de tela)[111] e se entregando de maneira não menos poética a pensamentos sobre o descontrole climático, ao imortalizar os incêndios de 2021 na Grécia, no Canadá, na Califórnia e na Turquia. É de fato um feito considerável das agências conseguir transformar os astronautas em embaixadores e caixeiros-viajantes das mudanças climáticas — embora seu papel nessa questão seja insignificante —, em total indiferenciação entre as várias atividades espaciais, desde a conquista humana de Marte — que invariavelmente os deixa sonhadores — à mensuração e vigilância do aquecimento do planeta. Desse ponto de vista, a indústria do espaço é "vendida" como um conjunto homogêneo, apesar de ser repleta de contradições.

Primeiro homem no espaço, primeiro homem na Lua, primeira mulher no espaço, primeiro negro no espaço: os astronautas não param de ser os primeiros a fazer alguma coisa, "*another first*" (mais um primeiro), escreve Valerie Neal, apontando um esquema que se repete sem fim. As agências seguem assumidamente esse caminho. A dupla condição de estrela do firmamento nacional e embaixador dos programas tripulados é um coquetel irresistível, que tem a vantagem de se adequar a diferentes reivindicações sociais que venham a surgir. A direção da NASA, por exemplo, ainda hoje tem perfeita consciência da falta de representatividade de seus astronautas, homens brancos em sua imensa maioria. Desde o início da conquista espacial, houve apenas quatorze astronautas negros e 78 mulheres (entre elas cinco negras). Afirma Lori Garver, administradora adjunta da NASA de 2009 a 2013: "Diversificar as tripulações de astronautas vai proporcionar

---

* Os *Restaurants du Coeur*, popularmente *Restos du Coeur*, são uma associação de utilidade pública sem fins lucrativos fundada em 1985 pelo humorista Coluche (1944-1986) para fornecer alimentos a pessoas necessitadas, especialmente no inverno, e promover a reinserção social desses indivíduos. Estão implantados em toda a França e gozam de grande visibilidade na sociedade, entre os dirigentes políticos e nos meios de comunicação. [N. T.]

modelos de inspiração e uma lufada de esperança às pessoas que só raramente se veem representadas em posições assim".[112] É por isso que os Estados Unidos pretendem enviar à Lua a primeira mulher e a primeira pessoa não branca como parte do programa Artemis, que, no papel, prevê a volta de astronautas à Lua em 2025. Depois de aparecer entre os atores da tela de cinema e da telinha, depois de absorver as preocupações ecológicas, a figura do astronauta poderá continuar se prevalecendo dessas vantagens, encarnando o apaziguamento frente a injustiças de gênero, raça e outras condições minoritárias.

Quanto a saber para que servem os astronautas, suas estações, suas pesquisas, é uma verdadeira incógnita. O custo de um dia na EEI chega a 7,5 milhões de dólares por astronauta, incluído o lançamento, o equivalente a 315 mil dólares por hora. A esse preço, é difícil justificar pesquisas científicas a serem efetuadas a bordo.[113] Um argumento invocado com frequência consiste em lembrar que foram cinco visitas humanas a partir do ônibus espacial que permitiram consertar em órbita o telescópio *Hubble*, em 1993, o que, no entanto, teve como preço a construção e o envio de sete telescópios equivalentes. Em matéria de exploração humana, o argumento econômico não é o que prevalece. Se há cinquenta anos os astronautas que giram em torno da Terra ainda são recebidos de braços abertos, é também porque um mito é cuidadosamente cultivado: o mito do seu desempenho científico em órbita. Cabe analisar, assim, a ideia de que revoluções científicas e tecnológicas importantes seriam preparadas lá no alto, na ISS ou em outros dispositivos.

Justificar a conquista pela ciência: a retórica dos "benefícios" legitima as estações espaciais

Antes mesmo de se bater o martelo pela construção de uma estação espacial, o presidente Reagan, ardoroso partidário do uso comercial do espaço, louvava num pronunciamento em 1984, no décimo quinto aniversário da *Apollo 11*, exatamente como fizera meses antes em seu discurso sobre o Estado da União,[114] as maravilhas técnicas e científicas que decorreriam das experiências feitas em órbita:

> Os benefícios que nosso povo poderá extrair do uso comercial do espaço literalmente desafiam a imaginação. Juntos, podemos produzir medicamentos raros capazes de salvar milhares de vidas e economizar centenas de milhões de dólares. Podemos fabricar 'superchips' que nos tornarão mais competitivos no mercado mundial da informática. Podemos construir observatórios espaciais que permitirão aos cientistas enxergar até os confins do universo. E podemos produzir ligas metálicas e materiais biológicos especiais, graças à ausência de gravidade.[115]

Só podemos entender essas promessas no contexto de uma retórica mais antiga, a retórica dos "benefícios resultantes". Segundo ela, é verdade que as atividades espaciais custam caro, mas produziriam um jorro de resultados nos terrenos científico e econômico. É um argumento sustentado ao longo dos anos 1970, depois de uma década em que a NASA ainda desfruta de imagem suficientemente boa para não precisar justificar seus gastos. No período pós-Apollo, contudo, o apoio do público e dos dirigentes políticos ao setor espacial arrefece, assim como os orçamentos. Apesar disso, é necessário motivar novas despesas, num momento em que a ideia de desenvolver um ônibus espacial abre caminho na administração Nixon. A partir de 1976, a NASA publica anualmente a revista *Spinoff*, que historia os resultados positivos do setor espacial na sociedade, em campos tão diversos quanto a medicina, o mundo do trabalho, os transportes e a ecologia.[116] Com a virada liberal da década de 1980, a Europa adota a mesma retórica, por meio do grupo Spacelink, que identifica para a Agência Espacial Europeia transferências tecnológicas bem-sucedidas constantes do catálogo T.E.S.T (Transferable European Space Technologies, ou Tecnologias Espaciais Europeias Transferíveis). Dos dois lados do Atlântico, o setor espacial é chamado a comprovar sua utilidade.

Embora devamos diferençar a pura transferência de tecnologia (que faz parte de uma abordagem voluntarista e pode assumir diferentes formas) dos benefícios ou resultados benéficos (de origem mais aleatória), cabe notar que essa fronteira é embaralhada pelas inovações e as histórias mais em vista no debate público, dentre as decorrentes das iniciativas espaciais. Entre as mais citadas: a ressonância magnética, o velcro, as fraldas absorventes descartáveis, os dispositivos de assistência ventricular, os purificadores de ar, a reciclagem da urina, as ligas com efeito memória de forma e até a informática.[117] As agências espaciais misturam nessa lista produtos diretamente decorrentes das atividades espaciais e outros que apenas foram utilizados pelo setor. Na verdade, todos os produtos que, de alguma maneira, passam pelo espaço ficam envoltos numa aura especial e alimentam uma narrativa globalmente positiva. Essa narrativa, no entanto, incorre em muitas críticas.[118] Pois, se os grupos pró-espaço obstinam-se a partir da década de 1970 em demonstrar que, sem a contribuição do setor, a televisão e a transmissão de imagens por satélite não teriam avançado tanto, os detratores afirmam que o velcro existe desde 1938, os dispositivos de assistência ventricular, desde 1963, e os purificadores de ar eram usados já nos anos 1850 para proteger os mineiros do carvão, e mais adiante nos submarinos. A menção desses objetos atenderia sobretudo a uma necessidade de criar imagens fortes e positivas junto ao público e nas esferas políticas durante períodos de crise orçamentária.

Seja como for, a argumentação dos benefícios e das transferências de tecnologia acaba se transformando num tapa-buraco da falta de assunto na imprensa: as tecnologias derivadas do setor espacial seriam superiores e mais desenvolvidas que as concorrentes terrestres (ou seja, capazes de atender mais satisfatoriamente a determinados problemas) e benéficas por essência. O raciocínio parece duvidoso se levarmos em conta que, embora à primeira vista pareça envolver tecnologias das mais avançadas, o setor tende mais a integrar que a gerar tecnologias. Os aparelhos enviados ao espaço devem ser adaptados às imposições específicas do meio e resistir a condições extremas. Seu grau de sofisticação, assim, decorre menos da tecnologia propriamente dita que da sua utilização operacional, da sua *espacialização*. As poucas inovações objetivas originadas no setor espacial são úteis antes de tudo *no* e *para* o espaço, cujos imperativos específicos (vibrações, acústica durante o lançamento, radiação solar e microgravidade etc.) não existem em nenhum outro lugar, o que muitas vezes as confina em nichos. A título de exemplo, as proteções contra bombardeios de materiais eletrônicos por partículas (prótons ou elétrons, que podem gerar "transtornos de evento único" dentro de um processador e falsear seus cálculos) ou as técnicas ditas de desgaseificação, que permitem expor uma matéria ao vazio espacial para avaliar os efeitos em sua superfície, são procedimentos tipicamente ligados às atividades espaciais, com aplicações terrestres muito reduzidas.

Mas é com a promessa de avanços técnicos e científicos fulgurantes que se oferece aos dirigentes europeus na década de 1980 a participação na ISS, o sistema orbital mais complexo jamais construído (e também o mais caro, num total de 150 bilhões de dólares, segundo dados oficiais). Nessa estação, ocorreriam saltos científicos exponenciais, a indústria da informática seria revolucionada, com a criação de circuitos integrados, medicamentos de uma pureza incrível seriam produzidos, graças a um procedimento denominado eletroforese.[119] Em 1987, a Boeing chega a fazer uso, em peça publicitária no *New York Times*, da imagem de uma criança acometida de doença incurável, que poderia se beneficiar com as pesquisas orbitais.[120] Desde a origem, assim, a futura ISS era um "laboratório" com tudo para agradar.

Mas, nesse momento da história, estações espaciais giram em torno da Terra há mais de uma década. A URSS satelizou a *Saliut* em 1971 (oito estações no total, três delas militares), e em 1986 chega a vez da *Mir*. Embora já se pretenda enxergar nelas um posto avançado em direção a Marte, o outro lado da moeda é menos brilhante: a estação serve sobretudo para permitir voos de astronautas — de importância simbólica — e pouco se presta a experiências científicas, em virtude da baixa altitude e da constante fricção com a atmosfera terrestre. Em quinze anos de existência, a *Mir* requer o lançamento de cem foguetes, para receber astronautas e abastecê-los: não propriamente um programa econômico. No início dos anos 1990, a operação representa para os russos, sobre as ruínas da URSS recém-implodida, um abismo financeiro que vai acabar no bolso dos americanos, depois de uma tentativa malsucedida de alugar para o primeiro interessado, por intermédio da empresa MirCorp.[121] Todas as hipóteses são contempladas para mantê-la voando: em 1996, chega-se a afixar na estação espacial um anúncio da Coca-Cola, por 1 milhão de dólares.[122]

Do lado americano, a estação *Skylab* é posta em órbita em 1973 com os últimos foguetes *Saturn-V* herdados do programa Apollo já enterrado, seguida pela *Spacelab*, lançada na virada da década de 1980. Começa então a saga da estação *Freedom*,[123] que se transforma em *Alpha* e afinal em ISS, com sua internacionalização depois da queda do Muro de Berlim. Mas o principal argumento usado nas esferas políticas para garantir seu orçamento não tem muita coisa a ver com a paz. A estação encarna, na verdade, a etapa seguinte logicamente ("*next logical step*", na expressão consagrada e martelada pela NASA), fazendo eco ao paradigma von-brauniano (ônibus espacial → estação → Lua → Marte). Sua construção tem início em 1998, com a contribuição de onze países, entre eles a Rússia, o Japão e os membros da ESA, a Agência Espacial Europeia. Antes de ser apertada a primeira porca, a operação já custara uma dezena de bilhões de dólares em estudos diversos.

Sob o pretexto da internacionalização e da pacificação das relações internacionais, a Estação Espacial Internacional é apresentada pelos dirigentes norte-americanos aos países europeus como uma oportunidade imperdível de entrar para o time campeão. Um argumento de peso, para um continente que já procura se afirmar simbolicamente: em troca de sua participação, esses países poderiam não só pôr em órbita astronautas nacionais como se juntar a uma grande e promissora aventura científica. Para o historiador Robert Bell, a estação espacial é na realidade da esfera da "tecnologia da politicagem", por ele identificada como um dos sete pecados capitais da alta tecnologia. Em outras palavras, os Estados Unidos estruturam financeiramente o programa de maneira "a fragmentá-lo numa infinidade de contratos, com a única finalidade de angariar apoio político".[124] Numa época em que o foguete *Ariane* já faz feroz concorrência ao ônibus espacial americano, o objetivo é garantir contratos lucrativos para toda uma série de fornecedores, como Lockheed Martin, Boeing e os milhares de subempreiteiros da NASA que durante décadas se beneficiaram com o orçamento hipertrofiado dos voos tripulados e que precisam continuar satisfeitos no período pós-Apollo. A ISS se torna então o destino privilegiado dos voos de ônibus espaciais onerosos (37 voos, num total de 135, para montagem e abastecimento), para dizer o mínimo. Resumindo: é preciso alimentar a indústria com contratos, e, de maneira não menos estratégica, sair da Guerra Fria, mas diluindo a matéria cinzenta e os orçamentos dos russos e europeus e assim reduzindo sua capacidade de investir em programas autônomos e militares (especialmente se fossem conjuntos, hipótese particularmente assustadora para os Estados Unidos).[125] Ninguém o expressa melhor que James Montgomery Beggs, sexto diretor da NASA, numa oficina sobre a internacionalização da estação espacial, em 1983: "Se formos capazes de atrair essa cooperação internacional, os outros países vão cooperar conosco gastando seus recursos, em vez de entrar em concorrência conosco".[126] Um outro parâmetro viria justificar o programa no início da década de 1990: empregos. Nesse sentido, 75 mil trabalhadores de 39 estados americanos, principalmente Alabama, Texas e Maryland, seriam necessários para construir a ISS, o que não pode deixar o Congresso indiferente.[127]

Na França, a decisão de entrar no jogo não se baseia em critérios científicos, como se constata na ordem do presidente Mitterrand de lançar o programa do ônibus espacial *Hermès* em 1985. Por razões políticas, os alemães desejam participar do projeto da estação. Na época ministro das Tecnologias da Informação e dos Correios, François Fillon teme um desequilíbrio na política espacial europeia e afirma que

> a Europa não pode estar ausente do primeiro grande programa espacial mundial, do qual participam os americanos, os russos, os japoneses e os canadenses. Não o fazer significaria, para a Europa, a renúncia aos voos tripulados, embora seu interesse possa ser debatido no curto e médio prazo. Como a Alemanha está decidida a se envolver na estação, com ou sem os europeus, uma recusa da nossa parte levaria inevitavelmente a uma desintegração da Europa espacial. E, sem Europa espacial, a permanência do *Ariane 5* estaria em jogo.[128]

A decisão decreta a morte de vários programas científicos no Velho Continente, particularmente a missão Eddington de pesquisa de planetas de tipo terrestre fora do sistema solar, em 2003, e o aterrissador *Bepi Colombo*, que deveria pousar em Mercúrio (afinal substituído por duas sondas orbitais lançadas em 2018).

Os poucos avanços e descobertas decorrentes da ISS devem ser cotejados com as promessas feitas e com seu custo faraônico. Pois temos aqui um segredo de polichinelo no mundinho do espaço: assim como as estações antecedentes, a ISS é um ambiente pouco compatível com a prática científica de ponta. As vibrações causadas pelos movimentos dos astronautas e dos diferentes sistemas de sobrevivência fazem delas laboratórios bem medíocres. Na década de 1990, a comunidade científica mostrou-se cética ante as promessas de resultados benéficos, considerando-se os custos. Nos Estados Unidos, quatorze organizações científicas, entre elas a Sociedade Americana de Física, a Sociedade Americana de Química e a Associação Americana de Cristalografia, afirmaram que de modo algum sua construção se justificava. Na França, o Comitê de Pesquisa Espacial publica um relatório de conclusões semelhantes, e a Academia de Ciências de Paris junta à mesma opinião uma advertência sobre o fato de que um projeto semelhante poderia prejudicar o avanço das ciências em geral e das ciências espaciais em particular. A reação entre as personalidades mais capacitadas da astronáutica francesa é igual, como o diretor do Centro Nacional de Estudos Espaciais, André Lebeau; considerando "esse projeto um impasse oneroso e inútil, como todos os voos tripulados, mas também uma sujeição aos projetos americano-russos", ele se demite em 1996.[129] O antigo secretário do CNES, Roger Lesgards, juntou-se a essa salva de críticas, lembrando o pouco interesse científico dos voos tripulados num livro publicado em 1999, no qual afirma que "nada justifica as somas gigantescas que lhes são destinadas".[130] Em outra arena, alguns anos depois, em 2006, o jornalista científico Serge Brunier reforçava o argumento, reafirmando que a imensa maioria das experiências efetuadas na ISS poderia ser feita em estações não tripuladas ou em solo — onde, por sinal, é possível reproduzir a imponderabilidade:

> Quando precisam fazer experiências realmente sérias — testes relativistas, testes interferométricos, física fundamental —, os físicos se valem de meios de acesso à microgravidade mais eficazes que os voos espaciais tripulados: satélites, foguetes-sondas ou torres de queda livre.[131]

Acontece que a ISS não cumpriu suas promessas pelo simples motivo de que nunca foram sua razão de ser. E, fora as razões propriamente políticas que motivaram sua existência, o essencial das práticas conduzidas a bordo da estação visa a compreender de que maneira o corpo reage no meio espacial em estado de microgravidade. Mesmo nesse terreno, todavia, a ciência infelizmente é teimosa: a única conclusão a ser tirada, por mais deprimente que pareça, é que não fomos feitos para viver lá em cima, ou pelo menos não por muito tempo, sem arriscar nossa pele, em virtude das radiações e de toda uma série de outros males perfeitamente identificados.[132]

Certamente não esgotaremos aqui a bateria de argumentos que se somam à retórica dos benefícios para justificar os voos espaciais tripulados e, de maneira mais ampla, o conjunto dos gastos ligados ao setor espacial. Mas dois deles merecem ser mencionados. O primeiro tem a ver com as questões ligadas aos desequilíbrios climáticos e à agricultura sustentável. Nas décadas de 1960-1970, desenvolve-se todo um ramo da chamada ecologia de cabine (*cabin ecology*) em torno dos sistemas de sobrevivência que permitem a vida humana, animal e vegetal no espaço, no interior de circuitos sóbrios e virtuosos que por definição requerem a máxima reciclagem dos recursos disponíveis. O projeto MELiSSA (Micro-Ecological Life Support System Alternative, ou Alternativa de Sistema Microecológico de Manutenção da Vida), instalação experimental montada em 1987 pela Agência Espacial Europeia, emprega uma centena de engenheiros no desenvolvimento de um sistema regenerativo de sobrevivência que permita reproduzir as funções do ecossistema terrestre e converter os dejetos em oxigênio e nutrientes. Embora o MELiSSA de fato se aprofunde nas combinações multiespécies de que depende a vida na Terra, reinventando uma biosfera mínima, a experiência também cristaliza os paradoxos de uma conquista espacial "ecológica" baseada num mesmo imaginário de expansão tecnocientífica que abre caminho para a "possibilidade de um consumo e de uma abundância isentos de culpa".[133] O argumento ainda hoje é usado. Em 2020, lemos nos textos promocionais da Thales Alenia Space que, como os astronautas

> precisam sobreviver com uma quantidade limitada de alimentos, matérias-primas, sol, energia, água e oxigênio [...]. As viagens ao espaço, assim, constituem uma excelente oportunidade de testar a criação de uma economia circular. Inspirada na experiência dos astronautas, a humanidade pode aprender a economizar os recursos de que dispõe.[134]

Um segundo exemplo diz respeito à valorização econômica do setor, calculada pelo efeito multiplicador. Cada valor gasto no setor espacial renderia centenas na economia real. O argumento, empregado desde a década de 1960,[135] continua sendo invocado. Assim, o serviço de relações públicas da ESA anuncia que, "para cada 100 euros gastos no desenvolvimento do Ariane, 5.320 são gerados em valor agregado suplementar na economia", acrescentando que "uma receita de cerca de 50 bilhões de euros teria sido gerada entre 2000 e 2012 na indústria europeia espacial e não espacial"[136] — cálculos que não levam em conta muitos financiamentos públicos sem os quais os lançadores simplesmente não existiriam (o que vamos detalhar no capítulo IV). Além disso, esse recurso ao efeito multiplicador deve ser relativizado, levando em conta em particular a trajetória seguida por essas transferências de tecnologia e sua capacidade de difusão fora do setor espacial. Os estudos efetuados pelo Escritório de Economia Teórica e Aplicada (BETA) para a ESA abarcam três décadas de transferências tecnológicas da agência, até os anos 1990, reconhecendo que, se as transferências são numerosas e o efeito multiplicador, bem real, sua influência se dá antes de tudo no próprio setor espacial, encontrando dificuldade para se propagar fora dele.[137] Nessa mesma lógica, a Comissão Europeia calcula a contribuição econômica do setor espacial em estudos realizados de dois em dois anos, atribuindo, por exemplo, um valor arbitrário aos *chips* Galileo (o GPS europeu) dos *smartphones* e outros aparelhos em circulação, para então deduzir rendimentos de serviços que chegam a 150 bilhões de euros (com 6 bilhões de *chips* instalados).[138] Isso significa agregar ao setor espacial mercados induzidos (que, além disso, são enxertados numa infraestrutura pública, pois, sem GPS, Uber ou Tinder não funcionariam — e nesse caso poderíamos questionar se seus rendimentos devem ser contabilizados no cálculo).

Embora nos distanciem das temáticas propriamente astroculturais, esses argumentos econômicos põem em perspectiva os voos tripulados e seu caráter central nos debates sobre o espaço. Tenhamos em mente que a retórica dos benefícios e as metodologias empregadas para quantificar a contribuição do setor para a economia se inscrevem em uma história longa de justificação dos gastos, que também tem como objetivo convencer o contribuinte da validade das escolhas feitas em seu nome. A mesma máquina de convencimento já foi montada na Europa para promover os voos tripulados. Em 2022, na França, o Escritório Parlamentar de Avaliação das Escolhas Científicas e Tecnológicas (OPECST) fez a seguinte recomendação numa nota:

> Dar prosseguimento à reflexão sobre a forma a ser assumida pela versão europeia do voo e da exploração tripulados [...]. Trata-se de privilegiar o interesse científico e soberano da exploração

> tripulada, para assegurar o apoio do grande público a projetos de envergadura que requeiram um esforço considerável.[139]

Assim, é como se o futuro já estivesse escrito. A vindoura exploração da Lua, no contexto do programa Artemis, será acompanhada das mesmas amáveis narrativas, jogando com a fé cega na possibilidade de descobertas extraordinárias. Desse modo, agências e Estados perseguem o mesmo objetivo, que consiste em gerar a necessária aceitabilidade social para acenar ao contribuinte com um futuro radiante.

A terra vista do espaço: da consciência planetária...

Ainda no terreno do fascínio, seria difícil ignorar um elemento-chave da astrocultura: a imagem da Terra vista do espaço. As primeiras fotografias tiradas do espaço *por seres humanos* (detalhe que tem sua importância) — como *Earthrise* (a *Terra em ascensão*), imortalizada pela equipe da *Apollo 8* em 1968, e *Full Earth* (a *Terra por inteiro*, conhecida também como *Blue Marble*, ou *Bola de gude azul*), tirada pela equipe da *Apollo 17* em 1972 — causaram forte impressão, sugerindo muitas metáforas. Embora não sejam as primeiras representações do planeta, nem sequer as primeiras fotos tiradas do espaço (em 1966, *Lunar Orbiter* [Em órbita lunar] já imortalizava um crescente da Terra em sua passagem junto à Lua), foram elas que mais contribuíram para mudar a percepção do planeta e do lugar dos seres humanos no universo. Usadas por certos movimentos ecologistas (como o Friends of the Earth e o encontro mundial anual Earth Day), as duas fotos foram reproduzidas na capa da *Life* e da célebre revista *Whole Earth Catalog*, editada pelo não menos popular Steward Brand, figura de destaque do movimento da contracultura na época.[140] Muitos consideram que essas imagens representaram uma autêntica virada na psique humana, que assim finalmente alcançava a unidade e um grau superior de consciência.[141] No auge dessas visões de uma Terra única e comum a todos, entretanto, prossegue a guerra no Vietnã e a tensão nuclear entre os dois blocos chega ao máximo.

Apesar disso, conquista espacial e combate ambiental são associados, de tal maneira que esses clichês são considerados o ponto de partida dos movimentos de defesa do meio ambiente, numa extrema simplificação de sua história.[142] Uma confusão histórica, mas sobretudo um maná para a NASA, na época criticada pelos movimentos ecologistas, especialmente pela gestão das bases de lançamento.[143] Na década de 1960, a base espacial do Cabo Canaveral, no estado da Flórida, por exemplo, é considerada semisselvagem, isolada, desabitada.[144] Além do fato de esses qualificativos ignorarem a longa história dos povos nativos que ocuparam o território durante séculos, a NASA enfrenta a crescente indignação dos movimentos de defesa ambiental ao longo dos anos 1960-1970. Baseado essencialmente na crítica da industrialização e de seus efeitos, esse inconformismo também visa a agência espacial em várias frentes. Ela é acusada de transformar o espaço e a Lua em depósito de lixo, poluir as bases de lançamento (com as descargas tóxicas emitidas antes das decolagens e mais tarde, na virada dos anos 1970, por causa das emissões de cloro dos futuros ônibus espaciais, que poderiam entrar em reação com a camada de ozônio), desviar a atenção dos grandes problemas ecológicos da época e, por fim, não prestar suficiente atenção às questões científicas associadas à situação do planeta.[145] A NASA responde às críticas, no mandato de George Low, com uma campanha de relações públicas visando demonstrar o interesse de seus programas para a vigilância do meio ambiente, e, em nível local, cedendo em 1969 grandes extensões de terra do Cabo Canaveral ao United States Fish and Wildlife Service (USFWS), organismo federal encarregado da gestão e preservação da fauna terrestre e aquática.[146] Essa zona é ampliada em 1972, e no ano seguinte a NASA contribui para o recenseamento de espécies animais em risco. Com as fotos da Terra vista do espaço, essas estratégias progressivamente dão origem à ideia de uma astronáutica limpa, ilustrada pela imagem de um foguete numa plataforma de lançamento em meio à natureza exuberante, metáfora ainda hoje empregada.[147]

Na década de 1970, o meio ambiente já é motivo de preocupação na sociedade, e 70% a 90% dos americanos desejam que o governo se envolva mais na questão, em termos financeiros. Mas apenas 8% a 20% gostariam de um esforço orçamentário equivalente na exploração espacial.[148] De uma ou de outra maneira, é preciso levar em conta as preocupações da população: a ligação entre a aventura espacial e as questões ecológicas torna-se cada vez mais evidente. Em 1970, o Centro de Naves Tripuladas (Manned Spacecraft Center) da NASA, em Houston, produz uma brochura, *Ecological surveys from space* (*Inspeção ecológica a partir do espaço*)[149] ilustrada com 46 fotos da *Gemini* e da *Apollo*, e em seguida *This Island Earth* (*Esta ilha, a Terra*),[150] com 162 páginas de fotos em cores da Terra. As duas publicações estabelecem mais concretamente o vínculo entre as atividades da agência e a proteção do planeta. Em sua introdução para *This Island Earth*, Low afirma que a fronteira do espaço abre perspectivas inéditas para ampliar o conhecimento e fazer da Terra um lugar onde se possa viver melhor, graças às competências da NASA. No caso do Manned Spacecraft Center, trata-se em particular de utilizar aviões de espionagem para medir a ampliação das áreas urbanas e o crescimento das favelas nos Estados Unidos; uma intenção muito mal recebida pelos meios de comunicação, especialmente o *New York Times*, que estranha num editorial que seja necessário passar pela órbita terrestre e dilapidar o dinheiro do contribuinte no espaço para constatar problemas óbvios que poderiam ser resolvidos com orçamentos perfeitamente terrestres.[151]

Em meados da década de 1970, na realidade, a Terra ainda não faz parte da definição do espaço adotada pela NASA. A parte dos orçamentos destinada a finalidades ambientais é ínfima, em comparação com os programas de exploração (120 milhões de dólares para o programa espacial Landsat, de observação da Terra, contra 1 bilhão para o *Viking Mars Lander*, lançado em 1976). A definição das primeiras imagens mandadas pelo Landsat é ruim — basicamente em virtude da hesitação em revelar até onde vão as capacitações técnicas da agência, observando limites impostos pelo Exército — e sua utilidade ainda é pequena. Na década de 1980, a conquista, o prestígio e o expansionismo voltam a se impor. Os projetos de militarização e exploração do espaço, como a Iniciativa de Defesa Estratégica defendida pelo presidente Reagan e mais tarde a Iniciativa de Exploração Espacial proposta pela administração George H. W. Bush, supostamente para promover a volta do homem à Lua e depois a viagem a Marte, levam a NASA a um longo ciclo de promessas sem financiamento (por serem ruinosas) ou simplesmente irrealistas. A agência, assim, atira em todas as direções, simulando interesse pelo planeta, apesar dos resultados fracos, e financiando as conferências de Gerard O'Neill na Universidade de Princeton, nas quais ele promove sua visão da colonização do espaço, alimentada por uma concepção da ecologia em que se misturam expansionismo e fronteirismo, a cem mil milhas da Terra — ideário esse compartilhado por Stewart Brand, que ainda por cima supõe que essa próxima etapa natural da humanidade permitiria construir em órbita o paraíso ecológico tão difícil de ser alcançado na Terra.[152]

O vínculo entre espaço e ambiente se consolida, mas não sem ambivalência: ver a Terra do espaço também significa estar em condições de tudo vigiar e controlar. Trata-se de uma tensão que, no entanto, não resiste à indiscutível força das imagens, veiculando antes de tudo a ideia de uma humanidade unida num planeta solitário — ideia que se inscreve na história mais longa de um processo de conscientização global. Sem pretender estabelecer rigorosamente sua genealogia, podemos considerar que ele remonta ao conceito de "planetização" enunciado pelo padre católico e filósofo Pierre Teilhard de Chardin (1881-1955) em 1945. Planetização significa a conclusão de um processo cósmico ligando toda a humanidade em uma consciência global: uma reflexão total dela sobre ela mesma.[153] A ideia é retomada por Wernher von Braun ao escrever:

> No dia em que, no futuro, nossas naves-satélites derem a volta à Terra; quando os homens instalados em uma estação orbital virem nosso planeta no escuro estrelado do infinito como um planeta entre os planetas; nesse dia, a guerra fratricida será banida do astro em que vivemos [...] a humanidade, então, estará pronta para entrar na segunda fase de sua longa e até agora única história telúrica — a era cósmica.[154]

Essa citação reflete uma mudança mais ampla na maneira de encarar o espaço no período pós-Apollo, quando os mitos fronteiristas, apesar de ainda amplamente invocados, não causam mais comoção. Outros argumentos são mobilizados para relegitimar as atividades espaciais: elas seriam propiciadoras de paz, unidade global e atenção ao planeta[155] — postulados alimentados por uma série de metáforas e mecanismos que surgem em plena Guerra Fria.

Em primeiro lugar, a imagem da "astronave Terra" ("Spaceship Earth"), proposta por Richard Buckminster Fuller já em 1951, simboliza nas décadas de 1960 e 1970 uma nova visão, a visão de um mundo fechado e de uma Terra transformada em objeto técnico. A ideia faz grande sucesso, mas traz em seu bojo o dilema de tornar visíveis os limites de um sistema ameaçado pela superpopulação, ao mesmo tempo veiculando a noção de uma possível gestão racional do referido sistema, por meio da ciência e da tecnologia. Associada à foto da bola de gude azul, a metáfora da astronave Terra logo se torna alvo de críticas das escolas emergentes do pensamento ambientalista. Para os céticos, a imagem implica "retirar o homem do seu ambiente, da natureza que o cerca".[156] Um distanciamento em que é gritante a ausência dos "sofrimentos ecológicos" locais de milhões de indivíduos.[157] A metáfora também significa que, para resolver problemas globais, devem ser contempladas soluções igualmente globais, abrindo a porta para formas de intervenção puramente tecnocráticas nascidas na Guerra Fria, como a geoengenharia.

Não menos indissociável do contexto da Guerra Fria, a Hipótese de Gaia, inventada pelo químico britânico James Lovelock quando trabalhava para a NASA, é outro conceito-chave que alimenta a ideia de continuidade entre os seres vivos na Terra. Gaia representa uma visão da Terra como sistema fisiológico dinâmico, um superorganismo em que a própria vida se torna uma força maior do clima terrestre. Embora o salto epistemológico impulsionado por ela seja notável (a hipótese matiza a teoria darwinista, na qual organismos e ambientes são duas coisas separadas), o historiador do meio ambiente Sébastian Vincent Grevsmühl lembra que os instrumentos de "detecção ambiental" de Lovelock nasceram com o patrocínio do complexo industrial-militar-universitário, não só com o objetivo de provar a hipótese, mas também para fins militares do serviço secreto britânico (vigilância de movimentos de armas com o uso de marcadores químicos) ou para a indústria petrolífera.[158] Apesar de sujeita a controvérsias na comunidade científica,[159] sua influência é profunda e duradoura.

Por fim, o conceito de "*overview effect*" ("efeito perspectiva", em português), descrito por Frank White pela primeira vez em 1985, dá conta do sentimento quase místico experimentado por certos astronautas que observaram a Terra.[160] Costuma ser descrito como um choque cognitivo, a meio caminho entre a revelação e o pavor: revelação da grande vulnerabilidade do planeta azul, pavor frente ao vazio infinito e fatalmente sombrio que o cerca. Mais uma vez, expressa-se aqui a ideia de um destino comum da humanidade num planeta frágil, no exato momento em que o homem adquire meios materiais de aniquilar completamente a vida em sua superfície; eis o paradoxo. Essa metáfora, já muito gasta, teria realmente contribuído para nutrir um sentimento de urgência climática? Serviria ainda hoje aos interesses dos que defendem o meio ambiente? Embora seja evidente um considerável componente mágico no fato de tais proposições serem tidas como verdadeiras, é antes de mais nada nos casos concretos que elas se expressam mais claramente. Cabe lembrar, nesse sentido, que o efeito perspectiva quase sempre é mencionado para promover o turismo espacial, atividade cuja contribuição positiva para a solução dos desafios ambientais não parece muito clara.

... ao turismo espacial

Os fenômenos descritos acima — planetização, *overview effect* — são usados em procedimentos de *marketing* para legitimar o turismo espacial. O efeito perspectiva é provavelmente o melhor argumento de venda *New Age* nesse setor florescente. É um dado obrigatório nas aterrissagens de clientes ricos, e os mais ousados gostariam que toda a humanidade pudesse fazer a experiência, para se conectar ao planeta e aos outros seres humanos — o que remete vagamente a um Teilhard de Chardin atualizado nas questões climáticas do momento. A prática do turismo espacial provavelmente é hoje uma das que mais conferem sentido ao espaço extra-atmosférico, contribuindo para moldar suas representações: para começar, na imprensa, mediante considerável esforço de encenação empreendido na última década, com total dedicação de várias empresas (Blue Origin e Virgin Galactic, para citar apenas duas); depois, em termos simbólicos, pois os maiores promotores desse comércio estão entre os homens mais ricos do mundo (a começar por Jeff Bezos, dono da Amazon), assim como os compradores, principalmente personalidades hiper-ricas: atores e empresários de sucesso. Assim, embora estejamos falando de uma atividade de nicho, quase anedótica em relação à economia do espaço como um todo (598 milhões de dólares em 2021,[161] contra 92 bilhões no caso da televisão por satélite, por exemplo), o turismo espacial é de fato um setor-chave do campo da astrocultura.

Trata-se de um campo que, mais uma vez, não é totalmente novo. Os primeiros projetos concretos de envio de turistas ao espaço remontam à década de 1980, quando se cogitou vender assentos no ônibus espacial para melhorar sua rentabilidade.[162] Mas a ideia só é levada a sério com a estação russa *Mir*, necessitada de novos esteios econômicos, em plena crise orçamentária. O primeiro turista espacial, o sexagenário californiano Dennis Tito, ex-engenheiro do Laboratório de Propulsão a Jato da NASA, decola em 2001 em direção à ISS a bordo da nave *Soyuz*, ao preço de 20 milhões de dólares — esmola bem-vinda para o setor espacial russo. Na verdade, ele havia comprado seu bilhete para a *Mir*, por meio da empresa MirCorp, mas nesse intervalo a estação russa voltou à Terra. Esses oito dias em órbita têm um efeito contraditório, senão contrariado, entre os europeus, visivelmente irritados por terem de receber um banhista bilionário no seu "laboratório" científico. A presença de um turista no espaço é um duro golpe para os astronautas profissionais, cujas funções são assim dessacralizadas. Em 2022, por sinal, a NASA estabelece uma distinção entre simples turistas e profissionais, exigindo a presença de antigos astronautas nos voos privados para a ISS.[163] Depois de Dennis Tito, oito turistas experimentaram a microgravidade da Estação Espacial Internacional, e foi o húngaro Charles Simonyi quem bateu em 2007 o recorde de presença a bordo: 26 dias.

Também em 2022, a empresa Axiom promove o primeiro voo privado para a ISS. Quatro "astroturistas" são enviados na nave *Crew Dragon*, da SpaceX, por 56 milhões de dólares o bilhete e 35 mil dólares por noite. Digno de nota é o fato de a empresa Axiom Space ter sido fundada em 2016 por Michael Suffredini, que foi responsável pelo programa da ISS de 2005 a 2015. Temos aqui toda a ambiguidade dessas empresas que, quase sempre fundadas por visionários excêntricos projetando na Lua ou em Marte um ideal de sociedade libertária, dependem para o essencial de suas atividades de infraestruturas financiadas pelo poder público. Não é diferente do que nos diz a longa história das promessas do turismo espacial: o comércio privado do espaço se adequa perfeitamente ao "socialismo" das agências, na expectativa de uma privatização do setor, em conformidade com o ideal libertário.[164] É o caso, naturalmente, da SpaceX, que dá uma decisiva contribuição para a arquitetura do programa Artemis de retorno à Lua, e da Axiom, incumbida pela NASA da concepção dos macacões espaciais de seus futuros astronautas.

O uso da ISS para fins privados não se limita ao setor turístico. Ela também é utilizada no cinema, com a visita da atriz russa Lúlia Peressild, que decola em outubro de 2021 do cosmódromo de Baikonur, no

Cazaquistão, para doze dias de filmagens do longa-metragem *O desafio*, de Klim Chipenko, contando a história de uma médica posta em órbita para salvar a vida de um cosmonauta. Também estava programada uma visita de Tom Cruise para seu *blockbuster* de 200 milhões de dólares — ocasião em que ele poderia se tornar o primeiro civil a efetuar uma saída no espaço. Para tal operação, estava prevista a satelitização de um verdadeiro estúdio de cinema em dezembro de 2024, para a Space Entertainment Enterprise, com utilização do módulo SEE-*1*. Esse seria fixado ao segmento Orbital Axiom da ISS, que também deveria estar pronto em 2024 e foi parcialmente concebido pela empresa franco-italiana Thales Alenia Space, com decoração em capitonê assinada por Philippe Starck. Depois de um certo tempo, a Axiom deverá se desligar da ISS para navegar independentemente. Não surpreende que a ISS seja posta a serviço da máquina hollywoodiana. Decidida a permitir que o setor privado aos poucos se estabelecesse na estação, a NASA flexibilizou em 2019 as regras de uso comercial,[165] apesar das muitas incertezas quanto à capacidade de empresas privadas de garantir por conta própria a manutenção de semelhante infraestrutura. Seja como for, a falta de clareza da fronteira entre sua vocação científica e o emprego para fins de lazer é cada vez maior.

Com isso, a própria ideia de voo orbital se populariza e dissemina, em total mistura de gêneros, enquanto o chamado turismo suborbital passa por um *boom* sem precedente. Ao contrário das visitas às estações, que requerem longa preparação e o posicionamento em órbita terrestre, nesse caso se trata de simples voos balísticos a uma centena de quilômetros de altitude, suficiente para sentir os efeitos da ausência de gravidade e observar a curva da Terra.[166] Essa atividade popularizou-se em 2004 com o X-Prize, concurso promovido por uma fundação que tem em seu conselho de administração personalidades como Elon Musk, James Cameron, Larry Page, Arianna Huffington e Ratan Tata, e cujo objetivo é favorecer avanços científicos e tecnológicos radicais, estimulando a iniciativa privada "para o bem da humanidade". A ideia é centenária. No início do século XX, o prêmio Orteig já levara Charles Lindbergh a se lançar em voo solitário na travessia do Oceano Atlântico.

Vinte anos depois do voo de Dennis Tito e graças a iniciativas como essas, o setor do turismo espacial se desenvolveu bastante. Mas não sem atropelos, pois não foram poucas as falências de empresas na década de

2010. Apesar disso, em 2018, a *startup* Orion Span, sediada em Houston, prometia um quarto de hotel com vista para a Terra na promoção da sua estação tripulada *Aurora*, que deveria receber a partir de 2022 até seis passageiros num ambiente de decoração sofisticada, ao preço de 9,5 milhões de dólares. Mas o hotel de luxo não se destinava apenas aos ricos, defendia-se a empresa, decidida a "democratizar" o acesso ao espaço. Um ano depois, diante da falta de financiamento suficiente, chega ao fim a aventura da Orion Span, restando apenas imagens de computação e apresentações de *slides*. Mas não serão falências, nem mesmo mortes, que vão deter um setor no qual formigam permanentemente novos projetos. O trágico acidente do avião VSS *Enterprise*, da Virgin Galactic, que se desintegra em voo no dia 31 de outubro de 2014, caindo no deserto de Mojaves, na Califórnia, e causando a morte do copiloto, não impediu a empresa de seguir em frente. Em 2021, a Virgin Galactic e sua concorrente direta, a Blue Origin, efetuaram com êxito seus primeiros voos suborbitais, num duelo protagonizado nos meios de comunicação por dois bilionários — Richard Branson e Jeff Bezos — que assim realizavam seus sonhos de infância, ao mesmo tempo convencidos de promoverem a entrada em uma nova era espacial. Muitos outros voos estavam previstos (setecentos lugares foram anunciados pela Virgin Galactic,[167] num mercado avaliado em 9 bilhões de dólares até 2030).[168] A rentabilidade do setor — frágil para dizer o mínimo, pois ele se mostra incapaz de assumir os próprios custos, dependendo de sucessivas captações de recursos — indica com muita probabilidade a existência de uma bolha especulativa, cabendo questionar até quando ela se sustentará sem explodir. Essa economia dá margem a controvérsias: não falta quem denuncie a arrogância de bilionários em busca de sensações fortes, enquanto outros apontam as incessantes contradições desse uso do meio espacial, com um custo ecológico que desmente as narrativas dos envolvidos, para quem tais voos são experiências espirituais essenciais para tomar consciência da fragilidade do planeta.[169] Inegavelmente, o astroturismo conhece bem a arte de mobilizar velhos argumentos para inverter em vantagem própria as preocupações sociais.

Em matéria astrocultural, é evidente que os sonhos não mudaram ou mudaram muito pouco desde o início da era espacial. As mesmas questões ressurgem com um ineditismo apenas aparente. A questão da utilidade do voo tripulado, por exemplo, mantém seu caráter central — talvez até central demais, pois serve para desviar a atenção com a promessa jamais concretizada da expansão no espaço, ao passo que o setor se desenvolveu e se consolidou prioritariamente, ao longo dos acontecimentos evocados aqui, num terreno de confrontos militares permanentes entre grandes potências, à custa de um equilíbrio instável. Será este o tema do próximo capítulo.

III

CONTROLAR O ESPAÇO: A INESGOTÁVEL CONQUISTA PELAS ARMAS

De fato podemos raciocinar em termos de espaço, embora o espaço seja apenas um meio, e não uma arma, mas assim como a supremacia aérea foi sinônimo de controle do campo de batalha na Segunda Guerra Mundial, o controle do espaço também pode implicar o controle do planeta em uma futura guerra. A conquista do espaço, assim, é mais que uma corrida pelos avanços científicos e pelo prestígio nacional; queiramos ou não, é antes de tudo uma questão de sobrevivência.

General Thomas S. Power,
comandante-em-chefe do Comando Aéreo
Estratégico, 28 de janeiro de 1960.[1]

A representação contemporizadora de uma conquista espacial empreendida para o bem da humanidade deve ser tomada pelo que é: uma fábula amável que tenta ocultar setores inteiros da atividade, além da longa história de sua militarização. Se o espaço foi cenário de uma relativa retomada das relações Leste-Oeste durante a "*détente*"[2] — tendo como ponto culminante a missão espacial conjunta Apollo-Soyuz e o célebre aperto de mãos entre os astronautas Thomas Stafford e Alexei Leonov em 1975[3] e, mais tarde, depois da queda do Muro, a epopeia da Estação Espacial Internacional, cujas reais motivações já vimos —, convém lembrar que o estabelecimento do paradigma da conquista e a corrida para a órbita sempre foram motivados por considerações de ordem militar e de interesse nacional. Seria desnecessário voltar às primeiras aplicações militares, à base de pólvora, experimentadas na China no primeiro milênio, para se convencer dessa condição por assim dizer canônica. A conquista do espaço é uma questão de poderio, controle, dominação e também de agressão. O que envolve tanto os lançadores, derivados dos mísseis balísticos, como as "cargas úteis" a bordo dos satélites: captores óticos e radares para as missões de vigilância, escuta eletrônica para a espionagem, comunicações por satélite, geoposicionamento. Envolve também os territórios dos quais são lançadas as operações espaciais, que precisaram ser açambarcados e remodelados de acordo com as intenções de uma indústria que impõe aos habitantes suas infraestruturas, seus códigos e suas preferências.

Há décadas a ampliação das possibilidades oferecidas pelos sistemas espaciais — (1) lançadores, (2) satélites, cargas úteis (3) bases espaciais no solo — ocupa a pesquisa e desenvolvimento das forças militares e das empresas envolvidas no setor de armamento. As décadas de 1950-1960, quando se multiplicam os esforços para associar as armas nucleares aos mísseis balísticos que as transportam, foram particularmente fecundas na matéria. Essa orgia de invenções e a escalada das capacitações tinham como único limite os orçamentos garantidos pelos governos. As motivações, mais uma vez, se inspiraram em uma astrocultura promotora de sensações ansiogênicas, de um sentimento de urgência e medo de um iminente ataque vindo do céu. Apesar da presença considerável de novos atores privados no grande jogo espacial, a conquista militar do espaço é, em última análise, estatal — o que não surpreende, pois se trata de assegurar o monopólio da violência legítima: em terra, no ar e mais além.

As máquinas mortíferas do setor espacial: um apanhado

Os primeiros mísseis implementados pelas forças armadas em 1944-1945 e o desenvolvimento da família "*Aggregat*" (na qual destaca-se o *V-2*) estruturaram um imenso campo de prospecção militar para os engenheiros de armamento e os amantes de conquista espacial, em geral ambos o mesmo grupo. Essas realizações se escoram nas visões dos pioneiros da astronáutica, para os quais a militarização desse campo emergente era algo incontornável. Esses pioneiros só queriam pensar grande, descortinando um futuro a um tempo encantado e inquietante. Assim é que Hermann Oberth, em seu pequeno tratado publicado em 1923, completa os esquemas preliminares de foguetes, naves e estações orbitais com a ideia de um espelho gigante de 100 quilômetros de diâmetro a ser posto em órbita para refletir a luz do Sol, por isso adquirindo "grande valor estratégico": ele poderia ser usado "para explodir fábricas de munições, gerar tornados e tempestades, aniquilar tropas em marcha com suas provisões, incendiar cidades inteiras e de todo modo causar o máximo de estragos".[4] Nessa altura, a ideia ainda é teórica, mas seria retomada mais tarde.[5] O engenheiro romeno a esboça com certo escrúpulo (as hipóteses parecem-lhe terríveis), mas também com fatalismo: os "países avançados" ficariam muito tentados a experimentar tais sistemas de aniquilamento.

Os bombardeios atômicos de Hiroshima e Nagasaki em agosto de 1945 confirmam a nova destinação dos equipamentos balísticos. Lembra o historiador Christopher Gainor: "As armas nucleares foram o principal fator na origem dos lançadores espaciais, e não o amor pelas viagens no espaço".[6] O desenvolvimento e os testes realizados logo depois da guerra são uma manifestação direta disso. Paralelamente às campanhas de testes nucleares subterrâneos em zonas secretas e isoladas, avançam as pesquisas sobre os futuros veículos de cargas nucleares a serem lançados nos espaços aéreos e orbitais. A partir de 1953, o desenvolvimento dos mísseis balísticos intercontinentais (ICBM), capazes de voar de um continente a outro em velocidades hipersônicas, ampliando o alcance dos mísseis e tornando quase impossível qualquer interceptação, torna-se uma prioridade das forças armadas americanas e soviéticas.[7]

Na URSS, o desenvolvimento do míssil *R-7 Semiorka* — derivado do *V-2*, como vimos —, que percorre 6 mil quilômetros no dia 21 de agosto de 1957, é uma primeira etapa. A iniciativa é de Sergei Koroliov, que adapta um lançador existente, dotando seu último estágio de uma carga útil (no caso, uma bomba). Os Estados Unidos respondem a 17 de dezembro do mesmo ano com o SM-65 *Atlas*. Os mísseis balísticos estariam indicando a entrada em uma era de militarização do espaço? A pergunta até hoje não foi respondida e continua a causar controvérsias entre os especialistas.[8] Costuma-se distinguir a "militarização" do espaço, entendida como uso para fins militares (vigilância, apoio às forças armadas em terra, no mar ou no ar), da sua "arsenalização" (posicionamento no espaço de armas capazes de atingir um alvo no espaço ou na Terra). Os mísseis balísticos, por em geral passarem por uma fase exoatmosférica de trânsito pelo espaço que lhes permite acelerar sem "friccionar" a atmosfera, já são considerados por alguns como armas espaciais, apesar de muitas vezes designados — num eufemismo próprio do mundo militar — como de natureza apenas "estratégica".[9]

Enquanto a corrida ao espaço desperta interesse generalizado, os engenheiros e técnicos competem em matéria de inventividade. W. W. Kellogg, especialista na Rand Corportation,[10] propõe em 1956 a explosão de uma bomba nuclear na superfície da Lua. Apesar de especulativa, a ideia desperta o interesse de oficiais da Aeronáutica, que percebem a imensa oportunidade que representaria uma tal explosão visível da Terra, em termos de propaganda frente à URSS — onde a possibilidade de realizar uma operação assim também teria sido contemplada.[11] O projeto A119 (ou "Um estudo sobre os voos lunares de pesquisa") tem como objetivo analisar sua viabilidade. Por encomenda da força aérea (USAF), ele é desenvolvido secretamente em 1959 pelo físico Leonard Reiffel e o jovem astrofísico Carl Sagan[12] — que ficaria conhecido a partir da década de 1970 como um dos apóstolos mais influentes da exploração cósmica. Nessa fase tateante de experimentação pioneira na alta atmosfera, a imaginação não tem limites: assim, o engenheiro espacial William Pickering, um dos mais respeitados da astronáutica nos Estados Unidos, especulou sobre a possibilidade de explodir uma bomba de 11 mil toneladas no limite do espaço, para gerar "resultados psicológicos benéficos", vale dizer, atestar a capacidade das forças militares de golpear em grande distância.[13] Esse tipo de visão apocalíptica acaba ganhando credibilidade graças aos testes nucleares realizados na atmosfera a partir de 1958. O apogeu ocorre em 9 de julho de 1962: a Comissão de Energia Atômica dos Estados Unidos realiza o teste Starfish Prime no atol Johnston, no Oceano Pacífico. No contexto da operação Fishbowl, um míssil *Thor* de alcance intermediário desenvolvido pela USAF carrega uma bomba termonuclear de 1,4 megatonelada, e a explosão é desencadeada numa altitude de 400 quilômetros, muito além da fronteira do espaço (a linha de Kármán tem 100 quilômetros de altitude).

Os engenheiros soviéticos não ficam atrás: desenvolvem e testam sistemas igualmente destrutivos. Entre 1965 e 1975, o número de mísseis intercontinentais fabricados passou de 224 a 1.618 (nos Estados Unidos, de 854 a 1.054 no mesmo período).[14] Paralelamente à corrida às "grandes novidades" no espaço exoatmosférico, são empreendidos programas de armamento espacial ofensivo, a exemplo do sistema OGCh. Esse "sistema de bombardeio orbital fracionado" (ou FOBS, para usar a expressão do secretário da Defesa Robert McNamara),[15] portador de uma carga nuclear instalada no alto de um míssil *R-36*,[16] é concebido para enganar os sistemas de alerta e interceptação dos Estados Unidos (formados por mísseis táticos antimísseis): depois de entrar em órbita, deve mergulhar na atmosfera para atingir um alvo distante, fora do alcance dos outros ICBM. Dois testes são realizados no outono de 1966 e outros se seguiriam (dezoito no total),[17] apesar do Tratado do Espaço Sideral ratificado no ano seguinte, proibindo o lançamento em órbita de armas de destruição em massa, mas não a arsenalização do meio espacial.[18] A explosão de uma arma como essa seria uma deflagração enorme, garantia de uma situação apocalíptica, com a reação graduada esperada das forças armadas americanas e assim por diante. As especulações sobre essa "ameaça espacial" contra os Estados Unidos justificaram o investimento nos sistemas de alerta e antissatélites.[19]

Tenhamos em mente aqui que os mísseis balísticos são dispositivos polivalentes cuja razão de ser é transportar cargas "úteis": constituem a pedra angular das missões aeroespaciais, quaisquer que sejam.[20] É uma constatação factual estabelecida pela história espacial recente, graças à abertura de arquivos antes na esfera do "segredo de defesa".[21] Os ICBM são desenvolvidos com objetivo militar pela USAF, em parceria com empresas privadas, e esses sistemas de armamento *podem* ser convertidos para missões de demonstração tecnológica, científica ou comercial. Para a USAF, o desafio consiste em coordenar as capacidades de bombardeio da aviação com as que são oferecidas pelos sistemas espaciais de armamento. Essa "mistura" estabelece os ICBM como armas estratégicas indispensáveis na escalada entre os dois blocos da Guerra Fria.[22] As exigências e necessidades militares são traduzidas em termos técnicos pelos engenheiros e industriais, que assim garantem a fabricação de centenas de mísseis: as famílias *Atlas* (construída pela Convair, filial da General Dynamics), *Titan*[23] (Martin), *Thor* (Douglas), *Minuteman*[24] (Boeing) e *Polaris* (Lockheed, por encomenda da Marinha).[25] A produção e os testes de cada uma dessas linhagens de mísseis estão inseridos em uma infinidade de burocracias e unidades militares atuando em colaboração com a indústria. O custo da coordenação é enorme: sob a responsabilidade técnica da Convair, o projeto *Atlas* envolvia dezessete empresas terceirizadas e 70 mil trabalhadores, entre eles 500 oficiais militares.[26] As bases e silos de mísseis se distribuem pelo território dos Estados Unidos.

Paralelamente aos mísseis balísticos, os engenheiros desenvolvem veículos para transportá-los ou ampliar a capacidade tática para além da atmosfera. O conceito de "avião espacial" (do tipo ônibus espacial ou outro, de qualquer modo dotado de asas, para voltar à Terra com autonomia) é um Santo Graal na perspectiva de uma extensão do aéreo ao espaço. O avião-foguete hipersônico *X-15* tornou-se lendário. Proposto pelo veterano de Peenemünde Walter Dornberger em 1952,[27] o projeto é retomado pela North American por encomenda da USAF. Os testes em grande altitude (até 75 quilômetros e a mais de 9 mil quilômetros por hora) realizados a partir de 1959 permitiram validar tecnologias e manobras críticas, especialmente a volta à atmosfera. Esses testes deram credibilidade ao conceito de um bombardeiro espacial polivalente, tripulado ou não por um piloto-soldado: o *Dyna-Soar*. Iniciado por Dornberger na Bell Aircraft Corporation, o projeto seria desenvolvido a partir de 1957 pela Boeing: são retomados os planos do bombardeiro suborbital *Sänger-Bredt* desenvolvido pela Luftwaffe no fim da década de 1930 (tendo como alvo, na época, os Estados Unidos). Abandonado em 1963 antes dos primeiros testes,[28] o *X-20 Dyna-Soar* não só deu início à pesquisa e desenvolvimento útil para a concepção do ônibus espacial como vulgarizou a perspectiva de arsenalização espacial durante os anos 1950: tratava-se de observar as posições dos satélites inimigos, atacá-los, se necessário, ou lançar "bombas orbitais".[29]

O aumento exponencial da capacidade balística facilmente se justifica no contexto da Guerra Fria. Uma "cultura da urgência e da mobilização permanente"[30] canaliza o desenvolvimento científico e tecnológico para o esforço de guerra e a corrida armamentista durante a década de 1950. É um formidável fator de aceleração para os industriais aos quais o Estado dirige suas encomendas, sem preocupação com o nível de gastos. Muitas grandes empresas e seus subempreiteiros, inicialmente envolvidos na aviação militar durante a Segunda Guerra Mundial, também se posicionam nesse nicho industrial e comercial que promete lucros gigantescos. É assim que se constitui o campo "aeroespacial",[31] mas também o nascente "complexo industrial-militar", poder "ilegítimo" do qual o presidente Eisenhower exorta o povo americano a desconfiar, em seu discurso de transmissão do poder ao sucessor.[32] Com isso, as empresas mais poderosas de um setor que não sabe o que é crise (por exemplo, a Lockheed, que adquire o controle da Martin Marietta em 1995)[33] são fortalecidas, permanentemente escoradas nas encomendas do Estado federal e em vantajosos contratos de custo mais margem ("*cost-plus contracts*", prevendo o reembolso das despesas feitas pelo prestador, além do pagamento de um bônus). As fronteiras entre o terreno militar e o civil, entre a demonstração tecnológica e a demonstração de força, longe de delimitarem realidades estanques, fazem parte da "ficção tecnopolítica" que visa *mascarar* o fato de que o espaço, como meio físico a ser conquistado, é *antes de mais nada* militar.[34] Essa ficção do uso "duplo", lembra o cientista político Roger Handberg, foi inventada na década de 1950 para abarcar os desdobramentos militares, valorizando, por contraste, a epopeia da exploração espacial com fins pacíficos,[35] graças a instituições civis como a NASA. Nos Estados Unidos, assim, o "caráter híbrido militar-civil" da *Big Science* da Guerra Fria estrutura as atividades e organizações sob o manto do segredo e da segurança nacional;[36] na URSS, em contraste, o caráter militar é tão evidente quanto assumido: o heroísmo dos cosmonautas, que serve à expansão do *homo sovieticus* no cosmo, de modo algum encobre essa realidade.

Armar o espaço? O medo como motor

O clima cultural e ideológico ansiogênico que acompanha a entrada na era da conquista do espaço, em particular do lado americano, é uma das forças motoras do esforço empreendido no setor, dos anos 1950 ao início dos anos 1960, mas também nas décadas seguintes sob formas mais sutis. À euforia da conquista do espaço, marcada pela ideia de que o homem agora poderia inventar o próprio futuro nas estrelas, respondem angústias igualmente viscerais no terreno militar, além de um sentimento de urgência que propicia o desenvolvimento de vários programas de vigilância e defesa frente à capacidade do adversário, tendo à frente os mísseis balísticos. Explorado pelos promotores da conquista militar do espaço, o temor de um ataque vindo do céu — seja da órbita terrestre, de bases espaciais ou mesmo da Lua — é um tema recorrente que impregna o imaginário e as representações do meio espacial, ao mesmo tempo em que justifica orçamentos polpudos para as forças armadas.

Retrospectivamente, não é fácil nos darmos conta da profunda ansiedade ligada às armas nucleares no início da Guerra Fria. Essa nova *ameaça existencial* torna a atmosfera extremamente pesada. Como sugere o antropólogo Joseph Masco, "a capacidade nuclear presumida dos soviéticos justificou a construção nos Estados Unidos de um sistema tecnológico global, que se tornou a infraestrutura sempre-em-alerta de uma destruição mútua assegurada".[37] Para o Estado e seus braços armados, então, a resposta à ameaça comunista consiste em conceber e trabalhar uma política dos "afetos de segurança nacional" (pânico, medo, terror, choque, revanche), que se espraia por contágio numa população presa no "equilíbrio do terror".[38] Essa aposta permanentemente dobrada no armamento nuclear deriva de uma inversão vertiginosa: as bombas não serviriam para destruir e aniquilar o inimigo, mas para proteger, pois seu "poder de destruição parecia a melhor maneira de preservar o bem comum".[39]

Nos Estados Unidos, as escolas públicas treinam os alunos a se esconderem debaixo das mesas em caso de explosão e difundem maciçamente o curta-metragem *Duck and cover* (*Abaixe-se e se cubra*) produzido pela Archer Productions em 1952, tendo como protagonista uma tartaruguinha que se cobre ao ver o lampejo luminoso característico da bomba. Em certas cidades, sirenes são acionadas toda semana e se simulam evacuações em massa, enquanto milhares de abrigos antinucleares são construídos por particulares. As preocupações estratégicas das duas grandes potências se resumem em dois pontos: por um lado, estar em condições de projetar as próprias armas nucleares no campo inimigo; por outro, dispor de meios espaciais de reconhecimento, pontaria e alerta, para enfrentar o recrudescimento das armas ofensivas. A aliança entre espacial e nuclear acelera uma mobilização das mentes que já era desmoralizante.

Quanto à representação da guerra espacial propriamente dita, nunca será demais enfatizar a influência da revista *Collier's*: já em 1948 ela difunde a ideia de ataques procedentes da Lua no artigo "*Rocket Blitz from the Moon*" ("Ataque de foguetes procedente da Lua"), com uma ilustração de Chesley Bonestell mostrando dois foguetes *V-2* estacionados no satélite, junto à cúpula de uma estação hipotética. Na página seguinte, outro desenho do artista apresenta a cidade de Nova York vista de baixo para cima e pulverizada por duas bombas atômicas.[40] O cinema não deixa por menos. Em 1950, o filme *A conquista da Lua*, dirigido por Irving Pichel, invoca a dimensão militar como principal argumento para a conquista do satélite natural. O general James B. Thayer leva adiante a ideia perante uma assembleia de homens com poder decisório, afirmando em tom propriamente marcial que "a corrida foi lançada, e seria bom que a vencêssemos, pois não existe absolutamente nenhum meio de impedir um ataque a partir do espaço, e o primeiro país capaz de usar a Lua para lançar mísseis vai controlar a Terra". Dezenas de obras de ficção se seguiriam nesse espírito, entre elas *Bombs in Orbit*, de Jeff Sutton (1959), e *The Moon is a Harsh Mistress*, de Robert Heinlein (1966) — livros publicados depois do lançamento em órbita do *Sputnik*, em 4 de outubro de 1957. O satélite soviético materializa de vez os medos da época: ele completa uma rotação da Terra a cada uma hora e meia, emitindo um sinal de rádio (um bipe que ficaria famoso), e, graças à superfície brilhante, pode ser facilmente visto pelos muitos astrônomos amadores que perscrutam o céu à noite. Na realidade, o *Sputnik-1* não foi concebido para fins de espionagem ou com a ideia de atingir um alvo em solo. Seu objetivo é antes de tudo simbólico: ele é lançado como parte do Ano Geofísico Internacional (AGI) e para comemorar os cinquenta anos da revolução russa, obedecendo a prazos que não permitiam usos mais sofisticados.[41] Esse objetivo foi alcançado com pleno sucesso. Com o voo do *Sputnik-1*, os Estados Unidos se dão conta de que são sobrevoados por um artefato do qual não conhecem a natureza nem a capacidade, o que permite todo tipo de interpretações, exageros e, portanto, medo.

Como tantas vezes na astronáutica, a fronteira entre a astrocultura e a política é porosa. Assim, a ideia de que o domínio do meio espacial condiciona o controle do mundo vai abrindo caminho no campo político americano. Em janeiro de 1958, logo depois da humilhação do *Sputnik*, o senador democrata texano Lyndon Johnson a expressa em tom hiperbólico:

> O controle do espaço significa o controle do mundo, e até mesmo mais ainda, com toda certeza mais que qualquer controle jamais foi ou será exercido pelas armas ou por exércitos de ocupação. A partir do espaço, os senhores do infinito teriam o poder de controlar o clima da Terra, provocar secas e inundações, influenciar as marés e elevar o nível dos mares, desviar a Corrente do Golfo e tornar as temperaturas dos oceanos glaciais.[42]

O mesmo mantra é entoado pelo candidato Kennedy em 1960, apesar dos esforços do presidente Dwight Eisenhower e equipe, que tentam em vão acalmar o ardor de uns e o medo de outros, frisando o baixo interesse de uma base orbital ou lunar para enviar mísseis, em comparação com os meios terrestres.[43] Kennedy defende a ideia de um suposto atraso dos Estados Unidos em matéria de mísseis — o "*missile gap*" —, informação errônea que deixava Eisenhower furioso, pois o rival republicano de Kennedy, Richard Nixon, não tinha condições de contra-argumentar sem revelar as missões secretas de espionagem que os americanos empreendiam sobre território russo, com seus aviões de reconhecimento *U-2*.[44] Essa informação errônea, no entanto, permitiu a Kennedy prolongar no período pós-*Sputnik* um esforço de pesquisa e desenvolvimento inédito na história e consolidar o complexo industrial-militar.

Essa retórica do atraso é grandemente alimentada pelos trabalhos da Rand Corporation;[45] eles sustentam, depois do *Sputnik-1*, que a URSS já embarcou num programa de desenvolvimento de mísseis balísticos que certamente deixará os Estados Unidos de mãos abanando em 1961, sendo apenas uma questão de tempo que ela use sua capacidade espacial para construir áreas de lançamento de mísseis nucleares a partir da órbita circunterrestre. Essas previsões servem para corroborar o desenvolvimento dos programas de mísseis balísticos americanos, ao mesmo tempo justificando a ideia de uma militarização do espaço, por sua vez baseada na "teoria dos jogos",[46] que abre caminho para sistemas de tomadas de decisões estratégicas por parte de máquinas, em certas circunstâncias — em outras palavras: entrega o equilíbrio da dissuasão nuclear aos computadores. A racionalidade da Rand, assim, rapidamente se transforma num sistema de dissuasão nuclear fechado,[47] um cálculo frio sem possibilidade de volta atrás em caso de conflito, o que, para o repórter Saul Friedman, redundava em "dar início a uma nova rodada na corrida armamentista".[48] Essa racionalidade tecnológica pode ser constatada nos sistemas de armamento automático, como os mísseis de cruzeiro, os ICBM e os satélites "assassinos";[49] e é acompanhada de uma ideologia paranoica que, como sugere Paul Edwards, estabelece o objetivo ao mesmo tempo militar, econômico e político de um "confinamento" do "mundo livre" capitalista dominado pelos EUA, a ser protegido da URSS e então estendido a todo o planeta.[50] A exemplo de Herman Kahn nos escritórios confortáveis da Rand, os especialistas dessa era atômico-espacial tentam prever as hipóteses mais trágicas, especulam sobre a possibilidade impensável mas plausível de um aniquilamento de dezenas de milhões de pessoas pela bomba termonuclear e justificam, no fim das contas, a permanente elevação da aposta belicosa.[51]

Se as declarações cumulativas de Johnson, Kennedy e da Rand têm efeito certeiro, nem por isso são compartilhadas universalmente. A administração Kennedy foi fortemente contestada depois das declarações do secretário de Defesa Robert S. McNamara revelando à imprensa, em 1961, que o "*missile gap*" não existia.[52] Nesse momento, a ideia de uma considerável defasagem na quantidade de mísseis disponíveis em cada um dos dois blocos é desmentida pelo desenvolvimento paralelo de capacidades comparáveis, e mais adiante, na década de 1970, desaparece progressivamente ao sabor das negociações de acordos de limitação de armas. A utilização de satélites de reconhecimento, à qual voltaremos adiante, também representa a garantia do equilíbrio nuclear num período de "*détente*".

Esses marcos históricos são bem conhecidos. Mais que tudo, ilustram um clima de angústia que, no entanto, não seria justificado por nenhum acontecimento concreto. É o que Howard McCurdy expressa melhor que ninguém:

> Como tantas vezes acontece, as coisas mais temidas não acontecem. O medo não era real. Não caíram chuvas de bombas dos satélites em órbita nem da Lua. A União Soviética não conquistou o mundo, embora tenha sido o primeiro país a pôr uma estação em órbita ao redor da Terra, em 1961. A preocupação popular em torno da ameaça nuclear começou a desaparecer em 1963.[53]

Ela também desapareceu porque os sistemas balísticos que equipavam a dissuasão nuclear na época eram invisíveis ao público. Eles literalmente desapareciam na paisagem, como os mil mísseis *Minuteman* capazes de transportar uma ogiva nuclear de 1,2 megatonelada, adormecidos em bases subterrâneas. Entre 1961 e 1967, a USAF os dispersou em dezenas de milhares de quilômetros quadrados das Grandes Planícies. Ocultos em seus silos secretos de lançamento, para garantir uma reação coordenada e maciça em trinta minutos a qualquer ataque inimigo em solo americano, esses ICBM sobreviveram à dramaturgia da Guerra Fria e pelo menos quinhentos deles ainda estão operacionais nos dias de hoje. Como lembra a historiadora Gretchen Heefner, "isto significa que milhares de americanos ainda vivem às portas do Armagedom. Ainda precisamos de bilhões de dólares para financiar o pessoal e a manutenção dessas instalações subterrâneas de concreto".[54]

A questão da manutenção desses sistemas automatizados colocou-se desde o início. A probabilidade de um mau funcionamento dos sistemas eletrônicos de disparo de mísseis, apesar de ínfima, teoricamente, permitia entrever o risco de uma "guerra por acidente".[55] É em caso de falhas técnicas, felizmente raríssimas, que ressurgem apreensões quanto à segurança nacional e a consciência pública de que a capacidade de destruição em massa pode aniquilar exatamente aqueles que se pretende proteger. O acidente de maior repercussão ocorreu no dia 19 de setembro de 1980 na base de Damascus, na zona rural do estado de Arkansas. Nesse dia, depois de um vazamento de propelente líquido no primeiro estágio, causado acidentalmente por uma operação de manutenção, um ICBM *Titan-2* de 154 toneladas explode, cavando uma cratera de 75 metros de largura e deixando um morto e 22 feridos. A ogiva nuclear *W-53*, com potência de 9 megatoneladas — a de maior potência do arsenal —, é cuspida a 200 metros do silo de lançamento sem disparar.[56] Esse erro humano e a falha dos protocolos de segurança que a tornou possível evidenciam a segurança afinal relativa do complexo de defesa nuclear americano. Segundo o jornalista investigativo Eric Schlosser, o acidente de Damascus é a árvore que esconde a floresta. Com base em documentos internos que deixaram de ser secretos, 1,2 mil acidentes mais ou menos graves envolvendo manuseio e manutenção das armas nucleares foram contabilizados pela USAF.[57] A integração dos ICBM (e de todos os equipamentos portadores de ogivas nucleares) acrescenta uma camada de desconforto na gestão a longo prazo desses recursos estratégicos desde a década de 1950, o que, no entanto, não impediu a afirmação de um projeto titânico como o escudo antimíssil (a "Iniciativa de Defesa Estratégica") de Reagan a partir de 1983 — à qual retornaremos.

O espaço secreto do reconhecimento

A indústria e a pesquisa balísticas são muito pouco conhecidas fora das organizações em que se manifestam e das comunidades de especialistas. Mas, se existe um setor ainda mais clandestino, é a inteligência. No entanto, ela é uma arma do maior interesse, extremamente útil para a observação à distância das capacidades estratégicas e a fiscalização dos tratados de controle da proliferação de mísseis nucleares. Nessa questão, o acesso às fontes secretas foi impossível durante muito tempo, de tal modo que as narrativas sobre o uso dos satélites de reconhecimento (expressão técnica para evitar o termo mais pesado de "espionagem")[58] eram truncadas e parciais. E embora subsistam muitas zonas obscuras, dando margem às mais variadas especulações, uma constatação é inegável: parte significativa da conquista do espaço se manteve fora dos radares da opinião pública, camuflada por atividades de agências civis como a NASA. Mais uma vez, aqui, vemos em pleno funcionamento a ficção de um uso "duplo".

Os primeiros momentos de espionagem a partir do espaço remontam ao pós-guerra. No dia 24 de outubro de 1946, na base militar de White Sands, no estado americano do Novo México, o físico Clyde T. Holliday instala uma câmera fotográfica na coifa de um *V-2*. Esse primeiro teste desperta certo interesse entre os especialistas do reconhecimento,[59] em particular na Rand, a partir de 1945.[60] Como lembra Sebastian Vincent Grevsmühl, o objetivo desse tipo de teste não era tanto observar a superfície terrestre, mas estudar o comportamento aerodinâmico do míssil em grande altitude; entretanto, por uma combinação de acaso e sorte, a iniciativa levou à descoberta de usos inéditos: fotografia espacial, reconhecimento militar e também experiências de física solar, meteorologia etc.[61]

Mas a história do programa CORONA (ou KH-1 a KH-4: KEYHOLE, ou seja, "buraco da fechadura")[62] é que representa o verdadeiro início clandestino e ultrassecreto de programas de satélites de reconhecimento. Sua divulgação em 1995, quando deixou de ser secreto por decisão da administração Clinton, e o reconhecimento oficial *apenas em 1992* da existência do Escritório Nacional de Reconhecimento (National Reconnaissance Office, NRO) — o organismo federal incumbido das operações desde 1961 — são evidências do impenetrável modelo organizacional da Guerra Fria.[63] Herdados de um programa anterior da Força Aérea, os satélites CORONA são postos em órbita de 1959 a 1972 sob a responsabilidade da CIA e construídos pela Lockheed, a General Electric e a Eastman Kodak Company. O objetivo das missões, na época, era coletar dados confiáveis sobre o "*missile gap*" e o aspecto das instalações militares soviéticas. No terreno técnico, os satélites do sistema CORONA conduzem à órbita polar um aparelho fotográfico que realiza missões com duração de um a dezenove dias. Captadas as imagens, uma cápsula contendo os filmes é largada na Terra e resgatada em voo por aviões, depois de entrar na atmosfera, para ser examinada pela equipe de fotointérpretes.[64] As fotografias de alta resolução das câmeras panorâmicas CORONA, cada vez mais aperfeiçoadas ao longo das 145 missões, se revelam de utilidade incomparável (quando funcionam, o que não é muito frequente nos primeiros anos) para comprovar a existência de atividades e instalações militares soviéticas. Servem de complemento às imagens aéreas de grande altitude obtidas pelos aviões de reconhecimento *U-2*.

Do lado soviético, os militares utilizam sistemas igualmente sofisticados durante a década de 1960. Em 1964, o programa Zenit-2, chefiado por Sergei Koroliov, fornece informações baseadas nas imagens obtidas do espaço (com uma resolução que chega a 10 centímetros). Oitenta e uma missões são realizadas até 1970 (das quais 58 são concludentes), seguidas por uma quantidade de outros programas de reconhecimento fotográfico. Assim como os americanos usaram um nome de fachada para tornar invisíveis os objetivos do programa CORONA, os militares soviéticos mascaram as missões do *Zenit-2* por trás do programa genérico Kosmos, comportando missões científicas e militares ou de exploração.[65]

Com o tempo, os programas de reconhecimento espacial são aperfeiçoados: os satélites tornam-se mais pesados e manuseáveis, passando a integrar captores de desempenho cada vez melhor. Não seria possível, aqui, um levantamento completo das capacidades do NRO, da Air Force e das correspondentes instituições soviéticas, tratando-se de infraestruturas gigantescas e tentaculares como essas, ainda mais por ser necessário diferenciar entre os satélites de reconhecimento ótico, de imagens de radar, de inteligência de origem eletromagnética (escuta eletrônica, SIGINT), além de contarmos apenas com informações parciais sobre programas invariavelmente secretos.[66] De todo modo, o CORONA prolongou-se em novas gerações de satélites (GAMBIT, HEXAGON...) e, na década de 1960, dezenas de outros são postos em órbita sob a responsabilidade da Direção de Ciência e Tecnologia da CIA. O sistema de câmera dos satélites KH-*8*, por exemplo, obtinha cenas de milhares de quilômetros quadrados com uma resolução espacial de 15 centímetros a partir das imagens captadas pelo espelho do telescópio embarcado.[67]

Na época, estuda-se inclusive enviar homens a bordo dos satélites para fins de espionagem e reconhecimento.[68] Com sigilo retirado apenas em 2015, o projeto Manned Orbiting Laboratory (Laboratório Orbital Tripulado, MOL) foi anunciado pelo presidente Johnson em agosto de 1965. Visava testar até 1968-1970 a utilidade militar de três a seis astronautas soldados em pelo menos quatro estações espaciais diretamente derivadas das cápsulas *Gemini* (programa que prefigura o Apollo). Paralelamente às missões civis tripuladas, assim, foi iniciado um programa militar equivalente voltado para a inteligência: "astroespiões" foram submetidos a um treinamento comparável ao dos *Mercury Seven*,[69] com a previsão de dotá-los de câmaras muito sensíveis e de uma vasta gama de instrumentos.[70] O programa MOL, contudo, é abandonado em 1969: as soluções automatizadas, menos onerosas, mais estáveis e de melhor desempenho, acabam levando a melhor.[71]

Em 1964-1965, os soviéticos respondem ao MOL com a estação tripulada *Almaz*, sob a responsabilidade da Direção Geral de Inteligência (GRU) do Exército Vermelho.[72] Ao contrário dos americanos, todavia, levam a cabo o projeto. *Almaz* também é desenvolvida paralelamente ao programa "civil" Saliut. Na estação, que pesa 18 toneladas, medindo 14,5 metros de comprimento e 4,15 de diâmetro, os três cosmonautas dispõem de numerosos instrumentos óticos para realizar atividades de inteligência, em particular fotografias da superfície terrestre. Três breves missões são organizadas em abril de 1973, a partir de um módulo orbital pilotado e de uma cápsula de carga que serviria de base para a ISS. Cabe notar que as estações *Almaz* dispunham de um canhão para se defender dos satélites antissatélites americanos. A primeira missão, rebatizada *Saliut-2* como "camuflagem"[73] civil, fracassa em virtude de um problema de propulsão da estação principal. A segunda ocorre em junho de 1974 (*Saliut-3*) e a terceira, de junho de 1976 a agosto de 1977 (*Saliut-5*). Os resultados não são plenamente satisfatórios e a logística dos voos tripulados é tão pesada e onerosa que, em 1981, toma-se a decisão de suspender o Almaz. Mas o programa tem prosseguimento em uma versão robotizada, com as estações *Almaz-T* na década de 1980 (um primeiro fracasso ocorre em 1986, decorrente de uma anomalia no segundo estágio do lançador *Proton*; uma segunda missão é realizada com êxito em 1987 e um último voo, em 1991).[74]

Se, por um lado, as fissuras se multiplicam nos programas tripulados de espionagem, a inteligência a partir da órbita, por outro, é reforçada na virada da década de 1980. Nos Estados Unidos, o programa CORONA pusera em órbita uma quantidade de satélites para o NRO, com o objetivo de avaliar a ameaça representada pelos mísseis soviéticos — e também de contá-los —, no contexto do Tratado das Negociações de Limitação de Armas Estratégicas (Strategic Arms Limitation Talks, ou SALT-1, 1972) e do Tratado de Mísseis Antibalísticos (Anti-Ballistic Missile Treaty, ABMT). Depois do fim do programa, mais de duzentas missões são realizadas com os satélites da série KH, obtendo-se dezenas de milhares de fotos, numa verdadeira cascata de recursos que aperfeiçoam progressivamente a qualidade das imagens. Um patamar técnico é transposto com a série KH-*11*, envolvendo satélites de 20 metros de comprimento e 13,6 a 19,6 toneladas de peso (no caso dos dezesseis últimos exemplares, lançados em 2013), que ampliam substancialmente a capacidade de reconhecimento. Eles dispõem de um espelho primário de 2,34 metros, com resolução espacial de 15 centímetros (provavelmente mais precisa que isso),[75] estando ligados a um sistema de satélites de telecomunicações e de infraestruturas em solo que recebem as imagens quase em tempo real[76] — um avanço considerável para as equipes de foto-intérpretes, assoberbadas por uma quantidade enorme de dados a serem tratados.[77] Os cinco satélites de imagens de radar LACROSSE (ou ONYX), lançados em 1988 pelo ônibus espacial *Atlantis*, completam a gama à disposição do NRO.

As configurações dos satélites de escuta eletromagnética são confidenciais. Hoje, contudo, é possível estimar suas dimensões. Assim, no início da década de 1970, os satélites geoestacionários RHYOLITE (depois AQUACADE) levavam uma antena de recepção com diâmetro de 10 metros. Uma das séries seguintes, a dos MAGNUM (ORION) postos em órbita em 1985 e 1989, ainda está ativa, e poderia dispor de um refletor parabólico de cerca de 100 metros de diâmetro (uma espécie de gigantesco guarda-chuva), para aumentar cada vez mais a precisão e a massa dos sinais interceptados provenientes da URSS, e mais tarde da Rússia e da China. Às infraestruturas em órbita, devemos acrescentar os segmentos em solo: bases de interceptação de telemedidas espalhadas em pontos estratégicos da superfície do planeta (Irã, Alasca, Paquistão, Japão, Turquia, Etiópia etc., desmantelados quando seu funcionamento se torna problemático, como no Irã depois da revolução de 1979) e centros de análise sob controle da Agência de Segurança Nacional (National Security Agency, NSA) e da CIA, cuja existência recentemente deixou de ser secreta.[78]

A partir do CORONA, o funcionamento dos programas impõe alto nível de confidencialidade entre os membros habilitados, formando uma comunidade fechada e isolada do resto da sociedade americana — e olhando para a Lua. Sob regime de segurança nacional, as comunidades científicas e as empresas prestadoras se acomodam às exigências da "comunidade de inteligência".[79] As missões secretas não toleram o menor desvio nem qualquer divulgação de informações.[80] As especulações tornam-se mais abstratas porque as tecnologias são cada vez mais indetectáveis; é o caso, por exemplo, dos satélites do programa MISTY, do Escritório Nacional de Reconhecimento (National Reconnaissance Office — NRO), cujo primeiro exemplar, o AFP-*731*, posto em órbita em 1990 pelo ônibus espacial *Atlantis*, literalmente desapareceu depois de uma explosão que, segundo especialistas desse tipo de sistemas,[81] encobria algum subterfúgio.[82]

Apesar de invariavelmente apresentada como agência "civil", a NASA nunca deixou de interagir e cooperar com o Pentágono e com "Langley", metonímia que designa a sede da CIA. Os engenheiros e técnicos da agência espacial civil fazem uso dos lançadores, das áreas de lançamento e dos sistemas de telecomunicações militares. Contribuíram para os projetos da USAF citados acima — o avião espacial *Dyna-Soar* e o MOL — e, a partir de 1963, colaboraram secretamente com o NRO,[83] num programa de observação robótica e cartografia da superfície da Lua para preparar o "reconhecimento" dos pontos de alunissagem da *Apollo*, tirando partido das tecnologias das missões KH-*7* GAMBIT.[84]

O ônibus espacial também ilustra essa grande proximidade entre questões civis e militares. Depois do início meio ofegante do programa, em 1972, a perspectiva de explorar a capacidade de transporte desse dispositivo "reutilizável" para atender às necessidades do NRO e da USAF significa garantir, pelo menos teoricamente, encomendas em série. Para satisfazer esses parceiros especiais, essenciais para a sobrevivência econômica do programa, seus engenheiros devem integrar às especificações do ônibus espacial as configurações dos satélites de reconhecimento: suas dimensões são adaptadas para abrigar esses mastodontes. Também é preciso garantir a segurança dos voos segundo os padrões da comunidade de inteligência.[85] Entre 1982 e 1992, assim, a NASA transportou e pôs em prática onze missões do NRO e da USAF. Mas o acidente da *Challenger* em janeiro de 1986 — transportando o satélite TDRS-*B*,[86] além da tripulação, que morreu —, os custos e o ritmo insuficiente dos lançamentos do "peru"[87] acabaram interrompendo a parceria.[88]

Durante a Guerra Fria, portanto, a inteligência por satélite é um componente crítico para as potências espaciais: arma a observação e a escuta das capacidades do inimigo e permite antecipar movimentos e mobilizar as forças armadas nas melhores condições, em caso de conflito.[89] Durante a Guerra do Golfo, em 1990-1991, o regime de utilização dessas tecnologias é alterado nos Estados Unidos: satélites de telecomunicações, de observação militar (entre eles os *Keyhole* e os *Lacrosse*), de meteorologia e de posicionamento atendem tanto a objetivos estratégicos como a necessidades operacionais no teatro militar, seja para orientação das tropas em solo ou localização dos lançadores *Scud* do Exército iraquiano.[90] As tecnologias de reconhecimento espacial encontrariam outros campos de aplicação, além da fiscalização do Tratado de Não Proliferação, depois da queda da URSS; especialmente o rastreamento sistemático do desenvolvimento clandestino de armas de destruição em massa[91] pelos "Estados párias", segundo a retórica agressiva de Reagan nos anos 1980, atualizada por George W. Bush depois do 11 de setembro de 2001, com a permanente institucionalização da "guerra contra o terrorismo".[92] Trata-se de um escoadouro inesperado para a comunidade de inteligência e seus fornecedores, galvanizados pelas promessas do *New Space* (ver capítulo IV).

Bases espaciais: açambarcamento e controle das bases de lançamento

As bases espaciais são o primo pobre das reflexões sobre a conquista do espaço.[93] Somam um pouco mais de trinta em todo o mundo, principalmente em torno da Linha do Equador, o que permite acelerar os lançadores e assim economizar combustível, graças à gravidade assistida, e perto de litorais marítimos, para evitar a queda dos estágios em territórios habitados ou inimigos.[94] Relativamente pouco numerosas, elas estão entre as infraestruturas terrestres essenciais à indústria do espaço, ao lado dos centros das agências, das fábricas, dos centros de controle, dos centros de treinamento de astronautas e dos mais variados tipos de dispositivos de comunicação. Fazem parte da composição do que se costuma chamar de "segmento solo" das atividades espaciais.[95] A despeito da estetização popular dessas instalações assépticas e ultramodernas encontrada nos filmes de ficção científica — e a despeito do fascínio dos relatos que ressaltam o caráter majestoso da arquitetura e das infraestruturas nelas abrigadas,[96] da Ásia Central à Flórida, passando pela Argélia e a Guiana, no caso francês; ou ainda da diversificação das instalações na era da comercialização dos voos espaciais —,[97] o que vemos em ação é a mesma lógica de açambarcamento e controle territorial. O cuidado com a segurança dessas instalações torna-se necessário pela própria natureza das tecnologias que abrigam e que delas são lançadas. O pessoal encarregado das operações lida com mísseis balísticos e convive com explosões controladas extremamente perigosas.

Nos Estados Unidos dos anos 1920-1930, assim, as experiências com motores-foguetes são realizadas a distância dos centros urbanos: nos campos do estado de Massachusetts e mais tarde em Roswell, no deserto do Novo México, onde Robert Goddard faz figura de desbravador, testando a seu bel-prazer os limites dos protocolos. Mas o acidente mortal de Fritz von Open em 1930 serve de chamado à disciplina para os entusiastas da propulsão, que implica risco de vida. Além disso, como são financiados e sustentados pelos militares em territórios militares, trabalhando no aperfeiçoamento de armas, os engenheiros são obrigados a aceitar o aquartelamento de suas pesquisas. O paradigma organizacional de Peenemünde, submetendo engenheiros e técnicos à prisão domiciliar, radicalizou essa abordagem. Esse tipo de base é militar, apartado do mundo, protegido de intrusões ou ataques de exércitos inimigos (especialmente pelo ar), ou ainda de tentativas de infiltração ou espionagem. Com a notável exceção da "Starbase" implantada a marcha forçada pela SpaceX no sul do Texas em 2014 (cf. capítulo IV), todas essas estruturas são governamentais e vigiadas pelos serviços de segurança nacional. Se até a década de 1960 as forças armadas podiam se permitir uma certa experimentação, o Tratado do Espaço de 1967 impõe restrições aos lançamentos: cada país que oficializa a realização de voos é responsável pelas atividades efetuadas a partir das bases de lançamento em território nacional, e especialmente por eventuais danos.[98] Vamos aqui sobrevoar duas das instalações mais emblemáticas: o cosmódromo de Baikonur e o porto espacial de Kourou.

Em 1953, a construção dos primeiros mísseis intercontinentais soviéticos requer a montagem de uma base mais discreta que o cosmódromo de Kasputin Yar, não longe de Stalingrado, onde são testados os *V-2* alemães. A nova localização, no centro do Cazaquistão, é conhecida inicialmente pelo codinome Tashkent-59, e foi escolhida por estar afastada de tudo, pela baixa densidade populacional e o relevo adequado à radioguiagem dos mísseis. Milhares de soldados soviéticos são enviados para o local, em condições particularmente inóspitas, para construir a futura base de Baikonur. De lá é lançado o primeiro míssil intercontinental *R-7 Semiorka*, em agosto de 1957. O nome Baikonur vem a público pela primeira vez quando Yuri Gagarin é posto em órbita em 1961, mas a localização é mantida em segredo. Existe um rio e até um povoado com o mesmo nome, mas ambos ficam a centenas de quilômetros do cosmódromo. O nível de habilitação necessário para conseguir mapas, na época, está diretamente relacionado ao seu grau de precisão. Embora os Estados Unidos rapidamente tomassem conhecimento da localização, graças às missões de espionagem dos aviões *U-2*, e apesar de dois chefes de Estado franceses terem sido convidados a visitá-la (De Gaulle em 1967, Pompidou em 1970),[99] o lugar exato da base de Baikonur só seria oficialmente revelado em 1991, depois do desmoronamento do Bloco do Leste. Até então, foi dissimulado por uma "caixa postal secreta".[100] Cabe notar que, nesse intervalo, os segredos foram muito bem guardados. A título de exemplo, a explosão de um protótipo de foguete *R-16* em 24 de outubro de 1960 causou a morte de 92 pessoas, entre elas o marechal Nedelin, comandante em chefe das forças estratégicas soviéticas, cujo nome ficaria associado à catástrofe; dele foram encontradas apenas as medalhas, tão forte foi a explosão. Mas o acidente só seria revelado em 1989; durante quase trinta anos, alegou-se que o marechal tinha morrido num acidente aéreo.[101]

Baikonur forma com várias outras cidades da Rússia soviética aquilo que o geógrafo Kevin Limonier designou como "arquipélago dos cientistas", um verdadeiro mundo paralelo dedicado à produção científica e tecnológica no contexto da Guerra Fria.[102] Cidades como Dubna, capital da pesquisa nuclear socialista, Skrunda-2 — que fora construída na Letônia em função de um radar Daryal voltado para a detecção de ataques nucleares ocidentais — ou mesmo Aralks-7 — no mar de Aral, onde foi erguido o laboratório do programa secreto Biopreparat, destinado à militarização de cepas virais — compõem uma constelação de lugares ora mantidos em segredo, ora usados como vitrines do sucesso tecnológico do socialismo.[103] Lugares regidos por normas específicas, à margem do funcionamento administrativo padrão da URSS. Neles, as condições de vida muitas vezes são melhores e os orçamentos, sem comparação com os dos outros centros urbanos. Essas cidades contempladas com regimes de exceção integravam o que o sovietólogo Alain Besançon chamava na década de 1970 de "setor de produção da potência".[104] Pois se na maioria dos casos são hoje cidades-fantasma, drenadas pela hemorragia demográfica que se seguiu à queda do Muro, sua arquitetura "monumental" e a presença maciça das infraestruturas científicas foram pensadas originalmente para refletir o poderio da URSS. Explica K. Limonier: "Baikonur, por exemplo, está coberta hoje em dia de monumentos erguidos ao ritmo das façanhas e tragédias da conquista espacial soviética".[105] Característica à qual se soma uma vigilância particularmente aguçada das idas e vindas na cidade. Para viver em Baikonur, na época, é necessário visto de residência fornecido após uma investigação de confidencialidade, e as relações com o exterior, especialmente parentes e amigos, são filtradas por um "controlador de permanência",[106] de modo que as cidades do Arquipélago dos Cientistas "devem ser ressituadas no quadro geral do controle das populações soviéticas".[107]

O desmoronamento do Bloco Soviético em 1991 assinala uma ruptura importante no funcionamento do arquipélago. Os salários deixam de ser pagos, os cientistas desertam ou passam a trabalhar para empresas europeias, americanas e israelenses, esvaziando esses territórios de sentido e de habitantes. De 1991 a 2005, Baikonur perde metade da população, enquanto os orçamentos do setor espacial derretem como neve ao sol. Mas a base continua a ser usada pelos russos, nos termos de dois acordos bilaterais assinados com o Cazaquistão em 1994 e 2004, prolongando sua locação por 115 milhões de dólares ao ano até 2050 e reforçando o regime de cogestão pelos dois países.[108] Em Baikonur, a manutenção da ordem continua a cargo da Rússia e o prefeito é nomeado em conjunto pelos presidentes dos dois países.[109] A crise da década de 1990 não freou completamente os esforços financeiros da Federação Russa em relação a Baikonur. Na década de 2000, o equivalente em rublos a 1,265 bilhão de dólares foi investido no cosmódromo, visando especialmente preservar seu patrimônio técnico e histórico.[110] Em 2007, decidiu-se pela retirada dos contingentes militares russos (as KVs, tropas espaciais), e três anos depois teria início a construção do novo cosmódromo civil de Vostochny, no sudeste da Sibéria, perto da cidadezinha de Tsiolkovski.[111]

Na França, as infraestruturas espaciais devem ser encaradas pelo ângulo da herança colonial. Passamos inicialmente pela Argélia, onde se efetuam os primeiros testes de mísseis e em seguida os lançamentos regulares dos foguetes franceses, na década de 1960. Perdida no deserto, a base de Hammaguir inscreve-se geograficamente na continuidade do Centro de Testes de Equipamentos Especiais (CIEES) criado em 1947 a poucos quilômetros de distância, em Colomb-Béchar, para testar a tecnologia dos *V-2*. Mas as bases de lançamento do CIEES em Colomb-Béchar não comportam os maiores mísseis, por isso a decisão, em 1948, de construir outro complexo, denominado "B2", em Hammaguir. De lá partem os foguetes-sondas *Véronique* (e especialmente o primeiro foguete "tripulado" pelo rato Hector — também conhecido como "ratonauta" — em 1961)[112] e o primeiro satélite francês *Astérix*, lançado num foguete *Diamant* em 1965. A distribuição das infraestruturas francesas na Argélia atende a dois objetivos na época: o espaço e o poderio nuclear (dezessete testes nucleares são realizados na Argélia entre 1960 e 1966). Hammaguir faz parte de uma visão orientalista,[113] e no pós-guerra é encarada como um lugar "vazio de seres humanos",[114] dando margem aos mais variados preconceitos e crenças, com "seus oásis, seus dromedários e seus nômades encontrados nos cartões-postais da época, perfeita imagem idealizada do lugar".[115] Seja na imprensa infantil ou na adulta, as representações da base espacial desfiam uma narrativa centrada na técnica, na grandeza da França e no risco, muitas vezes omitindo a realidade colonial e a dimensão militar das infraestruturas.

Como os Acordos de Évian* preveem a retirada francesa da base de Hammaguir em 1967, novas possibilidades são contempladas para a transferência da área de lançamento. O objetivo é encontrar um lugar que não fique em território estrangeiro, mas seja tão propício quanto o Saara — ou seja, dispondo de um porto de águas profundas, de um aeroporto adequado para aterrissagens de aviões de longo curso e permitindo lançamentos polares e equatoriais para o Leste, para tirar proveito da velocidade de rotação da Terra. Do arquipélago das Seychelles ao de Tuamotu, na Polinésia Francesa, passando por Djibuti, quatorze lugares são avaliados, mas nenhum reúne todas as condições. Em 1964, o presidente de Gaulle anuncia em visita oficial à Guiana Francesa a próxima realização de "grandes obras", que seriam concretizadas nas regiões de Kourou e Sinnamary: nasce então o Centro Espacial Guianense (CSG). Sem seu enraizamento colonial, a França provavelmente não teria podido construir um centro espacial para disparar foguetes. Esse enraizamento é bem documentado pelo antropólogo Peter Redfield, às vezes com ironia: "Quanto mais distante, mais a localização é apropriada para testes explosivos. Na hora de deixar o planeta, as terras desoladas adquirem valor e o subdesenvolvimento torna-se uma virtude".[116]

Até 1980, o CNES toma a frente dos trabalhos em Kourou e a cidade é transformada para receber as infraestruturas e os trabalhadores vindos da França metropolitana, enquanto as populações locais em grande parte são realocadas em habitações coletivas estranhas à cultura local. A partir de 1964, assim, as famílias camponesas das aldeias de Renner, Malmanoury e

---

* Assinados em 18 de março de 1962 na cidade francesa de Évian-les-Bains, esses acordos põem fim à Guerra da Argélia e a 132 anos de colonização francesa. [N. T.]

Karouabo, 300 a 400 pessoas no total, são expulsas e transferidas, gerando um trauma duradouro.[117] Por outro lado, a chegada da conquista do espaço a Kourou contribui para reforçar a estratificação social: os trabalhadores das etnias aluku e saramaka são instalados em favelas; os camponeses, em alojamentos exíguos; os trabalhadores crioulos, em apartamentos coletivos na periferia da cidade; os trabalhadores qualificados, mais perto do centro; e, por fim, a parte da cidade conhecida pelos guianenses como "Kourou Branca" é construída para acomodar os executivos do CGS. A essa população devemos acrescentar os guardas encarregados da segurança, unidades do exército francês e um destacamento da Legião Estrangeira mobilizado quando dos lançamentos.

Em Kourou, o plano urbanístico reflete as relações hierárquicas, sem deixar de criar ou alimentar tensões:

> Favelas e aglomerações populares próximas das rampas de lançamento ultramodernas e das mansões com piscina, ressentimentos e frustrações de uma parte da população levaram ao surgimento da delinquência urbana e a uma insegurança crescente, com frequência atribuídas aos estrangeiros, numa região que fora preservada durante muito tempo.[118]

A economia da Guiana Francesa de fato é muito dependente das atividades espaciais, mas convém lembrar que essa indústria permanece pouco integrada ao resto do país e não permitiu desenvolver a região fora dessa monoatividade, ou só muito pouco, assim como não propiciou uma redução das desigualdades sociais, muitas vezes ligadas à origem étnica. Em pesquisa realizada em 2018, a jornalista Célia Izoard deu uma ideia do clima de extrema tensão que domina na Guiana Francesa e dos efeitos concretos da base espacial nas populações locais.[119] Um dos mais flagrantes é a perda de *know-how* dos ameríndios e crioulos, num contexto em que suas terras, então consideradas "vagas e sem donos", foram introduzidas no regime da propriedade. Marianne Palisse, antropóloga na Universidade da Guiana, explica que, nessas terras,

> ameríndios e crioulos se estabeleciam onde quisessem. Quando surgia um banco de areia ou o litoral se deteriorava com a formação

> de um manguezal, eles se deslocavam, recentrando suas atividades nos recursos do interior. Era uma vida em harmonia com o meio extremamente móvel que é a Amazônia. Mas quando o Centro Espacial Guianense foi instalado, os saberes das populações locais foram completamente ignorados.

Os habitantes realocados na "aldeia ameríndia", escreve Izoard, agora estão cercados pelo mar e o concreto.[120] Além disso, ocorre atualmente na Guiana uma grande controvérsia a respeito do projeto de megamina da Montanha de Ouro, que vem somar-se à obra faraônica para o lançamento do *Ariane 6*, cobrindo 700 quilômetros quadrados de savana — preço da concorrência encarniçada com a empresa americana SpaceX.[121]

É um aspecto pouco abordado da conquista do espaço: seus riscos bem terrestres, os efeitos nas comunidades humanas. Se não resta dúvida, por um lado, de que as analogias coloniais em relação à Lua ou a Marte são limitadas pelo fato de que "não há índios [*sic*] no espaço",[122] e, portanto, nenhum corpo a ser submetido no céu nem motivos de condenar o uso da terminologia fronteirista, por outro, a base espacial de Kourou está inegavelmente ligada à história colonial, que de fato inclui a presença de indígenas. Os processos decisórios por trás da criação das infraestruturas guianenses fazem parte do que o pesquisador Anibal Quijano chama de "colonialidade do poder", ou seja, a perpetuação de um sistema de poder ocidental que sobreviveu ao processo de colonização. Em outras palavras, mesmo depois do período colonial, certos lugares e certas populações continuam inferiorizados e explorados, num clima social que permanece extremamente tenso.[123]

Considerar os portos espaciais do ponto de vista da periferia e do passado levanta a questão do que está por trás dessas infraestruturas, muitas vezes descritas apenas em termos da grande atratividade territorial, do exotismo e do orgulho nacional que representam. Sua realidade está mais próxima do equilíbrio instável a ser mantido entre segredo e vitrine publicitária — características que também encontramos em bases americanas como Vandenberg[124] e nas primeiras bases espaciais chinesas e iranianas.[125]

"Astrodeterminismo": construir, eternizar e dissimular a ficção de um controle total do espaço

Enquanto se constrói a noção de espaço como meio a ser ocupado, uma ideia domina mais que qualquer outra: a ideia do "astrodeterminismo".[126] É um lugar-comum fundador da "era espacial", apresentando como evidente um suposto vínculo direto e natural entre controle do espaço exoatmosférico e controle do planeta. Grande quantidade de ilustrações pode ser encontrada nos arquivos da política da "nova fronteira". Esse maximalismo ideológico está profundamente ligado ao contexto de afirmação do poderio espacial nos Estados Unidos. Ele não é unanimemente compartilhado no *establishment* político nem está isento de cálculos eleitoreiros, mas de fato estabeleceria o rumo nas décadas seguintes, na direção da "*space dominance*". Essa agressividade na manifestação do objetivo final que é a supremacia — articulada, entretanto, a uma visão "pacífica" e consensual — tem repercussão imediata na URSS de Khrushchev, onde os avanços pioneiros no cosmo são interpretados em termos de domínio militar nesse novo campo de batalha e associados a uma permanente celebração das virtudes do socialismo.[127] No clima tóxico da Guerra Fria, propício ao dobrar de apostas marciais e ao isolamento dos blocos geopolíticos, acabou por se impor a necessidade de conter pela diplomacia e dissimular com a ciência e a retórica da "exploração" essas novas capacidades militares.

O recurso à linguagem do uso pacífico, da ciência e das finalidades civis revelou-se eficaz. Para acompanhar as futuras incursões de satélites além da atmosfera, a doutrina "*Open Skies*" (Céu Aberto) da administração Eisenhower propõe em 1955 o estabelecimento de uma fronteira entre o espaço aéreo nacional e o espaço extra-atmosférico internacional. A "liberdade no espaço" promete uma certa margem de manobra na ocupação do meio físico a ser conquistado. A demonstração científica é encarada ao mesmo tempo como subterfúgio e vanguarda de um programa mais ambicioso de satélites de vocação militar e de inteligência.[128] O fator de propaganda nacionalista é central, e intencional: o importante é ostentar uma realização científica para fins de prestígio e promoção dos valores defendidos pelos EUA. Ainda em 1955, a CIA teoriza nos bastidores a ideia de que o lançamento bem-sucedido de um satélite, acompanhado de observações científicas, é uma arma de grande valor na "guerra psicológica".[129] O Ano

Geofísico Internacional (AGI), entre junho de 1957 e dezembro de 1958, representa uma oportunidade ideal para os Estados Unidos e a URSS, que iniciam os respectivos programas de satélite "científico". Nesse contexto, são planejadas missões científicas (patrocinadas em particular pela CIA). Na verdade, elas servem para acobertar operações clandestinas de inteligência preparadas pelo Pentágono e a CIA. O sucesso do lançamento do *Sputnik-1* acaba com o suspense (os soviéticos ganharam a primeira etapa da "corrida") e tem como consequência acelerar o processo de delimitação do espaço exoatmosférico (*outer space*) por meio de normas jurídicas internacionais a serem negociadas. Seu princípio é estabelecido na proposição "*Open Skies*", que a URSS não tem outra escolha senão endossar.[130] Os funcionários e diplomatas americanos sugerem a criação de um Comitê para o Uso Pacífico do Espaço Exterior (COPUOS, em inglês), *ad hoc*, sob a égide das Nações Unidas.[131] Sua criação é formalizada pela Assembleia Geral em dezembro de 1958, para completar o Comitê de Pesquisas Espaciais (Committee on Space Research — COSPAR) criado em Paris em outubro do mesmo ano.

É nessas arenas que se vai tateando a invenção da diplomacia e do direito internacional do espaço. Trata-se de racionalizar o fato consumado, estabelecer um contexto aceitável para a "utilização do espaço" e tentar assegurar o controle internacional do seu caráter militar. Um processo dominado pelas duas grandes potências, entre reuniões multilaterais e cúpulas diplomáticas envolvendo os integrantes do COPUOS,[132] ela leva à resolução que estabelece a "não apropriação nacional por proclamação de soberania" dos corpos celestes (dezembro de 1963) e em seguida ao Tratado de 1967. Pelo seu artigo IV, os países signatários se comprometem

> a não pôr em órbita ao redor da Terra nenhum objeto portador de armas nucleares ou de qualquer outro tipo de armas de destruição em massa, a não instalar essas armas em corpos celestes nem posicioná-las de qualquer outra maneira no espaço extra-atmosférico.[133]

Em outra frente, essa orientação é corroborada pelas negociações para a limitação de armas estratégicas iniciadas em 1969, levando à assinatura do Tratado SALT-1 em 1972, além do Tratado ABM (Anti-Ballistic Missile) assinado em Moscou no mesmo ano. Para o cientista político Daniel Deudney, sob esse aspecto, as medidas de controle de armas devem ser consideradas "a contribuição mais positiva que algum programa espacial jamais terá produzido".[134]

Apesar dessas demonstrações de boa vontade pacífica e de costumes tão civilizados na astronáutica internacionalizada, as manobras militares se mantêm como uma constante: o elefante na sala de visitas. Também no terreno dos discursos, o contexto inicial estabelecido pelos insufladores da guerra no espaço nunca perdeu impulso. Na descendência direta do que Daniel Deudney chama de "programa von Braun" — contemplando em particular a necessidade de construir estações espaciais armadas com bombas atômicas —,[135] outros grupos "*astro-Archimedeans*" ("astro-arquimedeanos", categoria abrangendo os estrategistas do armamento espacial e os expansionistas, ainda de acordo com Deudney) também encaram o espaço como cabeça de ponte da dominação terrestre. O engenheiro, futurólogo e especialista em política espacial G. Harry Stine, por exemplo, contribui para essa visão no início da década de 1980, valendo-se de dois axiomas:[136] por um lado, controlar a Lua permitiria controlar a Terra; por outro, o controle dos pontos de Lagrange *L4-L5* (onde os campos de gravidade se anulam) garantiria nada menos que o controle do sistema Terra-Lua em sua globalidade.[137]

Acenando mais uma vez com uma ameaça soviética iminente, um relatório apresentado em 1982 por Eugene Rostow, diretor da Agência Americana de Controle de Armas, afirma que os Estados Unidos estão com um "atraso antissatélite" (referência aos mísseis antissatélites, ou ASAT). Acontece que, embora vários programas de mísseis antissatélites de fato tenham sido desenvolvidos pelas forças armadas dos dois blocos, claramente representando uma ameaça para o equilíbrio do terror, os avanços soviéticos não representam nesse momento uma real ameaça para os Estados Unidos.[138] Essa realidade não impede a administração Reagan de empreender a Iniciativa de Defesa Estratégica nessa mesma década de 1980. Iniciado publicamente em março de 1983, o programa visa estabelecer uma gigantesca infraestrutura de defesa antimísseis, um "escudo" em vários níveis (infraestruturas e segmentos de solo, sistemas orbitais etc.) e sistemas combinados (entre eles projetos de armas de defesa com tecnologia de ponta, como os sistemas de interceptação exoatmosférica e os sistemas orbitais armados de *lasers* com raios x), protegendo os Estados Unidos de possíveis ataques do "Império do Mal" (expressão de Reagan) soviético, que estaria mais uma vez acelerando o passo na corrida às armas nucleares.[139] Essa iniciativa, vulgarizada nos meios de comunicação com a expressão "Guerra nas Estrelas",[140] é administrada pela Strategic Defense Initiative Organization. Embora as bases técnicas duvidosas e o interesse estratégico de semelhante projeto causem perplexidade e provoquem críticas dos adversários da militarização do espaço,[141] Reagan e o *establishment* militar conseguem articular um "otimismo tecnológico" que tira partido do legado industrial, alinhando interesses econômicos e políticos.[142] Mais de 70 bilhões de dólares são injetados no complexo industrial-militar-acadêmico entre 1983 e o fim do programa, decidido pela administração Clinton: uma "bolada" inesperada para os setores da economia aeroespacial.[143] A Iniciativa de Defesa Estratégica também lança os esteios de uma certa economia política do astrocapitalismo sustentada pelos gastos militares, de uma conjunção da comercialização com a militarização,[144] em particular em programas como o lançador orbital de um estágio DC-X e tecnologias para baixar o custo do acesso ao espaço (inclusive com a perspectiva de reutilização dos lançadores), que mais tarde inspirariam empresas do *New Space* (como veremos no capítulo IV).

Nas décadas de 1990 e 2000, apesar do fim da URSS e da banalização da vulgata pró-americana do "fim da história", a ideia de um controle necessário do espaço perdura. Para isso contribui grandemente a publicação nos Estados Unidos, em 2002, do livro *Astropolitik*, de Everett Dolman, professor na School of Advanced Air and Space Studies da USAF. Sintonizado com a *doxa* neoconservadora, empolgada com a "guerra ao terrorismo" depois do 11 de setembro de 2001, ele sustenta que o controle do espaço determina nada menos que o controle da humanidade.[145] A força de persuasão dessas teses está longe de ser desprezível. A ideia de um "Pearl Harbor" espacial começa a abrir caminho pela voz do secretário de defesa Donald Rumsfeld e da comissão que leva seu nome (formada em 1998); preocupada com a dependência do país a suas infraestruturas espaciais, ela expõe a ideia da militarização do espaço com fins de dissuasão e defesa,[146] o que não deixa de causar certo alarme entre dirigentes e autoridades russos e chineses.[147] Na década de 2010, tiveram origem muitos projetos calcados nas teses de Everett Dolman. Mais do que nunca, o espírito do Tratado de 1967 é questionado pelos campeões do hegemonismo americano.[148] E, mais uma vez, o fantasma das potências inimigas (China, Rússia) é constantemente brandido para justificar a busca da supremacia espacial, ou melhor, a garantia de sua continuidade pelos Estados Unidos, a pretexto de uma nova organização que anunciaria um futuro brilhante: a "*Space Force*", ou o astrodeterminismo sem complexos (voltaremos ao assunto). Fala-se até de retomar a ideia de instalar no espaço sistemas avançados de interceptação de mísseis, que preocupam o resto do mundo por sua dimensão antes de tudo ofensiva.[149]

Evitemos qualquer viés unilateral: durante a Guerra Fria, os dois campos disputam para ver quem se sobressai no desenvolvimento dos mais diferentes tipos de armas nos limites do direito, de programas exóticos, públicos ou secretos, com o objetivo de militarizar o espaço.[150] Como vemos, as cassandras que anunciam a "guerra nas estrelas" não nasceram ontem[151] e, nesse terreno, se a história não se repete, rima. A ideia de que o espaço equivaleria a uma posição derradeira, um ponto elevado e vantajoso, ou ainda, em referência ao ambiente marinho, um ambiente a ser ocupado militarmente para dominar (analogia por sinal desatenta às grandes diferenças geográficas entre os dois meios)[152] não esmoreceu realmente; e o espaço continua sendo — *antes de mais nada,* para os Estados Unidos — um mundo fechado que precisa de segurança: um lugar em que a guerra é (e será) por princípio inevitável e, sobretudo, um lugar que garantirá àqueles que o dominarem a capacidade de moldar o mundo à sua imagem e ideia, na mais pura tradição astrodeterminista.

Num momento em que os "exércitos espaciais" estimulam as mais variadas fantasias, o risco de uma profecia autorrealizável não é nulo. De acordo com o cientista político Max Mutschler, isto se deve em grande medida ao fato de que as potências espaciais ainda insistem numa concepção basicamente nacional da própria segurança; preferem ater-se à ideia de que é melhor se armar do que se entender, embora isso alimente o risco de uma corrida armamentista,[153] e apesar das muitas dúvidas quanto aos meios materiais à disposição de uns e outros, capazes de incendiar os ânimos.

Tratativas diplomáticas e especulações na regulamentação das armas espaciais no século XXI

O fim da Guerra Fria não significou o fim da conquista militar do espaço. O clube das potências espaciais aumentou nas últimas décadas (França, Japão, China, Índia, Irã, Coreia do Norte e Coreia do Sul), e apesar da grande disparidade entre as respectivas capacidades desses países, todos estão em condições de pôr satélites em órbita com seus próprios lançadores.[154] No total, 96 dos 193 países-membros da ONU dispõem de pelo menos um satélite em órbita e cerca de quarenta têm ou estão a ponto de ter um programa de lançadores.[155] A arsenalização da astronáutica, por sua vez, expande-se no começo dos anos 2000, com base em demonstradores ou armas operacionais concebidos nas últimas décadas do século XX ou mais recentemente. Assim, o atual período é marcado pela crescente complexidade das questões espaciais: maior e mais variada gama de agentes (inclusive provenientes do setor comercial privado, que procura obter lucro com os usos do espaço); densidade consideravelmente maior de objetos em órbita (em torno de 8 mil em 2023, um aumento de 2 mil em um ano;[156] 4.830 satélites *Starlink* são operados pela SpaceX em outubro de 2023);[157] generalização do emprego de satélites nas atividades civis e militares e de novos riscos identificados em vários níveis (novas armas hipersônicas, ameaças cibernéticas), que a diplomacia espacial tem dificuldade de conter, no contexto de uma corrida ao espaço "2.0" em que a China tomou o lugar da URSS.

Embora a demanda normativa continue forte — todo mundo reconhece que é preciso regulamentar, especialmente em matéria militar —, o horizonte de um espaço considerado como "santuário" se distancia sempre mais: ninguém sabe como intervir. Zonas de sombra e ambiguidades persistem, ou mesmo se aprofundam, diante de recursos espaciais novos e suscetíveis de transportar cargas convencionais ou nucleares (com o risco de fragilizar o equilíbrio do terror) e numa permanente imbricação dos diferentes ambientes — a alta atmosfera e o espaço —, que são percorridos por esses dispositivos praticamente sem nenhum critério.[158] Embora devamos encarar com certa prudência histórica a ideia de uma nova Guerra Fria com a China, o ambiente permanece fortemente marcado pela desconfiança, e a musiquinha da inevitável arsenalização do espaço pode ser ouvida cada vez mais alto.

O pano de fundo diplomático que explica essa possível volta das armas espaciais reside em particular na dificuldade do diálogo multilateral para prevenção do posicionamento de armas no espaço. Embora a situação não tenha um ponto de partida único, uma das causas é a decisão dos Estados Unidos, em 2002, de sair do Tratado de Limitação dos Sistemas Antimísseis Balísticos (ABM), assinado em 1972. Por outro lado, permaneceram letra-morta as primeiras tentativas de reativação das negociações no início da década de 2000, especialmente a resolução da Assembleia Geral das Nações Unidas de 8 de janeiro de 2004 para a "Prevenção de uma Corrida Armamentista no Espaço",[159] que reafirmava o princípio da utilização do espaço com fins pacíficos. A resolução foi rejeitada pelos Estados Unidos, que se defendem alegando que a militarização não é um objetivo em si, mas um meio a ser posto a serviço da estabilidade global.[160]

Novas abordagens são tentadas nos anos seguintes, em particular pela China, enfrentando os mesmos reveses,[161] assim como o projeto de "código de conduta" apresentado pela União Europeia, que foi recusado pelos Estados Unidos, a China e a Rússia, mas também pelas chamadas potências emergentes, como o Brasil e a Índia.[162] Em 2008 e 2014, China e Rússia apresentam um projeto de "Tratado para Prevenção do Posicionamento de Armas no Espaço Extra-atmosférico e da Ameaça ou Emprego da Força contra Objetos Espaciais", também conhecido pela sigla PPWT.[163] A proposta foi considerada "hipócrita" pela secretária de Estado americana adjunta para o Controle de Armas.[164] São questionadas várias supostas lacunas do texto, que não inclui as armas lançadas do solo para o espaço nem, portanto, os mísseis ASAT, que foram objeto de um teste — perfeitamente lícito, do ponto de vista do texto — por parte da China em 2007, com um dos seus próprios satélites, gerando muitos detritos.[165]

A dificuldade de identificar a autoria de ataques no espaço também é invocada para recusar o PPWT. Como o texto não define as "armas espaciais", é difícil e mesmo impossível adotar as medidas necessárias para determinar o que constitui ou não uma arma. Com isso, levando-se em conta que todo objeto suscetível de ser manobrado no espaço pode ser considerado uma arma ao se transformar numa carga de tipo cinético (que destrói o alvo por impacto), seria difícil estabelecer que o tratado foi violado. Como frisaram vários especialistas, a simples perspectiva de proibição de armas espaciais deveria

> incluir medidas de confiança convincentes. Poderiam ser medidas de transparência envolvendo em particular as capacidades dos dispositivos espaciais, suas reservas de combustível e a órbita prevista, ou a notificação das manobras de aproximação. Bastaria então fiscalizar e verificar os desvios em relação às trajetórias previstas.[166]

Semelhante grau de transparência é inconcebível hoje.

Seja como for, as posições doutrinárias não convergem. Os testes antimísseis, por sua vez, tiveram continuidade no período (Índia em 2019,[167] Rússia em 2021),[168] tornando ainda mais irrisória uma proposta de regulamentação que não os inclua. A situação das negociações pode então ser resumida assim: a Rússia sistematicamente assume posição contrária à dos Estados Unidos (também na medida em que não tem recursos para posicionar armas espaciais, o que explica o desejo de ostentar seus mísseis), ao passo que a China, para responder à superioridade tecnológica americana, militarizou seus sistemas espaciais e encara a "dominação" do espaço como missão estratégica e "terreno elevado" da guerra moderna.[169] Os Estados Unidos, por sua vez, se comprometem cada vez mais com a ideia clássica de "*Space Control*". Teorizado em 1988 pelo tenente-coronel da USAF David E. Lupton, o *Space Control* encara o espaço como vetor de poderio hegemônico no período posterior à Guerra Fria,[170] inserindo-se no conceito mais amplo de *Space Power*, que ainda por cima implica a ideia de ocupar o espaço de um ponto de vista industrial e militar, exatamente como a terra, o mar e o céu. Esses termos entraram para o vocabulário do Pentágono na década de 1990, estabelecendo a ideia de uma necessária dominação incontestável do espaço, logo, de sua militarização com o objetivo de enfrentar qualquer ameaça, ainda que negando seu acesso a potências hostis.[171] Apesar da declarada intenção de rever a doutrina durante a era Obama, nenhuma mudança seria afinal adotada. E em 2011, por sinal, a "emenda Wolf" (proposta por Frank Wolf, senador da Virgínia) consagra a recusa americana de cooperar com a China, proibindo a NASA de usar verbas federais para se envolver numa cooperação bilateral direta sem a concordância do Congresso. Isso estimula ainda mais a China, jogada no ostracismo desde 2000 pelas regras ITAR (International Traffic in Arms Regulations, ou Regulamentação do Tráfego Internacional de Armas), a desenvolver seu próprio programa espacial civil.[172]

Devemos aqui abordar com um mínimo de precaução a ideia de uma volta das armas espaciais a pleno vapor. A utilização militar do espaço tinha caráter seletivo no passado, pois os dois blocos estavam conscientes de que um desenvolvimento ilimitado de arsenais espaciais não seria benéfico para ninguém, em virtude de repercussões potenciais como radiações produzidas pelas armas nucleares, interferências eletromagnéticas e detritos. Esse "aprendizado ambiental" levou a tomar cuidado com o meio ambiente espacial, para "preservar [a] continuidade na utilização do espaço para fins civis e militares, mesmo quando isso significava abandonar as estratégias competitivas de projeção de poderio espacial".[173] O cientista político Guilhem Penent observa, todavia, que poderia estar ocorrendo uma mudança, num momento em que muitos programas espaciais militares — tomando o lugar, talvez, dos voos tripulados — são objeto de uma "publicidade ostentatória":[174] desse ponto de vista, as armas seriam novos vetores de prestígio.

Já mencionadas aqui, as armas hipersônicas são emblemáticas dessa mudança. Elas dividem-se em duas grandes categorias. Para começar, os planadores hipersônicos (ou HGV — Hypersonic Glide Vehicle) são transportados por mísseis balísticos de Mach 20 e injetados na alta atmosfera para depois caírem em direção ao alvo, ricocheteando na atmosfera, o que torna sua trajetória imprevisível.[175] Os mísseis de cruzeiro hipersônicos (ou HCM — Hypersonic Cruise Missile), por sua vez, são lançados do ar ou do solo e possuem meios próprios de propulsão, e, embora não passem pelo espaço, cumprem funções semelhantes às dos mísseis balísticos, sendo igualmente capazes de modificar a trajetória, à vertiginosa velocidade de Mach 10. Esses dois sistemas são capazes de transportar armas convencionais e estratégicas. Como escapam aos sistemas antimísseis, em virtude da altitude relativamente baixa, da velocidade e das mudanças de trajetória,[176] eles desestabilizam o frágil equilíbrio do terror, somando-se ao arsenal dos meios disponíveis para projetar armas nucleares. É verdade que o advento dessas novas armas em nada diminui a força destruidora dos mísseis balísticos bem alinhados em seus silos. Mas, se estes são antes de tudo armas de não emprego (concebidos para não serem usados, apenas para fins de dissuasão), os mísseis hipersônicos já são usados pela Rússia na Ucrânia.[177] Estamos, assim, diante de armas potencialmente portadoras de cargas nucleares, mas fora do contexto da dissuasão em sua definição clássica. A Rússia e a China estão relativamente à frente em seu desenvolvimento, ao passo que a Índia, a França, o Japão e os Estados Unidos trabalham com demonstradores, em maior ou menor segredo, mas tendo em mente que essas armas constituem, no fim das contas, "emblemas da modernização da capacidade dos Estados e sinais de poderio".[178] Em 2021, por meio da U.S. Missile Defense Agency (MDA), os Estados Unidos também encomendaram às empresas Raytheon, Lockheed Martin e Northrop Grumman, unidas num mesmo contrato, o desenvolvimento de sistemas de interceptação desses mísseis hipersônicos. Um novo episódio da "guerra nas estrelas", mas dessa vez com a superioridade tecnológica dos russos e dos chineses[179] justificando o aumento dos orçamentos para garantir a continuidade dos serviços e a compra de novos equipamentos.[180]

Cabe mencionar também projetos desenvolvidos com maior discrição. Por exemplo, o *X-37B*, ônibus espacial automático reutilizável de menos de 10 metros de comprimento, criado pela Boeing por encomenda da NASA, e mais tarde da Agência de Projetos de Pesquisa Avançada em Defesa (DARPA, na sigla inglesa) e da Força Aérea, e capaz de passar centenas de dias em órbita (até dois anos) e depois descer. Digno herdeiro do *Dyna-Soar*, realizou seu primeiro voo em 2010, e provoca especulações entre os especialistas da arsenalização do espaço. Hoje não se pode excluir a possibilidade de que esse equipamento sirva para fins militares, mediante acréscimo de um braço articulado, de armas de energia dirigida do tipo *laser* ou simplesmente de uma carga de tipo míssil. Uma versão chinesa *a priori* análoga, o CSSHQ (Chongfu Shiyong Shiyan Hangtian Qi), quase duas vezes mais pesado (8,5 toneladas), foi lançada em setembro de 2020 para um voo de 48 horas; um satélite de "inspeção" se teria destacado dele uma vez em órbita, efetuando manobras a cerca de 40 quilômetros de uma plataforma ultrassecreta da USAF, a USA *276*.[181] Esses testes serviriam para preparar o terreno de tecnologias de grande envergadura, a começar pelo desenvolvimento de um avião espacial até 2030,[182] verdadeiro Santo Graal da astronáutica desde a década de 1960.

A essas diferentes armas, afinal caras, pouco discretas e com grande risco de serem confundidas com mísseis balísticos, somam-se as armas cibernéticas. Com efeito, o agravamento da ameaça também deve ser encarado pelo ângulo da guerra eletrônica a partir do solo. Os ciberataques exploram falhas das redes de satélites para espionar, perturbar ou interromper a atividade de um satélite de forma muito mais discreta que um míssil. Em 2015, assim, o bando de criminosos cibernéticos Turla (supostamente ligado à Rússia) tomou como alvo "embaixadas, administrações e empresas, valendo-se das ligações descendentes,* muitas vezes pouco protegidas".[183] Nesse contexto de agravamento da instabilidade e dos riscos é que vem a ser criada nos Estados Unidos, em 2019, uma "*Space Force*", novo ramo do Pentágono voltado para as atividades militares no espaço, com orçamento de aproximadamente 40 milhões de dólares no primeiro ano.[184]

Forças espaciais: a inevitável arsenalização do espaço

A ideia de criar uma "força espacial" autônoma, nos Estados Unidos, não é realmente nova. Poderíamos até dizer que faz parte de uma estratégia de relações públicas. Promovida pelo Pentágono e por Donald Trump a partir de 2018, ela na verdade apenas integra, sob um mesmo teto, atribuições que as forças armadas americanas já têm, especialmente no Comando Espacial da Força Aérea (Air Force Space Command — AFSPC), responsável entre 1982 e 2019 pelo desenvolvimento e posicionamento dos dispositivos espaciais militares — entre eles, satélites de telecomunicações, satélites meteorológicos, sistemas de navegação GPS e sistemas de alerta precoce para ameaças de mísseis balísticos. Em 2001, contudo, uma comissão presidida por Donald Rumsfeld conclui que esses recursos são insuficientes, propondo a criação de um departamento militar especificamente voltado para a defesa espacial.[185] A ideia avança, graças a um intenso trabalho de persuasão e lobismo nos corredores do *establishment* em Washington; em 2017, uma iniciativa bipartidária na Câmara dos Representantes leva à aprovação, em 2019, da Lei de Autorização da Defesa Nacional (National Defense Authorization Act — NDAA), ato de nascimento da *Space Force*

---

* Ligação descendente, ou *downlink*, é a ligação de um satélite com a estação terrestre. [N. T.]

americana. Essa lei é acompanhada, na literatura cinzenta (especialmente a Estratégia Nacional de Segurança),[186] de um vocabulário que caracteriza o espaço, de maneira perfeitamente assumida e ofensiva, como lugar de confronto militar, formulação adotada pelo próprio Donald Trump em 2018: "O espaço é um terreno de combate (*warfighting domain*), assim como a terra, o ar e o mar",[187] fazendo eco à doutrina do *Space Power* e à ideia de *Space Control*.

Sexto ramo das forças armadas, somando-se ao Exército de terra, à Marinha, à Força Aérea, aos Fuzileiros Navais e à Guarda Costeira, a *Space Force* dispõe do seu logotipo, de um hino oficial (com o lema latino "*Semper supra*", ou "sempre por cima"), de um contingente próprio (8,6 mil militares, ou "guardiões") e de um uniforme unificado (que teria sido inspirado pelos dos militares da série *Battlestar Galactica* ou do filme *Tropas estelares*).[188] À parte o aspecto anedótico e o esforço *kitsch* de estratégia de marca (ridicularizado numa série homônima da Netflix),[189] a *Space Force* existe oficialmente para proteger os interesses americanos no espaço e dissuadir eventuais inimigos de atacar seus dispositivos espaciais. São inimigos bem conhecidos: a Rússia, a China e certos "países párias" como a Coreia do Norte e o Irã.[190] Além disso, os partidários mais decididos e agressivos, como o veterano da astrolegislação neoconservadora Newt Gingrich, querem ir além da mera "defesa" espacial e instalar, paralelamente ao programa "civil" de volta à Lua (Artemis), ou mesmo em sinergia com ele, uma força capaz de conquistar e atacar, recorrendo, por exemplo, a bases militares na Lua.[191]

No fundo, o novo ramo das forças armadas evidencia uma relação de forças amplamente favorável aos Estados Unidos. Ele se acomoda nas zonas obscuras de um direito que tem dificuldade de definir o que significa pôr em órbita uma arma de destruição em massa. Conforme a interpretação, o Tratado de 1967 permite posicionar armas nucleares no espaço extra-atmosférico, desde que não realizem uma rotação completa em volta da Terra. É nessa falta de nitidez jurídica que devemos enquadrar as propriedades do X-37B americano, assim como o teste do sistema de bombardeio orbital fracionado chinês realizado em 27 de julho de 2021. Esse voo, que teria efetuado apenas uma revolução parcial ao redor da Terra em órbita baixa, sendo em seguida retirado de órbita e aterrissando a 32 quilômetros do alvo, poderia ser o voo de um FOBS associado a um míssil hipersônico capaz de transportar uma carga nuclear, o que, entretanto, não foi confirmado.[192] O teste parece ambíguo porque poderia ir de encontro à proposta russo-chinesa de 2008, estipulando em seu artigo II que os países "se comprometem a não pôr em órbita em torno da Terra nenhum objeto transportando armas de qualquer tipo, a não implantar armas dessa natureza nos corpos celestes nem no espaço, por qualquer outro meio que seja".[193] Além disso, embora os FOBS tenham sido abandonados pela URSS em 1972, em virtude do tratado de desarmamento Salt II (1979, não ratificado), a manutenção dos mísseis *R-36* que os punham em órbita nunca foi suspensa (o míssil russo *Satan 2* é um derivado direto deles). No contexto da atual escalada de armas espaciais, os sistemas de bombardeio orbital fracionado costumam ser considerados uma ameaça concreta.

Esses desdobramentos alimentam a ideia de que a arsenalização do meio espacial constitui uma nova etapa da história da conquista espacial. Para Mike Rogers por exemplo, senador republicano pelo estado do Alabama e um dos principais defensores da causa, os Estados Unidos cometeram um grave erro estratégico depois dos anos Reagan, "cedendo a uma reação de princípio da opinião pública internacional contra a arsenalização do espaço, em seguida à Iniciativa de Defesa Estratégica".[194] O congressista defende abertamente a ideia de uma arsenalização do espaço, na medida em que contribua para aumentar a credibilidade da força dissuasória americana, quaisquer que sejam as consequências em termos da indesejável produção de detritos espaciais. Segundo ele, a arsenalização poderia incluir meios terrestres tanto como espaciais, a exemplo do X-37B já integrado à unidade *Space Delta 9* da *Space Force*, incumbida do "combate orbital".[195] Não é muito diferente o estado de espírito do secretário da Força Aérea e do seu chefe de Estado-Maior, para os quais a guerra espacial é "inevitável": expressão empregada publicamente, denotando mais uma vez um endurecimento da doutrina.[196] Segundo o embaixador da França nos Estados Unidos, o anúncio da criação de uma *Space Force*

> pode ser visto como uma maneira de assumir a arsenalização do espaço, e até a ideia de 'guerra espacial', assim rompendo expressamente com a visão do espaço como um meio desmilitarizado e regido pelo direito internacional, visão que ainda predomina na Europa.[197]

Mas a constatação é compartilhada pela França, que, igualmente dotada desde setembro de 2019 de um "Comando do Espaço" (ou "CDE", agrupando em particular o Centro Operacional de Vigilância Militar dos Objetos Espaciais e o Centro Militar de Observação por Satélites), respondeu à estratégia dos Estados Unidos estabelecendo uma Estratégia Espacial de Defesa que segue a chamada doutrina de "Defesa Ativa", que defende que não é proibido entrar em ação no espaço, a partir dele ou em direção a ele — por exemplo, para confundir satélites considerados ameaçadores.[198] Por outro lado, a França recusa uma revisão dos tratados existentes,[199] entre eles o de 1967. Para o coronel Thomas Vinçotte, adjunto do general comandante da brigada aérea de operações, "não devemos ser ingênuos: a arsenalização do espaço é um fato".[200] As manobras inamistosas de aproximação do satélite russo *Luch Olymp* em torno do satélite de telecomunicações franco-italiano *Athena Fidus* em 2017 reforçaram as suspeitas de vigilância das comunicações a partir de equipamentos estrangeiros em órbita, assim como a necessidade de prever esses encontros indesejáveis.[201] Embora a França, ao contrário dos Estados Unidos, não identifique um grupo de países contra os quais deva se proteger, seu exercício anual de guerra espacial *AsterX*, contemplando um ataque simulado de um inimigo de características semelhantes às da Rússia, não faz mistério quanto à identidade dos possíveis beligerantes.[202]

O crescimento das forças espaciais (nos Estados Unidos, na França e em outros países)[203] evidencia também uma certa tendência à má vontade em nossa época. Ante a incapacidade recíproca das partes de se entenderem sobre a renovação ou o aprofundamento dos tratados existentes, é de fato uma nova corrida armamentista que leva a melhor. A leitura ocidental do problema — que domina amplamente — significa que, diante das ameaças chinesas, caracterizadas em particular pelo tiro ASAT de 2007,[204] os Estados Unidos e o resto do mundo livre devem entrar sem hesitação na chamada era de vulnerabilidade mútua, marcada pelo risco de surgimento de potências capazes de prejudicar seus recursos (guiagem, navegação, comunicações), que constituem sua principal vantagem e ao mesmo tempo seu calcanhar de Aquiles. Nesse sentido, os Estados Unidos promoveram, em 1º de novembro de 2022, na Primeira Comissão da ONU, a adoção de uma resolução intitulada "Testes de mísseis antissatélites de ascensão direta e objetivos de destruição", para proibir os testes desses mísseis (sem impedir sua utilização durante um conflito nem o desmantelamento dos sistemas existentes).[205] A França também se comprometeu a não fazer esses testes. Simultaneamente, todavia, o general B. Chance Saltzman, responsável pelas operações espaciais da *Space Force* americana, declara que o confronto com a China agora conduz a um estado de "concorrência perpétua" entre os dois países, preconizando uma atitude mais "ágil" frente ao agravamento das ameaças.[206]

É preciso ter lucidez quanto à real ampliação do poderio chinês. O país tem quatro bases de lançamento, ampla gama de lançadores, um programa de exploração espacial tripulado, um aterrissador e um robô marciano etc. Além disso, o orçamento do programa espacial chinês — que põe em órbita duas vezes mais massa que os Estados Unidos e cujo montante frequentemente é estimado em torno de 8 a 9 bilhões de dólares por ano (o equivalente a um quinto aproximadamente dos Estados Unidos) — é muito subestimado segundo certos analistas.[207] A atividade chinesa, intensa e variada, pode indicar um avanço relativo de maior monta, fazendo do país uma potência espacial de primeira ordem, muito à frente da Europa. Em 2015, os chineses publicaram um livro branco intitulado "A estratégia militar da China", no qual o espaço e o ciberespaço são considerados estratégicos, e que leva, em 2019, à criação da Força de Apoio Estratégico (FAE), fundindo os dois campos na alçada do Exército.[208] Mas essa escalada mimética e os investimentos maciços que implica não devem distorcer a percepção da ameaça chinesa, que não é nova. Ela foi ainda mais grave no início da década de 1960, sem por isso constituir uma norma imutável nas relações entre a China e os Estados Unidos. De fato, houve colaborações e transferências tecnológicas entre os dois países (de 1972 até a década de 1990, inclusive no programa Landsat, de observação da Terra), demonstrando a inconstância de uma relação que, pelo menos em matéria espacial, apresentou algumas surpresas.[209]

No período recente, firmou-se de novo um discurso que apresenta a China exclusivamente pelo ângulo da ameaça (sobretudo depois do tiro ASAT de 2007), discurso parcialmente cego às motivações internas dos programas espaciais chineses.[210] Para o cientista político Yongjin Zhang, o olhar estratégico do Ocidente em relação à China é viciado por um forte orientalismo. Segundo ele, não só os mísseis antissatélite não seriam uma prioridade nacional na China — desde a década de 1990 — como o papel do Exército na determinação dos objetivos do país em matéria espacial tendeu na verdade a diminuir na virada do século XXI.[211] A invenção de um "inimigo permanente" pelos Estados Unidos, para retomar a expressão de Y. Zhang, também ignora que as estratégias militares espaciais chinesas respondem às dos americanos, da Iniciativa de Defesa Estratégica de Reagan ao Afeganistão, passando pela Guerra do Golfo, primeiro conflito considerado uma "guerra espacial".[212] Ainda para Y. Zhang, as pretensões chinesas de independência, no caso do programa de voo tripulado Shenzhou ou do estabelecimento do sistema de navegação e posicionamento *Beidou*, seriam, segundo os analistas americanos mais conservadores, motivadas antes de tudo por objetivos militares, embora também atendam a metas nacionais, científicas e de inovação fixadas pelo país, assim como a uma pressão não desprezível da população civil: metas muito diferentes das motivações clássicas da conquista do espaço em sua versão americana.[213]

Desse modo, a posição dos Estados Unidos consolida uma grande assimetria: embora dominem amplamente o espaço, são também os que mais temem ataques, a ponto de contemplar um dobrar de apostas tecnológico levando à instalação de armas em órbita. Incapazes de convencê-los da necessidade de uma regulamentação, seus aliados também se comprometem com esse caminho, por mais oneroso que seja, a exemplo da União Europeia, que adotou em 2023 uma "Estratégia Espacial de Defesa"[214] — o que serve, entre parênteses, para legitimar a abordagem americana.

As forças espaciais são a parte visível do *iceberg*. Outros segmentos devem ser levados em conta na avaliação dessa escalada militar. Desde a Guerra Fria, consolidou-se gradualmente nos Estados Unidos o que a historiadora Kristie Macrakis chama de "Estado securitário global hipertrofiado", um "império tecnoespião" embriagado com a própria "arrogância tecnófila" e com sua escalada burocrática, bem resumidos no logotipo e no lema do NRO — divulgados no lançamento de um satélite ultrassecreto em dezembro de 2013: um polvo agressivo enlaçando o globo terrestre com seus tentáculos, "Nothing is Beyond Our Reach" ("Nada está além do nosso alcance").[215] As revelações de Edward Snowden sobre a Agência de Segurança Nacional (NSA)[216] — outro polvo, que atua em colaboração com instituições como a Agência Nacional de Inteligência Geoespacial (National Geospatial-Intelligence Agency), grande consumidora de imagens de satélite, derivada em essência de gigantes da indústria privada como

Maxar e Planet[217] — escandalizaram por um momento uma parte da opinião pública mundial, e depois teve prosseguimento a rotina subterrânea e furtiva das operações: *business as usual*. Essa "comunidade" cefalópode está estreitamente ligada ao Pentágono, do qual a *Space Force* vem a ser o 18º membro desde dezembro de 2020.[218]

Essas instituições dispõem de orçamentos anuais consideráveis e em constante aumento. Em 2021, o orçamento da *Space Force* chegava a 15,3 bilhões de dólares, a 18 bilhões em 2022 e a 26,3 bilhões em 2023, podendo alcançar 30 bilhões em 2024.[219] Cerca de dez mil agentes trabalhavam nela em 2023. O complexo industrial-militar-acadêmico também sai reforçado dessa política. A estratégia de compra de serviços comerciais da Agência de Desenvolvimento Espacial (Space Development Agency), fundada em 2019 e plenamente integrada à *Space Force* em 2022, garante rendimentos para as empresas espaciais já estabelecidas, entre elas a Lockheed Martin (encomenda de satélites de transmissão de dados em 2020) e a SpaceX (satélites de detecção e acompanhamento de mísseis baseados na plataforma *Starlink*, também em 2020, com um primeiro posicionamento em abril de 2023).[220] Com isso, as tecnologias miniaturizadas de satélite operadas em constelação e em órbita baixa terrestre, criadas pelas *startups* do *New Space*, encontram um escoadouro econômico inesperado em clientelas militares que querem dispor de capacidades robustas e substituíveis sem interrupção dos serviços. O conceito de "setor espacial reativo" é um outro maná para a indústria: militares e agências de inteligência contratam lançamentos comerciais junto a fornecedores habilitados e o posicionamento de satélites de baixo custo por encomenda, em função de necessidades operacionais mais ou menos pontuais — erigindo um sistema de interdependência astrocapitalista de Estado, que descreveremos agora em sua gênese e no que está por vir.

IV

CONQUISTAR MERCADOS: RUMO AO ASTROCAPITALISMO

O que acontece no momento é uma bolha financiada pelo dinheiro público. Muitas empresas vão falir, mas, como controlamos os satélites, os dados e os foguetes, vamos comprá-las e consolidar o mercado. Depois, as coisas seguirão em frente, pois a humanidade tem uma paixão pelo espaço. É a última fronteira.

Max Polyakov,
ex-presidente e diretor-geral da Firefly Aerospace.[1]

É um clichê que circula consensualmente nos meios de comunicação destinados ao grande público: o espaço teria sido "privatizado" nos últimos anos, com um crescimento inédito do setor, impulsionado por alguns multibilionários bem conhecidos, "barões do espaço" sedentos por aventuras e apaixonados pela ideia de sua conquista.[2] A economia espacial teria vencido uma nova etapa, a etapa do *New Space*, numa fusão dos modos de produção da economia digital *made in* Vale do Silício com os recursos industriais e humanos herdados dos períodos anteriores: motores, satélites, bases terrestres, engenheiros etc. Elon Musk ilustra melhor que ninguém essa aliança e as proezas técnicas dela resultantes, a começar pela possibilidade de voo tripulado realizado por uma empresa privada, a SpaceX, que efetua o voo dos astronautas para a Estação Espacial Internacional durante a missão Demo-2 de maio de 2020, assim como o transporte de cargas, desde 2012, pela cápsula *Dragon*.[3]

A economia do espaço estaria em pleno *boom*: o número de lançamentos dos mais diversos equipamentos aumenta significativamente e as promessas de desenvolvimento econômico avançam em bom ritmo, com previsões de rendimentos que chegam a 1 trilhão de dólares até 2040, segundo os analistas financeiros mais otimistas.[4] A entrada do capital de risco na economia do espaço, assim, descortinaria toda uma série de novas atividades: dezenas de milhares de satélites em órbita baixa terrestre para conectar todo o planeta à internet (as "megaconstelações"), desenvolvimento sem freios dos chamados lançadores ligeiros, supostamente atendendo a uma demanda florescente de operadores de serviços espaciais para pôr em órbita satélites de observação ou telecomunicações; tudo isso repousando numa diminuição necessária do custo de acesso ao espaço, obstáculo a ser transposto para que o conjunto se sustente economicamente. O alvo é a "democratização" do espaço ou, em termos mais exatos, sua plena e total comercialização.

Se a repartição de papéis entre público e privado sofre certas mudanças nos últimos anos, o uso do espaço para fins de acumulação de capital remonta na realidade ao início da era espacial. Já na década de 1960, o desenvolvimento das telecomunicações, da televisão e, naturalmente, do setor militar revela uma evidente confusão entre os interesses estatais e privados — políticos, econômicos e culturais —, movimento que prossegue nas décadas seguintes, até o presente momento.

Esses fatores constituem as especificidades de um projeto "astrocapitalista" que vamos descrever neste capítulo.[5] Contraintuitivamente, o astrocapitalismo caminha em sentido oposto à ideia de que a economia do espaço agora foge ao controle dos Estados, que na verdade continuam a estruturar os mercados (em particular com encomendas públicas), a fornecer concessões, a distribuir frequências e nichos e a garantir a manutenção da quase totalidade das bases de lançamento (das quais os poderes públicos continuam sendo em grande medida proprietários).[6] De maneira não menos característica, o astrocapitalismo se oferece para superar essa contradição do capitalismo, sempre em busca de novos escoadouros, mercados e recursos, progressivamente instilando a ideia de que será capaz de sobreviver a qualquer coisa, desde que conquiste novos territórios. Afinal, a questão da expansão no espaço é antes de tudo ideológica: com que finalidade suas fronteiras são alargadas? O geógrafo David Harvey formulou o conceito de "*spatial fix*" (expressão de difícil tradução, apontando para a ideia de "solução ou arranjo espacial") para designar esse deslocamento geográfico permanente do capital, visando a garantir a manutenção das taxas de lucro e, assim, resolver suas crises internas ligadas à superacumulação.[7] Depois da busca de mão de obra de baixo custo nos países pobres, da exploração cada vez mais intensa dos recursos do fundo marinho, e diante da falta de um "planeta B", teríamos então a exploração do espaço exo e extra-atmosférico. A órbita, a Lua, os asteroides, Marte: nessas direções é que apontariam agora as mudanças de escala cósmica.[8] Esse projeto ideológico que também se manifesta no terreno jurídico, pelo questionamento de um Tratado do Espaço pouco conveniente para os comerciantes, além de cheio de fissuras, como veremos. Ao contrário do que afirma o discurso em vigor sobre o advento do *New Space*, constataremos que esses desdobramentos vêm de longe e preparam um futuro relativamente previsível do paradigma da conquista espacial "2.0". De resto, as consequências científicas e ecológicas desses projetos já se fazem sentir em órbita baixa, onde os detritos se acumulam, em meio a uma indiferença generalizada.

Telecomunicações globais: nascimento e consolidação de um mercado experimental

Os satélites de telecomunicações estão entre as tecnologias que mais mudaram a vida social nas últimas décadas, permitindo a consolidação de uma indústria que é, de longe, a mais lucrativa do setor espacial. O desenvolvimento dessa indústria, que se estrutura a partir da década de 1960, é concomitante com o início da era espacial. Se no início os Estados entram em ação e acompanham o desenvolvimento das atividades, uma vez amadurecidas, elas são privatizadas no começo dos anos 2000. As telecomunicações pelo espaço são então acompanhadas de muitas promessas: promessas de abolir fronteiras e ampliar o conhecimento e a paz, no contexto de uma "aldeia global" teorizada por Marshall McLuhan, que assim batizou os efeitos da globalização propiciada pelos meios e tecnologias da informação e da comunicação.

Mas a ideia de conectar o planeta inteiro por satélites é mais antiga. Em 1945, o célebre escritor de ficção científica e defensor da causa espacial Arthur C. Clarke imagina no artigo "Extraterrestrial Relays" ("Transmissões extraterrestres", publicado em *Wireless World*) os primeiros satélites geoestacionários.[9] Eles se deslocam em sincronia com a Terra, a cerca de 36 mil quilômetros de altitude sobre a Linha do Equador, mantendo-se portanto constantemente acima do mesmo ponto da superfície: desse modo, três deles são suficientes, explica Clarke, para enviar ondas de rádio ao redor do planeta, à exceção dos polos. Mas Clarke supõe que esses satélites seriam tripulados, para possibilitar a troca manual dos tubos a vácuo usados como amplificadores de sinal. Na década de 1960, essas previsões se concretizam, com dois grandes objetivos: disponibilizar a televisão em todos os recantos do globo e atender a uma demanda crescente de comunicações telefônicas de longa distância.[10]

O primeiro satélite de telecomunicações, *Echo-1A* — um balão de 30 metros de circunferência inflado no espaço —, desenvolvido pela empresa AT&T com recursos próprios, é posto em órbita pela NASA em 12 de agosto de 1960, assegurando em condições mínimas e, durante algumas semanas, a transmissão transatlântica de televisão para a França. Muitos outros se seguiriam, especialmente a série dos *Telstar* (AT&T/NASA), primeiros satélites privados lançados pela NASA, a partir de 1962, contra reembolso dos custos. Cabe lembrar que esses avanços têm um efeito simbólico importante, mais que o *Sputnik*, segundo pesquisa realizada pela United States Information Agency (USIA): uma nova era tem início, a era das comunicações globais instantâneas.[11]

Consciente do enorme potencial comercial, o Congresso americano aprova em 31 de agosto de 1962 a Lei de Comunicações por Satélite (Communications Satellite Act), pela qual é criada a Communications Satellite Corporation, ou COMSAT, monopólio em forma de parceria entre os setores público e privado e cuja propriedade é separada em duas partes iguais entre o poder público e as empresas de telecomunicações (AT&T, ITT, RCS...). A estrutura da COMSAT leva em conta a ambiguidade de uma atividade que, considerada privada, porém vital para os interesses nacionais americanos, é objeto de debates complexos entre as diferentes tendências políticas e industriais. Paralelamente, a NASA financia uma iniciativa concorrente, a Syncom, desenvolvida pela empresa Hughes Aircraft —, empenhada em se diversificar após o fim de um contrato de sistema de defesa antiaérea com a Força Aérea americana.[12] Essa iniciativa é o que permite, em 1964, transmitir para os Estados Unidos, por televisão, as Olimpíadas de Tóquio. No mesmo ano é fundado o consórcio intergovernamental International Telecommunications Satellite Consortium (INTELSAT) — a primeira rede mundial de telecomunicações baseada em satélites —, associando dezenove países e chegando a reunir progressivamente mais de uma centena, mas cujo sistema de votação é controlado em 61% pelos Estados Unidos. Lançado do Cabo Canaveral, seu primeiro satélite, o *Intelsat I* (conhecido também como "Early Bird"), é posicionado acima do Oceano Atlântico em agosto de 1965 e fornece ligações transatlânticas diretas para televisão, telefone e fax.[13] Satélites mais potentes do mesmo tipo são enviados nos anos seguintes, dividindo por dez o custo do minuto dos telefonemas, enquanto o número de ligações passa de algumas centenas a vários milhões.[14] A partir da década de 1970, torna-se possível a cobertura global.[15]

Do lado soviético, a recusa de participar de um sistema dominado pelos Estados Unidos leva aos primeiros lançamentos experimentais do satélite militar *Molnia* ("*Relâmpago*") em 1964. Esses recursos em seguida são postos a serviço de necessidades civis, sendo seguidos por outros satélites geoestacionários do mesmo tipo. Na Europa, enfim, a "aldeia global" também se amplia, com a criação, nos anos 1970, da Eutelsat e da Inmarsat, organizações públicas que fornecem comunicações terrestres e no mar. Também nesse caso, a decisão europeia é motivada pela busca de autonomia. E de fato o primeiro satélite europeu, o *Symphonie-A*, é lançado em 1974 no foguete *Thor-Delta* (depois da suspensão do programa lançador europeu Europa), mas ao preço de um acordo desequilibrado que impõe caráter experimental ao dispositivo e proíbe qualquer utilização comercial, para não entrar em concorrência com a Intelsat.[16] Esse episódio ilustra bem a estratégia americana, que consiste em manter uma posição privilegiada, senão exclusiva; estratégia essa que por sinal contribui para que Europa consolide seus meios técnicos industriais com a finalidade de alcançar a órbita geoestacionária, levando à criação da Agência Espacial Europeia (ESA) em 1975.[17] O domínio da Intelsat atenua-se progressivamente, com a adoção de novos estatutos em 1964, reduzindo a 40% o peso dos americanos no sistema de votação.

Na década de 1970, entretanto, os monopólios estatais caem por terra. A administração Nixon cria o Escritório de Política de Telecomunicações (Office of Telecommunications Policy — OTP) e adota a chamada política de "*Open Skies*", que acaba com o monopólio da COMSAT no segmento espacial nacional e lança uma primeira onda de liberalização, permitindo que empresas privadas obtenham licenças para enviar seus próprios satélites.[18]

O fenômeno tem prosseguimento nas décadas de 1980 e 1990, quando a ideologia do *laisser-faire* chega ao auge, nos Estados Unidos e depois na Europa. O resultado é a progressiva transferência da operação dos satélites de telecomunicações da esfera pública para o setor privado. Assiste-se então ao surgimento de novos operadores privados (o americano PanAmSat entra em concorrência com a Intelsat em 1984, a empresa luxemburguesa SES Astra é criada em 1985), à transformação das organizações internacionais em entidades privadas (a Intelsat e a Eutelsat são privatizadas em 2001) e, por fim, à criação de operadores "internos" pelos construtores de satélites.[19]

Nessa última frente, surge um novo tipo de empresas que não apostam nos satélites geoestacionários, mas em constelações de satélites. As tentativas mais conhecidas — e todas infrutíferas — são Iridium, Globalstar e Teledesic. Por iniciativa da Motorola, a Iridium, que entra em falência em 1999, destinava-se a oferecer um sistema de telefone portátil servido por 66 satélites em órbita baixa; mas a empresa não consegue fazer frente ao desenvolvimento fulgurante da telefonia móvel terrestre, em particular com o GSM* na Europa. A qualidade das ligações é ruim e os preços, nada competitivos.[20] Com uma dívida de 4 bilhões de dólares, a empresa é comprada a preço de banana (25 milhões de dólares), em 2000, pela Iridium Satellite,[21] que ainda se beneficia de um investimento do Pentágono — uma subvenção pública, em suma — de 72 milhões de dólares, para permitir que os militares americanos telefonem de zonas mal cobertas, do Afeganistão ao deserto do Iraque. A história é semelhante no caso da Globalstar (48 satélites), que tampouco consegue se firmar no mercado e entra em falência em 2002, sendo comprada pela Thermo Capital Partners LLC por um valor não divulgado. A rede continua funcionando nos setores do petróleo, da defesa e das comunicações de urgência.[22] Por fim, a constelação de satélites Teledesic, lançada com grande entusiasmo, também fecha as portas em 2002. Contava com apoio financeiro de Bill Gates e pretendia reunir mais de 800 satélites (o número seria reduzido a cerca de trinta, mas no fim das contas apenas dois demonstradores foram lançados).

Note que a entrada na era das telecomunicações está associada à consolidação da hegemonia política, econômica e cultural americana. Os discursos que acompanham os primeiros lançamentos de satélites resumem perfeitamente uma doutrina liberal da informação, que seria sinônimo de paz e maior compreensão entre os povos.[23] Em 1961, quatro meses depois de anunciar o programa Apollo, o presidente Kennedy apresenta a COMSAT como uma oportunidade de que todos os países "participem de um sistema de comunicações por satélite, no interesse da paz mundial e de uma fraternidade estreita entre os povos de todo o mundo".[24] Em plena Guerra Fria, a necessidade de se aproximar dos países do Terceiro Mundo e assegurar sua cooperação é pelo menos tão importante, diplomaticamente, quanto os rendimentos que os satélites de telecomunicações parecem prometer.[25] Nesse sentido, são eloquentes as primeiras transmissões realizadas com o *Telstar*, privilegiando programas de exaltação dos valores do Ocidente e incluindo até uma transmissão, em 1963, do papa João XXIII: falando do Vaticano, ele afirma que acaba de ser vencida uma "nova etapa de um

---

* Sistema Global de Comunicações Móveis (Global System for Mobile Communications — GSM), padrão mundial de redes de cobertura de dispositivos móveis (telefones celulares, *tablets*...). Teve origem na Finlândia em 1991, desenvolvido pelo Instituto Europeu de Padrões de Telecomunicações (ETSI). [N. T.]

progresso voltado para a paz".[26] O historiador Arnold Toynbee, por sua vez, escreve que o *Telstar* prenuncia uma "nova esperança para a sobrevivência da raça humana", num contexto de ameaça de aniquilamento nuclear, por ser "o que mais se aproxima de um encontro físico frente a frente".[27] Embora a afirmação pareça algo ambiciosa, cabe observar que em 1962 a INTELSAT permite a melhora da linha direta entre a Casa Branca e o Kremlin (o famoso "telefone vermelho").

Mas o acontecimento midiático mais característico desse período é provavelmente a transmissão do documentário *Our World* (*Nosso mundo*) em junho de 1967. Com duração de duas horas e coordenado pela União Europeia de Rádio-Televisão, o filme é transmitido simultaneamente para 500 milhões de pessoas em 24 países, industrializados ou não. *Our World* faz eco às preocupações ocidentais do momento, em primeiro lugar a superpopulação mundial.[28] Sem recurso a imagens do Terceiro Mundo, são apresentados muitos gráficos e estatísticas, além dos esforços ocidentais para resolver o problema da fome no mundo, num clima de paternalismo benevolente. Celebram-se o modelo de desenvolvimento industrial e tecnológico ocidental e sua modernidade, ficando subentendido e dramatizado o relativo atraso dos países "subdesenvolvidos" na escala do progresso. A visão de mundo transmitida por *Our World* é de um Ocidente cultural e economicamente *produtivo*, em contraste com um Terceiro Mundo essencialmente e mesmo perigosamente *reprodutivo*, no sentido demográfico.[29] O auge dessa utilização do aparelho tecnológico ocidental em proveito de sua dominação cultural é provavelmente a retransmissão televisionada da alunissagem da *Apollo 11* e dos primeiros passos na Lua em julho de 1969, assistida por mais de meio bilhão de telespectadores.

Para Peter Dickens e James Ormrod, por sinal, os satélites devem ser entendidos à luz do poder que permitem exercer, numa época (a década de 1970) em que vários conglomerados de mídia são formados ou se consolidam (Time Warner, Walt Disney Corporation, News Corporation, Sony Corporation etc.). Fortemente dependentes da renda publicitária, eles precisam alcançar uma ampla audiência e, portanto, buscar prioritariamente populações solvíveis no Ocidente e as classes médias que aspiram ao modo de vida ocidental nos países e regiões ditos em desenvolvimento (Índia, América Latina).[30] No fim da década, o essencial dos programas ainda é em língua inglesa e são frequentes as críticas, tanto do exterior (os países do Sul contestam os valores ocidentais da informação)[31] como internamente, com um debate sobre os efeitos da "colonização eletrônica", que estaria na origem de uma série de problemas (saúde mental, enfraquecimento das estruturas familiares, transformações do mundo do trabalho, educação etc.).[32] Esses debates prefiguram os que ocorreriam no campo digital anos depois, quando surge uma nova "Era da Informação" — expressão popularizada em 1994 pelo vice-presidente dos Estados Unidos, Al Gore — que supostamente viria "aproximar todos os povos em uma comunidade unida pela técnica e a vontade de compartilhar seus ideais".[33]

A essa altura, as telecomunicações por satélite estão plenamente implantadas nos hábitos e na vida cotidiana. É verdade que constituem um vetor entre outros da era da informação, convivendo com tecnologias como os cabos submarinos, por exemplo, igualmente eficazes e muito mais rentáveis. Mas, de qualquer forma, a conquista dessas partes de mercado passou por dispositivos espaciais, inicialmente sob controle estatal e depois de operadores privados em uma concorrência encarniçada.

Uma diversificação controlada das promessas comerciais

As telecomunicações espaciais representam uma brecha para muitos promotores e negociantes dos usos do espaço com fins comerciais. O fim da URSS reforça a perspectiva de uma globalização da economia de mercado, estendida a muitos usos do espaço e cheia de oportunidades para quem souber aproveitar.[34] Para os responsáveis pelas políticas governamentais, o início de uma "integração [dos satélites] ao sistema socioeconômico"[35] — ou seja, ao capitalismo — é uma tendência positiva a ser estimulada. Embora as visões publicitárias das empresas sejam generosas e otimistas, os usos possíveis que surgem graças aos satélites muitas vezes são redundantes, com modelos econômicos frágeis. Na sequência que se segue ao programa Apollo e mais diretamente a partir da década de 1990, resulta desse processo uma divisão de papéis e responsabilidades entre Estados e empresas privadas: o poder público assume um apoio sempre mais voluntarista e entusiasmado ao que Peter Dickens chama de "satelitização cósmica dos circuitos do capital",[36] pela inserção permanente dos industriais no "complexo industrial-militar-espacial".[37] Concretamente, os mercados que se abrem são a observação da Terra (ou teledetecção, *remote sensing*), a meteorologia, a pesquisa e desenvolvimento de todos os tipos, a ciência, mas também, de maneira mais marginal e especulativa, a exploração dos corpos celestes e o turismo espacial: segmentos heterogêneos que participam do entusiasmo e às vezes também da bolha especulativa da economia do espaço.

Nas décadas de 1970 e 1980, o consumo das massas de dados fornecidos pelos satélites de observação é reservado às forças armadas, aos serviços de inteligência, às ciências da Terra. Mas são criados programas de observação civil, em particular o Landsat, que alteram a situação, "estimulando a disseminação liberal da informação".[38] Em outras palavras, trata-se de mercantilizar os serviços e produtos da observação espacial da Terra. Podemos distinguir três etapas nesse processo: inicialmente, o lançamento de programas precursores, nas décadas de 1970 e 1980; em seguida, a transição para um mercado de potencialidades ainda por demonstrar, entre o fim da década de 1990 e aproximadamente 2010; por fim, o pleno desenvolvimento do segmento. No início, a observação da Terra é reservada a missões científicas, de demonstração técnica e de inteligência.[39] As tentativas de comercialização dos serviços de informação geoespacial por satélite tropeçaram, inicialmente, no pouco interesse das clientelas visadas pelos representantes do comércio espacial. No início da década de 1980, a NASA decide privatizar o programa civil Landsat. Iniciado em 1972 como ERTS (Earth Resources Technology Satellite, ou Satélite de Tecnologia dos Recursos Terrestres), o programa pretendia obter toda uma série de dados sobre recursos naturais da superfície do planeta. A resolução espacial das imagens, apesar de limitada pelos militares, bastaria para a observação contínua da agricultura (especialmente na previsão de colheitas), a gestão de recursos aquáticos, a medição de efeitos da urbanização e a luta contra a poluição; também poderia atender a necessidades mais específicas de usuários prospectados pela NASA, como a indústria petrolífera e as companhias mineradoras.[40] Para a NASA, o Landsat constitui uma experiência visando ampliar o uso dos satélites. Nessa perspectiva, a avaliação técnica deve anteceder o desempenho operacional, a cargo do setor privado. Essa renúncia da parte do poder público coincide com o projeto das administrações Carter e sobretudo Reagan, sob controle do Escritório de Programas Comerciais (Office of Commercial Programs) criado em 1984, de privatizar um programa de custo considerado demasiado elevado pelos financistas do Estado federal.[41] O plano de privatização prevê em 1984 que o Landsat ficará inicialmente a cargo de outra agência federal, a Administração Oceânica e Atmosférica Nacional (National Oceanic and Atmospheric Administration — NOAA), já incumbida da operação dos satélites meteorológicos, e será mais adiante transferido a uma entidade privada e comercial, com o objetivo de dar lucro. O projeto é abandonado em proveito de um modelo econômico clássico: os usuários desse serviço federal são, antes de mais nada, governamentais, "institucionais"; o consumo se dá em circuito fechado, o que contribui, todavia, para aprofundar uma retórica de legitimação do livre mercado e da redução da interferência governamental, que, como frisa John Logsdon, "não era [na época] viável politicamente nem factível economicamente".[42]

O concorrente do Landsat, o programa SPOT, é outro exemplo dessa privatização de viabilidade duvidosa. O programa desse "Satélite Probatório de Observação da Terra", iniciado em 1976 pelo CNES francês em parceria com a Bélgica e a Suécia,[43] tem como vocação servir aos mesmos usos que os satélites *Landsat* (com uma tecnologia de melhor desempenho) e enfrenta os mesmos problemas de financiamento e modelo econômico instável. A finalidade comercial é, desde o início, uma imposição básica, para garantir a rentabilidade de um investimento público em época de rigor orçamentário.[44] Por isso, o CNES cria em 1981 uma empresa filial, a Spot Image, incumbida de comercializar as imagens geradas pelo primeiro SPOT-*1*, lançado em 1986, no país onde deveriam estar o mercado e os potenciais clientes: os Estados Unidos. Como explica um ardoroso partidário da estratégia comercial no início da década de 1980, "a demanda [nos EUA] é avaliada em 400 mil imagens por ano, a serem vendidas por algo em torno de 500 francos a unidade, o equivalente a um volume de negócios de 200 milhões por ano. Algo encorajador".[45] Assim, o CNES aparece como pioneiro em matéria de liberalização, visando a "utilidade" e a competitividade econômica nos nascentes mercados do espaço, o que se corporifica no conceito de "espaço útil", associado a uma política de criação de filiais para observação da Terra e outras aplicações e serviços[46] (tendo o segmento de lançamentos, por meio da empresa Arianespace, fundada em 1980 para comercializar os voos do *Ariane*, como principal atrativo de vendas, mas também contando com a comercialização do serviço ambiental Argos, pela empresa de sociedade anônima Collecte Localisation Satellite, criada em 1986).[47] Em compensação, essa economia do "espaço útil" representada por organizações neoliberais "híbridas", entre o público e o privado,[48] é pouco lucrativa, e a maior parte dos contratos é pública,[49] inclusive os militares.[50]

Em 1992, a administração Clinton confirma a abertura do mercado de teledetecção às empresas privadas (Lei da Política de Detecção Remota Terrestre, ou Land Remote Sensing Policy Act), processo iniciado na década anterior pelos republicanos. A venda de produtos de imagens obtidas por satélite é aberta, mas permanece estritamente regulamentada. A resolução das imagens é limitada, sendo proibido comerciar com países considerados indesejáveis.[51] Mesmo assim, é uma enorme oportunidade para empresas como Lockheed Martin, Worldview Imaging Corporation (rebatizada como DigitalGlobe em 2001) e Orbital Imaging Corporation (GeoEye),[52] num contexto de financeirização do segmento. Fora os usos já testados (produtos destinados às agências de inteligência, especialmente à Agência Nacional de Informação Geoespacial — National Geospatial-Information Agency, ou NGA —, com seus contratos altamente lucrativos,[53] aos organismos públicos, às comunidades científicas ou à agricultura), o novo escoadouro contribui para banalizar as imagens de satélites junto aos recém-chegados à indústria digital, especialmente Google e Yahoo!. Com isso, o aplicativo Google Earth acelerou e diversificou consideravelmente os usos de observação da Terra. Em 2005, a Google compra a *startup* Keyhole ("buraco da fechadura", em explícita referência às tecnologias furtivas da agência de inteligência NRO), que não sobrevive em 2000 à explosão da bolha da internet. Seu projeto de globo virtual — o Earth Viewer, apoiado pelo fundo de capital de risco In-Q-Tel da CIA (criado em 1999 para tirar partido das inovações tecnológicas, especialmente no Vale do Silício) e pela NGA, além de utilizado pelas forças armadas americanas no Iraque e em outros países — converge com os planos de desenvolvimento da empresa. Ela intensifica os usos públicos e comerciais desses produtos cartográficos por meio dos serviços Google Maps e Google Earth, fornecendo dados também às grandes agências federais de inteligência, do Exército[54] e das administrações públicas e assim reforçando sua interdependência com o Estado federal.[55] O lançamento do satélite privado *GeoEye-1* em 2008, por contrato com a NGA, permite então alimentar as bases do Google Earth com imagens de alta resolução.[56] Em 2014, a Google adquire a *startup* Skybox Imaging por 500 milhões de dólares.[57]

O aumento do poderio dos mastodontes do capitalismo digital se consolida em meados da década de 2010, com a integração de novas empresas do *New Space* posicionadas no segmento das frotas de pequenos satélites. O exemplo mais notável é o da *startup* Planet Labs, fundada em 2010 em San Francisco, depois de um período de incubação no parque tecnológico Ames, da NASA, no coração do Vale do Silício. A Planet Labs tenta baixar os custos de acesso à informação geoespacial com uma rede de dezenas de nanossatélites que diariamente realizam um novo sobrevoo do globo terrestre. A empresa completa sua infraestrutura com a compra da constelação de satélites *Terra Bella* (ex-*Skybox Imaging*), da Google, por 478 milhões de dólares, combinando assim imagens de baixa e alta resolução.[58] O desenvolvimento dos negócios da Planet Labs (rebatizada como Planet em 2017) é muito complexo no terreno da intensidade capitalística (investimento na infraestrutura de satélites, apesar de composta de satélites de baixo custo e com obsolescência programada, além do segmento terra), de tal maneira que a sustentabilidade econômica do empreendimento é, mais uma vez, fragilizada. Para garantir minimamente as receitas e tranquilizar os investidores, a Planet, como seus concorrentes, articula duas estratégias: por um lado, tenta levantar cada vez mais fundos, passando por Wall Street; por outro, procura atender às enormes demandas de inteligência de agências federais como a NGA (primeiro contrato-piloto de 20 milhões de dólares em 2016, novos contratos nos anos subsequentes, especialmente para o reconhecimento de zonas de interesse dos Estados Unidos: região sírio-iraquiana, Irã, Coreia do Norte...),[59] empenhadas em diversificar suas fontes e fornecedores.[60]

Esses fatos indicam uma ligeira mudança de direção no comércio da observação da Terra por satélite. Não são mais as organizações não governamentais que dominam as operações, mas empresas privadas contratadas pelo governo. Outra opção, favorecida desde o início da década de 2000, consiste em privatizar, a exemplo da filial Spot, que em 2008 tem 41% de suas ações cedidas pelo CNES ao acionista agora majoritário Astrium (desde 2014 chamado Airbus Defense & Space). A empresa, portanto, é privada, opera os satélites SPOT, difunde e promove os produtos de vigilância[61] por meio de uma rede de filiais e agências em outros países; mas a organização continua se beneficiando de investimentos públicos[62] ou antecipa seus projetos em função da demanda das clientelas públicas (como vemos na contribuição do CNES ao programa Plêiades, de satélite civil e militar).[63] À exceção de alguns usos específicos, especialmente na agricultura "de precisão", de lucratividade muito relativa, o essencial das receitas do comércio dos produtos de informação geoespacial ainda vem das encomendas públicas, sobretudo do setor de inteligência.

A meteorologia é outro campo em que se reflete a longa história de comercialização do espaço. Mas até os anos 1980, os profissionais do setor ainda não se dão conta realmente do interesse das onerosas missões envolvendo satélites, e continuam a se valer dos instrumentos e captores tradicionais. Em 1960, contudo, a missão TIROS (Television Infrared Observation Satellite, ou Satélite de Observação Televisiva por Infravermelho), criada e operada pela NASA (depois de transferida da USAF), já permite entrever a contribuição desses captores, especialmente o infravermelho, na observação de massas nebulosas, de dinâmicas atmosféricas e na previsão meteorológica. As "resistências" das comunidades de usuários só foram vencidas depois da completa operacionalização de programas como o Météosat na Europa.[64] Como no caso da captação e transmissão de imagens, a administração Reagan tenta transformar tais serviços em aplicações comerciais entregues à indústria privada.[65] A meteorologia resiste à mercantilização nas décadas seguintes, pois a lucratividade dos serviços é teórica, e assim os programas de meteorologia espacial continuam sendo domínio governamental reservado — sejam serviços civis ou programas de uso militar, como o Programa de Defesa Meteorológica por Satélite americano (Defense Meteorological Satellite Program). A comercialização só se desenvolve significativamente a partir da década de 2010, mas num contexto marginal; envolve em particular projetos de *startups* que surfam na onda do *New Space*, como a Spire Global e a GeoOptics, cujo modelo de negócios privilegiado consiste em pressionar as agências públicas — a começar pela NOAA, que dispõe de programas próprios de satélites — a comprar seus dados.[66]

As encomendas militares são outra tábua de salvação para muitas empresas, graças sobretudo aos já mencionados contratos de custo mais margem.[67] Desse ponto de vista, um dos projetos mais lucrativos para a indústria terá sido o escudo antimísseis promovido pela administração Reagan (a Iniciativa de Defesa Estratégica, ou "*Guerra nas Estrelas*"): "Venha ou não a ser operacionalizado", explica em 1989 o especialista em *marketing* espacial Jonathan Goodrich,

> o *Guerra nas Estrelas* promete alargar as fronteiras da ciência e da tecnologia de um modo que lembra a corrida para a Lua. As empresas participantes podem comemorar não apenas anos de contratos governamentais lucrativos, mas também um potencial de lucros enormes a serem extraídos da comercialização das tecnologias, às custas do governo.[68]

Como notaram *a posteriori* muitos observadores, depois de diagnosticado na década seguinte o "fim da história", o programa teria contribuído para acelerar a desestabilização da URSS. Os soviéticos não teriam tido alternativa senão reagir à elevação das apostas militares americanas com gastos insustentáveis, numa corrida sem fim e sem fundos. Retrospectivamente, portanto, a Iniciativa de Defesa Estratégica, natimorta na virada da década de 1990, foi mais uma "arma econômica" que uma arma militar.[69]

Por fim, em matéria de "aplicações" espaciais para a indústria, a ciência constitui um último escoadouro a ser visado. É, como sugerimos no capítulo II, um dos "benefícios" econômicos do investimento nas tecnologias espaciais, garantindo a continuidade do funcionamento das empresas do setor. O desenvolvimento desse nicho foi fortemente valorizado a partir da década de 1980 pela NASA, que tem como uma de suas missões a pesquisa científica. O *Spacehab*, por exemplo, serviu para demonstrar a implantação de usos comerciais no ônibus espacial.[70] Esse módulo, criado e financiado com fundos próprios pela *startup* Spacehab Inc., transportava material para experiências científicas em microgravidade por encomenda de clientes. A primeira missão teve lugar em 1993, a bordo do ônibus espacial *Endeavour*, e se seguiriam mais de vinte, com planos de voo que incluíram uma ancoragem na estação *Mir* e, a partir de 1999, na ISS.

Podemos ver, com esses exemplos, que a "democratização" dos usos do espaço acompanha sua disponibilização no mercado. Para os dirigentes e pilotos dos programas governamentais, é a garantia de que o dinheiro público injetado na indústria espacial gere dividendos econômicos, de acordo com o dogma da "integração ao sistema econômico". Desse modo, as atividades espaciais se desdobram no vazio espacial para atender às expectativas dos mercadores capitalistas, mais terra a terra que os entusiastas da expansão da humanidade no cosmo. O objetivo é transformar essa indústria em uma máquina de gerar dinheiro.

Balística do astrocapitalismo

Todas as iniciativas de comercialização das aplicações espaciais partem de um lugar comum: é preciso desencadear um círculo virtuoso, para que o conjunto dos segmentos gere seus lucros. Os promotores e investidores, assim, ficam à espreita de tudo que possa comprovar o deslanche da economia de mercado espacial. O segmento de lançamento é uma parte essencial. Os foguetes são e com certeza permanecerão por muito tempo a inevitável via de acesso ao espaço. Assim como a tecnologia só foi transformada marginalmente, com aperfeiçoamentos mais ou menos inovadores (propulsão, guiagem, materiais, possibilidade de reutilização dos lançadores e propulsores complementares etc.) ou uma ou outra iniciativa de concepção e produção, assim também a socioeconomia das empresas de lançadores mudou pouco desde o advento de um campo comercial do voo espacial. Trata-se, afinal, de um mercado moldado pelas encomendas públicas e as exigências de segurança nacional. Se o deslanche (nem sempre muito bem-sucedido) das muitas *startups* do *New Space* fez crer que uma nova era do transporte espacial tinha início na virada do século XXI, sobretudo pela privatização e o aporte de capital de risco, o setor é por demais estratégico para ser entregue exclusivamente aos empreendedores. O legado técnico, organizacional e político da Guerra Fria continua balizando projetos e práticas.

Nos Estados Unidos, a indústria privada estruturou-se historicamente para atender aos contratos das agências federais e das forças armadas. O complexo industrial-militar-espacial é uma trama de interdependências entre empresas, fornecedores e distribuidores de ordens governamentais, mantida e sustentada pelos dirigentes e decisores políticos. A ideia dos voos comerciais ganha corpo a partir da década de 1970, depois do clímax da corrida lunar. Dominando sozinhos o mercado do "novo transporte espacial" e da "astronáutica comercial", os americanos procuram maximizar as capacidades de mísseis balísticos remanejados (*Atlas-Centaur*, *Thor-Delta*), para garantir o transporte dos satélites de telecomunicações geoestacionários.[71] Por isso é que a NASA tenta vender (e superdimensionar) a vocação mercantil do futuro ônibus espacial, que precisará ser ocupado e amortizado para atender ao setor de satelitização em órbita baixa. Essa política do ônibus espacial a todo vapor — em detrimento dos lançadores convencionais das famílias *Titan*, *Atlas* e *Delta* — gera um efeito dominó na Europa.

No velho continente, os objetivos mercantis estão claros desde o início. Impulsionada pelo CNES, a empresa de comercialização dos lançadores *Ariane* (1 a 4, e 5, a partir de 1996) parte de uma necessidade: garantir à Europa acesso autônomo ao espaço. É uma estratégia que se pretende competitiva, pró-empreendedorismo. Com o *Ariane*, a Agência Espacial Europeia entra em concorrência com o ônibus espacial no mercado do "espaço útil". Em 1980, é criada a empresa Arianespace, para comercializar os foguetes *Ariane*. Seu capital é repartido entre empresas públicas e privadas de onze países e controlado majoritariamente pelo acionista francês (59,25% na fundação). As telecomunicações são o primeiro alvo das carteiras de encomendas, e o lançador — capaz de transportar dois satélites ao mesmo tempo — é concebido em sintonia com essa necessidade, em constante crescimento a partir do fim da década de 1980. O acidente do ônibus espacial *Challenger* em 1986 cai do céu para a Arianespace,[72] que em consequência obtém vários contratos depois de se impor como líder no mercado de voos comerciais. Esse *marketing* ofensivo da Arianespace causa insatisfação nos Estados Unidos já no início dos anos 1980. Em 1983, a Transpace Carriers, empenhada na comercialização do lançador *Delta*, formaliza uma queixa contra a Arianespace junto às autoridades americanas do setor de comércio. A concorrente considera que as práticas comerciais da companhia europeia desrespeitam as regras da livre concorrência, em virtude da ajuda pública da França, com subvenções à pesquisa e desenvolvimento e a manutenção do Centro Espacial Guianense, ou de preços artificialmente elevados em 25%, no caso dos lançamentos governamentais europeus etc.[73] Mas a denúncia de concorrência desleal da Transpace Carriers não é aceita pelo presidente Reagan, que reconhece que o ônibus espacial é mais subvencionado que o programa Ariane.[74] O episódio dá início a um certo modo de mercantilização dos lançamentos espaciais, maciçamente enquadrados e apoiados financeiramente pelos governos.

Nessas condições, o desenvolvimento de um segmento privado de fato é teoricamente possível, mas na prática muito limitado pelos desafios técnicos e o custo dos investimentos. Nos Estados Unidos, as raras empresas a se aventurarem enfrentam concorrência implacável e as regras do jogo organizadas pelas instituições federais. Ainda assim, uma empresa (Space Service Inc. — SSI, fundada por um rico empresário texano do setor imobiliário, David Hannah)[75] realiza um primeiro voo suborbital em 1982. Ela é autorizada a lançar o foguete-sonda *Conestoga-1* da base insular de Matagorda, no Texas. O voo é um sucesso e permite à SSI se apresentar como a primeira empresa espacial inteiramente privada. O *Conestoga-1* estimula os planos do foguete-sonda *Aries*, por sua vez derivado do segundo estágio do míssil balístico intercontinental *Minuteman-I*. O objetivo é entrar em concorrência com o *Ariane* e assim garantir proteção governamental e o apoio de futuras administrações para estimular o investimento privado no setor espacial. Sem perspectivas comerciais e com capital insuficiente, a SSI é comprada em 1990 por uma empresa empenhada no desenvolvimento de outro lançador, o *Conestoga 1620*, que fracassa no primeiro voo, em 1995.

Não obstante esse choque do avanço empresarial com as realidades técnicas, econômicas e políticas inerentes à astronáutica,[76] o movimento é levado adiante por outras empresas privadas, como a Orbital Sciences Corp., fundada em 1982. Seu lançador aerotransportado *Pegasus* (largado em grande altitude por um avião militar *B-52*) é testado com sucesso a partir de 1990, pondo em órbita satélites pequenos para o Exército, a NASA e a DARPA. Durante a década de 1990 e até 2017, a Orbital constrói e opera também o foguete *Taurus*, cujo primeiro estágio igualmente deriva de mísseis balísticos. Esse tipo de lançador confirma que o voo privado — nem sempre o mais competitivo — só é possível por atender à demanda de agências governamentais.

O fim da URSS é outra etapa crucial na comercialização dos voos espaciais. O que resta do sistema industrial da cosmonáutica soviética é entregue ao apetite de comerciantes e corretores do astrocapitalismo ocidental. Tudo pode ser apropriado, vendido e recondicionado para atender às necessidades do comércio espacial. Entretanto, com a chegada de Mikhail Gorbachev ao poder, a política de reconstrução econômica, a *perestroika*, determina reformas para um início de liberalização das atividades econômicas das grandes empresas estatais, entre elas os conglomerados do setor cosmonáutico. É acompanhada de uma política de transparência, *glasnost*, com o objetivo de facilitar a cooperação e as transações com parceiros estrangeiros. A criação em 1985 da agência Glavkosmos[77] é a expressão oficial disso,[78] via de acesso de eventuais clientelas internacionais aos serviços soviéticos de lançamento (lançadores *Vostok-M*, *Proton*, *Soyuz*, *Molniya*, *Kosmos* e Tsyklon).[79]

Depois desses esboços de comercialização dos sistemas soviéticos, teve início a aproximação entre as agências e indústrias americanas e russas. No contexto dos tratados Start I (1991) e Start II (1993) de redução de armas estratégicas e não proliferação — negociados entre os Estados Unidos e a URSS, e depois a Rússia e outros países do antigo Bloco do Leste, incluindo a Ucrânia, em 1993 —, o arsenal balístico ucraniano foi parcialmente destruído.[80] As administrações Bush e Clinton gastaram centenas de milhões de dólares em indenizações para apoiar o desmantelamento da capacitação militar.

Ocorre então uma corrida aos tesouros soviéticos.[81] A propósito do caso russo, cujo "antigo *ethos* competitivo mudou" depois de 1991, James Clay Moltz observa:

> Até então ferramenta cultivada com desvelo, muito usada e apoiada pelo Estado, tal como o programa olímpico soviético, o programa espacial civil transformou-se no fim da década de 1990 numa espécie de 'Wal-Mart' espacial internacional, fornecendo serviços já disponíveis, de alta funcionalidade e em geral menos caros que os dos outros fornecedores.[82]

O entusiasmo chega ao auge. Ávidos de lucros, os intermediários americanos, entre eles o advogado de negócios espaciais texano Art Dula, ficam maravilhados: "Eles [os russos] estão tentando se abrir: querem ser capitalistas e nós nos esforçamos por ajudá-los".[83] Dirigentes das grandes empresas do setor aeroespacial americano, acompanhados de autoridades federais (entre elas altos funcionários da NASA), fazem sucessivas visitas de negócios às fábricas russas — por exemplo, as de Khrunitchov, onde são fabricados os foguetes *Proton* e os módulos da estação *Mir*.[84] Os diretores das empresas estatais russas veem nisso uma oportunidade de reduzir as perdas e realizar polpudas transações. Desse comércio em zona cinzenta resultam montagens de empreendimentos conjuntos americano-russos que seriam inconcebíveis alguns anos antes. Desse modo, os mastodontes dos complexos industriais-militares dos EUA e da antiga União Soviética convergem para o surgimento de multinacionais do lançamento espacial.

Entre esses novos empreendimentos encontramos a *joint-venture* International Launch Services, associando a partir de 1992 duas empresas históricas, a Lockheed (Lockheed-Martin depois de 1995) e a GKNPZ Khrunitchov, às quais se juntam a RKK Energiya, no ano seguinte, para operar o lançador *Proton* a partir da base de Baikonur; a empresa russo-francesa Starsem, em 1996, incumbida de comercializar os lançadores *Soyuz* e *Molnia*; e a Sea Launch, fundada em 1995 com o objetivo de operar uma versão comercial do lançador *Zenit*, de baixo custo.[85] As iniciativas em parceria pretendem atender à demanda de lançamentos da indústria de telecomunicações por satélite. Não é uma integração exclusivamente comercial e organizacional. É também tecnológica. A internacionalização da estação espacial é uma ilustração notável disso. No início da década de 1990, por exemplo, os engenheiros da empresa americana Aerojet Rocketdyne compram 36 motores NK-*33*, descobertos por acaso num depósito russo. Esses motores — concebidos nas décadas de 1960 e 1970 pela empresa russa Kuznetsov, sobretudo para a propulsão do foguete gigante *N1*[86] — são convertidos nos motores americanos AJ-*26* e passam a integrar o primeiro estágio do lançador *Antares 100*.

A interdependência industrial e comercial se manifesta em todas as direções. No fim da década de 1990, as empresas de lançamento deixam claro o seu otimismo. "O essencial das atividades espaciais *custa* dinheiro, mas só um pequeno setor *rende*", reconhece, justamente, o jornalista Alain Duret.[87] Os operadores de telecomunicações espaciais obtêm lucros, mas esse crescimento astrocapitalista deve ser relativizado. As margens são modestas, senão nulas, quando subtraídos os custos de fabricação, mão de obra e manutenção das infraestruturas. As subvenções públicas são essenciais para equilibrar as contas, assim como os contratos das agências públicas civis e militares.

No início de 2003, o trágico acidente do ônibus espacial *Columbia* mergulha a NASA em outra crise grave. No que diz respeito ao futuro do voo espacial a ser promovido pela agência, dois grandes eixos decorrem dos acalorados debates na arena da astropolítica em Washington. Por um lado, o projeto de relançar um grande programa de exploração do espaço, do nível do Apollo. Esboçado no início de 2006, esse programa, Constellation, tem como objetivo ajudar a NASA a voltar a ser a grande agência da era espacial triunfal, escorando-se numa família de lançadores "super" pesados, os *Ares*.[88] Por outro lado, e longe dos refletores, a NASA lança um programa mais modesto, visando assegurar a continuidade dos serviços depois do fim das atividades dos ônibus espaciais. O programa Commercial Orbital Transportation Services (COTS, ou Serviços Comerciais de Transporte Orbital) também tem início em 2006, para a ligação com a ISS por meio de empresas privadas escolhidas por concorrência.[89] Duas são selecionadas: a Space Exploration Technologies Corp., conhecida como SpaceX, e a Orbital Sciences. Cada uma delas propõe uma solução diferente de transporte espacial, respectivamente *Dragon*, na crista do lançador *Falcon-9*, e *Cygnus*, na do *Antares*. O programa entra em fase operacional em 2012, como mencionamos no início do capítulo. Todas as partes envolvidas nas parcerias público-privadas, apresentadas como inovadoras, aparentemente têm o que ganhar: enquanto a NASA otimizava o uso dos recursos orçamentários com a compra de um serviço a baixo custo,[90] a SpaceX e a Orbital — e todas as empresas que receberam financiamentos da agência no contexto do programa COTS[91] — desenvolviam suas capacidades tecnológicas por etapas, ao mesmo tempo se beneficiando da expertise técnica da NASA. Transformada em cliente de empresas privadas para fornecimentos prontos para uso, a agência pode se concentrar na exploração espacial: primeiro em direção à Lua, depois, à Marte.

Por fim, as perspectivas de comercialização dos lançadores privados estouram na década de 2010. Os êxitos da SpaceX, como empresa contratante da NASA e herege dedicada à política espacial, estimulam os investimentos. Os hábitos do complexo industrial-militar-espacial são abalados por uma infinidade de *startups* (Virgin Orbit, Firefly, Rocket Lab, Vector Launch System, Astra, Relativity Space...) que seguem seus passos de perto, alimentadas sobretudo por contratos militares, mas com um modelo de negócios apesar de tudo frágil. Esses novos empreendimentos se inserem sobretudo no nicho da viabilização do posicionamento de satélites em órbita em poucos dias, para atender a necessidades específicas das forças armadas, no espírito do "espacial reativo" fantasiado por certos entusiastas do espaço das décadas anteriores.[92] Os empresários vendem os projetos mais estimulantes aos homens e bancos de negócios estrangeiros, convencidos da necessidade de apostar no espaço, próxima fronteira do capitalismo. Seriam milhares de satélites esperando lançamento nos próximos anos. Sua miniaturização, com a generalização do padrão *CubeSat* (satélites do tamanho de uma caixa de sapato),[93] permitiria baixar o custo de acesso ao espaço para empresas que se lançam nas atividades de observação espacial da Terra, como se fossem laboratórios espaciais (*Planet Labs*). Depois da órbita geoestacionária, a órbita terrestre baixa se impõe como o meio a ser conquistado pelo comércio.

Mas essa abertura se depara com muitos limites técnicos e financeiros. Os ciclos de acumulação e as promessas do astrocapitalismo sempre dependem da situação internacional e suas convulsões. Os mercadores do espaço precisam se acomodar, por exemplo, com a anexação da Crimeia pela Rússia em fevereiro-março de 2014, ou a ostracização da China pelos Estados Unidos. Nem tudo é permitido. Em 2014, as empresas de coparticipação russo-americanas é que estão na berlinda. O *establishment* político considera intolerável que lançadores qualificados para missões de defesa dependam de tecnologias russas. A empresa United Launch Alliance é convidada, assim, a suspender o uso de foguetes *Atlas-V-1* propulsionados pelos motores-foguetes americanizados do fabricante russo Energomash. O "*Made in America*" da SpaceX é um argumento incontornável para os representantes políticos a cargo da segurança nacional. A invasão russa da Ucrânia em fevereiro de 2022 confirma e aprofunda essa tendência. Como são sensíveis para as forças armadas, as tecnologias do voo espacial ficam sujeitas a autorizações e à vigilância das administrações governamentais.

A síndrome de SpaceX

O perigo das histórias de sucesso é que tendem a insinuar retrospectivamente uma espécie de fatalidade histórica. Narrativas de vencedores, enfeitadas e distorcidas, são transformadas em modelos e resistem a qualquer contradição. A história da empresa SpaceX é uma ilustração flagrante disso. Fundada em 2002 por Elon Musk, ela se apropriou dos mercados do espaço na década seguinte e conseguiu impor um modelo produtivo e comercial agressivo, com ajuda das agências federais americanas, que transformaram uma modesta *startup* em campeã industrial. Esse avanço suscita admiração em uns e perplexidade em outros, que reconhecem sua força, mas também seus limites; e preocupa muitos observadores e críticos, que constatam os estragos diretos ou colaterais causados por uma empresa que visa o monopólio, a eliminação da concorrência (em particular da Arianespace, na Europa) e a hegemonia (astro)cultural.

O exame do caso SpaceX permite aprofundar a caracterização do astrocapitalismo. A SpaceX surge do que resta do complexo industrial-militar-espacial, num momento em que os evangelistas do Vale do Silício e outros entusiastas do espaço anunciam o advento de uma nova era espacial. Inscrevendo-se numa trama histórica longa, a empresa radicaliza há duas décadas uma fórmula gerencial, industrial e política. É uma história que tem valor de síndrome: a síndrome de um capitalismo aventurado no espaço, selvagem e brutal, de uma temível eficácia em suas estratégias de posicionamento em todos os segmentos da indústria e de açambarcamento a serviço de uma visão autoritária e sem concessões do crescimento mercantil. Para a SpaceX, é Marte ou a morte. Mas nem por isso o projeto deixa de se revelar frágil e exposto a muitas incógnitas. Tudo poderia ter desmoronado da noite para o dia durante os primeiros testes do microlançador *Falcon-1*, por falta de dinheiro e depois do fracasso de um primeiro lançamento no Ronald Reagan Ballistic Missile Defense Test Site, no atol de Kwajalein, nas Ilhas Marshall.[94] Sob muitos aspectos, o futuro da SpaceX é incerto. Os sonhos de colonização marciana de Elon Musk — destino inscrito nos estatutos da empresa desde o início — não passam de uma idealização.

Quando Elon Musk funda a SpaceX, a ambição é modesta. Como outros mercadores do espaço, ele começou visitando a Rússia para comprar um voo num lançador "comercial", no contexto do projeto Mars Oasis, que pretendia pousar uma microestação biológica experimental no planeta Marte. Sentindo-se destratado pelos interlocutores, ele decide construir um foguete *made in* USA, em concorrência com os operadores russos. O objetivo declarado é demonstrar uma capacidade de lançamento a baixo custo para atender à demanda de operadores de pequenos satélites comerciais e, sobretudo, governamentais. O microlançador *Falcon-1* seria "um

Fusca da Volkswagen, um foguete despojado e barato para ir ao espaço e voltar e ser reutilizado várias vezes".[95] Se os primeiros voos funcionarem, a *startup* poderia passar à etapa seguinte com um lançador mais pesado.[96] Musk e a dezena de empregados contratados para desenvolver o *Falcon-1* dizem querer sacudir o *establishment* da astronáutica e mesmo acabar com a concorrência e ditar uma agenda, com tarifas ultracompetitivas[97] e estratégias de relações públicas espetaculares.[98] Entretanto, embora a empresa desfrute de uma janela de oportunidade logo depois do trágico acidente do ônibus espacial *Columbia* em 2003, ainda não é certo que os planos funcionem. Na virada do milênio, outras empresas (Beal Aerospace, XCOR, Armadillo Aerospace, Kistler Aerospace...) vegetaram ou mesmo ruíram apesar das perspectivas de crescimento e do frenesi do *New Space*.

A SpaceX não partiu do zero, e sua capacidade de invenção, inclusive, é bem relativa. A *startup* absorveu tecnologias herdadas dos períodos anteriores. O foguete *Falcon-1*, assim, tem um desenvolvimento rápido. Seu motor Merlin inspira-se no motor TR-106[99] desenvolvido pela Thompson Ramo Wooldridge Inc. (TRW) (comprada pela Northrop Grumman em 2002),[100] empresa histórica do setor aeroespacial — foi nela que Elon Musk contratou o engenheiro Tom Mueller, cansado da gestão do programa sem outra perspectiva além da pesquisa e desenvolvimento.[101] Mueller propõe o uso do famoso motor (subvencionado pela NASA, por intermédio do programa Space Launch Initiative) para desenvolver outro a baixo custo, calibrado para companhias empenhadas na comercialização dos voos espaciais. A decisão de se estabelecer em Los Angeles tampouco se deve ao acaso, pois a mão de obra qualificada é abundante na cidade. A SpaceX se instala até 2008 em El Segundo, no subúrbio de Los Angeles, e depois em Hawthorne, na antiga fábrica de um subempreiteiro da Boeing, a apenas 250 quilômetros da base de Vandenberg da Força Aérea, onde aluga uma área de lançamento. Os motores são testados nos campos de testes da base de McGregor, no Texas, comprada em 2003 da empresa Beal Aerospace, então recém-liquidada.[102] Já os primeiros testes do *Falcon-1*, carregando um motor *Merlin-1A*, foram realizados a partir da base militar Ronald Reagan da ilha de Omelek. Essas aquisições em geral são vistas com bons olhos pelas figuras já estabelecidas da astronáutica. Depois de anos de ênfase na necessidade de privatizar os programas espaciais, os projetos desenvolvidos pela SpaceX vêm a calhar.

O recrutamento de engenheiros e técnicos dispostos a se envolver de corpo e alma na empresa é acompanhado de uma aproximação com as autoridades governamentais e os decisores. Desde o início, o Exército, por meio da DARPA, se interessa pelas atividades da SpaceX e as subvenciona. O primeiro voo, por exemplo, transportando a missão *TacSat-1*, é reservado pelos militares.[103] Além disso, Musk é assessorado por personalidades muito bem posicionadas no *establishment* espacial: intermediários do astrocapitalismo como Jim Cantrell,[104] que acompanha o jovem empresário a Moscou e o introduz nos segredos da indústria, ou então Mike Griffin, engenheiro anteriormente envolvido na Iniciativa de Defesa Estratégica de Reagan, ocupando posição de responsabilidade na Orbital Sciences, diretor do fundo In-Q-Tel da CIA a partir de 2002[105] e sobretudo administrador da NASA de 2005 a 2009, logo, cliente providencial da SpaceX.[106] Nessa mesma linha, o engenheiro Simon "Pete" Worden, ex-diretor do centro Ames da NASA, é uma personalidade intratável. Além de fanático da Iniciativa de Defesa Estratégica, ele é para muitos um dos fundadores do *New Space*, em contato com as figuras mais destacadas do meio: além de Elon Musk, naturalmente, os fundadores da Planet e da Astra, empresa mais empenhada que qualquer outra em atender às necessidades de "agilidade" das forças armadas com lançamentos rápidos de foguetes, no espírito do "setor espacial reativo". De qualquer maneira, embora Musk tenha injetado no total 100 milhões de dólares da sua fortuna pessoal na empresa, o essencial do investimento é realizado com fundos públicos. Nesse sentido, a ruptura com o funcionamento habitual da economia dirigida do espaço é superficial, e relativiza a ligação — preguiçosamente estabelecida por muitos observadores — entre Musk e suas empresas e a ideologia libertária.[107]

A SpaceX quer se impor como prestadora de serviços das agências federais do espaço, o que exige abrir caminho num segmento de mercado já dominado por concorrentes hegemônicas. Em outubro de 2005, a empresa processa judicialmente os gigantes Boeing e Lockheed Martin, na época a ponto de fundir atividades de lançamento, com a criação da empresa comum United Launch Alliance (ULA). Mas o processo, visando complicar a vida de um "truste" anticoncorrência, é rejeitado, pois o tribunal californiano considera que as queixas da SpaceX "a respeito de um prejuízo futuro não têm fundamento".[108] Esse tipo de iniciativa judicial, muito comum na indústria, na qual litígios e processos são moeda corrente, evidencia a dureza da luta pela obtenção dos orçamentos federais, e não tem como alvo apenas os concorrentes. Como tantas outras empresas fornecedoras ou terceirizadas, a SpaceX não hesita em atacar o governo ou as agências do Estado federal quando se considera lesada. Ainda recentemente, em 2019, e não obstante um domínio exercido sem escrúpulos no mercado de voos espaciais militares, a empresa processou a Força Aérea, denunciando subvenções recebidas por vários de seus concorrentes (ULA, Blue Origin, Northrop Grumman) no contexto de um programa de pesquisa e desenvolvimento financiado pelo Pentágono, no valor total de 2 bilhões de dólares.[109] Excluída dessas subvenções, a SpaceX considera que isso configura um "prejuízo substancial" em proveito das outras empresas. Os contratos com o Exército somam bilhões de dólares e garantem a essas companhias a continuidade dos pagamentos. Desse modo, uma vez aberto o Sésamo da certificação militar — o que não foi um processo simples e pacífico no caso da SpaceX[110] —, elas travam em Washington uma batalha feroz para garantir seus mercados, recorrendo a exércitos de advogados de negócios e lobistas.

A SpaceX, portanto, não partiu do zero: contou com os capitais tecnológicos e organizacionais lentamente acumulados desde a década de 1950. Mas não é essa a única receita do seu sucesso. Ela tem atualmente mais de 11 mil empregados, distribuídos entre as diferentes bases. Além disso, a construção "interna" dos componentes necessários à produção muitas vezes é mencionada para explicar o modelo SpaceX — o que tampouco é uma novidade: o centro de Peenemünde e seu prolongamento americano no Alabama já previam a "integração vertical", que permite certa independência em relação aos fornecedores. Por fim, no terreno dos procedimentos, o que se tem é a inovação buscada a qualquer preço, na base do ou vai ou racha, do som e da fúria, e da imitação das boas receitas dos concorrentes.

Na SpaceX, a gestão dos empregados caminha em sintonia com a ambição hegemônica. Os raros testemunhos de pessoas envolvidas[111] dão conta da exploração crônica da mão de obra, de um ambiente degradante de "clube do bolinha" machista e violento, de uma gestão tóxica exposta às decisões imprevisíveis do dono e diretor-presidente, de assédio moral e sexual, de discriminação contra mulheres e minorias sexuais e de gênero, de proibição manifesta de organizar qualquer forma de sindicalização,[112] de demissões abusivas. Tudo isso resultando em uma considerável rotatividade dos empregados, menos bem remunerados do que nas empresas concorrentes. Pela narrativa da SpaceX, contudo, vale a pena. "*Occupy Mars*": seria esse o objetivo filantrópico, para transformar a humanidade numa "espécie multiplanetária". Um *slogan* eventualmente ostentado por Musk na camiseta e também um ato de fé *New Age* que se articula com a *egotrip* — exageradamente explorada nos meios de comunicação — de um empresário narcisista, que se pretende carismático e visionário e torra dólares em suas empresas apesar do risco de ir a pique e falir.[113] Esse credo empolga os empregados, exortados a sacrificar por ele a própria saúde, e, ao mesmo tempo, paralisa os concorrentes, forçados a reagir às projeções mais irrealistas da SpaceX (entre outras, um primeiro voo para Marte em 2024, anunciado em 2016 em meio a uma incredulidade generalizada ...).

A SpaceX é hoje uma empresa entre outras do setor aeroespacial, mas continua apresentando características que a aproximam das *startups* tecnológicas. Como não é cotada na bolsa, o que Musk continua recusando, oficialmente para evitar a volatilidade das cotações e dos acionistas,[114] dispomos de poucas informações sobre seus lucros e margens. A falta de transparência estimula especulações sobre as perspectivas de crescimento. Desde a fundação em 2002, a valorização da SpaceX (cerca de 140 bilhões de dólares no momento em que escrevemos) aumenta com iniciativas de captação de recursos. No início de 2023, cerca de 9,8 bilhões de dólares foram obtidos depois de umas trinta passadas de pires junto a diferentes investidores. Desse ponto de vista, o investimento de cerca de 1 bilhão de dólares pela Google e o fundo de investimentos Fidelity, em 2015, representou uma virada importante. O objetivo da participação é apoiar o desenvolvimento de uma frota de quatro mil satélites (e em breve muitos mais) em órbita baixa, para equipar um serviço de internet teoricamente de baixo custo para o mundo inteiro:[115] o Starlink. No vocabulário do meio, é uma estratégia de "*blitzscaling*": obter meios de crescer ao máximo, avançando com extrema rapidez e força, aceitando perder tudo ou quase tudo, com serviços de forte impacto visando o monopólio e a neutralização dos concorrentes, apanhados de surpresa[116] e excluídos da competição por um nível de preços artificialmente baixos, escorados em aportes regulares dos investidores parceiros. É o astrocapitalismo em sua variante selvagem, descomplexada e *cool*: a destruição recriadora.

É à luz desses fatores que devemos encarar as proezas tecnológicas da SpaceX, especialmente a capacidade de fazer voltarem à Terra e de reutilizar uma dezena de vezes os propulsores do *Falcon-9* e do *Falcon Heavy*, cujos vídeos de aterrissagem vertical se tornaram emblemáticos do *New Space*. O princípio da reutilização, que teoricamente permite reduzir o custo dos lançamentos (da ordem de 30%, segundo a SpaceX),[117] repousa numa integração vertical levada ao extremo e numa mão de obra abundante para cuidar da volta ao funcionamento, mas também está ligado às encomendas de clientes institucionais faturadas duas vezes mais caro que as outras, o que é uma forma indireta de subvenção.[118] De resto, essa escolha está intrinsecamente conectada ao modelo de negócios da SpaceX, implicando a aceleração do ritmo de lançamentos, uma necessidade para o posicionamento do *Starlink*. O mesmo pode ser dito das outras empresas do nicho, como a Blue Origin, com os lançadores *New Shephard* e *New Glenn* (cujo desenvolvimento está em andamento): a sustentabilidade de seu modelo repousa no aumento do volume de atividades em órbita e, logo, no crescimento de todos os mercados em vista: turismo espacial, ciência, "megaconstelações", conquista da Lua etc. Os lançadores reutilizáveis, na medida em que obrigam os países europeus a compensar seu atraso nesse campo,[119] materializam uma certa visão da exploração do espaço, sempre mais intensa.

O resultado é uma precipitação cega: a megafrota de satélites *Starlink* de obsolescência programada (às vezes chamada de "constelação Kleenex") deve ser constantemente atualizada e enriquecida. Ela consome investimentos maciços, mas gera rendimentos ainda insuficientes para assegurar a rentabilidade a médio prazo da empresa homônima, filial da SpaceX. Em 2019, os primeiros posicionamentos da "megaconstelação" causaram protestos generalizados entre os astrônomos, profissionais e amadores, temerosos de que os satélites brilhantes atrapalhem a visão do céu estrelado (voltaremos ao assunto). O posicionamento em grande escala da infraestrutura Starlink também é uma corrida contra o tempo, à beira de um ponto de ruptura, apesar da vantagem em relação aos concorrentes, como os programas OneWeb, iniciado pelo empresário Greg Wyler — e do qual Elon Musk, inicialmente aliado ao projeto, se apropriou sem aviso prévio —, e Kuiper, da Amazon. O posicionamento justifica a atividade constante do foguete *Falcon-9*, contribuindo com mais de metade da atividade do lançador desde 2019, e assim permite diminuir os custos médios de lançamento.

O mesmo se aplica à "nave" *Starship*, desenvolvida paralelamente. O primeiro voo desse "*Big F*cking Rocket*" (BFR, ou "Foguete Enorme da P*rra"), o mais potente jamais construído, ocorreu em 20 de abril de 2023. Apresentada como etapa provável de um esforço tecnológico sem precedente, contudo, sua explosão em voo três minutos depois da decolagem muda completamente a situação. É que o programa Starship, vendido como tábua de salvação da SpaceX em particular e da astronáutica americana em geral, não pode fracassar: dele depende a alunissagem da terceira missão *Artemis* da NASA. A agência investiu 3 bilhões de dólares para garantir a volta à Lua empregando a versão lunar da nave do Starship (*Starship* "HLS", iniciais de Human Landing System, ou Sistema Humano de Aterrissagem). Novas captações de recursos foram feitas para absorver os custos desse investimento (1,9 bilhão de dólares em 2020, 1,6 bilhão em 2021, envolvendo uma centena de investidores, em sua maioria do setor de capitais de risco), e nos próximos anos pode ocorrer a entrada da filial Starlink na bolsa de valores. No total, a empresa obtém muito poucos lucros dos seus rendimentos e não tem alternativa senão eternizar a promessa de uma nova economia do espaço, de sustentabilidade tecnológica e financeira relativa.[120]

Além das expectativas da NASA, os analistas da Morgan Stanley[121] apresentam a *Starship* como tábua de salvação do programa Starlink. De fato, para alcançar a rentabilidade (por volta de 2030), a Starlink precisa posicionar milhares de satélites, cada vez maiores, a um ritmo impossível com o foguete *Falcon-9*. A *Starship*, assim, é o elemento-chave do programa Starlink, mas também seu elo fraco, e o seu fracasso acarretaria o fracasso do Starlink e, portanto, da SpaceX. O próprio Elon Musk o reconheceria em novembro de 2021 num e-mail[122] enviado aos empregados da SpaceX, no qual associa a sobrevivência da SpaceX ao desenvolvimento do motor *Raptor* do foguete *Starship*.

As dúvidas quanto à solidez financeira e técnica da Starlink preocupam ainda mais porque a frota foi usada na Ucrânia desde o início da guerra em 2022, depois de uma mensagem diretamente enviada a Elon Musk, no Twitter, pelo ministro da Transformação Digital, Mykhailo Fedorov. Embora a infraestrutura tenha se revelado muito útil aos ucranianos, as suspeitas de cortes no serviço reveladas no verão de 2023 pelo biógrafo de Elon Musk, Walter Isaacson,[123] frisaram o caráter crítico de um serviço que depende potencialmente das decisões de um único homem.[124] Do ponto de vista do exército ucraniano, o corte teria impedido o êxito de uma operação militar envolvendo drones e tendo como alvo o porto de Sebastopol, na Crimeia. Na realidade, o serviço não estava ativo na região e o ataque em questão poderia ter levado, segundo Musk, a uma resposta nuclear, o que teria motivado sua recusa de permitir o acesso. Seja como for, e estando ainda em curso uma investigação no momento em que escrevemos, o tema preocupa o *establishment* político americano, ansioso com a assimetria de poder que se instala em sua relação com Musk num teatro de operações tão crítico. Isso não impediu o Pentágono de lhe conceder semanas depois um contrato de 70 milhões de dólares para o desenvolvimento da rede de satélites *Starshield*, versão militar da Starlink.[125]

A Starbase instalada em Boca Chica, no extremo sul do Texas, não longe da fronteira mexicana, é uma nova etapa dessa movimentada trajetória empresarial. É a solução espacial suprema, o "*fix*" cozinhado em molho texano-mexicano. A instalação resulta de um processo decisório muitas vezes sem transparência, que gerou polêmicas nas populações locais. A enfadonha crônica das negociações que permitiram a apropriação de Boca Chica, que vamos aqui evocar por alto, é um condensado das taras de um astrocapitalismo que aparentemente ainda se sustenta apenas pela narrativa de conquista, profundamente enraizada nas mentalidades de seus defensores. É no início da década de 2010 que a empresa começa a cobiçar o local. O objetivo de Musk é longínquo, mas claro: instalar um centro de fabricação e lançamento dos foguetes espaciais *Falcon-9* e *Falcon Heavy*, e mais adiante do BFR, que viria a se tornar a nave *Starship* na coifa do lançador *Super Heavy*. Em 2011, é promovida uma primeira reunião entre a SpaceX e o Conselho de Desenvolvimento Econômico da cidade de Brownsville, a cerca de vinte quilômetros de distância, à qual a área de Boca Chica está subordinada. A primeira compra de terreno de que se tem notícia, por 2,5 milhões de dólares em dinheiro, remonta a 2012, ano em que também ocorrem os primeiros investimentos de Musk na vida política do condado de Cameron, com doações aos senadores estaduais Rene Oliveira (mil dólares)[126] e, em 2014, Eddie Lucio Jr. (3 mil dólares). Para o empreendedor oportunista, inconformado com as regulamentações sociais, fiscais e ambientais da Califórnia, o Texas é um novo Eldorado. Nele, a SpaceX só pode prosperar: o estado é dominado pelas empresas do capitalismo fóssil, a ala reacionária e pró-corporativa do Partido Republicano reina incontestada e a ideologia libertária flutua no ar poluído que se respira.

A escolha do local é confirmada em 2013, embora outros fossem levados em consideração, incluindo Flórida, Geórgia e Porto Rico. Além da proximidade da Linha do Equador, favorável aos lançamentos, Boca Chica tem direito a incentivos fiscais, por estar situada numa zona coberta pelo Texas Enterprise Zone Program (EZP) do governo estadual, e, em nível federal, pela Qualified Opportunity Zone (QOZ). Em 2014, o governador Rick Perry propõe isenção fiscal de 30 milhões de dólares e a garantia de que a SpaceX não pagará imposto algum durante dez anos. A isso se soma um plano de 15,3 milhões de dólares, 13 milhões dos quais em participações no financiamento das infraestruturas da futura Starbase. Em troca, são esperados a criação de trezentos empregos e investimentos da SpaceX da ordem de 85 milhões de dólares.[127] Brownsville acrescenta 5 milhões, apostando na criação de quinhentos empregos em uma década. Esses valores que nunca seriam realmente quitados. Por fim, é autorizado o fechamento das praias durante os lançamentos experimentais, apesar de proibido desde 1990 pela Lei das Praias Abertas do Texas (Texas Open Beaches Act). O estado organiza, regulamenta e cofinancia, tijolo por tijolo, a construção do espaçoporto privado da SpaceX em Boca Chica. A compra de terras tem prosseguimento e as obras começam em 2015, efetivando-se em 2016 a instalação de uma estação elétrica pela SolarCity (outra empresa dirigida por Musk), alimentada por 2,6 hectares de placas solares.

Os problemas e aborrecimentos enfrentados pelos habitantes de Boca Chica foram tema de muitos artigos e reportagens. Prejuízos causados pelas obras, por estradas e praias fechadas, vidraças quebradas nos testes de motores, convites a não sair de casa ou a viajar durante os testes etc. Em 2019, a SpaceX quer explicitamente se livrar dos últimos habitantes, propondo a compra de suas casas (pelo triplo do valor de mercado, preços no entanto insuficientes para se mudarem em condições semelhantes para beira-mar). As pressões aumentam: telefonemas ameaçadores, trânsito de caminhões em propriedades privadas etc. Os habitantes que cedem têm as casas ocupadas por empregados da SpaceX, o que desmente os argumentos da empresa sobre a suposta necessidade de garantir a segurança da área. A estratégia de Musk não podia ser mais parecida com uma forma de colonização à base de desapropriações forçadas,[128] constatação tanto mais flagrante se lembrarmos que Boca Chica fica numa das divisões administrativas estaduais (condados) mais pobres do Texas, com 25% dos lares abaixo do limite de pobreza. Uma população sem condições de enfrentar o rolo compressor de Musk e resistir a consequências negativas, como as constantes explosões. O primeiro teste do *Starhopper* — um protótipo de aterrissador vertical — provoca um incêndio que se propaga em vários hectares de zonas de preservação.[129]

Em setembro de 2020, têm início negociações para adequar as atividades da SpaceX à Lei Nacional do Meio Ambiente, que estimula a proteção do meio natural e cria o Conselho de Qualidade Ambiental (Council on Environmental Quality). Em janeiro de 2021, estuda-se a extração de gás natural em La Pita para alimentar os foguetes movidos a metano. A empresa se empenha na implantação de uma enorme infraestrutura para estocagem de gás. Em agosto de 2021, é assinado um acordo entre a SpaceX e Brownsville para o encaminhamento de 12.340.442,42 litros de água, embora as reservas estejam baixas.[130] Os organismos federais encarregados de controlar a implantação da estrutura mostram certa firmeza. Em junho de 2022, a Federal Aviation Administration (FAA) obriga a SpaceX a tomar medidas para reduzir o impacto ambiental.[131] A decisão não satisfaz as associações de proteção ambiental, que expõem suas objeções no deserto,[132] nem as populações autóctones (é um lugar sagrado para o povo Carrizo/Comecrudo [Esto'k Gna]).[133] Mas o primeiro voo de teste do megafoguete é autorizado pela FAA, que faz vista grossa à instalação às vezes ilegal das infraestruturas da base ou, pior ainda, aos lançamentos sem prévia autorização, como o do protótipo SN*8* da *Starship* em dezembro de 2020.[134]

Prevendo processos judiciais e prejuízos para a imagem da empresa, Musk consegue comprar a autorização. Em 30 de março de 2021, o SN*11* explode, e, no mesmo dia, ele anuncia que pretende doar 20 milhões de dólares ao condado de Cameron e 10 milhões à cidade de Brownsville, para revitalizar sua zona central em decadência.[135] Em janeiro de 2022, faz nova doação de 2,53 milhões de dólares a Brownsville, para a compra de iPads para as escolas.[136] Toda a cidade começa a se transformar com a chegada de engenheiros e técnicos. Os preços dos imóveis residenciais aumentam 60%, assim como os aluguéis. De modo algum as autoridades locais querem criar problemas para as atividades da SpaceX. Para uma cidade pobre, até então associada ao tráfico de drogas, aos acertos de contas entre gangues e a uma gestão brutal com a imigração clandestina,[137] seria impensável não aproveitar a oportunidade.

Mas o fracasso do primeiro teste de tiro orbital da *Starship*, com prejuízos consideráveis para a fauna e a flora (destroços e poeira são projetados num raio de quilômetros, a base de lançamento é parcialmente destruída), instaura um suposto espírito de sacrifício a ser compartilhado: um revés aceito voluntariamente, com um objetivo quase místico (chegar a Marte). Em sua canção "Wernher von Braun", o humorista Tom Lehrer ironiza: "Quando os foguetes já estão no ar, quem quer saber onde vão cair? Não é o meu departamento, afirma Wernher von Braun".[138] O comentário se aplica igualmente a Musk. De todo modo, essas aterrissagens nem sempre controladas atraem uma atenção febril de milhares de apaixonados, à espreita de cada teste nas áreas de lançamento de Boca Chica, mas também de bancos, analistas e consultores (nenhum grande cliente comercial pôde ser identificado até então) que depositam suas esperanças na *Starship*, veículo revolucionário da nova era astrocapitalista... desde que funcione.

Apropriar-se do espaço: descartar o direito em nome das promessas de uma economia lunar

Em meio à infinidade de ideias para estender a atividade mercantil ao espaço, a apropriação dos recursos celestes (principalmente da Lua e dos asteroides) tornou-se um verdadeiro mantra. Ao mesmo tempo manifestação econômica concreta do espírito de conquista e ponto de fuga das utopias cósmicas mais radicais, esses projetos levam o astrocapitalismo ao seu paroxismo. É por meio deles, inclusive, que o conceito adquire todo o seu peso, explorando à exaustão os argumentos mais impalpáveis de uma economia totalmente prospectiva. No papel, as promessas desse mercado, lunar em todos os sentidos, brilham pela simplicidade: resolver de maneira audaciosa as contradições terrestres do capitalismo, com o acesso a recursos ilimitados (como os do asteroide 3554 *Amun*,[139] que equivaleriam a 20 trilhões de dólares),[140] alimentar os futuros reatores nucleares a fusão (graças ao hélio-3 encontrado na Lua), transferir as indústrias pesadas para o espaço e, naturalmente, habitar a Lua, para enfim abrir campo a uma expansão geográfica mais ambiciosa ainda (em direção a Marte?) — um novo "*spatial fix*" sem precedente. Para levar a cabo essa conquista, está em andamento uma completa transformação do direito internacional — pensada e posta em prática principalmente pelos sucessivos governos dos Estados Unidos —, visando garantir rendimentos comerciais para as empresas privadas que venham a assumir o risco.

Embora há muito a astrocultura sonhasse explorar os minerais celestes — basta lembrar as minas de ouro descobertas pelo professor Manfeldt no filme visionário realizado por Fritz Lang em 1929, *A mulher na Lua* —, o processo que levou a transformar a Lua num recurso a ser explorado deslancha de fato no começo da era espacial. Em 1957, o jurista Andrew G. Haley profetiza o advento de habitats lunares ocupados por colonos — desfrutando, portanto, de direitos locais de propriedade —,[141] e, dez anos depois, o dono da cadeia hoteleira Hilton fantasia estações espaciais e bases de *laser*[142] explorando recursos *in situ*, a começar pela água em forma de gelo. Mas é na década de 1980 que uma frente de grupos pró-espaço promove mais seriamente o projeto de conquista lunar pelo jogo do livre empreendimento, e no início dos anos 2000 surge o *slogan* da "corrida para a Lua" (*Moon Rush*), inventado por Dennis Wingo.[143] A ideia se espraia e na década seguinte entra para a agenda do *New Space*.[144]

Como vimos, o regime jurídico que rege os objetos celestes é estabelecido na década de 1960, num momento em que se torna necessário acalmar as pretensões de arsenalização do espaço. Em 1967, o "Tratado do Espaço" confirma a liberdade de exploração e utilização do espaço, mas proíbe qualquer tipo de "apropriação nacional por proclamação de soberania". Embora, nesse momento da história, o princípio de não apropriação seja consensual, logo surgiriam divergências de interpretação. Em 1979, assim, um novo acordo "regulamentando as atividades dos Estados na Lua e nos outros corpos celestes" (ou "Tratado da Lua") reafirma a vontade pacifista dos anos 1960 e o caráter inapropriável dos recursos lunares.[145] O acordo entra em vigor em 1984, mas é ratificado por dezoito países apenas: os Estados Unidos, a China e a URSS não assinam, a França não ratifica. A ideia de encarar a Lua segundo um princípio comunitário, obstáculo a uma possível exploração de seus recursos num futuro então ainda indeterminado, não agrada ao clube das maiores potências espaciais.

É grande a tentação de situar o enterro definitivo do princípio de não apropriação no surgimento do *New Space* e no retorno dos americanos à Lua na década de 2020, com o programa Artemis. Mas é preciso lembrar que a batalha sem trégua contra esse enquadramento normativo antecede esse período.[146] Ele tem início na década de 1970, quando os orçamentos da exploração espacial são drasticamente reduzidos, na prática relegando a um futuro distante todo e qualquer projeto de colonização — particularmente de Marte. O ativismo pró-espaço surge nesse período de desencanto e nostalgia crepuscular, por meio de diferentes *think tanks* e grupos de interesse, como o National Space Institute presidido por Wernher von Braun, a Planetary Society fundada em 1980 pelo célebre astrofísico Carl Sagan e a L-5 Society, criada em 1975 por Gerard O'Neill. Essa última, contando com sete mil membros em 1980, se insurge contra a negação das "liberdades civis" que identifica no Tratado da Lua, argumentando:

> Os dispositivos do tratado relativos ao 'patrimônio comum' sufocarão a iniciativa privada criativa, ao proibir a propriedade privada, e limitarão o sistema econômico a um único 'regime' não definido. Todas as decisões em matéria de investimentos seriam tomadas pelos governos, por meio de uma organização semelhante à ONU. Esse tipo de planejamento econômico controlado é estranho aos Estados Unidos, mas bem conhecido em países como a URSS.[147]

Os lobistas da L-5 Society investem contra o Tratado da Lua, em sucessivas intervenções defendendo princípios que prefiguram o estabelecimento de uma economia lunar: uma "seleno-economia", segundo o veterano de Peenemünde Krafft Ehricke, que deveria ter sido criada depois do programa Apollo, com o intuito de preservar a Terra e garantir a abundância.[148] Nessa perspectiva, o direito do espaço não passa de um entrave ao espírito de iniciativa, à necessária conquista da nova fronteira com as ferramentas da economia de mercado. Os lobistas da L-5 Society e de outros grupos de interesse teriam ganho de causa, escorando-se na nova administração Reagan para lançar por terra o texto.[149] A derrota do Tratado da Lua é incontestavelmente um episódio importante do entrelaçamento do neoliberalismo do início da década de 1980 com o movimento emergente do *New Space*.[150]

Essas pretensões de volta à Lua e exploração de Marte com fins econômicos abrem caminho na administração americana na década de 1990, com a Iniciativa de Exploração Espacial (Space Exploration Initiative) do presidente George H. Bush em 1989, rejeitada pelo Congresso por não ser prioritária, além de onerosa (com custos estimados em até 500 bilhões de dólares num período de vinte a trinta anos); esse episódio, por sinal, evidencia o peso relativo da presidência americana na determinação das políticas espaciais do país. Apesar de um anúncio em grande pompa no dia do vigésimo aniversário da primeira alunissagem da missão Apollo, os congressistas não se deixam convencer por esse "enésimo discurso sobre o setor espacial".[151]

Na década de 2000, afirma-se uma nova vontade política de volta à Lua, depois de várias missões de exploração que evidenciam a riqueza do seu subsolo.[152] Além de água em forma de gelo, um verdadeiro manancial de recursos minerais (ferro, titânio, níquel, cobalto, platina, silício, ouro etc.) convida à exploração econômica, à instalação permanente de seres humanos *in situ* e a armar um novo ciclo de crescimento econômico, repatriando-os à Terra. E por sinal a abundância de hélio-3 — um isótopo raro, de potencial aplicação em fusão nuclear — é confirmada em 2009 pela sonda orbital chinesa *Chang'e 1*, despertando o apetite adormecido de uma eventual conquista que dê sustentação ao sistema energético terrestre, cujos limites se fazem mais que presentes. Desse modo, as hesitações do programa espacial americano de volta de astronautas à Lua (em particular o abandono em 2010 do programa Constellation lançado em 2004 por George W. Bush, para o estabelecimento de uma base na Lua até 2020, com vistas a chegar a Marte na década seguinte) levam afinal a uma incrível ofensiva de empresas empenhadas em ocupar o nicho da conquista lunar. Os modelos de negócios muitas vezes são os mais extravagantes, como a "embaixada lunar" inventada por Dennis Hope, figura de presença constante na mídia que desde a década de 1980 vende lotes na Lua, afirmando que a operação seria perfeitamente legal.[153] Cabe notar, contudo, que são riquezas mais que relativas — na verdade, um desejo de raspar o fundo do tacho. A Lua é um ambiente hostil, e os empregos eventuais do hélio-3 não passam por enquanto de pura especulação.

Em 2007, é vencida uma nova etapa em direção a uma hipotética economia lunar, com o Google Lunar X-Prize, concurso para a concepção de um aterrissador lunar privado até 2012. A operação é cancelada em 2018, depois de vários adiamentos, por falta de propostas convincentes. Mas a iniciativa contribuiu para intensificar o oba-oba em torno do interesse comercial da conquista lunar, o "*Moon 2.0*", com constantes desdobramentos. Sucedem-se as captações de recursos, com projetos de exploração de minerais atraindo empresas como Planetary Resources (2009-) — comprada em 2018 pela ConsenSys (que a converte à observação da Terra a partir da órbita baixa) —, Moon Express (2010-), Astrobotic Technology (2007-) e Deep Space Industries (2013-). O bilionário Jeff Bezos bate na mesma tecla em 2016 durante o 32º Simpósio Espacial em Colorado Springs, declarando — na linha das utopias de O'Neill, que tanto admira — que "a Terra finalmente pode se tornar uma zona residencial dotada de indústria leve, e podemos transferir nossa indústria pesada para fora do planeta, onde ela terá acesso fácil à energia solar e outras formas de energia".[154]

Sempre visando um deslocamento geográfico permanente do capital, característica definidora do astrocapitalismo, outras *startups* — sobretudo americanas — levantam fundos para montar no espaço centros de dados (*data centers*),[155] estufas,[156] um reator nuclear,[157] enquanto, do outro lado do planeta, os industriais japoneses integrantes do Lunar Industry Vision Council contemplam, em relatório apresentado ao governo, um "ecossistema industrial lunar" para entrar numa suposta "era Planeta 6.0".[158] O relatório preconiza o desenvolvimento de uma regulamentação propícia à realização desse projeto econômico — em outras palavras: pretende acabar com o direito espacial.

É nesse contexto que devemos encarar a estratégia dos Estados Unidos, que a partir de 2015, no segundo mandato de Barack Obama, abrem caminho para a exploração de recursos extraterrestres, estratégia confirmada por Donald Trump em 2017, com a retomada em regra da conquista da Lua, no contexto do programa Artemis. Em 2015, assim, entra em vigor nos Estados Unidos a "lei do espaço", o SPACE Act (Spurring Private Aerospace Competitiveness and Entrepreneurship Act, ou Lei de Estímulo à Competitividade e ao Empreendedorismo Aeroespaciais Privados), que reconhece a propriedade dos recursos espaciais a qualquer "cidadão americano" que os explore com fins comerciais. A lei diz respeito a recursos encontrados nos asteroides e na Lua, como a água e os minerais. O texto se prevalece de uma brecha no Tratado do Espaço de 1967, que no seu artigo 2 proíbe toda e qualquer apropriação pelos Estados... mas apenas pelos Estados. É o cerne da argumentação jurídica dos Estados Unidos, que afirmam não reivindicar soberania nacional sobre os objetos celestes, mas apenas permitir que seus cidadãos — sob ressalva de uma autorização fornecida pelo governo federal — explorem seus recursos com fins comerciais. Uma simples questão de nuance. Legislações semelhantes se multiplicam em outros países. O grão-ducado de Luxemburgo, transpondo seu passado de mineração para uma estratégia espacial, promulga em 20 de julho de 2017 uma lei sobre exploração e utilização de recursos do espaço,[159] participando paralelamente de um fundo de investimentos, Orbital Ventures, voltado para empresas que deslancham no setor. Os Emirados Árabes Unidos seguem o exemplo em 2019, com a lei federal de regulamentação do setor espacial, cujo artigo 18 permite a exploração dos referidos recursos com autorização do Conselho de Ministros. Por fim, o Japão entra na onda em 15 de junho de 2021, com uma lei equivalente.[160]

Dois fatores importantes ressaltam nessas transformações jurídicas em curso. Primeiro, uma questão de fundo: o espaço deixou de ser um bem comum. Antes "*res communis*" (coisa comum, ou seja, que não pertence a ninguém, podendo ser livremente utilizada por todos), o espaço passou à condição de "*res nullius*" (coisa sem dono, ou seja, que não pertence a ninguém até que alguém se aproprie dela). O alcance da mudança é enorme, ainda mais quando a situamos na construção social e histórica do capitalismo. A condição de *res nullius* foi tradicionalmente atribuída às terras do Novo Mundo quando chegaram os primeiros exploradores, como Cristóvão Colombo, e também ao gado, como os bisões das grandes planícies, por exemplo, levando a seu massacre sistemático e sua quase extinção no século XIX.[161] Esse ressurgimento, tão significativo, também faz eco ao regime estabelecido em alto mar pela Convenção das Nações Unidas sobre o Direito do Mar, de 1982, que igualmente proíbe a apropriação de zonas marítimas, mas autoriza sua exploração. Essas zonas, por sinal, são objeto de tensões geopolíticas e ásperas negociações, na Autoridade Internacional dos Fundos Marinhos, entre países que pretendem ampliar a própria jurisdição para explorar recursos naturais (hidrocarbonetos, minerais).[162] O SPACE Act, segundo especialistas como Eric Anderson, copresidente da Planetary Resources, é

> o maior reconhecimento de direitos de propriedade da história, [por uma] legislação [que] estabelece o mesmo contexto favorável que aquele que permitiu criar as grandes economias da história, e que vai estimular o desenvolvimento permanente do espaço.[163]

Esse afirmação reflete bem a convicção dos lobistas e dos empreendedores pró-espaço e outros defensores da propriedade privada dos corpos celestes.

Em seguida, uma questão formal: as profundas mudanças jurídicas ligadas à apropriação dos recursos espaciais são decididas unilateralmente pelos Estados Unidos. Embora tenham sido encaradas como uma violação do direito espacial, sobretudo pela China e a Rússia, o fato é que a maior parte dos países aceitou o rolo compressor normativo americano. Cabe questionar, aqui, a impotência das arenas diplomáticas em que são forjados os tratados relativos ao espaço e a ação do Comitê das Nações Unidas para o Uso Pacífico do Espaço Exterior (COPUOS), que, depois de uma época de ouro nos anos 1960 e 1970, viu reduzido seu papel com a queda do Muro de Berlim.[164] Desde então, os Estados Unidos continuam avançando seus peões, primeiro com um decreto publicado em 6 de abril de 2020 pelo presidente Trump, que dá a partida na corrida para o "ouro lunar", afirmando que não consideram que o espaço extra-atmosférico seja um "bem comum mundial";[165] em seguida, banalizando a ideia de uma apropriação dos recursos espaciais por meio dos "Acordos Artemis".

Assinados por 24* países,[166] os Acordos Artemis não constituem propriamente um tratado, mas um ato político pactuado, não convencional (um acordo de cavalheiros), bilateral e não multilateral. Constando de dez princípios, o texto contempla medidas essenciais para promover o uso pacífico do "patrimônio espacial", mas sem mencionar a questão da não apropriação, embora a exploração e a proteção dos recursos cobiçados sejam possibilitadas pelo estabelecimento de "zonas de segurança" temporárias que constituem *ipso facto* territórios sob o regime da propriedade

* No início de 2024, já eram 36 os países signatários. [N. T.]

privada.[167] Desse ponto de vista, a separação entre propriedade privada e nacional subjacente à exploração de minerais celestes parece bem artificial: o mercado cresce de mãos dadas com a regulamentação, e sob a proteção de uma administração de Estado bem real. Considerando que a China anunciou em março de 2021 o programa International Lunar Research Station (Estação Internacional de Pesquisa Lunar, ou ILRS) em parceria com a Rússia (prevendo a ocupação humana da Lua apenas em 2035) e que esses dois países estão ausentes dos Acordos Artemis, ainda é difícil saber se o quebra-cabeça jurídico gerado pela criação de zonas de segurança prenuncia uma nova era de conflitos geopolíticos, e mesmo alguma forma de militarização da ocupação da Lua,[168] com uma questão fundamental: que sentido têm essas zonas, se só se aplicam aos países signatários dos acordos?[169]

Mas é arriscado justificar o retorno à Lua exclusivamente pela existência de recursos a serem explorados, tendo-se em conta o caráter altamente prospectivo desses projetos de mineração, para não falar de sua rentabilidade. A missão *Hayabusa 2*, lançada em 2014 pela agência espacial do Japão (JAXA), voltou à Terra em dezembro de 2021 com menos de cem miligramas de poeira do asteroide Ryugu, a um custo de 200 milhões de euros: não propriamente suficiente para lançar a indústria energética do futuro. Por outro lado, várias dentre as mencionadas *startups* americanas que se dedicavam à exploração mineral de asteroides — como Planetary Resources e Deep Space Industries, que receberam aporte financeiro da iniciativa luxemburguesa Space Resource — fracassaram e faliram anos depois do lançamento, tendo sido adquiridas por valores irrisórios.

Nas ruínas do astrocapitalismo: poluição luminosa e detritos orbitais

A narrativa astrocapitalista conta com alguns trunfos: garante certo número de empregos, oferece no papel uma saída para os limites materiais impostos pela Terra e, sobretudo, visa antes de tudo as estrelas. Desse modo, escaparia às tradicionais vicissitudes das empresas industriais que geram em grande quantidade aquilo que a teoria econômica chama de "externalidades negativas" (detritos, poluição etc.) e até permitiria, um dia, exportá-las para o espaço. Mas a realidade não é tão promissora. No espaço, concretamente, o aumento do tráfego e a superexploração da órbita baixa geram riscos e poluição. É uma problemática dupla: os satélites das "megaconstelações" prejudicam as pesquisas astronômicas feitas a partir da Terra, obstruindo as observações por telescópio, e a quantidade de detritos orbitais (antigos estágios de lançadores, satélites abandonados e outros componentes diversos, como tampas de instrumentos óticos, correias para prendê-las etc.) aumenta constantemente desde o início da era espacial, e com rapidez ainda maior na última década. A ausência de regulamentação é de tal ordem que, com o tempo, poderia estar comprometida a própria utilização do meio espacial — inclusive para fins científicos, como, por exemplo, na medição dos efeitos do aquecimento global.

A perspectiva de um aumento exponencial do número de satélites em órbita prefigura dias difíceis para os observadores do céu. Em maio de 2019, o primeiro lançamento dos satélites do sistema *Starlink*, deixando rastros luminosos visíveis a olho nu, foi uma "visão de horror" para os astrônomos, segundo escreve Éric Lagadec, na época vice-presidente da Sociedade Francesa de Astronomia e Astrofísica (SF2A).[170] A preocupação é grande. Somando hoje alguns milhares, o número de satélites pode chegar a cem mil em órbita baixa até 2030 (a se cumprirem as previsões das empresas fornecedoras). Estudos científicos a esse respeito começam a ser publicados em 2020. No Chile, o Observatório Europeu Austral (ESO) e o Observatório Vera Rubin (na época em construção) consideram que entre 30% e 40% das observações feitas no início e no fim da noite podem não ser aproveitáveis, em virtude da passagem dos cachos de satélites.[171] De acordo com um relatório publicado pela União Astronômica Internacional (IAU) depois da conferência "Dark and Quiet Skies for Science and Society" (Céus escuros e tranquilos para a ciência e a sociedade), muitos programas científicos são prejudicados pelos rastros luminosos, entre eles a detecção de exoplanetas e a descoberta de asteroides que possam colidir com a Terra.[172] Em 2023, um estudo publicado em *Nature Astronomy* dava conta de que as chances de se ver um rastro luminoso nas imagens captadas pelo telescópio *Hubble* eram de 5,9% em 2021, um aumento de 59% em relação ao ano anterior.[173]

Magnânima, a SpaceX passou a pintar os satélites de preto depois da mobilização dos astrônomos, para limitar seu brilho. Mas isso tem como efeito secundário elevar a temperatura da superfície, tornando-os mais visíveis em infravermelho; o problema não foi resolvido.[174] Outras soluções são contempladas, como fornecer aos astrônomos a posição exata dos satélites, para otimizar as observações, ou digitalizar as imagens para retirar os rastros aparentes — opções que aumentam o custo da busca do conhecimento. Em 2021, a IAU e a Sociedade Espanhola de Astronomia solicitam ao Comitê das Nações Unidas para o Uso Pacífico do Espaço Exterior o estabelecimento de regras internacionais para regular esse mercado. É mencionado o vazio jurídico em torno dos projetos de constelações: basta uma autorização da Comissão Federal de Comunicação (Federal Commission of Communication — FCC) para posicioná-las. Os astrônomos continuam mobilizados: depois de sucessivos encontros, chegou-se em janeiro de 2023 a um acordo entre a SpaceX e a Fundação Nacional de Ciências (National Science Foundation — NSF) para atenuar os efeitos da segunda geração de satélites *Starlink*, limitando-os a uma magnitude 7 e tornando-os invisíveis a olho nu, sem contudo eliminar seus efeitos nas pesquisas astronômicas.[175] Mas o acordo é puramente voluntário e não resolve os problemas que serão causados por outras constelações atualmente sendo posicionadas. E, por sinal, outras organizações, como a International Dark-Sky Association (IDA), recorreram da decisão da FCC que autorizou o posicionamento de trinta mil satélites *Starlink*, argumentando com a necessidade de não enfeiar o céu estrelado e assim inscrevendo mais amplamente sua ação no contexto do combate à poluição luminosa, que não é contemplada em nenhuma lei internacional.

Quanto à questão dos detritos orbitais, ela não é nova. O problema é identificado já na década de 1970 por alguns especialistas, cujas contribuições passam relativamente despercebidas, numa época em que o espaço é considerado sobretudo como um meio sem fronteiras nem limites. Na década de 1980, o problema é progressivamente institucionalizado: conferências do Comitê de Pesquisas Espaciais reúnem especialistas das agências e juristas; são propostos guias de boas práticas, levando à criação em 1993 do International Space Debris Coordination Committee (IADC, ou Comitê Internacional de Coordenação de Detritos Espaciais) no interior do COPUOS, e as agências tentam submeter os protocolos à sua supervisão.[176] Mas os operadores privados e militares ainda ficam de fora da regulamentação (em especial os satélites da Guerra Fria, alguns propulsionados a energia nuclear, com o risco de se desintegrarem na atmosfera e mesmo de afetaram populações na queda).[177] O tom endurece na década seguinte, quando a urgência da situação é evidenciada por vários acidentes. Em 1996, um estágio de um foguete *Ariane 4* colide com o satélite militar francês *Cerise*: o risco torna-se real. Novos códigos de conduta são estabelecidos em 2002, quando o COPUOS publica as Diretrizes de Diminuição dos Detritos Espaciais (Space Debris Mitigation Guidelines), preconizando a retirada da órbita baixa depois de 25 anos de serviço e o posicionamento dos satélites geoestacionários em fim de vida numa órbita "cemitério", a algumas centenas de quilômetros da posição inicial.[178] Alguns países consolidam essas práticas, como a França, que promulga em 2008 a Lei de Operações Espaciais (LOS), prevendo no artigo 5 a "limitação dos riscos ligados aos detritos espaciais". Em 2004, é adotado o padrão ISO 24113, que obriga a tornar passivos os satélites não utilizados, ou seja, a reduzir a zero suas reservas de combustível. Em 2009, a Agência Espacial Europeia estabelece a Space Situational Awareness (SSA, ou "atenção para a situação no espaço"), prevendo, entre outras coisas, o monitoramento dos satélites artificiais e dos detritos espaciais ativos e inativos. Os detritos de mais de 10 centímetros, por exemplo, são fiscalizados em tempo real por satélites e estações terrestres, em particular a Rede de Vigilância Espacial (Space Surveillance Network) da defesa nacional americana, e, na França, o sistema GRAVES (Grand réseau adapté à la veille spatiale, ou Grande rede adaptada à fiscalização espacial), que, no entanto, só detecta detritos de mais de um metro cúbico. Em 2022, por fim, a FCC aprovou uma nova regra que reduz a cinco anos a duração máxima até a desorbitação dos satélites em fim de vida.[179] Essas normas, contudo, permanecem facultativas e não obrigatórias. O IADC, por exemplo, não tem competência jurídica alguma. Na prática, a regra dos 25 anos é pouco aplicada, com um índice de desorbitação de 45% no caso dos objetos de massa superior a 10 quilos[180] (percentual que, todavia, encobre o fato de que, por definição, muitos satélites lançados antes do estabelecimento dessa regra não foram concebidos para respeitá-la).[181]

A questão dos detritos permanece de pé enquanto explode o número de lançamentos de foguetes: de noventa por ano em média entre 1980 e 2017, chega-se a 105 em 2020, 136 em 2021 e 180 em 2022.[182] A quantidade de detritos aumenta exponencialmente: em março de 2003 eram

36, 5 mil com mais de 10 centímetros, cem mil entre um centímetro e 10 centímetros e 130 milhões entre um milímetro e um centímetro.[183] Embora a fricção atmosférica limpe naturalmente uma parte deles (a começar pelos que orbitam em baixa altitude),[184] duas zonas orbitais se mantêm particularmente atravancadas: a que fica entre 700 e 1,1 mil quilômetros (precisamente onde se posicionam os satélites de observação) e a mais reduzida, situada a 1,4 mil quilômetros. Com o tempo, pode ocorrer uma situação catastrófica: colisões em cascata prenunciando uma "síndrome de Kessler", prevista pelo cientista Donald Kessler no fim da década de 1970 e mais recentemente encenada no *blockbuster* hollywoodiano *Gravidade* (2013). Cabe observar que a geração desses detritos se deve a três fatores: explosões em órbita, desgaste dos materiais e colisões.[185] Ora, segundo a síndrome de Kessler, ainda que fosse possível atenuar as duas primeiras causas, as explosões orbitais por si só provocam reações em cadeia que poderiam produzir detritos com mais rapidez do que a sua eliminação. Estudos já antigos provam que um satélite com duração de vida operacional chegando a quinze anos teria 3% a 5% de chances de ser destruído por um detrito — sua maior causa de mortalidade. O que é perfeitamente compreensível, pois uma bolinha metálica de 1 milímetro de circunferência voando a 14,5 quilômetros por segundo desenvolve energia comparável à de uma bola de boliche lançada a 100 quilômetros por hora:[186] os danos são irreversíveis. Embora em termos estatísticos seja baixa a probabilidade de uma colisão, como os detritos orbitais têm vida potencialmente longa (variando, em função da altitude, de algumas semanas a alguns milhares de anos), vai acabar acontecendo.

A hipótese parece provável porque os últimos anos foram marcados por uma produção sem precedente de detritos: no dia 10 de fevereiro de 2009, a colisão dos satélites *Iridium 33* (EUA) e *Cosmos 2251* (Rússia) a 760 quilômetros de altitude gera quatro mil unidades de detritos, e em 2012 o satélite europeu *Envisat* (26 metros e 8 toneladas) é perdido pela ESA a uma altitude de 800 quilômetros, na qual deverá orbitar durante 150 anos, com 15% a 30% de chances de provocar um desastre. E se trata também de um risco militar, sobretudo em virtude dos tiros de mísseis antissatélite. O tiro disparado pelo exército chinês em 2007 contra o satélite meteorológico "morto" *Fengyún-1C*, situado numa órbita de 865 quilômetros de altitude, produziu cerca de 2,3 mil unidades de detritos. O tiro do Exército russo que pulverizou em 15 de novembro de 2021 seu antigo satélite *Cosmos 1408* gerou mais de 1,5 mil, por sinal obrigando os astronautas da ISS a se prepararem para uma possível evacuação de emergência.[187] Todo ano, assim, a ISS é obrigada a efetuar manobras evasivas. Esses procedimentos também envolvem o resto dos satélites em órbita e criam problemas jurídicos: nada obriga um Estado ou uma empresa a prever esse tipo de eventualidade. No dia 2 de setembro de 2022, por exemplo, um satélite da ESA teve de realizar uma manobra para evitar uma colisão com um satélite da constelação *Starlink*, pois a SpaceX declarava não querer desviá-lo. Concretamente, a operação consistiu em usar combustível e diminuir proporcionalmente a duração da missão — episódio que evidencia a obsolescência do atual sistema de prevenção de riscos nesse tipo de situação.[188]

É esse o principal obstáculo na busca de soluções para a questão da poluição orbital: num momento de crescimento vertiginoso do número de detritos, as soluções legais permanecem letra-morta. Em compensação, consolidou-se um mercado destinado a transformar o problema em objeto de lucro, um novo "*spatial fix*". Há muito as agências e os industriais do segmento entenderam que é do seu interesse promover uma astronáutica "sustentável". No contexto da gestão global do tráfego espacial (Space Traffic Management, STM), surgiu então o conceito de "Active Debris Removal" (ADR, ou Remoção Ativa de Detritos), descortinando para as *startups* a perspectiva de um crescimento verde, no grande mercado da fiscalização espacial e da "limpeza" orbital. Quase toda semana brotam novas *startups*: ExoAnalytics, LeoLabs, Slingshot Aerospace, Clearspace etc. Para atender a essa demanda, vários mecanismos originais foram imaginados: fateixas, *lasers*, redes, arpões e até satélites biodegradáveis. Mas os modelos de negócios não convencem. As soluções mais ambiciosas — prevendo, por exemplo, alterar a órbita de um objeto antes de uma colisão ("Just-in-time Collision Avoidance", ou JCA) — não se aplicam à imensa maioria de satélites e detritos não manobráveis. Seria preciso equipá-los com pequenos satélites capazes de se acionarem para deslocá-los, se necessário. A título de exemplo, o custo proibitivo da missão programada pela Clearspace para a ESA (110 milhões de euros para resgatar e desorbitar em 2026 um pedaço de 112 quilos de um antigo foguete europeu abandonado em 2013 a 800 quilômetros de altitude) põe em dúvida o interesse econômico de se livrar de um detrito quando não existe qualquer obrigação.[189] A ADR também tem limites do ponto de vista securitário: que acontece em caso de fracasso de uma desorbitação, gerando ainda mais detritos? As atuais tensões geopolíticas não ajudam: os maiores detritos orbitais (a serem retirados primeiro, para tornar mais seguro o meio espacial) são de responsabilidade da Rússia, dos Estados Unidos e da China (respectivamente 36%, 33% e 24%),[190] sendo os vinte primeiros da lista exclusivamente russos,[191] e seu tratamento é condicionado por complexas negociações internacionais. Desse modo, é ilusório o mercado dos "lixeiros do espaço", o que também parece se aplicar aos padrões que vão surgindo para aperfeiçoar os satélites no sentido de garantir sua total desintegração nas desorbitações ("*design for demise*"), que aumentam o custo ao mesmo tempo em que diminuem o desempenho. Sem a imposição aos fabricantes de obrigações estritas (eventualmente acompanhadas de sistemas de taxas "poluidor-pagador"),[192] essas soluções podem não dar em nada.

A esses riscos bem reais cabe acrescentar a probabilidade, pequena, mas não inexistente, de quedas aleatórias ou descontroladas de detritos. À medida que um objeto "cai", efetuando uma espiral ao redor da Terra, espera-se que se desintegre, em virtude das altas temperaturas geradas pela fricção com a atmosfera. Mas alguns resistem a essa descida (como as câmaras de combustão, objetos de titânio) e caem quase intactos na Terra.[193] Como o planeta é majoritariamente coberto por oceanos e zonas não habitadas (cerca de 10% da superfície são habitados), os riscos para os seres humanos são extremamente limitados.[194] Mas já houve vários casos de retorno descontrolado à atmosfera em zonas habitadas:[195] em 1981, o *Skylab*, cujos detritos caíram no Oceano Índico e no oeste da Austrália; em 1991, o *Saliut 7*, numa zona de vários milhares de quilômetros, principalmente na Argentina, sem causar vítimas;[196] um estágio superior do *Falcon-9* no Brasil; e um estágio de um foguete chinês *Longa Marcha* no Pacífico, em 4 de novembro de 2022, obrigando a Espanha a fechar uma parte do seu espaço aéreo.[197]

Esperando a explosão da bolha

Vemos, então, que o desmoronamento tecnológico é uma ameaça levada a sério pelos especialistas da poluição espacial. Para concluir este capítulo com outra nota pessimista, lembremos que o desmoronamento financeiro é um dado não menos preocupante para os mercados do espaço. Há alguns anos, os analistas da imprensa econômica e os especialistas em financiamento da indústria espacial alertam para a formação de bolhas especulativas. Depois de inchar muito, a bolha da mineração espacial explodiu por volta de 2019.[198] Desde então, as perspectivas de enriquecimento da economia da mineração na Lua são reavivadas muito timidamente. Muito dinheiro foi injetado nos novos valores do Vale do Silício do espaço. No início da década de 2010, em especial depois dos investimentos da Google na Skybox Imaging (2014) e na SpaceX (2015), a financeirização da economia espacial avança. Agora, os investimentos provenientes do capital de risco e de outros segmentos do setor financeiro representam uma parte importante do ganho das indústrias e dos serviços espaciais. Em seu relatório de 2020 sobre investimentos nas *startups* espaciais, a firma de análise e consultoria Bryce Space & Technology — que tem como um dos maiores clientes a NASA, que financia esse monitoramento — lembra que, entre 2000 e 2019, foram criadas 310 empresas, totalizando fundos de 27,8 bilhões de dólares (capital semente, capital de risco, participações privadas, aquisição, financiamento por empréstimo e introdução na bolsa).[199] Foram investidos 12,5 bilhões de dólares por empresas de capital de risco, 5,1 bilhões provêm de financiamentos por empréstimos e 4,6 bilhões de dólares vêm de financiamentos por capital semente nas fases iniciais de criação das *startups*. Com o aumento de 2 bilhões de dólares nesses financiamentos privados entre 2000 e 2006, e de 6 bilhões entre 2007 e 2012, o montante, em alta significativa num período de inflação baixa, foi de 13,8 bilhões de dólares entre 2013 e 2019. Em 2019, foram investidos 5,7 bilhões de dólares, configurando um recorde muito maior que o anterior, de 2018 (3,5 bilhões).[200]

Retrospectivamente, contudo, esse entusiasmo não deixa uma impressão muito boa. Muitas empresas, apesar de destinadas a um belo futuro, encerraram suas atividades. No segmento do transporte espacial, os estragos são consideráveis. Várias *startups* ligadas ao *boom* do *New Space* faliram. É o caso da Rocketplane Kistler (2006-2010), que concorria com a SpaceX no atendimento à ISS e acabou enfrentando problemas de financiamento; da XCOR Aerospace (1999-2017), cujo avião suborbital *Lynx* prometia revolucionar o turismo espacial; da Vector Launch System (2016-2019), fundada por veteranos do setor aeroespacial e companheiros de aventura da SpaceX; e, mais recentemente, da Virgin Orbit (criada em 2017, ao ser desvinculada da Virgin Galactic, e que fechou as portas em 2023), depois de vários fracassos do lançador aerotransportado *LauncherOne*. As perdas financeiras dessas empresas são enormes. Nenhuma obteve lucros. No caso das maiores, como a Virgin Orbit, centenas de empregados se viram na rua da noite para o dia. Se às vezes os ativos das empresas falidas podem ser comprados em leilão para fundar novas empresas de lançamento de foguetes, como foi o caso da Firefly Space Systems em 2016 e da Virgin Orbit em 2023, o mais comum é que sejam descartados. Mas as falências em cadeia não entravam completamente o desenvolvimento de uma oferta abundante no segmento de microlançadores. Muitas *startups*, especialmente na Europa, onde a moda vingou há alguns anos, continuam apostando, contra o bom senso, no aumento das necessidades de lançamento para o transporte de pequenos satélites (de menos de 500 quilos). Os próximos anos podem confirmar ou não a viabilidade desses planos de negócio no mínimo audaciosos, considerando as perspectivas limitadas desse mercado de nicho.

O excesso de confiança nas perspectivas de crescimento também se manifestou nas entradas em bolsas de *startups* espaciais que ainda não haviam demonstrado, pelo menos não suficientemente, sua lucratividade no médio ou longo prazo. A partir de 2019, a figura jurídica da Special Purpose Acquisition Company (SPAC, ou empresa com propósito específico de aquisição) representou um veículo privilegiado da financeirização a marcha forçada.[201] Essa técnica de valorização consiste em acelerar uma introdução na bolsa pela fusão de uma *startup* promissora com uma empresa sem atividade operacional. Isso permite arrecadar fundos consideráveis por vias especulativas, como se pode constatar nas bases de dados financeiros.[202] Muitas *startups* espaciais recorreram a esse estratagema arriscado para entrar nas cotações do NASDAQ em Wall Street: Virgin Galactic, Rocket Lab, Firefly Aerospace, Redwire, Astra, BlackSky, Momentus, Planet, Spire Global. A título de exemplo, a Virgin Galactic anuncia em julho de 2019 sua fusão com uma SPAC, e a valorização da empresa imediatamente alcança 1,5 bilhão de dólares.[203] Embora essa primeira incursão na zona cinzenta das SPACs seja lucrativa quando as cotações da bolsa estão em alta, o fato é que a empresa fica à mercê das flutuações. É precisamente a situação da Virgin Galactic, cujas ações se valorizaram substancialmente depois da entrada na bolsa (de 11 dólares em outubro de 2020 a até 55 em fevereiro de 2021) e caíram não menos brutalmente nas semanas seguintes, estabilizando-se em torno de 30 dólares em junho de 2021, para enfim estagnarem em menos de 5 dólares a partir de outubro de 2022. O menor imprevisto nas atividades imediatamente causa uma queda da ação (- 60% depois de anunciado o adiamento do lançamento do avião-foguete vss *Unity*), e, inversamente, um sucesso converte-se no mesmo dia em aumento da cotação (+ 28% depois do êxito do voo de teste do vss *Unity*, em 22 de maio de 2021). Para o presidente e diretor-geral Richard Branson, cuja empresa fica exposta às incertezas técnicas depois do sucesso relativo do voo de 11 de julho de 2021 (o avião-foguete se desviou da trajetória no espaço aéreo, pondo em perigo a tripulação),[204] o realismo econômico acabou levando a melhor: no dia seguinte ao voo, o bilionário vende ações no valor de 500 milhões de dólares pela cotação mais alta, e mais 300 milhões no mês seguinte, embora a empresa atravesse uma zona de incertezas.[205] Depois desse episódio, a direção da Virgin Galactic foi processada por acionistas, que a acusaram de mentir sobre a confiabilidade do avião-foguete e os desdobramentos do voo de julho de 2021.[206] No outono de 2023, o valor da ação da empresa caiu para abaixo de 1,50 dólar. As constantes correções da cotação desestabilizam o valor de mercado do papel, e as promessas de aceleração do ritmo de voos a partir de 2024 não bastam para acalmar os investidores.

O futuro incerto dos projetos de "megaconstelações" é um exemplo extremo da fragilidade técnica e financeira das empresas do astrocapitalismo. As despesas de investimento necessárias são muito grandes para garantir a rentabilidade dos projetos. As frotas de satélites *OneWeb* e *Starlink* são as mais desenvolvidas no plano operacional, mas nada garante que esses projetos perdurem.[207] A escassez de informações disponíveis dificulta a avaliação da viabilidade técnica e financeira da empresa Starlink, filial da SpaceX, que promete disponibilizar velocidades de *download* variando de 50 a 350 Mbit/s, com tempos de latência entre 20 ms e 40 ms. Segundo estimativas oficiais da empresa, a efetiva disponibilização do serviço absorveria entre 20 e 30 bilhões de dólares. O total é imediatamente contrabalançado pela promessa de que ele renderia 30 bilhões de dólares por ano a partir de 2025[208] — o suficiente para financiar uma colonização autônoma de Marte como "planeta livre", a darmos crédito aos termos às vezes fantasiosos do contrato de assinatura da Starlink.[209]

A SpaceX acelera a partir de 2015 para passar à frente dos concorrentes. A construção "interna" (na fábrica de Redmond, estado de Washington) de cada satélite da primeira geração *V-1* (227 quilos, 4.425 unidades a serem posicionadas) representaria um custo unitário entre 150 mil e 500 mil dólares (com provável queda acompanhando a curva de aprendizagem da produção). Essas despesas devem ser multiplicadas por vários milhares para garantir a capacidade redundante na prestação do serviço (a empresa obteve junto à Federal Communications Commission um total de 42 mil licenças, e, portanto, igual número de satélites). Esses satélites *low cost* precisam ser substituídos ao fim de cinco a seis anos, quando funcionam (uma parte não desprezível da frota ficou inoperante, certos posicionamentos fracassaram...).[210] A primeira fase de posicionamento dos *V-1* será concluída quando for necessário desorbitá-los, consequentemente intensificando o posicionamento das gerações seguintes. A isso se somam os custos de lançamento dos satélites (em geral, em cachos de cinquenta a sessenta unidades: dezessete voos com essa finalidade específica em 2021, 34 em 2022),[211] a instalação de um máximo de estações para cobrir de antenas a superfície terrestre[212] e a construção dos terminais (despesa apenas parcialmente coberta pelos usuários).[213] As despesas operacionais, envolvendo a gestão do programa, não são conhecidas. Em comparação com a "constelação" de 488 satélites operacionais *OneWeb*,[214] que absorve cerca de 60 milhões de dólares por ano, a gestão da frota da Starlink (3.586 unidades operacionais, num total de 4.230 em órbita)[215] poderia representar um custo entre 100 e 500 milhões de dólares por ano, e muito mais quando o sistema for considerado totalmente operacional (12 mil satélites).[216] Resta, por fim, o custo da ligação à espinha dorsal da internet (IP *transit*), um valor proporcional ao tráfego gerado pelos usuários (entre 5 e 10 centavos por megabites por segundo utilizados, em função do ponto de ligação), o que pode ser a parte mais importante do custo variável do sistema *Starlink*.

A SpaceX aposta no hipotético funcionamento da *Starship* para acelerar o posicionamento rápido da nova geração "*V2*" (*sic*), formada por 7,5 mil satélites,[217] a um custo de transporte que desafia qualquer concorrência. É graças a essa nova geração, com propriedades de comunicação de muito melhor desempenho que a primeira, que a empresa espera alcançar a rentabilidade financeira. Mas, enquanto a campanha não tem início, o ritmo de disparos do lançador *Falcon-9* (que não foi adaptado para o transporte dos *V-2*), apesar de intenso, não basta para alcançar o objetivo. De tal maneira que os analistas da indústria começam a se deixar levar pelo ceticismo.[218] Os recentes problemas de fabricação em massa do motor *Raptor* agravam a conjuntura. A SpaceX se vê, assim, na situação vertiginosa de um Sísifo, obrigada a adaptar permanentemente a infraestrutura em órbita (dos primeiros protótipos aos *V-1*, depois aos *V-1.5* e ao *V-2* mini, até o futuro *V-2*...); suas próximas atualizações são a instalação dos outros componentes, em colaboração com outras empresas (*data centers* Azure da Microsoft, Google Cloud, conexão à rede telefônica T-Mobile...). Em comparação com a evolução dos programas anteriores associados à Starlink, assistimos à radicalização do *blitzscaling*, cheia de incógnitas e obstáculos (em particular regulamentares e técnicos), e a uma gestão da produção em função da demanda (*just-in-time*). Vemos surgir também uma certa decepção entre os usuários: por um lado, as tarifas são consideradas proibitivas, especialmente em países como a Nigéria, onde a SpaceX anunciou sua implantação em 2022; por outro, a qualidade da conexão deixou na mão muitos clientes, especialmente nos estados rurais dos Estados Unidos — o que, por sinal, acarretou, em 2022, a perda de uma subvenção federal de cerca de 900 milhões de dólares destinada a atenuar a exclusão digital.[219]

Quanto ao número de assinantes da Starlink, ele passou de cem mil em junho de 2021 a 1,5 milhão em maio de 2023. Custando inicialmente 99 dólares, a assinatura foi atualizada para 110 dólares em março de 2022. A oferta é segmentada em função da clientela (particulares, profissionais) e das zonas geográficas. Pacotes específicos são oferecidos para navegação de lazer no mar, *trailers* de acampamento e jatos particulares. Para acelerar a expansão do sistema, a Starlink também pretende se voltar para as necessidades de conexão das zonas menos atendidas. São projetos que se pretendem nobres e generosos, para atender a todos, inclusive as populações dos países pobres, mas que ficam na intenção: o serviço ainda é reservado a usuários plenamente solvíveis. Foi o que a operadora entendeu, partindo para campanhas comerciais agressivas. No verão de 2023, a filial francesa disponibilizou tarifas promocionais atraentes em relação à oferta inicial.[220] A mensagem para os concorrentes no segmento emergente das "megaconstelações" da internet é clara: quando eles se posicionarem, a Starlink já terá encerrado o jogo.

Entre a operação de relações públicas e o *marketing* temperado em filantropia humanitária, o fornecimento de terminais e antenas parabólicas às populações civis e às forças armadas ucranianas representa uma virada espetacular na história acelerada da Starlink. Para a SpaceX é a oportunidade de demonstrar o interesse militar de um serviço transformado em arma pacífica em zonas devastadas.[221] A resiliência do serviço convence altas patentes do Pentágono da utilidade das "megaconstelações" em órbita baixa, rompendo com os sistemas tradicionais de órbita média ou geoestacionária. Em dezembro de 2022, a SpaceX dá mais um passo e divulga uma possível oferta de serviços *Starshield* (que incluiriam, além das telecomunicações espaciais, missões de observação da Terra) para agências militares e serviços americanos de inteligência.[222] Mas decorre daí uma certa vulnerabilidade desses serviços "duplos", pois a nova aproximação entre a SpaceX e as forças armadas expõe os sistemas técnicos a ataques dos adversários e inimigos dos Estados Unidos: a Rússia, naturalmente, mas também a China, cuja estação espacial foi obrigada a manobrar duas vezes em 2021 para evitar colisões com satélites *Starlink.*

A ameaça de uma derrocada financeira, paralelamente aos riscos de colisões em cadeia, é a mais séria. Num tuíte publicado em fevereiro de 2021, Elon Musk anunciava: "Todas as constelações de satélites da história faliram. Esperamos ser os primeiros a não afundar".[223] Por enquanto, é uma corrida contra o relógio, incluindo novas captações de recursos e a possibilidade de entrada na bolsa para valorizar o negócio. Símbolo do *New Space*, a SpaceX mais parece um castelo de cartas: se um dos componentes cair (Starship, Starlink), o conjunto pode desmoronar, e com ele o credo de um astrocapitalismo sem limites.

V

ESPAÇO, *ET CETERA*

As máquinas de fazer Protz também podem fazer Schniaque.

Le Concombre Masqué[1]

À margem do paradigma da conquista do espaço, dos discursos paralelos de propaganda, da longa história militar em que ele se inscreve e das incessantes tentativas de mercantilização do meio espacial, há muito se manifestam práticas científicas, críticas e contranarrativas. Elas sacodem a ideia preconcebida de um desejo de espaço uniforme e consensual, contrariando a *doxa* que não só impôs uma leitura por demais apaziguada da história da astronáutica como delineou arbitrariamente o seu futuro — isso porque as utopias cósmicas e expansionistas são insistentes, seja no discurso dos multibilionários encharcados de ficção científica ou nas jogadas publicitárias de industriais e agências que se aproveitam da confusão de fins e propósitos para legitimar certas atividades.[2] A suposta concretização quase mágica e automática dessas narrativas impostas é relativa — já vimos que a economia do espaço, por exemplo, repousa em grande medida nas encomendas públicas —, mas elas continuam dominando, a ponto de esmagar as demais. Por isso é necessário um esforço de revelação de outros espaços de ações e reflexões.

Esse esforço significa, em primeiro lugar, não sacrificar as tecnologias do setor espacial no altar de sua história distorcida. A historiadora e socióloga das ciências Susan Lindee demonstrou que o avanço científico e tecnológico moderno muitas vezes finca raízes nas guerras, verdadeiros "laboratórios" que alimentam acidentalmente a expansão dos conhecimentos, produzindo aqui e ali o que ela chama de "dados colaterais" (uma referência a "danos colaterais").[3] É o que acontece, entre outras coisas, nas indústrias química e biológica (cujos usos militares foram traumatizantes), no nuclear (da bomba às usinas), na balística, na estatística e na astronáutica.[4] Essa constatação nada tem de fatalista, claro, nem muito menos serve para legitimar a própria guerra: os progressos científicos não precisam disso. Assim como Lindee transforma o estudo desses laboratórios numa contribuição mais ampla à história das ciências, nós aqui documentamos friamente a da astronáutica, chamando a atenção para sua violência. E devemos lembrar com igual frieza a importância capital do meio e das tecnologias espaciais em nosso mundo — não para aplaudir o conjunto dos usos daí decorrentes (por exemplo, a aceleração dos fluxos mercantis ou militares permitida pelas "megaconstelações"), mas sobretudo para insistir em seu interesse científico. Temos dois motivos para isso: a busca de conhecimento a respeito do nosso universo, mas também uma melhor compreensão das mudanças climáticas, comprovadas de maneira crucial pelos satélites. Essas atividades essenciais não poderão ter continuidade sem foguetes, sem bases de lançamento e sem o *know-how* dos engenheiros que constroem e mantêm as respectivas tecnologias.

Este último capítulo também fornecerá elementos para uma história mais social e cultural do espaço. Uma história marcada por críticas, mas também por uma imaginação sociotécnica que contrasta com as narrativas de conquista e as pretensões de colonização de espaços virgens em clima de faroeste. Não faria sentido jogar um balde de água fria nos sonhos de exploração e contemplação do espaço sob o pretexto de que esses foram açambarcados pela retórica dos astrocapitalistas. Eles não são seus únicos depositários. Outras perspectivas culturais, outras cosmologias se apresentaram e ainda se apresentam frente a eles, em terrenos tão diferentes quanto a engenharia, a luta pela desmilitarização, a cultura popular, a ficção científica e as reivindicações de descolonização.

Meio ambiente: da utilidade tardia das ciências "acidentais"

O espaço não se reduz a usos militares e comerciais. Desde a década de 1980, a observação da Terra para fins civis teve considerável desenvolvimento. Os foguetes e depois os satélites permitiram realizar progressos imensos em disciplinas-chave: astrofísica, astronomia, física fundamental, geologia, meteorologia, oceanografia, climatologia etc. A eles devemos o aperfeiçoamento da medição do efeito estufa e do buraco na camada de ozônio e, de maneira geral, da composição da atmosfera. Como vimos, esses avanços foram sobretudo acidentais, resultando em particular da pesquisa militar e da exploração do espaço distante. As primeiras fotografias espaciais da Terra foram tiradas pelos mísseis *V-2*, cujo objetivo principal era aprimorar a guiagem com vistas ao transporte de armas. Em 1958, o satélite americano *Explorer-1* permitiu, com ajuda da sorte, descobrir o cinturão de Van Allen, conjunto de barreiras invisíveis que capturam os elétrons de alta energia para proteger a Terra.

Esses primeiros avanços são uma etapa-chave para a observação sinóptica da Terra com fins de controle militar, mas também para a meteorologia. Com os *V-2*, melhora o conhecimento dos processos de formação de nuvens e os primeiros ciclones se tornam visíveis do espaço.[5] Em 1960, o programa Television Infrared Observation Satellite (TIROS) mencionado no capítulo anterior e parte do serviço meteorológico oficial americano (Weather Bureau), institucionaliza esses avanços com o envio de um primeiro satélite, em colaboração com a NASA e a National Oceanic and Atmospheric Administration (NOAA). Ele captura as primeiras imagens compostas das coberturas nebulosas (mais de 21 mil imagens são obtidas em 75 dias de missão). Durante a Guerra Fria, a Força Aérea e o Exército americanos financiam outros programas de observação, chegando a desenvolver réplicas secretas como o Programa de Satélite Meteorológico de Defesa (Defense Meteorological Satellite Program — DMSP), para atender a finalidades de espionagem do National Reconnaissance Office (NRO).[6] A resolução das imagens captadas pelas diferentes missões TIROS aumenta, mas sem alterar substancialmente a prática das previsões meteorológicas nos Estados Unidos, à parte a detecção em 1961 do furacão Esther pelo TIROS III; nesse episódio, todavia, é jogado iodeto de prata no olho do furacão, numa primeira experiência de geoengenharia, o que leva ao desenvolvimento do programa Stormfury (financiado de 1962 a 1983), ponto de partida da ampliação das possibilidades de combate aos furacões.[7]

Nessa mesma linha, a história do buraco na camada de ozônio tem a ver inicialmente com uma ambição demiúrgica de domínio dos elementos naturais. Embora os primeiros debates sobre os riscos de poluição da estratosfera por clorofluorocarbonetos (CFC) datem da década de 1970, já em 1934 o geofísico britânico Sydney Chapman sustentava que as observações astronômicas poderiam ser facilitadas pela abertura de um buraco na camada de ozônio. Esse sonho se torna realidade em 1946, mais uma vez graças aos mísseis *V-2* lançados da base de White Sands, e depois durante a Guerra Fria, quando as explosões de bombas nucleares levam a muitas descobertas atmosféricas, ao mesmo tempo em que o exército contempla a ideia de armas "ambientais" e geofísicas (por destruição localizada da camada de ozônio).[8] Em meados da década de 1970, a comunidade científica alerta os meios políticos para as repercussões de tais experiências, num movimento que conduz em 1977 à adoção de um tratado pela ONU, a convenção sobre a proibição do uso de técnicas de manipulação do clima por meio da tecnologia para fins belicosos e com objetivos militares ou qualquer outro uso hostil (Convenção ENMOD). Em 1987, é assinado o Protocolo de Montreal para redução e posterior eliminação das substâncias que destroem a camada de ozônio, coroando esforços conjuntos de cientistas britânicos e da NASA; com isso, a opinião pública se conscientiza do problema do buraco (na realidade, uma diminuição da substância, representada como buraco em diferentes concepções visuais), graças em particular aos dados obtidos pelo instrumento Total Ozone Mapping Spectrometer (TOMS, ou Espectômetro de Mapeamento Total do Ozônio) a bordo do satélite meteorológico NIMBUS 7.[9] A exploração espacial também leva a progressos científicos no contexto das missões para Marte e Vênus, que permitem aperfeiçoar os modelos de química atmosférica e, por comparação, conhecer melhor as especificidades terrestres.

Nos anos 1970 também se aprofundam as controvérsias ambientais e se delineia melhor o horizonte científico da NASA, sob pressão da comunidade científica, num contexto de intensificação da questão do aquecimento global, em particular após a publicação do famoso relatório do Clube de Roma, *Limites do crescimento*, em 1972. No mesmo ano é lançado o primeiro satélite de teledetecção do programa espacial de observação da Terra, o Landsat. Apesar de um orçamento relativamente apertado, das imagens de baixa resolução[10] e mais adiante, como vimos, da tentativa infrutífera de privatização, o programa progressivamente permite a coleta de dados de vigilância dos recursos naturais, o acompanhamento das mudanças ambientais, da poluição da água, a cartografia urbana e a detecção de vazamentos de hidrocarboneto.[11] Em 1980, 120 países compram os dados obtidos pelo Landsat, entre eles a Tailândia e a Índia, que lança em 1982 seu programa Insat.[12]

Num registro mais anedótico, o comandante Jacques-Yves Cousteau, pioneiro da exploração submarina e figura mundial do ambientalismo, é convidado pela NASA em 1976, por intermédio de Steward Brand. Ele analisa com o administrador da agência, George Low, as possibilidades de uso do meio espacial para fins de vigilância dos oceanos (sendo apresentado aos programas NIMBUS e SEASAT — satélite de teledetecção oceanográfica) e colonização humana do espaço, no espírito das utopias de Gerard O'Neill. Numa época em que a maioria dos militantes ecologistas se opõe ao programa espacial, contudo, Cousteau "defende a ideia de uma 'ecotécnica' que conjugue imperativos ecológicos e econômicos, graças às novas tecnologias".[13] Sugere que se tome o "pulso" do oceano para verificar sua saúde, mas se opõe ao uso dos satélites para a racionalização da pesca.[14]

Na década de 1980, diminui o interesse da NASA pelo meio ambiente. Apesar dos alertas climáticos e da explosão da usina nuclear de Chernobyl na Ucrânia, em 26 de abril de 1986, a agência se vê diante de sua própria tragédia: a explosão do ônibus espacial *Challenger* meses antes. Em 1987, a NASA encomenda um relatório a um grupo de trabalho presidido pela astronauta Sally Ride.[15] A principal recomendação, "Missão ao Planeta Terra", consiste em usar os recursos da agência para estudar o planeta Terra em escala global. A perspectiva de uma missão a Marte, por sinal, é descartada, mas o relatório nem merece uma apresentação ao público em entrevista coletiva e é ignorado pelo administrador Thomas Paine; Ride se demite.[16] Os progressos, contudo, são consideráveis nessa década, com o estabelecimento das primeiras bases de dados meteorológicos globais; a visualização das informações obtidas pelos satélites também melhora muito, tornando-se compreensível para não especialistas. Mas só no fim dos anos 1990 seriam lançados satélites de observação da Terra com fins científicos e climáticos, no programa Sistema de Observação da Terra (Earth Observing System — EOS), em parceria com agências espaciais do mundo inteiro: *Terra*, em 1999 (medição das interações entre atmosfera, terras, neves, gelo e oceanos), *Aqua*, em 2002 (uma dúzia de medições das águas de superfície dos oceanos), *Aura*, em 2004 (estudo da camada de ozônio, da qualidade do ar e do clima). A história desses programas mostra que sua segurança orçamentária é incerta. Como os Estados Unidos não assinaram o Protocolo de Quioto, para redução das emissões de gás do efeito estufa, a administração de Bush Jr. propõe em 2006 cortes no orçamento científico da NASA em proveito da exploração de Marte, decisão que escandaliza a comunidade científica.[17] Propostas semelhantes são feitas na era Trump, ilustrando mais uma vez a dependência dos programas espaciais científicos às oscilações políticas e a sentimentos de negacionismo climático.[18]

Na Europa, a observação espacial da atmosfera e as simulações digitais também contribuem para o progresso da meteorologia. Em 1986 é criada a Organização Europeia para a Exploração dos Satélites Meteorológicos

(EUMETSAT), para superar a dependência aos recursos americanos.[19] Ela congrega trinta países, nem todos integrantes da União Europeia, representados pelos diretores das instituições meteorológicas nacionais. É nos anos 1990 que os programas de observação por satélite fornecem uma visão global das camadas baixas da atmosfera e permitem acompanhar as plumas de poluição. Em 1998, têm início discussões para desenvolver um sistema unificado de observação da Terra, o Monitoramento Global de Meio Ambiente e Segurança (Global Monitoring for Environment and Security — GMES), que passaria a se chamar Copernicus em 2012. Sob a responsabilidade conjunta da ESA e da Agência Europeia do Ambiente (AEA), o GMES cuida de questões ambientais e de segurança pelo emprego de tecnologias de dupla utilização, nas quais se mesclam interesses variados.[20] A família de satélites *Sentinel* começa em 2014 com o posicionamento em órbita do *Sentinel-1A* (que substitui o *Envisat*, lançado em 2002). Esses recursos reforçam consideravelmente a capacidade europeia nos terrenos mais variados: agricultura e avicultura, medição da qualidade do ar, mapeamento da ocupação dos solos, prevenção de catástrofes naturais, oceanografia, climatologia, vigilância de mares e fronteiras e episódios meteorológicos extremos (mais ainda com o envio do satélite MTG-*I1* em 2023). A colaboração com a NASA não esmoreceu, com outro lançamento recente digno de nota: o do satélite SWOT, em 16 de dezembro de 2022, para aprimorar a medição do nível dos mares.

Não vamos aqui enumerar os satélites científicos nem muito menos seus instrumentos, por mais sofisticados que sejam.[21] Se, por um lado, sua utilidade é flagrante, por outro, é preciso entender com lucidez a sua gênese — mais precisamente, a continuidade entre vigilância militar e vigilância ambiental — e avaliar sua vulnerabilidade: no dia 16 de maio de 2022, por exemplo, o *Sentinel-1A* teve de se desviar com urgência de um detrito gerado por um teste de míssil antissatélite russo que lhe poderia ter sido fatal.[22] Ante a gravidade do panorama climático, não se pode arriscar um acidente envolvendo recursos espaciais dessa ordem. Hoje, os satélites científicos coletam 26 das 54 "variáveis climáticas essenciais" que permitem medir e caracterizar as mudanças climáticas.[23] Eles observam a Terra a cada instante, medem o panorama radiativo, a quantidade de dióxido de carbono e de metano na atmosfera, e contribuem para o monitoramento da biodiversidade, da atividade ciclônica e de muitos outros fenômenos cujo rastreamento é essencial para prevenir acontecimentos climáticos graves, administrar catástrofes (terremotos, tsunamis) e facilitar a adaptação a um clima em aquecimento.

Os passos de gigante da exploração espacial robótica

Por 30 dólares é possível obter no site da empresa SpaceX uma camiseta "Nuke Mars" (literalmente, "bombardeio nuclear em Marte"). Uma ideia lançada por Elon Musk em 2015: jogar bombas H no planeta vermelho para "terraformá-lo", ou seja, transformar seu ambiente natural de forma a torná-lo habitável pelos seres humanos. A provocação não deixa de lembrar os projetos dos especialistas da Rand Corporation para bombardear a Lua. Na camiseta, Marte aparece coberto de manchas verdes e azuladas, terras e mares gerados pela capacidade tecnológica demiúrgica de engenheiros que se julgam criadores de mundos.[24] Se um projeto como esse é da esfera da ficção científica, serve também para mostrar que a ideia de conquista do astro vermelho pela perspectiva arrogante de um multibilionário está firmemente enraizada na imaginação do público.

Mais que um ponto de fuga do astrocapitalismo, todavia, mais que um planeta B ou um sonho imemorial da humanidade, Marte é também e sobretudo um objetivo importante que contribui para justificar a própria ideia de voo tripulado, inclusive para a Lua, que, nessa perspectiva, não passa de uma etapa. Como sugere o astrofísico Francis Rocard, responsável pelos programas de exploração do sistema solar no CNES: "No dia em que [a visão da humanidade a respeito de Marte] for abandonada, o programa tripulado americano como um todo vai ruir. Hipótese que nenhum político [americano] desejaria carregar em seus frágeis ombros".[25] Entende-se melhor, assim, a relativa complacência das agências com a ideia de colonização, ainda que distante, do planeta vermelho. Mas essa complacência é ainda mais prejudicial quando se sabe que, à parte o custo da empreitada e as dificuldades — e mesmo impossibilidades — técnicas para sua concretização, a humanidade (pelo menos uma parte) já está em Marte, onde já é produzida ciência, mediada por robôs de utilidade mais que comprovada. E embora o debate astronautas *versus* robôs ainda não tenha sido resolvido, precisa ser contextualizado levando em conta as condições de viabilidade de uma eventual exploração humana; esse esforço não pode ser desdenhado porque ambas as opções poderiam nos aproximar de uma resposta à vertiginosa questão da possível existência de formas de vida passadas fora da Terra.

Os argumentos contrários à exploração humana de Marte são conhecidos há décadas. O mais pragmático provavelmente é o do custo, pois afeta diretamente o contribuinte. Segundo projeções publicadas em 2014 pelo Conselho Nacional de Pesquisa dos Estados Unidos (National Research Council), levando em conta a inflação, um voo realizado aproximadamente em 2025 custaria 220 bilhões de dólares, e 400 bilhões em 2060.[26] Valores semelhantes frearam as iniciativas de conquista no período pós-*Apollo*, e também em 2004, quando Bush Jr. lançou o projeto "Visão da Exploração Espacial" (Vision for Space Exploration), enterrado por Obama em 2010. Tendo em vista as somas necessárias para a adaptação aos efeitos das mudanças climáticas (entre 140 e 300 bilhões de dólares por ano nos chamados países em desenvolvimento, segundo o Programa das Nações Unidas para o Meio Ambiente),[27] despesas dessa ordem por parte dos países mais ricos levantam a questão da aceitabilidade social de semelhante projeto.

Mas ainda que o preço não fosse um problema, o fato é que Marte fica longe: entre 55 e 420 milhões de quilômetros. Muito mais que a Lua. Avaliar distâncias no universo sempre é um desafio. Mas é possível pressentir sua imensidão recorrendo a certas analogias. Em 2011, a artista Mishka Henner publicou a série *Astronomical*, consistindo em doze trabalhos de 506 páginas cada, somando no total 6 mil páginas e equivalendo cada uma delas a 1 milhão de quilômetros. Respeitadas as escalas de tamanho dos corpos celestes, o Sol ocupa quase duas páginas no início do livro 1, a Terra (e, portanto, a Lua, situada a 384,4 mil quilômetros) aparece depois de 155 páginas em branco e só na última página encontramos Plutão, o planeta que deixou de ser considerado um planeta.[28] Levando-se em conta a distância entre Marte e a Terra, a duração da viagem oscilaria entre seis e sete meses, representando uma dura prova para os astronautas. Bombardeados pelos prótons das erupções solares e outras partículas contidas nos raios cósmicos galácticos,[29] eles estariam expostos ao risco de desenvolver câncer ou uma síndrome aguda de irradiação, além das sequelas da vida em microgravidade, bem conhecidas na ISS.

Além desses riscos para a saúde humana, perfeitamente identificados, a simples convivência de seres humanos no espaço confinado de uma cápsula espacial, mesmo adaptada para semelhante viagem, é em si um desafio. As poucas simulações feitas em Terra — especialmente o fiasco do projeto *Biosphere* II[30] de simulação de vida em ambiente fechado, realizado na década de 1990 — demonstraram os limites de tal existência em espaço fechado, ainda assim distante de uma realidade marciana. Como as outras experiências do gênero,[31] *Biosphere* II ilustra uma espécie de sobrevivencialismo* confinado no deserto. Como se fosse necessário preparar mentes e corpos para se enclausurarem numa promiscuidade desconcertante, dentro dos limites de uma pseudobase que combina atração lúdica, como num parque do tipo Disneylândia, e experiência masoquista. Observando essa simulação de sobrevivência planetária que vinha de começar, Jean Baudrillard resumiu sua mal disfarçada doutrina em um comentário que ainda faz sentido trinta anos depois, num momento em que proliferam de novo as fantasias de transplante marciano da espécie humana:

> Esse microuniverso tenta exorcizar as condições da catástrofe, sintetizando artificialmente os dados da catástrofe. Na ótica da sobrevivência, da reciclagem, do *feedback*, da estabilização e da metaestabilização, os dados da vida são sacrificados em favor dos dados da sobrevivência (eliminação de germes, do mal, do sexo). A vida real é sacrificada em nome da sobrevivência artificial. O planeta real, supostamente condenado, é sacrificado por antecipação em benefício do seu clone, miniaturizado, climatizado [...], destinado a vencer a morte pela simulação total. Antigamente, os mortos eram embalsamados por toda eternidade; hoje, os vivos é que são embalsamados vivos na sobrevivência. Será que devemos esperar isso? Será que, tendo perdido nossas utopias metafísicas, devemos construir essa utopia profilática?[32]

* Do inglês, *survivalism*: tendência paranoica de grupos ou indivíduos que se preparam para catástrofes locais ou mundiais, com treinamentos de autodefesa e autossuficiência, construção de abrigos, armazenamento de víveres etc. Originária dos Estados Unidos, é também lá onde mais prospera. [N. T.]

Resumindo, como lembram Sylvia Ekström e Javier G. Nombela, Marte é inviável: o essencial da epopeia consistiria em se fechar de maneira angustiante entre quatro paredes, depois de meses de viagem e uma volta à gravidade marciana "praticamente insuportável". Lá chegando, nada de comitê de recepção nem de equipe médica, nenhum aprovisionamento nem retorno concebível a médio prazo, temperaturas hostis (aproximadamente -60°C em média), solos inférteis — digam o que disserem —, poeiras abrasivas etc.[33] Quanto aos avanços técnicos que permitem gerar oxigênio *in situ* (com o instrumento MOXIE, que foi capaz de produzir 50 gramas em sete ocasiões, entre fevereiro de 2021 e o fim do ano), estão longe de fornecer quantidades necessárias para permanecer centenas de horas na superfície: são premissas que ainda demandam muitos anos de pesquisas. Assim, numa contribuição mais recente, os astrofísicos Donald Goldsmith e Martin Rees concluíram sem rodeios por uma exploração 100% robótica, levando em conta progressos atuais e futuros em inteligência artificial e robótica, além das limitações resumidas aqui.[34] Seria, globalmente, a melhor solução possível e uma maneira de romper com a utopia das missões tripuladas a Marte, cujo perigo foi frisado pelas astrofísicas Suzy Collin-Zahn e Thérèse Encrenaz: "As viagens espaciais tripuladas são utopias que podem levar o público a dar ouvidos ao discurso sedutor de grandes empresas em busca de lucros cada vez maiores e dos países desejosos de poderio sempre crescente".[35]

Sejamos claros: nada nesses argumentos é capaz de convencer os defensores mais ardorosos da conquista tripulada de Marte, pois esse desejo, enraizado na longa história de "conquista" que aqui delineamos, também repousa num sentimento que Anders Sandberg, pesquisador no Future of Humanity Institute, resume com a expressão "nós queremos estar lá", frisando assim a "decepção" que vem a ser a exploração robótica[36] — exploração que, no entanto, permitiu autênticos progressos científicos, graças às verdadeiras joias de tecnologia enviadas em órbita e *in situ* desde o período pós-Apollo. Incontestavelmente, a missão americana *Viking 1* (1976) mudou nossa percepção do planeta vermelho. A ela devemos as primeiras imagens do céu de Marte e do seu relevo visto do solo (relevo por sinal menos íngreme do que sugerem certas imagens: na maioria dos casos, as paredes dos desfiladeiros, por exemplo, poderiam ser descidas a pé).[37] Entre outras coisas, as sondas *Viking* permitiram descobrir que de fato houve água em Marte. Em 2003, a Agência Espacial Europeia também satelitizou uma sonda, a *Mars-Express*, que permitiu cartografar em cores e relevo a superfície do planeta, com uma resolução de 10 metros por *pixel*, analisar a composição de sua atmosfera e sondar o subsolo com ajuda de um radar — tudo por menos de 300 milhões de euros. No início da década de 2000 também houve pouso de novas sondas da NASA em Marte: *Spirit* (2004-2011), *Opportunity* (2004-2019), *Curiosity* (2012-), contribuindo para a coleta de dados que nos informam sobre a história geológica e climática do planeta.[38] Primeiras capazes de se movimentar fisicamente nele, essas sondas mostraram a monotonia de uma paisagem gasta por bilhões de anos de erosão.

Em 2020, foram lançadas três missões espaciais para o planeta vermelho: *Perseverance* (EUA), *Tianwen-1* (China) e *Al-Amal* (Emirados Árabes Unidos), aproveitando uma janela de lançamento que se abre a cada 26 meses e permite otimizar a duração da viagem. Outras missões estão em andamento, como a da sonda americano-canadense *Mars Exploration Ice Mapper* em 2026, destinada a cartografar os depósitos de gelo. Mas a missão mais ambiciosa é a *Perseverance*. Pilotado do Laboratório de Propulsão a Jato da NASA, o astromóvel (*rover*) é dotado de um pequeno helicóptero, *Ingenuity*, que se desloca na cratera Jezero (49 quilômetros de diâmetro), onde teria havido, há cerca de 3,6 bilhões de anos, um paleolago no qual ele rastreia traços de bioassinaturas[39] em depósitos sedimentares; a missão tem a participação do Centro Nacional de Estudos Espaciais francês (CNES), em particular com a ferramenta franco-americana *SuperCam*, que permite analisar a composição das rochas à distância, para visar melhor na escolha de amostras. O instrumento também é capaz de perfurar e colher massas de rocha suscetíveis de atestar a presença de matéria orgânica.[40] Essas amostras devem ser trazidas à Terra para análise em 2033, no contexto da missão Recuperação de Amostras de Marte (*Mars Sample Return* — MSR), em colaboração com a Agência Espacial Europeia. Trata-se de uma importante contribuição do velho continente à exobiologia.[41] A China, por fim, conseguiu pousar um astromóvel em Marte com a missão *Tianwen-1*, lançada em julho de 2020. Transportando um orbitador, um aterrissador e um *rover* (o orbitador faz a comunicação do robô com a Terra), a missão comporta sete instrumentos científicos e também poderia trazer amostras de volta até 2031.[42] A exploração robótica de Marte passa por progressos vertiginosos: enquanto as sondas *Viking* se limitavam a pousar no planeta, seus sucessores, os primeiros *rovers*, percorreram algumas centenas de metros, e os seguintes, algumas dezenas de quilômetros, com custos relativamente modestos (de algumas centenas de milhões a 2,7 bilhões no caso da *Perseverance*) em comparação com as projeções relativas a voos tripulados.

Cabe notar que esses lançamentos e o acompanhamento das missões *in situ* são meticulosamente roteirizados pelas agências, revelando mais uma vez o valor simbólico do espaço para os Estados. As missões marcianas são difíceis, os fracassos foram frequentes.[43] Por isso, ter como objetivo o planeta vermelho é uma espécie de abre-te sésamo para entrar no clube das "potências espaciais". A ciência, evidentemente, não é a única razão de ser do objetivo marciano. A ideia da exploração tripulada, promovida por grupos pró-espaço, como a Mars Society presidida por Robert Zubrin, ou por empresas privadas,[44] com argumentos às vezes bizarros,[45] estimula sentimentos nacionalistas, e não só nos Estados Unidos.[46] Assim, logo depois da alunissagem do *rover Pragyan* da missão indiana *Chandrayaan-3* no polo sul da Lua, em agosto de 2023, o primeiro-ministro Narendra Modi reafirmou a liderança da Índia, num discurso de grande repercussão no país, ao mesmo tempo comemorando sua entrada no clube fechado das potências espaciais lunares e convidando o Sul Global a seguir o exemplo.[47]

Seja como for, descartando roteiros de ficção científica e despropósitos mercantis místicos, toda discussão sobre a exploração do sistema solar deveria centrar-se em questões mais prioritárias. Para começar, o destino: como esclarece a mais recente edição da Estratégia Decenal do Comitê de Ciência Planetária e Astrobiologia da Academia Nacional de Ciências dos Estados Unidos, existem dezenas de outros objetos e enigmas científicos a investigar.[48] Em 2022, a comunidade científica americana enumerou vários deles, como Encélado (uma das luas de Saturno, que tem um oceano subterrâneo propício ao desenvolvimento de formas de vida, com a missão *Enceladus Orbilander*) ou Urano (missão *Uranus Orbiter and Probe*, tendo como objetivo determinar a composição de sua atmosfera).[49] No primeiro caso, a meta seria posicionar-se na órbita em torno de Encélado para colher e analisar amostras dos jatos que arremessa. A missão UOP, por sua vez, visaria avanços na planetologia, graças a uma sonda que seria largada na atmosfera do planeta para determinar sua composição.

Outra questão diz respeito às modalidades organizacionais e diplomáticas da exploração. Embora vários países tenham entrado em colaboração nesse sentido, constata-se uma tendência à fragmentação nacional (ou regional, no caso da ESA), gerando o risco de duplicação de esforços científicos e técnicos que faria mais sentido compartilhar. Ainda não existe uma estrutura internacional unificada de planejamento e coordenação das pesquisas, à parte as arenas da ONU já mencionadas. Na realidade, a exploração humana de objetivos extrativistas tende mais a enrijecer a atitude dos atores internacionais em torno de diferentes questões — para começar, jurídicas, com o problema da apropriação privada dos recursos e das revisões do Tratado de 1967; depois, sanitárias: a presença humana pode multiplicar os riscos de contaminação do astro visitado, reduzindo as chances de descobrir antigos indícios de vida, ou pelo menos de distinguir os trazidos da Terra dos de origem local. Essa questão da "proteção planetária" se coloca pela primeira vez em 1956, no 7º Congresso da Federação Internacional de Astronáutica, em Roma. O objetivo então é evitar que a exploração espacial contamine outros planetas com micro-organismos terrestres e, inversamente, que a Terra seja contaminada por amostras provenientes deles ("*back contamination*"): questão ainda hoje atual.

As justificações redundantes dos voos tripulados em direção aos astros, onde quer que estejam, têm dificuldade de se renovar. Ainda ouvimos os conhecidos discursos de oba-oba e referências à inesgotável mitologia da fronteira, prometendo o advento de uma humanidade multiplanetária sem levar em conta limitações muito reais estabelecidas pela comunidade científica e os custos faraônicos da empreitada.[50] As cronologias não raro burlescas que são propostas mantêm vivo um mito que se prolonga sobretudo por sustentar a própria ideia de voo tripulado, como pressentia Francis Rocard. Se Marte não é mais um destino, as bases orbitais e a presença de seres humanos na Lua ficam relegadas à condição de "necessidade artificial", com um certo custo político.[51] Resta, assim, o aspecto simbólico, o *soft power* como fator de influência pela ostentação de poderio tecnológico, e nesse caso seria interessante avaliar qual a sua realidade objetiva. Ouvimos muito a ladainha de que a Europa ainda não teria meios de promover voos tripulados. Mas de fato seria assim? Até que ponto o voo tripulado realmente pesa em negociações internacionais? Se tais questões não suscitam nenhuma resposta concludente, talvez seja porque elas não procedem.

Um espaço excêntrico: discos voadores, extraterrestres e maquinações

22 de março de 2007: o site na internet do Centro Nacional de Estudos Espaciais francês (CNES) saiu do ar, sobrecarregado de buscas. O Grupo de Estudos e Informações sobre Fenômenos Aeroespeciais não Identificados (GEIPAN) acaba de disponibilizar cem mil páginas de documentos e investigações, com certos dossiês datando até da década de 1950.[52] O episódio é emblemático de uma certa atração pelos objetos voadores não identificados (OVNIS, ou, em inglês, UFOS) que relativiza, por contraste, o interesse pelas questões espaciais corriqueiras — o que foi facilmente entendido pelas agências espaciais. A associação da exploração do espaço à invasão extraterrestre é um lugar-comum da cultura geral, alimentado há décadas por farta produção cinematográfica. Organizações como o GEIPAN visam em particular responder às dúvidas levantadas por esses fenômenos. Em geral, as expectativas são decepcionadas com explicações que excluem a hipótese extraterrestre. Aqueles que esperavam outra coisa podem então se abeberar em relatos que alternam entre o plausível e o estranho, o exótico e o esotérico, no fluxo de um imaginário fértil e sem fim: é a margem de um espaço excêntrico, ligado de longe à visão dominante da conquista do espaço.

Nos Estados Unidos, mas também na França e na Bélgica, verificam-se na década de 1950 ondas de observação de fenômenos inexplicados. O GEIPAN leva adiante as experiências do Grupo de Estudos de Fenômenos Aéreos criado em 1962, seguido do Grupo de Estudos de Fenômenos Aeroespaciais não Identificados (GEPAN), atuante no CNES entre 1977 e 1988, e, por fim, do Serviço de Expertise de Fenômenos de Reingresso Atmosférico (SEPRA), até 2004. Desse tipo de investigação participam especialistas, cientistas, militares (força aérea, polícia militar) e aviadores (militares, pilotos de linha). O objetivo é construir uma expertise robusta e metódica. Mas não é fácil consolidar a legitimidade dessas investigações, relegadas à marginalidade da paraciência pelos cientistas racionalistas[53] e periodicamente associadas a controvérsias exploradas na mídia, com interpretações à primeira vista extravagantes.[54]

A história da conquista espacial é acompanhada de muitos mitos, a começar pelos que envolvem "discos voadores" e, de maneira geral, aparelhos provenientes do espaço, anunciando incursões possivelmente devastadoras de civilizações extraterrestres. O romance *A guerra dos mundos* (1897), de H. G. Wells, é a sua mais conhecida representação ansiogênica. Esses relatos, visões e crenças se escoram em casos registrados antes do advento da era espacial em 1957.[55] O mais conhecido é o "caso de Roswell". Em junho de 1947, corre o boato de que o empresário Kenneth Arnold teria visto, a bordo de seu avião particular, uma nuvem de objetos semelhantes a discos voadores. Na época, a reação é de ceticismo e incredulidade.[56] No mesmo verão, um misterioso aparelho cai num rancho em Roswell, não longe de uma base militar desse deserto do Novo México. A Força Aérea americana tenta tranquilizar a opinião pública: seriam detritos de um balão meteorológico;[57] o incidente é rapidamente dado por encerrado. Durante muito tempo, a descoberta ficou esquecida, até despertar o interesse dos entusiastas da ufologia, depois da publicação do livro *The Roswell Incident* (1980).[58]

Enquanto isso, multiplicam-se as observações de OVNIs e cresce o interesse pela suposta presença de extraterrestres. No primeiro semestre de 1952, são relatadas 16 mil observações em 150 jornais.[59] Embora possam ser explicadas por alucinações ou inferências duvidosas de testemunhas a partir de fenômenos meteorológicos banais, essas observações também parecem expressar preocupações de segurança no contexto ameaçador da Guerra Fria. A sua projeção fantasiosa seria uma sublimação cultural veiculada pelos meios de comunicação de massa. Marte, marcianos, discos voadores — explica Roland Barthes "no calor dos acontecimentos", em suas *Mitologias* — são o fantasma do Leste, elaborado "na Terra pequeno-burguesa: é o pequeno cantão de mentalidade, cultivado pela grande imprensa ilustrada".[60] Outros fenômenos estranhos ligados à ameaça extraterrestre assustam os EUA na mesma época, e poderiam ser reduzidos a esse pânico paranoico: encontros do terceiro grau, homúnculos "*greys*", abduções, controle de testemunhas por agentes federais não menos ameaçadores (Homens de Preto) etc. O desenvolvimento de tecnologias espaciais associadas à era nuclear incontestavelmente contribuiu para a difusão do tema ufológico, o que faz parte da apropriação pública do fato astronáutico: é como se o fenômeno OVNI fosse o seu duplo, enigmático e inquietante.

Décadas depois do incidente de Roswell, outros motivos de enigma e angústia sustentam essa cultura excêntrica da ocupação do espaço. É o caso da "Área 51" (*Groom Lake*) da Força Aérea americana, no estado de Nevada. Muitos ufólogos e adeptos de narrativas conspiracionistas consideram que, desde a década de 1950, ela abrigaria segredos perturbadores, como a estocagem de aparelhos de origem extraterrestre (sobretudo ligados ao incidente de Roswell), reuniões secretas entre representantes do governo e alienígenas e até o estúdio de cinema no qual Stanley Kubrick teria filmado a alunissagem de 1969 com financiamento da NASA. A realidade é mais prosaica: a Base 51 era um terreno de testes dos engenheiros e subempreiteiros militares. Nela foram experimentadas as tecnologias mais vanguardistas, por exemplo, os aviões de reconhecimento *U-2* e SR-*71 Blackbird*, nos limites de uma área geográfica extremamente secreta e vigiada — o bastante para alimentar narrativas conspiracionistas e fantasias de mundos contrafactuais nas fronteiras do real. É, também, um maná para a indústria cultural, particularmente a televisão e o cinema, cujas produções estimulam a imaginação com base no repertório simbólico e nos lugares-comuns da cultura americana, como no caso da série *Arquivo X*.[61] Quanto mais as respostas das autoridades que examinam os casos sem explicação desmentem a existência de provas de uma presença extraterrestre, mais se fortalecem as crenças das comunidades adeptas dessas narrativas. Para elas, a verdade seria outra, e a ausência de provas concludentes, corroborada em milhares de páginas de relatórios do Pentágono, mera dissimulação.[62] Não surpreende, assim, que iniciativas recentes do Pentágono, em particular o programa OVNI (em funcionamento oficialmente de 2008 a 2012), tenham como efeito reavivar os esquemas culturais ansiogênicos herdados da Guerra Fria.[63] Ontem como hoje, as crenças e especulações quanto à existência de outros ocupantes do espaço são alimentadas pelo segredo em torno dos avanços tecnológicos e das operações das agências militares e de inteligência. São subprodutos de uma astrocultura que por sinal extravasa as fronteiras americanas: o disco voador, resume Alexander C. T. Geppert, é uma "invenção global".[64]

Essas maneiras de inventar um espaço ameaçador, de onde surgiriam espécies extraterrestres malignas, ajudam a entender outras formas de encarar a ocupação do espaço. Não obstante o caráter desconcertante das ficções e subculturas do espaço, às vezes na fronteira do sectarismo,[65] elas resistem ao teste da refutação e contam com uma certa audiência. Paralelamente, visões mais legítimas (ou pelo menos articuladas por personalidades e organizações estabelecidas) informam o conhecimento da hipótese extraterrestre. A tese do astrofísico Frank Drake, exposta em 1960, representa uma primeira abordagem racional do número de civilizações extraterrestres no universo.[66] Trata-se, portanto, de um enigma cientificamente legítimo.

Periodicamente, a NASA e outras agências espaciais capitalizam a imagística extraterrestre para maximizar seu impacto na opinião pública. Foi essa em particular a vocação das placas metálicas embarcadas nas sondas *Pioneer 10* e *11* lançadas em 1972 e 1973, assim como do *Voyager Golden Record*, disco transportado pela sonda *Voyager-1* desde seu lançamento em 1977 e contendo sons, músicas ocidentais supostamente emblemáticas e imagens que sintetizariam a civilização humana. A participação de astrônomos respeitados e festejados como Carl Sagan na concepção desses projetos faz parte do esforço de enobrecimento de uma aventura cósmica sublime, transmitindo uma certa ideia da cultura terrestre centrada no Ocidente,[67] e contribui ativamente para o entusiasmo pela pesquisa de sinais e rastros extraterrestres promovida a partir da década de 1970 por programas SETI (Search For Extraterrestrial Intelligence, ou Busca de Inteligência Extraterrestre), recorrendo em particular à radioastronomia.[68] Essas investigações convergem a partir de 1984 sob o guarda-chuva do SETI Institute, com apoio da NASA.[69] Entre os campos explorados estão a astrofísica, a exploração planetária e a astrobiologia. Mas o financiamento é cortado em 1993, depois de anos sem resultados,[70] fato lamentado pelos partidários de um empreendimento que levanta as vertiginosas questões da origem da vida e do lugar da humanidade na história da evolução cósmica.[71]

Por último, mas não menos importante, o mecenato filantrocapitalista permitiu prolongar parcialmente a proposição SETI, reativada a partir de 2015 no programa Breakthrough Initiatives. Iniciado pelo empresário multibilionário Yuri Milner, com a colaboração de cientistas renomados (Stephen Hawking, Frank Drake, Martin Rees e Geoff Marcy) e de outros ultrarricos do Vale do Silício, como Mark Zuckerberg, esse fundo de 100 milhões de dólares combina diversos projetos nos limites da ciência: um clássico projeto SETI visando detectar rastros de inteligência extraterrestre, transmissão de uma mensagem para os confins do universo e envio de nanossondas a vela solar na direção do exoplaneta Proxima Centauri b, situado no sistema Alfa do Centauro, o mais próximo do nosso sistema solar (4,3 anos-luz).[72] O programa é baseado na Califórnia sob a supervisão de Pete Worden, veterano da "guerra nas estrelas" e grande entusiasta do astrocapitalismo já mencionado em capítulos anteriores. Os desafios tecnológicos dessa missão, batizada de *Starshot*, são imensos, e por enquanto permanecem na esfera da especulação. Mesmo assim, essa associação filantrópica sem fins lucrativos (mas muito rentável simbolicamente e vantajosa do ponto de vista fiscal)[73] consegue dar início em 2018, em colaboração com a NASA, a uma eventual futura missão de sobrevoo de Encélado, a lua de Saturno cujo oceano poderia conter traços de vida.[74] Alguns de seus eminentes membros, em particular o astrofísico de Harvard Avi Loeb, que preside o conselho consultivo do projeto, reforçam a credibilidade e a visibilidade pública. Não faltam oportunidades de atualizar a hipótese extraterrestre. Em artigo publicado em novembro de 2018 no *Astrophysical Journal Letters*, Avi Loeb e seu colega Shmuel Bialy sugerem que o enigmático objeto interestelar oblongo e de pequeno tamanho "1I/'Oumuamua" ("mensageiro" em havaiano) que atravessou o sistema solar no ano anterior não seria um cometa nem um asteroide (os cientistas ainda têm dúvidas quanto à sua natureza) de comportamento singular (ele acelera), mas uma nave enviada por uma civilização extraterrestre para sobrevoar a Terra.[75] Os raros dados colhidos na breve passagem do objeto são por demais frágeis para fundamentar uma teoria tão espetacular, as tentativas do SETI Institute de detectar emissões de rádio também foram em vão e os astrofísicos se mostram céticos em sua grande maioria. Mas essa controvérsia científica reaviva ruidosamente a agenda SETI,[76] além de justificar a necessidade de uma defesa planetária contra os riscos de colisão com geocruzadores, asteroides ou cometas.[77]

A conexão entre a busca de uma inteligência extraterrestre, o *New Space* e o filantrocapitalismo já foi estabelecida há algum tempo. A Breakthrough Initiative não é a única evidência do interesse pela hipótese extraterrestre nos setores estabelecidos da ciência, da astronáutica e do capitalismo tecnológico. Conhecido essencialmente dos enfronhados na indústria espacial americana e nas comunidades da ufologia, Robert Bigelow (1945-) é uma figura de proa do espaço excêntrico. Sua contribuição para o avanço do *New Space*, segundo os entusiastas do espaço, é incontestável e visionária.[78] Tendo feito fortuna na hotelaria, ele funda em 1999 a Bigelow Aerospace LLC,[79] com sede em Las Vegas. Seu projeto comercial consiste essencialmente em reciclar módulos infláveis concebidos pela NASA e pela Goodyear para servir à exploração planetária, em particular de Marte.[80] Estações espaciais privadas seriam montadas a partir dessas estruturas de baixo custo, recorrendo a lançadores comerciais russos ou americanos igualmente pouco onerosos. A empresa testa a solidez das máquinas em 2006 (primeiro voo do *Genesis-I*) e em 2016, depois da acoplagem de um Módulo Bigelow de Atividade Expansível (Bigelow Expandable Activity Module) à ISS (o contrato foi assinado com a NASA em 2012 e o módulo continua ligado à estação). Mas foi um sucesso apenas relativo para um empreendedor de horizontes libertários e conservadores, que esperava pôr em órbita um imenso *Space Complex Alpha*, voltado para turistas ricos e atividades econômicas.[81] Em 2020, depois do fatal confinamento da pandemia de covid-19, a empresa encerra as atividades.[82]

Robert Bigelow pode então se concentrar em outro programa mais antigo, que lhe é tão caro quanto a colonização do espaço, envolvendo ufologia e fenômenos paranormais.[83] Em 1995, o empresário tinha criado com essa finalidade um Instituto Nacional da Ciência das Descobertas (National Institute for Discovery Science). Em 1997, ele destina 3,7 milhões de dólares ao programa Consciousness Studies da Universidade de Nevada, voltado, entre outras coisas, para experiências de morte iminente. Para sediar suas pesquisas e instalar os empregados do programa ufológico Bigelow Advanced Aerospace Space Studies, entre eles especialistas e antigos agentes do FBI, ele compra um rancho no sudeste do estado de Utah, onde teriam ocorrido em 1996 fenômenos sem explicação e aparições de OVNIS e fantasmas.[84] Esse "rancho de OVNIS" acaba sendo vendido em 2016. À margem da "ciência convencional" e objeto de interesse dos apreciadores de conspirações dos mais variados tipos,[85] o programa de Bigelow articula-se com a pesquisa científica autorizada. Entre 2007 e 2012, assim, sua empresa é associada à Agência de Inteligência da Defesa por meio de um Programa Avançado de Identificação de Ameaças Aeroespaciais (Advanced Aerospace Threat Identification Program), com orçamento total de 22 milhões de dólares. A revelação desse programa chega à primeira página do *New York Times* em dezembro de 2017, depois de vários anos de atividades.[86] A empresa é então incumbida de estudar arquivos do Exército do Ar (em particular depoimentos e vídeos). Essa breve colaboração entre o Pentágono e a Bigelow Aerospace constitui uma novidade pitoresca, dando testemunho da resistência de construções alternativas da ocupação do espaço, *a priori* absurdas, fora de moda e pouco dignas de crédito, mas que apesar disso envolvem a participação do Departamento de Defesa. Esse, com efeito, não tem alternativa senão dar andamento às investigações, pressionado por uma opinião pública sempre maciçamente intrigada pelos OVNI. Como se poderia esperar, as conclusões de um novo relatório publicado em junho de 2021 pelo Escritório de Inteligência Nacional são decepcionantes para os partidários da hipótese extraterrestre, ao mesmo tempo em que mantêm a dúvida: são relacionadas aparições sem explicação, dando margem a especulações.[87]

Como sugere Alexander C. T. Geppert, uma história cultural abrangente da era espacial deveria incluir tanto os OVNIS como "o conjunto de seus componentes manifestamente obscuros e às vezes considerados pseudocientíficos, como os espelhos espaciais, as estações espaciais e as colônias espaciais".[88] Desse ponto de vista, o espaço excêntrico dos amadores de discos voadores, das especulações sobre viagens interestelares de alienígenas e das fantasias de colonização de Marte tem muitas características comuns entre si.

Resistências e desvios na era espacial

São incontáveis os episódios históricos que contestam a narrativa de uma conquista espacial consensual e marcada por grandes momentos de fascinação coletiva. Já nos anos 1960, a intensificação do programa espacial americano, seu custo, sua contribuição para a guerra e, de maneira geral, sua indiferença aos problemas sociais enfrentados pelos Estados Unidos, estão permanentemente na mira de diferentes movimentos políticos e de reivindicação.

Apesar do considerável esforço empreendido nos meios de comunicação, o programa Apollo teve dificuldade para despertar o entusiasmo das massas, à parte os lançamentos épicos e o clímax da aterrissagem dos primeiros astronautas na Lua em 1969. As pesquisas realizadas na época dão conta de um apoio bem relativo aos gastos faraônicos envolvidos,[89] deixando transparecer fortes contrastes entre as prioridades do governo e o estado geral da sociedade americana. É o que se evidencia de maneira arquetípica no encontro do administrador da NASA Thomas O. Paine com o pastor Ralph Abernathy — membro da Campanha pelos Pobres (Poor People's Campaign), promovida juntamente com Martin Luther King Jr. — no dia 15 de julho de 1969, no Kennedy Space Center. Abernathy comparece acompanhado de 25 famílias afro-americanas pobres, conduzindo duas mulas e uma carroça de madeira. Objetivo: chamar a atenção para o abismo entre suas condições de vida e o oneroso programa espacial. Num momento em que explodem as desigualdades sociais e raciais, a América produz as obras de engenharia mais caras da história. Os dois se encontram várias vezes, e o pastor chega a exortar Paine a se valer dos conhecimentos dos cientistas e engenheiros da agência para resolver os problemas sociais do país. Resposta de Paine: "Se pudéssemos acabar com a pobreza nos Estados Unidos deixando de apertar o botão para mandar homens à Lua, não apertaríamos esse botão".[90] A alunissagem dos astronautas em 1969, por sua vez, é boicotada por muitos afro-americanos. Em Nova York, longe das representações hollywoodianas mostrando a humanidade inteira diante das telas para assistir ao acontecimento, "cinquenta mil pessoas, em sua maioria afro-americanos e apreciadores de música, comparecem ao Harlem Cultural Festival, onde o anúncio da alunissagem seria feito debaixo de vaias".[91] A conquista espacial é "branca" e o movimento dos direitos civis a acusa de encobrir as desigualdades raciais.

O movimento dos direitos civis não é o único a alimentar a contestação do programa espacial. A NASA também é visada por estudantes da nova esquerda. Em 1969, um certo Noam Chomsky funda no Massachusetts Institute of Technology (MIT) o Comitê de Coordenação de Ações Científicas (Science Action Coordinating Committee — SACC), para denunciar os vínculos entre espaço, armamento e pesquisa acadêmica (o "complexo industrial-militar-acadêmico"), depois que a universidade recebe verba de 50 milhões de dólares para desenvolver, entre outras coisas, sistemas de guiagem de mísseis.[92] Em outras frentes, particularmente na esfera do movimento feminista, ocorrem contestações demasiado numerosas para serem enumeradas aqui, e que por vezes pesam na determinação dos objetivos da NASA, sempre preocupada em reconquistar o apoio do público e os orçamentos federais. No início da década de 1970, por exemplo, é por pressão do movimento dos direitos civis que são tomadas medidas para reorientar certas tecnologias espaciais para problemas como poluição da água e do ar.[93]

A conquista espacial, seus objetivos e seu léxico também são questionados da perspectiva ameríndia. Para muitos americanos nativos, as metáforas da fronteira e da colonização do espaço fazem eco à colonização histórica do "Novo Mundo". Sua utilização serviria para banalizar e mesmo apagar as violências cometidas pelos colonos britânicos, espanhóis e portugueses a partir do século XV: espoliação de terras, escravização e guerras.[94] A pesquisa de campo realizada na década de 1980 pela etnóloga Jane M. Young entre populações ameríndias, em particular os povos zuni do Novo México, mostra que também nesse caso o programa espacial é abordado de um ponto de vista crítico. A pesquisadora descreve performances de palhaços que imitam os astronautas para denunciar sua atitude, pois "caminharam sem vergonha sobre o corpo da Mãe Lua e a perfuraram com instrumentos de metal para trazer amostras a serem analisadas".[95] Young lembra algo que parece evidente: a exploração espacial, pelo menos em sua versão ocidental, não é universal. Para os zunis e outros povos, como os hopis do Arizona oriental, a Lua — como o Sol — é um ser vivo, e "não um objeto sobre o qual se caminha ou para o qual se viaja", nem muito menos um objeto para possuir, controlar ou subjugar. Para os pawnees (da federação Skidi), "o Sol, a Lua e as estrelas são os pais, mães, tias e tios dos povos da Terra e devem ser tratados com respeito".[96] Os inuítes, por sua vez, estranham que os astronautas americanos se considerem os primeiros a terem ido à Lua: seus xamãs a visitam regularmente para estar com os que lá vivem: "O problema não é saber se vamos ou não ao encontro dos nossos pares, mas como os tratamos, a eles e a suas terras, quando lá estamos".[97] Os depoimentos reproduzidos por Young esclarecem por que o programa Apollo foi considerado desrespeitoso e mesmo perigoso e incompatível com certos sistemas de valores e certas cosmologias. O discurso hegemônico de matriz ocidental tende a naturalizar a própria ideia de conquista e expansão espacial, a repisar uma imagística colonial ou neocolonial, ao mesmo tempo relegando essas críticas à condição de exotismos amenos e inofensivos (quando não é simplesmente o caso de fazê-los desaparecer, como em Boca Chica).

Essas perspectivas não desapareceram com o eclipse do programa Apollo. Os céticos continuam presentes, apesar de muitas vezes inaudíveis.

As críticas mais severas dizem respeito principalmente ao turismo espacial e à conquista de Marte tal como promovida por Elon Musk. Às vezes, encontram eco nos círculos mais autorizados: lembramos, por exemplo, das palavras de António Guterres, secretário-geral das Nações Unidas, que em seu discurso de abertura da Assembleia Geral, a 21 de setembro de 2021, se mostra preocupado com o agravamento da crise climática e lamenta que "bilionários viajem no espaço enquanto milhões passam fome na Terra".[98] O mesmo tom é adotado na ONG Oxfam,[99] num momento em que o custo ambiental não desprezível desses voos começa a ser questionado (desde o custo de manutenção das infraestruturas em terra aos efeitos prejudiciais no meio atmosférico; por exemplo, os detritos de fuligem tóxica deixados na alta atmosfera pelo avião-foguete da Virgin Galactic).[100] No mesmo sentido, o movimento Fridays for Future (Sextas-Feiras pelo Futuro), inspirado por Greta Thunberg, produziu um vídeo que contrasta a viagem para o planeta vermelho com os desafios ambientais do presente, concluindo com este apelo: "Em Marte, não há guerra, nem crime, nem pandemia, nem poluição. É um novo mundo onde tudo pode ser recomeçado, mas para os 99% que ficarão na Terra, seria melhor resolver a questão climática".[101] Certos dirigentes políticos e representantes democratas no Congresso americano chegaram a propor, sem sucesso, a taxação dos astroturistas em função de suas emissões de dióxido de carbono.[102] Embora tais iniciativas quase possam ser consideradas meramente anedóticas, não deixam de traduzir um mal-estar que vai aumentando à medida que as narrativas de fascinação perdem fôlego.

Isso é igualmente o que motiva certas concepções mais éticas das atividades espaciais. Em 1956, a ideia de "proteção planetária" leva à adoção de regras avalizadas pelo Comitê da ONU para o Uso Pacífico do Espaço Exterior (COPUOS). Elas são aplicadas pela primeira vez durante o programa Ranger da NASA, entre 1961 e 1965, e mais adiante corroboradas pelo Tratado do Espaço, em 1967, sendo novamente seguidas durante o programa Apollo, com resultados por sinal apenas relativos.[103] Rapidamente, a reflexão sobre o tema estende-se às dimensões técnicas, sociais, políticas e filosóficas dos programas espaciais, em seus componentes militares e também na vertente biológica.[104] No mesmo sentido, uma contribuição mais recente em forma de manifesto, intitulado "A exploração ética e o papel da proteção planetária para nos livrar das práticas coloniais",[105] é apresentada em 2020 por pesquisadores do Relatório Decenal sobre as Ciências Planetárias.[106] O trabalho passa a exploração espacial no crivo das estruturas coloniais que se reproduzem nele, remetendo às variadas cosmologias que deveriam ser levadas em conta e respeitadas antes de contemplar o uso comercial dos astros, sua mineração ou simplesmente a possibilidade de habitá-los, com o risco de contaminá-los. Entre as recomendações feitas, há a necessidade de incluir com mas cuidado os saberes indígenas e as perspectivas que abrem e também de rever um Tratado do Espaço muito pouco restritivo, senão completamente ultrapassado. O manifesto, redigido por Frank Tavares, especialista em Comunicação Pública no Centro de Pesquisas Ames, integrante do Grupo de Trabalho da NASA para a Equidade, a Diversidade e a Inclusão (Equity, Diversity and Inclusion Working Group, ou EDIWG), e assinado também por onze outras autoridades na matéria, não agradou a todo mundo. Entre os entusiastas do espaço, incomodou particularmente Robert Zubrin, que viu nele um ataque "*woke*"* à exploração espacial, num artigo em que se empenha em frisar a impossibilidade técnica de uma contaminação celeste.[107] Zubrin não mede palavras: segundo ele, as recomendações do grupo mostram uma "combinação de um antigo panteísmo místico com um pensamento socialista pós-moderno". Embora essas diferentes manifestações não mobilizem particularmente a NASA, não deixam de ilustrar um confronto ideológico bem real, suscitado pelo debate sobre as analogias coloniais da exploração espacial. Para Zubrin, as alegações do grupo EDIWG são ridículas: a Lua é "um seixo morto" sem vontade nem desejo, e qualquer outra tese representaria um perigoso desvio. A historiadora das religiões Mary-Jane Rubenstein atribui as acusações de Zubrin a uma incapacidade de se dar conta da diversidade dos conhecimentos, e, ao mesmo tempo, lembra que o que para uns pode ser um seixo morto, talvez seja para outros uma montanha sagrada cuja existência não pode ser negada, a pretexto de que uma visão seria superior à outra.[108] Na mesma

---

* Expressão originária do inglês coloquial de populações de origem africana nos Estados Unidos. Designava a necessidade de se manter "desperto" (*awoken*) e consciente das questões relativas à discriminação e à justiça racial. Nos anos 2020, passou a ser usada pejorativamente para se referir a movimentos de defesa de identidades não apenas raciais, mas sociais, de gênero, feministas e culturais. [N. T.]

análise, ela adverte que a exploração do espaço não deve ser encarada de forma binária, como faz Zubrin (extrair, comercializar e terraformar, ou então desistir completamente do programa espacial), pois adotar outras perspectivas permite fazer as coisas de outra maneira, com mais respeito e ouvindo todo mundo.[109]

E propostas não faltam, especialmente no terreno artístico. O curta-metragem *The 6th World* (2012), realizado por Nanobah Becker, imagina uma missão conjunta da NASA com os navajos — povo nativo da América do Norte do qual a cineasta é originária — para a conquista de Marte.[110] O filme descreve uma situação crítica em que as plantações de milho, vitais para a sobrevivência da tripulação, morrem, comprometendo a missão. A astronauta navajo Tazbah Redhouse sufoca por falta de ar na nave, mas revitaliza as plantas do milho graças a um canto ancestral e salva os companheiros de tripulação, numa cena espacial onírica de puro futurismo indígena. E assim é frisada mais uma vez uma das violências mais sutis do processo colonial, que age pelo apagamento das narrativas, dos rituais e dos conhecimentos que lhe são estranhos.[111]

Nesse mesmo espírito, a artista e designer Alexandra Daisy Ginsberg realizou uma série de vídeos, *The Wilding of Mars*, em que a humanidade promove o florescimento da vida em Marte, mas abrindo mão do projeto de se transportar para lá. Os vídeos duram uma hora, representando 1 milhão de anos transcorridos no planeta vermelho.[112] Os "colonos" de Alexandra Daisy Ginsberg são cianobactérias, cogumelos, líquens e outras espécies extremófilas capazes de sobreviver nas condições geológicas e meteorológicas marcianas: uma perspectiva "não humana" (o homem é espectador, e não ator) que nem por isso abandona o tema central da conquista espacial, que é levar a vida a outros mundos. Essas representações devem ser abordadas com prudência. É possível que, sob certos aspectos, constituam um tipo de "crítica artística"[113] que no fundo replica o horizonte colonialista, por absorção das reivindicações e modos de expressão indígenas no interior do astrocapitalismo, em detrimento de uma crítica mais social das desigualdades econômicas e territoriais impostas a esses povos. Mostramos no capítulo II que a seleção dos astronautas na NASA se inscrevia nessa abordagem, com o risco de instrumentalizar — pelo menos simbolicamente — certas lutas: nesse contexto é que foram enviados ao espaço os nativos John Bennett Herrington, da nação Chicacha, em 2002, e Nicole Mann, membro do povo wailaki, em 2022, como parte da missão *Crew-5* na estação espacial internacional.[114]

Cabe registrar, enfim, a existência de organizações e redes que questionam a conquista espacial sob ângulos políticos. São em grande número, mas certamente não são homogêneas. Envolvem toda uma variedade de indivíduos egressos de universos acadêmicos e científicos, do meio da astronáutica, das forças armadas (não raro veteranos) e da militância mais tradicional. Suas atividades não visam confrontar diretamente o conjunto das atividades espaciais nem mesmo uma agência em particular, e sim alimentar o debate em campos específicos. A aliança The JustSpace, por exemplo, formada por pesquisadores de diferentes disciplinas, destacou-se em 2018 com a organização de uma "anticonferência" intitulada "Descolonizar Marte", e também reabrindo o debate sobre a inclusão de pessoas LGBTQIA+ na indústria astronáutica, reivindicação antiga no meio. No terreno universitário, o grupo de trabalho SpaceEnabled do MIT preconiza "a durabilidade no espaço e a utilização das tecnologias espaciais para mais justiça na Terra". Na Universidade da Colúmbia Britânica, o Outer Space Institute (OSI) centra seu trabalho na "paz no espaço e na atmosfera", e em Broomfield, Colorado, o *think tank* Secure World Foundation tem como missão reduzir os conflitos no espaço. A essa lista, poderíamos acrescentar *Space4peace* e *Peace in space* (fundado por Carol Rosin, antiga dirigente na indústria espacial, há muito contrária aos mísseis antissatélites, e que por sinal foi porta-voz de Wernher von Braun). Todas essas são comunidades que não fazem parte do nicho do ativismo pró-espaço clássico, mas também contribuem para o enquadramento intelectual e político do setor. Sua influência nas decisões, contudo, é modesta, da ordem do simbólico e das relações públicas.

Escapar da conquista espacial? Ética, artes, ciências humanas e sociais

O paradigma da conquista, carregado de valores próprios e atualizado em diferentes avatares culturais, é reiterado desde a década de 1950. Ele estabelece normas, crenças, modelos de ação e de organização pertinentes nos limites do campo da astronáutica. Mas seria um equívoco pensar que esse paradigma se instaura sem resistência. Apesar de influírem muito relativamente nas questões espaciais, críticas e discursos alternativos também circulam nas organizações espaciais. E sugerem que outras maneiras de construir a pertinência da ocupação do espaço são possíveis, tanto na teoria como na prática.

Desde a década de 1980, a ética espacial aos poucos foi permeando as agências espaciais e as grandes indústrias. O terreno foi ocupado por dirigentes e executivos preocupados com o futuro da astronáutica no exato momento em que surgia o ambientalismo.[115] O objetivo é moralizar a exploração do espaço na virada do milênio, com a introdução de princípios como a acessibilidade do espaço em benefício de toda a humanidade.[116] A ética do espaço passou então a se desenvolver como uma especialidade interdisciplinar, envolvendo sobretudo filósofos e intelectuais de fora do campo da astronáutica, mas que ocasionalmente são convidados (ou se convidam) às organizações espaciais para transmitir lições de sabedoria.[117] Esse saber heterogêneo, que se pretende a um tempo teórico e prático, questiona o devir cósmico da humanidade e os meios de controlar as externalidades negativas da corrida ao espaço, eventualmente fazendo recomendações sobre o que seria conveniente empreender (ou deixar de lado). Temas não faltam, da finalidade dos voos tripulados à legitimidade da exploração planetária, da ética da proteção planetária à sustentabilidade das atividades espaciais, das implicações do açambarcamento capitalista da órbita baixa da terra à reflexão sobre o estatuto (cosmo)político de possíveis futuras colônias extraterrestres.[118] Rompendo com o "é de praxe" das organizações espaciais, os especialistas em ética do espaço levantam grandes questões, e também questões que incomodam. Em compensação, como frisam com certo amargor James S. J. Schwartz e Tony Milligan, reagindo às críticas de Robert Zubrin sobre a "ideologia *woke*" que seria veiculada por essa astroética,[119] "a influência da ética do espaço está muito, muito aquém da influência de grupos de defesa do espaço como a Mars Society e a National Space Society".[120] Os especialistas da ética espacial se veem, assim, na posição desconfortável de questionar processos apresentados como inevitáveis e propor princípios morais para orientar a ação num espaço *já* conquistado.

Como seu discurso tem pouca repercussão nas instituições, alguns elevam o tom, como Linda Billings, rara opositora pública dos libertários do espaço, presentes em peso nas grandes conferências *New Space* da comunidade para pregar sua ideologia neoliberal da colonização do espaço. Consultora e defensora da causa espacial, Billings compara os apóstolos da *doxa* da conquista a qualquer preço a "moscas da comunidade espacial, criaturas irritantes que às vezes mordem por meio de ataques *ad hominem/ad feminem* contra quem quer que conteste a validade do modelo de conquista e exploração",[121] hipocritamente baseado na fantasia do livre empreendimento, mas na realidade contando com uma NASA generosa e neoliberalizada. É a *rota de fuga* imaginária dessas elites WASP narcisistas que Linda Billings quer nos levar a contestar radicalmente, eticamente. Em seu lugar, ela propõe outra visão da exploração do espaço, valorizando antes de mais nada a proteção planetária: "Como a humanidade devastou seu ninho, precisamos limpá-lo — nossos ambientes naturais, sócio-políticos e culturais — antes de contemplar seriamente uma ampliação da presença humana nos ambientes extraterrestres".[122] Mas na comunidade espacial onde zunem as moscas, por mais que os argumentos tenham fundamento, ninguém dá ouvidos ao clamor: as reflexões éticas sobre a legitimidade do empreendimento espacial, quando não são invisibilizadas, são neutralizadas por um *space ethics-washing*[*] muito valorizado nos departamentos de relações públicas e comunicação institucional das agências espaciais e empresas do setor aeroespacial.

No mesmo momento em que os debates ético-morais especializados exploram a validade desse ou daquele aspecto da nova corrida ao espaço, um outro tipo de crítica e percepção da realidade astronáutica tenta abrir caminho: pelas artes e a subversão dos códigos da *doxa* da conquista espacial. Não é uma vertente nova; já vimos que ela antecede a era espacial. As obras de ficção literária, e mais precisamente de ficção científica espacial, contribuíram amplamente para definir os ingredientes de base e as receitas da imaginação dos mundos espaciais possíveis, mas também para estimular a *libido astronautica*. As artes visuais não ficam atrás, como se vê nos desenhos de Chesley Bonestell, pioneiro da "*space art*".[123] É uma arte voltada sobretudo para profissionais e amadores da

* Do verbo *wash*, lavar; nesse sentido figurado, conota a intenção de apregoar uma virtude apenas cosmética ou irreal, numa espécie de maquiagem adotada por empresas ou iniciativas empenhadas em vender uma imagem virtuosa falsa. [N. T.]

corrida ao espaço: uma estética sujeita ao princípio de uma imaginação em isolamento hermético.

Muitos artistas de fora da comunidade espacial e autônomos em sua concepção estética se inspiraram nessa imagística para criações, buscando encontrar formas e significados que transcendam a *doxa* astronáutica dominante.[124] Entre as obras mais notáveis, mencionemos a de Lucio Fontana — cuja escultura em bronze *Concetto spaziale, Natura* (1959-1960) expressa uma metafísica inquieta em relação à descoberta, então em curso, do vazio intersideral, desse "silêncio terrível que os angustia"[125] — e também a obra contemporânea de Victor Vasarely — cujo fascínio pela exploração do universo é exemplificado nas séries de arte ótica *Rêveries cosmiques* e *Constellations* (décadas de 1960 e 1970).[126] Essa espacialização da obra de Vasarely adquire inclusive contornos literais em 1982, por ocasião de um voo de Jean-Loup Chrétien a bordo da estação soviética *Saliut-7*: cinco serigrafias são embarcadas na carga do espaçonauta.

Nas décadas seguintes, as criações na intersecção da ciência com a arte e a metafísica se prolongam em outros palcos da arte contemporânea. Uma enumeração poderia ser enfadonha, visto que "o espaço" e tudo aquilo que evoca em matéria de valores e imagens plásticas representam uma fonte inesgotável de inspiração. De início estupefata com as vertigens da exploração cósmica, a criação artística acabou rumando para uma apreensão mais crítica dos usos e fins da tecnologia espacial. É o que se verifica nos projetos do artista esloveno Marko Peljhan, tendo como alvo as tecnologias de guerra do complexo industrial-militar, como os mísseis balísticos e os sistemas de reconhecimento.[127] Seu projeto *Makrolab* (Documenta X, Cassel, 1997) instaura o conceito de uma estação orbital nômade concebida à imagem da *Mir* ou da ISS, na qual *hackers* e artistas contestadores eram convidados a se reapropriar dos códigos de uma máquina de vigilância e desmontá-los, com o objetivo de "revelar os efeitos nefastos da concentração do poder técnico e econômico, e se opor explicitamente a eles por meio de práticas abertas, distribuídas, em evolução livre".[128]

Em ressonância com as abordagens artísticas críticas do mundo contemporâneo, devemos reservar um lugar para a Associação dos Astronautas Autônomos (AAA), que congrega uma rede internacional de artistas entre 1995 e 2000 para "propiciar o surgimento na cena pública de representações alternativas do espaço".[129] Esse comitê invisível de astronautas promoveu vários eventos pós-situacionistas, *happenings* transgressivos e performances na Itália, na Inglaterra e nos Estados Unidos. Os resultados dessas intervenções críticas foram parcialmente compilados numa coletânea publicada em 2001.[130] Os textos oscilam entre a tentativa de teorização dos desdobramentos perniciosos da era espacial (em particular a militarização e a extensão do capitalismo ao cosmo), as criações poéticas patafísicas e a elaboração de contradiscursos utópicos sintonizados com o espírito altermundialista. A associação propõe nada mais e nada menos que "a destruição do monopólio estatal, corporativo e militar da exploração espacial".[131] Após a autodissolução dessa vanguarda subversiva, as invocações e os protestos contra o complexo industrial-militar permaneceram letra-morta.

Percebendo o interesse da valorização estética de suas atividades, as agências enveredam pelo mecenato artístico. A NASA é pioneira nesse terreno, dando prosseguimento a um programa iniciado logo depois da sua criação. Centenas de obras foram encomendadas a pintores, fotógrafos e escultores.[132] A agência quer estar na vanguarda da "artistização" da experiência espacial (especialmente a condição de astronauta em ausência de gravidade numa estação espacial), não sem segundas intenções propagandísticas,[133] como vimos no capítulo II. No início da década de 1980, o projeto "*Artist in Space*" convida artistas a se envolverem nos programas do ônibus espacial e da futura estação espacial. Outras ideias foram amadurecidas na mesma década, visando posicionar em órbita criações artísticas (sem objetivo comercial nem militar) visíveis do espaço: constelações de objetos, esculturas...[134] Esse mecenato se aventura nos terrenos mais experimentais da arte contemporânea. Em 2004, a artista polivalente Laurie Anderson é convidada para uma residência na NASA. O cachê de 20 mil dólares é modesto, mas a nova-iorquina aceita. Para ela, é uma oportunidade de estetizar uma visão da exploração espacial nos antípodas de uma "cultura americana neste momento realmente problemática" (logo depois do 11 de setembro, durante a guerra no Iraque): "Quando penso na NASA, é a única coisa que me parece voltada para o futuro de maneira inspiradora. O esverdeamento [*greening*] de Marte e a construção de uma escada em direção a Marte são aspirações incríveis".[135] O resultado, *The End of the Moon* (*O fim da Lua*, 2005), é um monólogo poético de cerca de 90 minutos, lenta meditação evocando em particular os riscos da exploração mineral da Lua.[136] Esse tipo de mecenato é uma gota d'água no oceano orçamentário da agência (50 mil dólares por ano no início da década de 2000), mas confirma uma certa apetência pela expressão artística — compartilhada por outras agências, como a JAXA, a ESA e o CNES. Esse último levou longe a experimentação, por exemplo, com uma "performance" realizada em ausência de gravidade por Thomas Pesquet: um "telescópio interior", obra "poética" de papel, concebida por Eduardo Kac e montada pelo astronauta a bordo da ISS em 1997, em resistência ao "gravitropismo" terrestre.[137] Para os artistas é mais uma possibilidade de enriquecer o portfólio e a oportunidade de associar sua arte ao meio astronáutico, ainda encarado — com ou sem razão — como *high-tech* e futurista. O fato de que figuras de reputação firmada no mercado da arte contemporânea internacional se interessam por isso é no mínimo um sinal de oba-oba e hiperpromoção: Damien Hirst apresenta uma pintura pontilhada que é levada pelo aterrissador marciano britânico *Beagle-2* (a missão fracassou em 2003),[138] ao passo que Jeff Koons pretendia enviar à Lua esculturas lunares em miniatura, posicionadas num *CubeSat* sob a coifa de um *Falcon-9*.[139] Resta confirmar nos próximos anos o potencial de valorização financeira dessa arte contemporânea de luxo aliada ao astrocapitalismo. Por enquanto, são apenas jogadas simbólicas de artistas em busca de diversificação de projetos e ativos.

As empresas privadas do setor aeroespacial também financiam eventualmente projetos e criações artísticas, para o enobrecimento radical e chique de suas atividades. Nesse terreno, como nos demais, a SpaceX quer estar na vanguarda. Em fevereiro de 2017, Elon Musk e o bilionário japonês Yūsaku Maezawa anunciam a preparação de um voo privado da futura *Starship*, em órbita circunlunar durante seis dias. O projeto evoluiu sob a forma de um "*DearMoon Project*", envolvendo oito artistas (de variadas frentes: canto, DJ, performance, artes visuais, YòuTube espacial), além do astronauta ultrarrico e colecionador de arte Maezawa. Embora o projeto nem sempre tenha suscitado reações favoráveis na indústria espacial e entre os artistas,[140] essa legitimação "artística" de um voo astroturístico de luxo acompanha uma narrativa comercial sem perspectiva crítica. Mas nem tudo pode ser considerado de bom gosto. Outro caso emblemático de embalagem artística foi o voo inaugural do *Falcon Heavy*, comercializado ao vivo como uma espécie de performance pós-moderna, posicionando um *roadster* Tesla sob a coifa do lançador pesado, em cuja cabine um manequim, "*Starman*", estava pronto para navegar em direção a Marte e mais além, ao som hipnótico de "Life on Mars?", de David Bowie.[141] Em janeiro de 2018, a *startup* Rocket Lab causou protestos generalizados ao demonstrar o advento de uma nova era do espaço, finalmente aberta aos negócios, pondo em órbita, por meio do lançador leve *Electron*, a *Humanity Star*: uma

> esfera em forma de globo espelhado antiquado de discoteca, com um metro de diâmetro e 65 painéis refletores [...], é apresentada como um projeto humanista para lançar um traço de união entre todos os homens, [...] concebida para se tornar um dos objetos mais luminosos da abóbada celeste, a ser vista por todos.[142]

"'Brinquedinho idiota', 'detrito espacial', 'ato de vandalismo ambiental'":[143] as reações não se fazem esperar, ofuscando a notícia estimulante de um primeiro voo orbital bem sucedido da jovem *startup*. Prevista para durar nove meses, a "missão" foi desorbitada já em março de 2018. Não ficará na história da conquista espacial, exceto como um episódio causador de mal-estar. Essas operações de comunicação de pretensões estetizantes podem cair no ridículo. É preciso certa audácia para satelitizar um arremedo de bola cósmica multifacetada associando a ela um discurso ambientalista.

As ciências humanas e sociais oferecem outro foco crítico, deslocando as perspectivas ideológicas sobre usos e construções do espaço. A história da astronáutica é um marco essencial nessa perspectiva, completado desde a década de 1980 pelos estudos sociais das atividades e tecnologias espaciais.[144] Devemos distinguir essa história do espaço da história oficial, estabelecida a partir de 1959 no departamento de história da NASA, com dezenas de monografias, não raro volumosas, redigidas por antigos engenheiros e historiadores autônomos contratados pela agência. É um excelente ponto de partida para as pesquisas, ao qual recorremos fartamente para escrever este livro; em compensação, apesar dos conhecimentos e da integridade profissional dos autores, a narrativa em geral é limitada. Só os colaboradores mais consagrados se permitem ir ao fundo das coisas e, eventualmente, dar mostra de espírito crítico. Isso se aplica igualmente às histórias publicadas por organizações discretas como o

National Reconnaissance Office (NRO), com base em arquivos que dependem de decisões dos dirigentes dessas administrações para serem abertos ao público. À margem das narrativas autorizadas, evoluindo num espaço delimitado, desenvolveu-se uma história que obedece aos critérios acadêmicos e científicos; ela é praticada por historiadores independentes das organizações estabelecidas da astronáutica e visa um leitorado universitário. Recorremos também a muitas referências desse *corpus*. Essa história é mais crítica, pois revela os mecanismos, hábitos e bastidores da história espacial, sem nada dissimular de certos aspectos problemáticos, como "o mal necessário" da herança de Peenemünde. É pouco provável, no entanto, que esses conhecimentos acumulados venham a mudar a percepção dos acontecimentos e projetos futuros do campo astronáutico, pois a história que foge aos padrões (vale dizer, a história, sem adjetivos) escapa às categorias de interpretação dominantes no setor. É algo fora de campo. Certos mitos têm vida longa.

Contemplar o céu em vez de explorá-lo: a astronomia como forma de resistência

O espaço é um meio físico ocupado e já agora atravancado. Essa progressiva congestão da órbita terrestre baixa pode ser observada a olho nu. Num céu límpido, não obstruído pela poluição luminosa, o desfile de satélites chama a atenção. O fenômeno se banalizou a partir de 2019, com o posicionamento dos "trens" da Starlink. Como vimos, entretanto, a intensificação da ocupação do espaço circunterrestre é motivo de preocupação entre os astrônomos profissionais. Suas observações são "starlinkadas" pelas interferências dos satélites da "megaconstelação". Com o tempo, setores inteiros das pesquisas astronômicas em solo são ameaçados por esse tráfego proliferante. Por isso os astrônomos se mobilizaram para fazer valer a proteção do céu noturno. Nesse sentido, percebemos o quanto essa concepção do universo rompe com o paradigma da conquista, tal como atualizado pela ampliação e militarização dos campos do astrocapitalismo. Seu objetivo não é explorar o meio espacial nem extrair lucro de sua ocupação sem se preocupar com as consequências, mas contemplar.

Essa visão comunal da ciência astronômica está associada a uma certa relação com o cosmo. De Carl Sagan a Hubert Reeves, foram muitos os inspiradores de uma visão exigente e elevada da relação da humanidade com o universo. "O cosmo também está em nós", resume Sagan na série de televisão *Cosmos* (1980): "Somos feitos de matérias estelares. Somos um meio de o cosmo conhecer a si mesmo". O argumento legitima e enobrece o espírito de descoberta, e também um certo tipo de desapego. Aqui, a admiração maravilhada é que se impõe, ante o espetáculo dos fenômenos astrofísicos e a vertigem das escalas cosmológicas.[145] Esse maravilhamento é comunicativo e favorece o interesse público pela astronomia, com sua valiosa contribuição: ela relativiza as questões humanas, ao mesmo tempo em que frisa a fragilidade da Terra, minúsculo "ponto azul pálido" observado pela sonda *Voyager-1* a 6 bilhões de quilômetros de distância, depois de uma viagem iniciada em 1977.[146]

Não seria exagero dizer que tais considerações são levadas a sério por uma parte não negligenciável dos profissionais da astronomia. O que não surpreende: a disciplina se consolidou como campo relativamente autônomo, definindo de forma independente seus critérios de pertinência, em particular a exigência de estabelecer fatos e verdades observados a respeito do cosmo. De maneira elíptica, porém sugestiva, Peter Dickens aposta no advento de uma nova forma de socialismo, estimulada por uma pesquisa astronômica desinteressada e da mais alta importância, pois trata de entender as leis do universo. Para ele, a vanguarda dessa tendência está hoje na atividade e na organização dos trabalhadores do Jet Propulsion Laboratory.[147] O simples fato de saírem em busca de conhecimentos sobre o cosmo, ainda por cima num regime de cooperação, provaria, segundo o sociólogo, que existe uma alternativa ao acúmulo capitalístico. O Telescópio Espacial James Webb (James Webb Space Telescope, JWST), em cuja construção estiveram envolvidos os engenheiros e cientistas do JPL, seria um veículo material dessa busca. A conexão socialista com o cosmo por meio da astronomia aparece como um "final feliz" na lógica de Dickens. Não vamos aqui abraçar a ideia de um hipotético horizonte revolucionário a ser alcançado dessa maneira, mas não podemos deixar de constatar a adesão moral dos astrônomos profissionais a um certo *ethos* da pesquisa científica.[148] Em sua formulação inicial, devida ao sociólogo Robert K. Merton, esse *ethos* estabelece a coerência entre valores tão estruturantes quanto o comunismo, o universalismo, o desapego e o espírito crítico.[149] É bem verdade que ele tem sido maltratado pelo crescimento de um capitalismo científico que induz os pesquisadores a se transformarem em empreendedores da ciência para conseguir que seus projetos e carreiras avancem.[150] Esse *ethos* também é limitado pelas organizações espaciais, que impõem procedimentos e modos de agir na gestão das missões. O custo das infraestruturas (em solo, mas também no espaço: *rovers*, sondas, telescópios espaciais) é tão elevado que a astronomia, tão "*Big Science*"[151] quanto a física de partículas, fica sujeita aos rituais da exagerada promoção política da astronáutica, cujo alcance demonstramos no capítulo II. Mas nem por isso deixam de ser imensos, no fim das contas, os progressos na compreensão dos fatos astronômicos; as primeiras coletas de dados e as descobertas já registradas pelas centenas de astrônomos que têm acesso aos instrumentos do JWST permitem entrever um potencial gigantesco para a ciência.

O deslumbramento com os fenômenos astrofísicos também é experimentado nas diferentes comunidades de astronomia amadora. A história desse lazer sério vem de longe. Muito em voga no fim do século XIX, no momento em que a profissionalização da astronomia se organiza nos observatórios, ele se desenvolveu constantemente ao longo do século XX e continua a se disseminar na sociedade por novos meios e suportes de difusão, especialmente sites especializados, redes sociais e plataformas digitais (como YouTube ou Twitch). Clubes, associações nacionais e locais, planetários, reuniões públicas, festivais (como a Noite das Estrelas promovida desde 1991 na França, no verão) etc.: não faltam espaços e oportunidades de cultivar o conhecimento do universo, estimulando um certo gosto pelas ciências.

A cultura astronômica e a *libido sciendi* são compartilhadas e enriquecidas de várias maneiras. O mercado dos livros de divulgação científica e a imprensa especializada constituem um caminho habitual desde o advento da astronomia popular na segunda metade do século XIX.[152] O mercado dos instrumentos de observação (lunetas e telescópios) é outro. Durante muito tempo, esses instrumentos foram apanágio de apreciadores ricos ou de clubes e associações com meios para adquiri-los. Antes um tipo de lazer relativamente caro, a astronomia amadora diversificou-se. A comercialização de instrumentos fabricados em série por marcas americanas, inicialmente, e depois chinesas, a partir dos anos 2000 (que representam hoje o essencial do mercado), facilitou o acesso de milhares de amadores.[153] Os aperfeiçoamentos técnicos — em especial os avanços na astrografia, ou recentemente os telescópios "conectados", geridos por aplicativos de *smartphones* e que não requerem qualquer formação inicial — ampliaram os públicos e comunidades de prática. Paixão absorvente, a astronomia leva muitos astrônomos amadores a se especializarem e, em certos casos, a contribuir ativamente para a pesquisa em terrenos ainda tecnicamente acessíveis, como a observação dos cometas e asteroides.[154] Desse modo, uma certa concepção do conhecimento é posta em prática.

À exceção de alguns poucos observadores mais qualificados, equipados para detectar fenômenos celestes raros, esses astrônomos amadores não têm a pretensão de contribuir com novos conhecimentos. Uma enorme distância separa os detentores de instrumentos de iniciação *made in China* — de desempenho cada vez melhor, porém limitados — dos astrofísicos profissionais habilitados a encomendar volumes de dados aos controladores de telescópios espaciais como o *Hubble* ou o JWST. Apesar disso, formou-se uma frente unida contra os estragos da ocupação selvagem da órbita terrestre baixa.[155] Os astrônomos amadores — e o resto da população, ainda sem sabê-lo — já estão às voltas com o flagelo ambiental representado pela poluição luminosa.[156] A Via Láctea não é visível para um terço da humanidade.[157] O fenômeno se amplia constantemente há décadas.[158] O acúmulo de satélites na órbita terrestre baixa agrava a situação. Assim como os profissionais, os amadores de astronomia constatam os efeitos danosos do posicionamento dos trens de satélites *Starlink*.[159] A divulgação dos alertas lançados por essas comunidades é favorecida a partir de 2020 pelos debates sobre o "mundo de depois" da pandemia de covid-19. Trata-se, com efeito, de um modo de desenvolvimento e açambarcamento econômico muito criticado, em contraste com visões alternativas baseadas na sobriedade, no crescimento sustentável e mesmo, mais raramente, na diminuição das atividades astronáuticas. A batalha pela proteção do céu noturno também é travada nas arenas da diplomacia espacial, em particular no COPUOS,[160] mas as negociações internacionais para "regulamentar" o desenvolvimento das telecomunicações espaciais não avança. Enquanto não são aplicadas regras internacionais impositivas — por exemplo, sob a autoridade do Escritório das Nações Unidas para Assuntos do Espaço

Sideral —, profissionais e amadores são obrigados a alertar constantemente para as ameaças decorrentes do comércio das telecomunicações espaciais de nova geração.

Mas é grande o risco de cair numa espécie de impotência. Não seria tanto o caso de sair de uma corrida descontrolada aos posicionamentos, mas de reduzir seus impactos inevitáveis. A relação de forças, assim, não é favorável aos defensores do céu noturno, inclusive astrônomos profissionais e amadores. Eles precisam se adaptar.[161]

As instituições incumbidas de controlar o posicionamento dos *satcoms*, como a Comissão Federal de Comunicação (FCC), encaram o problema em termos de solucionismo tecnológico e de um modelo de crescimento durável. Os industriais do setor espacial, por sua vez, encenam uma grande preocupação em matéria de exemplaridade e responsabilidade, a exemplo da SpaceX, que passou a manter contato com os astrônomos depois do choque dos primeiros posicionamentos-surpresa de maio de 2019. Os projetos são validados, apesar do impacto ambiental potencialmente desastroso. É o que demonstraria, por exemplo, o posicionamento em órbita baixa (pela SpaceX) do protótipo de satélite *BlueWalker 3*, da empresa texana AST SpaceMobile. A magnitude visual em solo dessa enorme plataforma, dotada de uma antena de 64 metros quadrados, é equivalente à das estrelas mais brilhantes, como Antares e Espiga.[162] O suficiente, entre outras coisas, para interferir nas observações radioastronômicas.

Entre os astrônomos profissionais mobilizados contra a apropriação corporativa da órbita terrestre baixa, Miguel Montargès alerta para a inconsolável perda do céu estrelado:

> O céu é a única coisa que pode ser vista por toda a humanidade. [...] Desde o século XIX, esse vínculo é enfraquecido pela poluição luminosa causada pela luz das cidades, e agora a Starlink é um componente adicional desse rompimento da ligação com o céu. Se eu tiver filhos, eles vão crescer num mundo em que, à noite, verão mais objetos artificiais do que estrelas...[163]

As previsões nesse terreno não são propriamente otimistas. O aumento do tráfego e da poluição espacial intensificará significativamente o brilho do céu noturno, de tal maneira que esse "patrimônio imaterial" poderá se perder para as gerações futuras,[164] o que justifica ainda mais, para os astrônomos, o empenho de afirmar uma visão alternativa do espaço como "ambiente" a ser protegido, assim como os ecossistemas terrestres.[165] A União Astronômica Internacional adotou há décadas esse princípio normativo:

> Um céu noturno não poluído que permita o desfrute e a contemplação do firmamento deve ser considerado como um direito sociocultural e ambiental fundamental, e a degradação progressiva do céu noturno deve ser considerada uma perda fundamental.[166]

Vemos assim o quanto a cultura da astronomia, sem fronteiras e com a preocupação de preservar o espaço orbital, é possivelmente um recurso para romper com os excessos astrocapitalistas e o fantasma da guerra espacial. Ela inclui também a astronomia de ontem e de outras latitudes, as tradições culturais e a arqueoastronomia, que representam outras tantas oportunidades de uma visão diferente do céu estrelado. Foi com base nesses valores que a International Dark-Sky Association (IDA) entrou com ação judicial no fim de dezembro de 2022 para impedir o posicionamento, autorizado pela FCC, da segunda geração de satélites *Starlink*. A FCC, explicam os advogados da IDA, não respeitou o direito ambiental (estendido, portanto, ao "ambiente espacial") ao autorizar os novos posicionamentos, que representam uma ameaça à observação científica e ao usufruto do céu noturno.[167] Seria então a vez do direito como arma na batalha para a preservação do céu noturno, antecedendo eventuais sabotagens de astrônomos, até há pouco pacíficos, mas em breve mais intransigentes, depois de anos de mobilização contra as infraestruturas do astrocapitalismo?

Abastecer-se de tecnologias espaciais

O conhecimento científico oferece alternativas às lógicas de açambarcamento. Adaptando-se à implantação do paradigma da conquista, comunidades científicas tiraram partido das infraestruturas postas à disposição pelas agências espaciais. O espacial aqui não é um fim em si mesmo, a fronteira a ser alcançada, mas um meio — uma diferença significativa. O mesmo se aplica às tecnologias espaciais: foguetes e satélites são objeto de pesquisas técnicas (sejam fundamentais ou de divertimento sério) não destituídas de valor para os interessados em tecnologia.

Os lançadores espaciais derivam de tecnologias militares. Sua utilização para fins de exploração científica, universalista e pacífica altera essa condição original. Com isso, seu valor não mais decorre apenas da capacidade de transporte, mas do desafio técnico de concebê-los, fazê-los decolar e, nos limites do que é permitido pelos regulamentos, voar. Essa tecnologia rapidamente fascinou uma infinidade de engenheiros e apaixonados pelas viagens espaciais. Os amadores de foguetologia, do foguetismo, muito cedo se congregaram em torno dessa atividade tão empolgante quanto perigosa. Os primeiros testes de Robert Goddard em Roswell, no Novo México, da Verein für Raumschiffahrt (Sociedade para a Navegação no Espaço) em Berlim ou da equipe fundadora do Jet Propulsion Laboratory, por meio do Guggenheim Aeronautical Laboratory do California Institute of Technology (GALCIT) — onde promovem suas experiências os franco-atiradores Frank Malina e Jack Parsons, sob a direção de Theodore von Kármán —, entraram para a lenda da fase pioneira da astronáutica. Tratava-se, nada mais, nada menos, de domesticar explosões perigosas e nem sempre controladas, de poder assim dominar as sutis misturas de uma reação química e, em última instância, tentar guiar os aparelhos na alta atmosfera e depois no espaço. Para os engenheiros e técnicos ligados a essa cultura tecnológica, pôr a mão na massa é uma arte de viver. Entre os pioneiros hoje festejados (mas praticamente esquecidos durante décadas), Malina e Parsons se mantêm à parte.[168] Quando não estão envolvidos com os testes na base de Arroyo Seco, a partir de 1936, num subúrbio de Los Angeles, eles reinventam o mundo. Não o mundo dos capitalistas que execram: por suas simpatias comunistas, seu antifascismo, seu antirracismo, o caráter não convencional de seus interesses esotéricos (Parsons adere à Thelema, a doutrina ocultista de Aleister Crowley), seu estilo de vida libertário, eles se posicionam à margem dos EUA da época. O país por sua vez devolveria na mesma moeda: suspeito de sovietismo na era macartista, Malina exila-se na França e trabalha durante algum tempo para a Unesco, tendo fundado em 1968, com sua abertura para a criação e a interdisciplinaridade, a revista *Leonardo* — ainda hoje em circulação. Para a equipe, cujo método de trabalho era resumido em seu apelido ("pelotão suicida"), tatear para tentar controlar a tecnologia da propulsão é um processo tão empolgante quanto inquietante, uma espécie de magia obscura praticada voluntariamente por feiticeiros engenhosos e heroicos, tomados de paixão espontânea.[169]

Essas realizações heroicas inspiram muitos amadores do foguetismo. Depois do lançamento do *Sputnik* e ao longo da década de 1960, é grande o entusiasmo pelo novo *hobby* da era espacial.[170] Ele mobiliza em massa as jovens gerações de adolescentes fascinados pelos feitos e o futuro da conquista espacial.[171] Orville Carlisle, vendedor de calçados de Nebraska e fogueteiro amador, desenvolve as primeiras maquetes de foguetes em 1954. Para cultivar a paixão pelo astromodelismo, clubes são fundados em toda parte nos Estados Unidos, como por exemplo a National Association of Rocketry (NAR), em 1957. A prática é codificada, particularmente em manuais que explicam o bê-a-bá de uma disciplina difícil: é o caso do *Handbook of Model Rocketry* (Manual de modelagem de foguetes, publicado em 1965 e reeditado muitas vezes) de G. Harry Stine, cofundador da NAR cuja influência no cultivo da *libido astronautica* já frisamos. O mercado é dominado, na época, por fabricantes como a Estes Industries, que procuram massificá-lo com modelos padronizados.

Nos Estados Unidos, assim como na Europa, as agências e autoridades públicas estimulam a prática desse tipo de lazer, pois amplia o interesse pela engenharia, a ciência e a conquista espacial. Mas a prática, pensada por e para um público essencialmente masculino, é perigosa: os acidentes não são raros, em certos casos mortais — para *foguetistas* e para os pequenos animais (rãs, hamsters…) enviados na coifa dos foguetes.[172] Em 1972, seis jovens morreram na França em consequência de explosões de maquetes de foguetes artesanais, montadas com produtos combustíveis facilmente encontrados no comércio.[173] Os manuais, assim, insistem nas boas práticas e na necessidade de respeitar procedimentos de segurança nas bases de lançamento mais ou menos improvisadas. Na França, a Associação Nacional dos Clubes Aeroespaciais e o CNES fiscalizam, por exemplo, a boa utilização dessas máquinas, promovendo estágios de aprendizado que representam uma oportunidade de formar e arregimentar futuros técnicos e engenheiros.

A atividade de lazer para "foguetistas de modelos" de domingo, portanto, é uma espécie de modelo reduzido da astronáutica e ao mesmo tempo um foco de ação cultural: "O aeromodelismo é uma atividade perfeitamente adequada à nossa época", escreve o *New York Times* a propósito de uma reunião da NAR em 1976. "Ele ensina, esclarece e anima a vida dos participantes, concentrando sua atenção na direção que inevitavelmente será tomada pela humanidade: o alto".[174] É, no fundo, o mesmo tipo de sensação experimentado à distância pelos espectadores de decolagens em escala real, com uma intensidade de certa forma miniaturizada.

E é também uma das motivações explícitas dos apaixonados por foguetes leves, que se empenham em projetar, fabricar, montar e lançar aparelhos suborbitais. "Embora não tenham ilusões" sobre estarem contribuindo para o desenvolvimento do "autêntico voo no espaço",[175] eles não deixam de participar de um entusiasmo coletivo. Colaboram, também em seu caso, em associações e clubes amadorísticos de foguetismo. Muitas vezes é indistinta a fronteira entre os avanços industriais alcançados em organizações estabelecidas, a pesquisa tecnológica universitária e o lazer de fim de semana cultivado por engenheiros em busca de sensações fortes. Um belo exemplo é fornecido pela história e as atividades da Reaction Research Society, um grupo de amadores e apaixonados pela propulsão que dá continuidade a experiências iniciadas na década de 1940. Os testes são realizados no deserto de Mojave, na Califórnia. Tom Mueller, cuja expertise em propulsão já mostramos ter sido decisiva no amadurecimento do projeto industrial da SpaceX, é membro da RRS e contribui ativamente para essas comunidades de engenheiros "alternativos".[176] Outros engenheiros independentes, como John Garvey, cofundador da *startup* Vector Launch (2016-2019), trabalham no desenvolvimento e funcionamento de foguetes caseiros que também servem de base técnica para projetos comerciais. Outras associações, como a Friends of Amateur Rocketry fundada em 2003, se empenham no lançamento de foguetes-sondas fabricados em garagens e oficinas improvisadas. Esses grupos se encontram regularmente em festivais e competições como o ROCstock ("*Peace, Love and Rockets*") promovido pela Rocketry Organization of California, que atrai centenas de foguetistas.[177] Para esse evento, a Federal Aviation Administration autoriza lançamentos de até 15 quilômetros de altitude. Ainda é longe do espaço exoatmosférico, mas suficiente para justificar cenas de entusiasmo quando as equipes conseguem atingir tais alturas, com recursos materiais e humanos incomensuravelmente menores que os das *startups* do *New Space* que se estabeleceram não longe dali, nos desertos da Califórnia.

Alcançar o espaço exoatmosférico é uma coisa, navegar nele é outra. Durante muito tempo, a ocupação da órbita circunterrestre ficou reservada aos satélites governamentais. Os custos de fabricação, lançamento, posicionamento e manutenção impediam o acesso dos países pouco empenhados nas atividades espaciais, mas também, no próprio interior do "clube" de potências espaciais, dos atores mantidos à distância das infraestruturas. A partir da década de 1990, tem início uma pequena revolução tecnológica: a miniaturização dos satélites e sondas espaciais. Ela é intencional, pois se a utilização de satélites pequenos tem a idade da era espacial (afinal, o *Sputnik* era um microssatélite de menos de 100 quilos),[178] os avanços destinados a aperfeiçoar e otimizar os projetos desses satélites miniatura são mais recentes. Embora os programas clássicos continuem a apostar em infraestruturas pesadas de mais de uma tonelada, estão em estudo planos de satélites leves. Com o tempo, surgiram distinções entre os satélites pequenos (de 600 quilos a uma tonelada), os minissatélites (200 a 600 quilos), micro (11 a 200 quilos), nano (um a 10 quilos) e pico (menos de um quilo).[179] No fim dos anos 1990, a introdução do padrão *CubeSat* (uma unidade "1U", correspondente a 10 × 10 × 10 cm) permitiu racionalizar a concepção, a produção e os usos dos satélites pequenos.[180] O objetivo é, ao mesmo tempo, maximizar o desempenho, criar o equipamento a partir de componentes (micro)eletrônicos baratos e eventualmente, após o satélite ser posto em órbita, efetuar medidas e observações científicas. Assim é que se estruturou uma comunidade de técnicos entusiastas, num ambiente de certa indiferença e mesmo desprezo pela indústria dos fabricantes de satélites.

Até a década de 2000, os satélites pequenos são considerados "brinquedos educativos", visando sobretudo ensinar ciência e tecnologia espaciais nos departamentos universitários de engenharia. Em 2003, um primeiro voo de *CubeSats* é efetuado por um lançador russo, da base de Plesetsk. Entre 2012 e 2021, 2.550 satélites pequenos (do pico ao micro) foram lançados, e as previsões de crescimento projetam um aumento constante na atual década.[181] As tarifas cobradas pelas empresas de transporte espacial, que privilegiam as missões de voo compartilhado, são estimulantes: de 50 mil a 300 mil dólares, em função dos lançadores e satélites. Esses satélites têm como objetivo demonstrações tecnológicas, sendo obra de equipes universitárias. Os posicionamentos seguintes são efetuados com os mesmos objetivos. Mas, no início da década de 2010, os mesmos estudantes que se formavam em engenharia espacial, em universidades californianas como Stanford e Cal Poly, se deram conta da oportunidade comercial: como vimos, *startups* como Planet Labs, Spire Global e Capella Space souberam tirar vantagem da utilização desses nanossatélites. A ruptura é então consumada, num espírito "Faça você mesmo" e *hacker*,* com a improvisação experimental que caracteriza as comunidades "*Small Sats*". Na grande celebração anual dos *nanosats* em Logan, engenheiros meio *nerds* e relativamente autônomos se atualizam sobre novas engenhocas a serem integradas, manipulações a serem testadas, sobre os mais recentes *designs* inovadores.

Toda uma gama de paixões cognitivas e conhecimentos práticos é exercida e transmitida, seja no manuseio de explosivos, no astromodelismo, na concepção de foguetes-sondas ou no artesanato das oficinas de engenharia *Small Sats*. Os artesãos dessas tecnologias pouco onerosas, desenvolvidas por conta própria, em geral mantêm distância, em sua colaboração, da pesquisa militar ou do astrocapitalismo. O apego às técnicas e a procedimentos dominados do início ao fim confere sentido às atividades compartilhadas, em círculos e comunidades mais ou menos abertos, ou pelo menos exigindo pouco para a admissão de novos membros: basta o interesse pela tecnologia — interesse esse que, no fim das contas, pode ser refinado em maneiras alternativas de conceber as tecnologias espaciais, mais sóbrias e sustentáveis, em sentido inverso à corrida ao gigantismo das "megaconstelações" de satélites e da pulsão mercantil que justifica seu desenvolvimento.

---

* *Hacker*: indivíduo que se dedica intensamente a conhecer e modificar dispositivos, programas e redes de computação. [N. T.]

EPÍLOGO

O trecho reproduzido abaixo é de um artigo publicado em 1978 em *Science & Vie*, sob o título "A colonização do espaço".[1] Bem representativo de um certo enfoque complacente da mídia, muito comum em edições mais antigas dessa revista, o texto traduz a realidade quase cômica de um eterno retorno do mesmo: mesma representação do meio espacial, mesmos inevitáveis futuros que não chegam nunca. Na introdução, a visão de Jesco von Puttkamer, engenheiro aeroespacial, gerente sênior na NASA e escritor de ficção científica, já dá o tom: "O crescimento é uma característica da vida. Nós certamente vamos ultrapassar os limites da Terra. Caso contrário, a humanidade poderia ser apenas mais uma experiência fracassada da natureza". A continuação do artigo esmiúça essa tese inicial:

> A aventura começa dentro de dois anos, em 1980, quando entrar em funcionamento o primeiro veículo espacial resgatável e reutilizável, que vai diminuir espetacularmente o custo das viagens e transportes no espaço. [...] A etapa seguinte será a importação para a Terra de um recurso espacial abundante e de fácil transporte: a energia. [...] As riquezas do espaço são incalculáveis. No início, claro, a Terra é que vai fornecer materiais, energia, trabalho e capital necessários para implantar os primeiros colonos e suas naves no espaço. Mas a situação rapidamente vai mudar. [...] A escavação na Lua de uma superfície de um quilômetro

quadrado com profundidade de 15 metros ou então um simples asteroide de 300 metros de diâmetro bastaria para construir todos os satélites e estações espaciais até o ano 2000. [...] Ainda seria necessário importar do planeta-mãe hidrogênio, azoto e carbono, aparentemente encontrados no solo lunar apenas em quantidades pequenas, mas essa necessidade deixaria de existir a partir do momento em que for possível explorar com rentabilidade os materiais existentes nos asteroides. [...] Estaria aberta então a cortina para a segunda etapa da epopeia espacial: a construção de colônias permanentes, podendo cada uma abrigar entre 10 mil e 1 milhão de pessoas, cidades, fábricas, cultivos agrícolas e até mares interiores, com praias de areia a serem frequentadas pelos pioneiros do espaço em seus momentos de lazer. [...] Depois do estabelecimento dessas primeiras "ilhas do espaço", a situação seria radicalmente diferente, pois a contínua expansão da humanidade no vazio do sistema solar "custaria" cada vez menos. Em compensação, a Terra se beneficiaria de uma nova fonte de matérias-primas, energia e certos produtos fabricados. Com efeito, muitos produtos *made in space* seriam quase irreprodutíveis na Terra, pois sua fabricação seria propiciada pela ausência de gravidade e pelo vazio espacial. [...] Paradoxalmente, o homem no espaço ficará confinado a um espaço restrito, mas poderá moldá-lo a seu gosto, recriando lugares comparáveis aos mais agradáveis da Terra. Sua qualidade de vida será sem dúvida muito superior à da grande maioria dos terráqueos. Gradualmente, a proliferação da humanidade terá continuidade em todo o sistema solar, que é acessível até mesmo com os meios tecnológicos atuais. Essa etapa levaria o domínio da humanidade às imediações de Plutão, o planeta mais afastado do planeta-mãe, a uma distância de cerca de 5 bilhões de quilômetros. [...] Uma vez colonizado o sistema solar, e tendo a população humana ultrapassado cem quintilhões (100.000.000.000.000.000.000, ou 10),[26] o crescimento demográfico, ainda que não supere 0,5% ao ano, deverá rapidamente ser contido. A menos que o homem esteja preparado, então, para tomar a longa estrada em direção às fronteiras da nossa galáxia.[2]

É impressionante a atualidade desse texto, escrito há 45 anos. São ticados aqui todos os itens da boa tecnoutopia espacial, com suas grandes etapas culminando necessariamente no expansionismo cósmico. Uma evasão extra-atmosférica generalizada da espécie humana, já resumindo a precipitação cega de todo um sistema. Em 1978, contudo, a motivação desse "escapismo espacial" está menos ligada à questão das mudanças climáticas, como seria o caso hoje na busca desesperada de um "planeta B", do que à ameaça representada pela superpopulação. Voltando a *Science & Vie*:

> A colonização do espaço talvez abra um novo caminho para a expansão da humanidade. Mas não resolverá o problema, de grande urgência, do atual crescimento demográfico. Um dado basta para demonstrá-lo: em 1976, de acordo com as estatísticas, a população mundial aumentou em 64 milhões de habitantes. Esse crescimento anual exigiria o lançamento diário [em negrito no texto] de uma nave espacial com 178 mil passageiros!

De todo modo, encontramos no artigo preocupações facilmente transponíveis para os discursos de certos multibilionários atuais e dos pregadores do movimento "longotermista". Nascida no Vale do Silício e derivada de certas mentes privilegiadas da universidade britânica de Oxford, essa ideologia atualmente na moda sustenta que a humanidade tem um "potencial" a realizar, que consiste entre outras coisas em preservar a vida em escalas de tempo cósmicas, logo, em disseminá-la no espaço. Seria, antes de mais nada, uma ambição filantrópica: preservar a vida humana custe o que custar, a longuíssimo prazo, ainda que subvertendo a ordem de prioridades no presente. Desse ponto de vista, os efeitos imediatos das mudanças climáticas — migrações em massa, mortes — pesariam pouco na balança, frente a "riscos existenciais" (conceito tomado de empréstimo ao filósofo sueco transumanista e futurólogo Nick Bostrom) que ameaçam *de fato* as chances de realização do potencial da humanidade: guerra nuclear, pandemia mundial, controle exercido por sistemas de inteligência artificial. Como as tecnologias necessárias à conquista do espaço têm origem nos países ricos, eles deveriam ser apoiados prioritariamente, para não comprometer as chances de concretização do glorioso destino da humanidade. Não vamos aqui especular sobre o peso real dessa ideologia tóxica, racista, que cai sistematicamente nas armadilhas do consequencialismo. Cabe registrar apenas que ela dá novo fôlego à ideia de conquista e encontrou um poderoso embaixador na pessoa de Elon Musk.[3] De resto, o longotermismo se adequa perfeitamente às formas de um astrocapitalismo ávido de horizontes que continuam eternamente se afastando à medida que nos aproximamos, à base de muito capital de risco. No astrocapitalismo, as promessas irrealizáveis servem principalmente para levantar recursos. Em 2016, quando Musk expunha com toda pompa seu projeto de espécie humana interplanetária no Congresso Internacional de Astronáutica de Guadalaraja, sonhando em voz alta com a decolagem de milhares de naves para Marte a partir de 2024, a SpaceX estava em situação bem ruim, depois de uma segunda explosão do foguete *Falcon-9*: Musk precisava reavivar uma chama fronteirista quase apagada e, acessoriamente, restabelecer a confiança dos investidores.

A simples visão do planeta vermelho terraformado, exibida por trás do bilionário, deveria deixar com a pulga atrás da orelha especialistas e dirigentes de um velho continente eternamente acometido de complexo de inferioridade.[4] Os acontecimentos que se seguiram à invasão da Ucrânia pela Rússia agravaram ainda mais as dificuldades do posicionamento espacial europeu. E a indisponibilidade dos lançadores russos *Soyuz*, associada aos atrasos do *Ariane* 6, só serve para aumentar a preocupação. Meses depois, o fracasso do foguete italiano *Vega-C* (que completa a gama de lançadores do Ariane Group) dá o toque final de dramaticidade num quadro já sombrio: a Europa ficou para trás, para começar, no mercado dos lançadores, mas também do ponto de vista simbólico, na vertente dos voos tripulados. Trata-se de um diagnóstico propício à repetição dos erros e hesitações de sempre. Em setembro de 2022, foi o que pudemos constatar pessoalmente na 73ª edição do Congresso Internacional de Astronáutica em Paris.[5] Além das habituais contradições de um setor obcecado com o crescimento, meio inconsciente da gravidade do congestionamento orbital, assistimos à apresentação de um protótipo de veículo tripulado batizado de SUSIE (*Smart Upper Stage for Innovative Exploration*, ou *Estágio Inteligente Superior da Exploração Inovadora*) em um vídeo do Ariane Group. O aparelho seria lançado pelo *Ariane* 6 do Centro Espacial da Guiana, e poderia abastecer a Estação Espacial Internacional ou realizar voos em órbita baixa, para em seguida voltar à Terra. No salão, uma maquete materializava esse sonho, tendo como pano de fundo concepções artísticas de inspiração *New Age*. Como era de se esperar, o conceito fracassou: era pouco útil, perigoso (com capacidade de transporte de 7 toneladas, contra 150 no caso da *Starship*, sem sistema de ejeção em caso de problemas), de preço proibitivo e com apoio político bem relativo, depois da fase dos anúncios de efeito publicitário.

Mas o oba-oba já estava em ação: o velho continente *precisa* retomar os voos tripulados, deixar de se envergonhar dos fracassos passados nesse terreno. Em abril do ano seguinte, um "Grupo Consultivo de Alto Nível" reforça a tese, num relatório endereçado à Agência Espacial Europeia.[6] A mensagem é clara: a Europa deve afirmar sua presença em órbita, em torno da Lua e na Lua — "plataforma" escolhida para demonstrar excelência científica. Mais uma vez são convocados os argumentos habituais: os astronautas são fonte de inspiração, o setor espacial é uma porta de entrada para a ciência para o público jovem, uma oportunidade de desenvolver as tecnologias-chave de uma economia descarbonizada. As centrais solares orbitais (há experiências em andamento)[7] são citadas como uma das tábuas de salvação nas quais investir indistintamente, inclusive com fundos públicos. Todos esses esforços seriam afinal recompensados, pois se trata de conseguir uma parte do bolo (idealmente, um terço) avaliado em 1 trilhão de dólares em 2040.

É verdade que as ambições europeias em relação à Lua não são novas. Em 2016, Jan Wörner, na época diretor geral da Agência Espacial Europeia, já falava de construir cúpulas no satélite recorrendo à impressão em 3D, na mesma época em que eram promovidas oficinas em torno da ideia de uma "aldeia lunar", acompanhadas de simulações em terra.[8] Mas não devemos nos enganar: a Europa espacial ainda não caiu no longotermismo, embora seus porta-vozes autorizados, em sua busca de autonomia estratégica, pareçam às vezes ceder a certas ilusões cósmicas. Febris diante de Musk, eles se perdem alimentando a máquina de promessas, ao mesmo tempo em que têm dificuldade de se esquivar ao paradigma da conquista. A sedução do *New Space* fez alguns estragos, dando a entender que um mercado literalmente exponencial estaria ao alcance de uma infinidade de *startups*, apesar de serem raras as que de fato decolam, inclusive nos Estados Unidos. Difícil manter a coerência e a cabeça fria, ainda mais quando as perspectivas consistem em eternizar as promessas de ocupação humana do espaço ou contribuir para os projetos de "megaconstelações" (como a da Amazon, *Kuiper*, que vale ao *Ariane 6* um "contrato histórico" de dezoito lançamentos nos próximos anos).[9] É um raciocínio pelo absurdo e eterno dilema do crescimento verde: já que se vai poluir o espaço, que pelo menos a Europa e a França se beneficiem de alguma maneira.

Como vimos, contudo, nem tudo deve ser descartado no setor espacial. Só que não podemos deixar de constatar que o que determina suas orientações leva ao desastre. O constante dobrar de apostas em ritmo marcial, propagandista, extrativista e comercial torna tanto mais gritantes as realidades de um "planeta A" bastante maltratado. No fundo, a projeção marciana e a ideia bizarra da sua "terraformação" ilustram com lúgubre ironia a aberração de uma conquista astrocapitalista voltada efetivamente para um astro morto. E ao passo que as pesquisas astronômicas nos trazem descobertas cada vez mais numerosas de planetas distantes parecidos com o nosso (os exoplanetas) e potencialmente situados nas "zonas habitáveis"[10] de suas estrelas, territórios inteiros da Terra estão em vias de "marcioformação" [referência à desertificação] e às vezes já inabitáveis. Fica evidente, então, que os conquistadores do espaço e os coveiros da vida na Terra são os mesmos.

AGRADECIMENTOS

No espaço não há lugar para improviso. Várias pessoas doaram do seu tempo para reforçar a fiabilidade da nossa demonstração e conduzir este trabalho por uma boa trajetória. Queremos agradecer a Luc Bertrand, Virgile dall'Armellina e Emmanuelle Pérez-Tisserant: pela leitura criteriosa, eles foram fundamentais para depurar o livro de superfluidades e sobrepesos, página por página, capítulo por capítulo. A forma final lhes deve muito. Agradecemos também a Jérôme Lamy e Pierre Lionnet, que nos nutriram de sua expertise aguçada e propuseram o exame de novos materiais, ao mesmo tempo efetuando os adequados controles de vibração da carga útil a ser posta em órbita. Obrigado a Élisa Senon e Lucie Sénéchal pelas observações precisas que nos impediram de tomar certos atalhos e nos pouparam de outros tantos adiamentos na decolagem.

Escrever um livro requer isolar-se por um momento de um mundo em que as demandas se acumulam. Nossos entes queridos foram a água abundante que atenuou as ondas acústicas e garantiu a segurança da plataforma de lançamento. Pelo seu tempo e seu apoio, agradecemos a Marie-Anne Berlioz, Caroline Meslier Saint-Martin, Anouk Saint-Martin, Jacques, Laure, Nadja e Solal Berlioz, assim como a Sophie Régnauld.

Por fim, agradecemos a nossa editora, La Fabrique, e especialmente a Jean e Stella do centro de controle, que acreditaram em nós quando tínhamos apenas o esboço de um protótipo de primeiro estágio.

NOTAS

INTRODUÇÃO

1 Prince. *Sign O' the Times*, 1987.

2 Com uma propulsão de 39,8 meganewtons, ele tem potência maior que a do foguete *Saturn v* do programa Apollo (34 meganewtons). Não entraremos numa comparação com o foguete soviético *N1*, de 105 metros de altura e 46 meganewtons de propulsão, pois todos os testes realizados entre 1969 e 1972 fracassaram.

3 SEEDHOUSE, Erik. *The New Space Race: China vs. the United States*. Berlim: Springer-Praxis, 2010.

4 No momento em que escrevemos, o aterrissador lunar também pode ficar por conta, afinal, da empresa Blue Origin, com o *Blue Moon*.

5 Em 6 de fevereiro de 1971, o comandante da *Apollo 14*, Alan B. Shepard, astronauta profissional, jogou uma partida de golfe na Lua.

6 Alexandra Witze. "The $93-billion plan to put astronauts back on the Moon". *Nature*, v. 605, 12 de maio de 2022, pp. 212-216.

7 Entre as fontes que comparam as respectivas capacidades, dramatizando a competição, temos SEEDHOUSE, op. cit.

8 MIROWSKI, Philip. *Science-Mart: Privatizing American Science*. Cambridge (MA): Harvard University Press, 2011.

9 DICKENS, Peter; ORMROD, James. *Cosmic Society: Towards a Sociology of the Universe*. Londres: Routledge, 2009 [2007].

10 Martin Parker. "Capitalists in Space". *The Sociological Review*, v. 57, supl. 1, 2009, pp. 83-97.

11 Arnaud Saint-Martin. "Un nouvel esprit du capital-risque spatial? Sur quelques tendances récentes du financement de l'industrie spatiale américaine". *Entreprises et Histoire*, v. 102, n. 1, 2021, pp. 120-139.

12 Para um guia de boas práticas capitalistas destinado a investidores e empreendedores, ver: GREGG, Jack. *The Cosmos Economy: The Industrialization of Space*. Cham: Copernicus-Springer, 2021.

13 RUBENSTEIN, Mary-Jane. *Astrotopia: The Dangerous Religion of the Corporate Space Race*. Chicago: The University of Chicago Press, 2022.

14 Arnaud Saint-Martin. "S'approprier la Lune? Une histoire longue et contrariée des prospections de l'économie lunaire, aux États-Unis et au-delà". *Revue française de socioéconomie*, n. 30, 2023, pp. 169-187.

15 Katarina Damjanov. "Commodity and the commons: accumulations of capital on the space frontier". *Journal of Cultural Economy*, v. 15, n. 5, 2022, pp. 584-598.

16 NEUFELD, Michael J. *Spaceflight: A Concise History*. Cambridge (MA): The MIT Press, 2018.

17 JASANOFF, Sheila; KIM, Sang-Hyun (eds.). *Dreamscapes of Modernity: Sociotechnical Imaginaries and the Fabrication of Power*. Chicago: The University of Chicago Press, 2015.

18 Ver, em especial: DEGROOT, Gerard. *Dark Side of the Moon: The Magnificent Madness of the American Lunar Quest*. Londres: Vintage, 2008 [2007]; RUBENSTEIN, op. cit.; SCHARMEN, Fred. *Space Forces: A Critical History of Life in Outer Space*. Londres: Verso, 2021.

19 A bibliografia, nesse quesito, é vasta. Entre as referências generalistas em francês: DUPAS, Alain. *La Nouvelle Conquête spatiale*. Paris: Odile Jacob, 2010; VILLAIN, Jacques. *À la conquête de l'espace. De Spoutnik à l'homme sur Mars*. Paris: Vuibert, 2008; PASCO, Xavier. *Le Nouvel Âge spatial. De la Guerre froide au New Space*. Paris: CNRS Éditions, 2017.

20 ARNOULD, Jacques. *Oublier la Terre? La conquête spatiale 2.0*. Paris: Le Pommier, 2018.

21 Entre outros, ver: BERINSTEIN, Paula. *Making Space Happen: Private Space Ventures and the Visionaries Behind Them*. Medford (NJ): Plexus, 2002; DUBBS, Chris; PAAT-DAHLSTROM, Emeline. *Realizing Tomorrow: The Path to Private Spaceflight*. Lincoln: University of Nebraska Press, 2011; HARRIS, Philip R. *Space Enterprise: Living and Working Offworld in the 21st Century*. Chichester: Praxis-Springer, 2009; PELTON, Joseph. *The New Gold Rush: The Riches of Space Beckon!*. Cham: Springer-Copernicus, 2017; PYLE, Rod. *Space 2.0: How

Private Spaceflight, a Resurgent NASA, *and International Partners Are Creating a New Space Age*. Dallas: BenBella Books-National Space Society, 2019.

22 DUPA, Alain; CHATELIN, Charles. *Le Destin cosmique de l'humanité*. Paris: Odile Jacob, 2020.

23 EDWARDS, Paul N. *The Closed World: Computers and the Politics of Discourse in Cold War America*. Cambridge (MA): The MIT Press, 1996.

CAPÍTULO I

1 MICHEL, Jean. *Dora, Dans l'enfer du camp de concentration où les savants nazis préparaient la conquête de l'espace*. Paris: JC Lattès, 1975, p. 297.

2 Cabe registrar a existência de uma literatura, inclusive recente, que levanta de novo a questão da contribuição dos engenheiros do III Reich à astronáutica. Com raras exceções, contudo, ela é de língua inglesa, voltada para um público leitor especializado. Outra fonte a ser levada em conta é o YouTube, onde diferentes contribuições de especialistas da astronáutica voltam a dar concretude, inclusive pela imagem, a esse período histórico. Para as contribuições mais recentes, ver: O'REAGAN, Douglas M. *Taking Nazi Technology: Allied Exploitation of German Science after the Second World War*. Baltimore: The Johns Hopkins University Press, 2019; em francês, TEDOLDI, Michel. *Un pacte avec le diable*. Paris: Albin Michel, 2023.

3 LUNDQUIST, Charles A. *Transplanted Rocket Pioneers*. Huntsville: The University of Alabama Press, 2015.

4 A operação *Overcast*, iniciada antes do fim da Segunda Guerra Mundial, seria aprofundada no ano seguinte com o projeto *Paperclip*, que tinha como objetivo tirar proveito dos engenheiros e cientistas alemães de alto nível, úteis para os programas técnico-científicos, industriais e comerciais do pós-guerra. Ver: GIMBEL, John. *Science, Technology, and Reparations: Exploitation and Plunder in Postwar Germany*. Stanford: Stanford University Press, 1990, cap. 3.

5 Ver, por exemplo, a sumária descrição do percurso do engenheiro e oficial nazista Wernher von Braun no livro *Histoire de la conquête spatiale*, escrito em colaboração por Frank Lehot e o ex-espaçonauta francês Jean-François Clervoy. Toda a informação cabe em poucas linhas, mencionando sua paixão juvenil pela astronáutica e a participação na concepção dos mísseis *V-2* para o exército alemão em 1932 — data das mais significativas —, uma verdade bem parcial em relação à realidade histórica que detalhamos neste capítulo. Ver: CLERVOY, Jean-François; LEHOT, Frank. *Histoire de la conquête spatiale*. Louvain-la-Neuve: De Boeck Sup, 2015, p. 16.

6 MCDOUGALL, Walter. *The Heavens and the Earth: A Political History of the Space Age*. Nova York: Basic Books, 1985, p. 41.

7 Essa é a palavra usada desde o início, e até o começo da década de 1950, para caracterizar seu papel operacional. O emprego do termo "cientista" começaria a dominar na "era espacial", assim como "*rocket scientist*". O historiador Michael J. Neufeld, cujas pesquisas sobre os engenheiros do III Reich são tidas como referência, justificadamente preconiza as designações engenheiro e engenheiro balístico e/ou espacial, rompendo com esses empregos melhorativos impróprios. É o que faremos.

8 General DORNBERGER, Prefácio. In: KLEE, Ernst; MERK, Otto. *Les Pionniers de l'espace (des V-2 à Cap Canaveral. Les archives secrètes de Peenemünde, saisies par les Américains en 1945, s'ouvrent pour la première fois*. Paris: Albin Michel, 1964, p. 10.

9 WALKER, Mark. "Twentieth-Century German Science: Institutional Innovation and Adaptation". In: KRIGE, John; PESTRE, Dominique (eds.). *Companion to Science in the Twentieth Century*. Londres: Routledge, 2003 [1997], p. 808.

10 BODE, Volkhard; KAISER, Gerhard. *Building Hitler's Missiles: Traces of History in Peenemünde*. Berlim: Ch. Links Verlag, 2008; NEUFELD, Michael J. *The Rocket and the Reich: Peenemünde and the Coming of the Ballistic Missile Era*. Nova York: The Free Press, 1995; PETERSEN, Michael B. *Missiles for the Fatherland: Peenemünde, National Socialism and the V-2 Missile*. Cambridge (RU): Cambridge University Press, 2009.

11 WINTER, Frank H. *Prelude to the Space Age: The Rocket Societies: 1924-1940*. Washington: Smithsonian Institution, 1983.

12 BRANDAU, Daniel. *Raketenträume. Raumfahrt- und Technikenthusiasmus in Deutschland 1923-1963*. Paderborn: Ferdinand Schöningh, 2019, pp. 27-70.

13 A lembrança de Max Valier (1895-1930) paira sobre os primeiros momentos da balística espacial. Cofundador da VfR ao lado de Oberth, autor de *Der Vorstoß in den Weltenraum* (*A conquista do espaço*, 1924), fabricante de utopias cósmicas de nicho, ele inventa automóveis e diversos veículos voadores equipados com motores-foguetes, antecedendo nisso o magnata do automóvel Fritz von Opel. Em 1930, em Berlim, morre acidentalmente durante o teste de um motor-foguete movido a propelente líquido. Seu assistente, Arthur Rudolph, escapa, dando continuidade ao desenvolvimento dessa tecnologia em Peenemünde. BURROWS, William E. *This New Ocean: The Story of the First Space Age*. Nova York: Random House, 1999 [1998], pp. 52-53.

14 Michael Neufeld desacreditou o clichê — enunciado em interesse próprio por Dornberger — segundo o qual os serviços de armamento da defesa do *Reich* (*Reichswehr*) teriam apoiado o desenvolvimento da tecnologia dos

mísseis-foguetes leves a partir de 1929 porque ela não era proibida pelo Tratado de Versalhes. Na verdade, o exército violava essas restrições sem o menor escrúpulo. Michael J. Neufeld, "The Reichswehr, the Rocket and the Versailles Treaty: A Popular Myth Reexamined". *Journal of the British Interplanetary Society*, v. 53, 2000, pp. 163-172.

15 A concepção do *A1* remonta a 1933. Von Braun trabalhou nele ao lado de colegas como Arthur Rudolph, sob a direção técnica e militar de Dornberger. A Wehrmacht financiou essas pesquisas, assim como as do *A2*, do *A3* etc.

16 TOOZE, Adam. *The Wages of Destruction: The Making and Breaking of the Nazi Economy*. Londres: Penguin Books, 2006.

17 SPEER, Albert. *Au cœur du Troisième Reich*. Paris: Fayard-Pluriel, 2010 [1971], p. 518. Nesse dia, o jovem von Braun — 31 anos — fica igualmente fascinado com o "olhar sobrenatural" e o "fluido mágico" (*sic*) do Führer. RULAND, Bernd. *Wernher von Braun. Ma vie pour l'espace*. Paris: Stock, 1969, p. 87.

18 NEUFELD, *The Rocket and the Reich*, op. cit., pp. 185, 188-189.

19 PETERSEN, *Missiles for the Fatherland*, op. cit., cap. 4.

20 Elas são desenvolvidas pela Luftwaffe desde 1939, em Peenemünde. Lançados em velocidade subsônica de uma rampa especialmente destinada a eles ou de um bombardeiro, esses mísseis de cruzeiro (8 metros de comprimento, mais de 2 toneladas no lançamento, capacidade de carga de 800 quilos, alcance de 200 quilômetros) revelam-se devastadores. São considerados operacionais em junho de 1944. Até meados de agosto, 8.617 *V-1* foram disparados: 2.344 atingem a região de Londres, provocando 5.143 mortes e ferindo outras 14.756 pessoas. As defesas antiaéreas montadas em seguida para interceptá-los diminuíram consideravelmente o impacto dos *V-1*, mas não eram suficientemente reativas para destruir os *V-2*. RIVA, Michel. *Les Apprentis Sorciers. Fritz Haber, Wernher von Braun, Edward Teller*. Paris: Seuil, 1996, p. 133.

21 Entre outros: BÉON, Yves. *La Planète Dora*. Paris: Seuil, 1985; MICHEL, *Dora. Dans l'enfer du camp de concentration où les savants nazis préparaient la conquête de l'espace*, op. cit.; SELLIER, André. *Histoire du camp de Dora*. Paris: La Découverte, 2010 [1998]; SCHAFFT, Gretchen; ZEIDLER, Gerhard. *Commemorating Hell: The Public Memory of Mittelbau-Dora*. Urbana: University of Illinois Press, 2011; THIERY, Laurent (dir.). *Le Livre des 9.000 déportés de France à Mittelbau-Dora. Camp de concentration et d'extermination par le travail*. Paris: Le Cherche-Midi, 2020.

22 ALLEN, Michael Thad. *The Business of Genocide: the SS, Slave Labor, and the Concentration Camps*. Chapel Hill: The University of North Carolina Press, 2002, pp. 222-228.

23 NEUFELD, *The Rocket and the Reich*, op. cit., p. 228. Em agosto de 1944, von Braun, diretamente envolvido na organização concentracionária, visita Buchenwald, onde são fabricados componentes elétricos do *A4*. Comunica então ao comandante do campo seu projeto para transferir os prisioneiros mais competentes para a Mittelwerk, visando a montagem de um laboratório de testes.

24 Ibid., p. 264.

25 A respeito de Kammler, Dornberger guardou a lembrança de uma "personalidade viril, bela e cativante", ao passo que von Braun diria aos pais, em 1946, que o general Waffen-SS "era o maior bandido e aventureiro que jamais conheceu. Temperamento acrobático, personalidade dinâmica, ator, criminoso: todos na mesma pessoa". Reproduzido por Michael J. Neufeld (*Von Braun: Dreamer of Space, Engineer of War*. Nova York: Vintage Books, 2007, p. 159), que, no entanto, frisa a ignorância dos dois oficiais de Peenemünde quanto ao currículo de Kammler, construtor dos campos da morte — no exato momento em que manifestam seu fascínio pelo preposto de Himmler. Segundo a versão oficial, Kammler suicidou-se na Boêmia em 9 de maio de 1945, mas há alguns anos circulam outras versões. Ele teria sido capturado pelo Exército americano em virtude do seu conhecimento das armas "milagrosas" e mantido secretamente na prisão, onde teria cometido suicídio em 1947. Sua morte permitiu que Dornberger, von Braun, Rudolph e os outros lhe atribuíssem toda a culpa pelos crimes cometidos nas galerias da Mittelwerk. (DÖBERT, Frank; KARLSCH, Rainer. "Hans Kammler, Hitler's Last Hope, in American Hands". *Working Paper*, n. 91, Cold War International History Project, Woodrow Wilson International Center for Scholars, Washington, agosto de 2019.) Em seu livro *The Hidden Nazi: The Untold Story of America's Deal with the Devil* (Washington: Regnery History, 2019), Dean Reuter (jurista e vice-presidente de uma organização conservadora e libertária) afirma, baseando-se em documentos de arquivo até então secretos, que Kammler teria sido levado para os Estados Unidos pelo Escritório de Serviços Estratégicos (Office of Strategic Services). Posteriormente, teria migrado para a América do Sul, como tantos outros. Dornberger e von Braun teriam contribuído ativamente para essa fuga durante a rendição do grupo de Peenemünde.

26 ALLEN, *The Business of Genocide*, op. cit., p. 140 *sq.*; INGRAO, Christian. *La Promesse de l'Est. Espérance nazie et génocide (1939-1943)*. Paris: Seuil, 2016, pp. 227-253.

27 BODE; KAISER, *Building Hitler's Missiles*, op. cit., p. 74.

28 NEUFELD, *The Rocket and the Reich*, op. cit., p. 274.

29 Entre as referências: SIMPSON, Christopher. *Blowback: America's Recruitment of Nazis and Its Effects on the Cold War*. Nova York: Weidenfeld & Nicolson,

1988; HUNT, Linda. *Secret Agenda: The United States Government, Nazi Scientists and Project Paperclip, 1945 to 1990*. Nova York: St Martin's Press, 1991; CRIM, Brian E. *Our Germans: Project Paperclip and the National Security State*. Baltimore: The Johns Hopkins University Press, 2018; JACOBSEN, Annie. *Operation Paperclip: The Secret Intelligence Program that Brought Nazi Scientists to America*. Nova York: Little, Brown and Company, 2014.

30 DEVORKIN, David. *Science With a Vengeance: How the Military Created the US Space Sciences After World War II*. Nova York: Springer, 1992.

31 DUFFY, James P. *Target: America. Hitler's plan to attack the United States*. Westport (CT): Praeger, 2008 [2004], pp. 77-80. Apesar disso, os americanos se mostram desconfiados. Em março de 1947, Dornberger e von Braun são longamente interrogados pelos serviços americanos de inteligência, como revelam documentos secretos (*Project Abstract*) consultados por D. Reuter no fim da década de 2010. O Serviço Secreto suspeita que von Braun teria enterrado muitos documentos estratégicos na região de Nordhausen, transferindo-os depois para os Estados Unidos, e que pretenderia relançar um programa de mísseis-foguetes na Alemanha depois de sua eventual libertação. Ver: REUTER, *The Hidden Nazi*, op. cit., p. 261 *sq*.

32 É o caso de um artigo ("Le Docteur Braun déclare: 'Mon *V-2* est la plus belle invention de la paix'" [O dr. Braun declara: O meu *V-2* é a mais bela invenção da paz.]) publicado na revista *Ambiance* em 25 de julho de 1945: "O doutor Braun tem trinta e quatro anos, um sorriso amável ilumina seu rosto e ele responde gentilmente às perguntas. Entretanto, por trás dessa testa que se inclina polidamente para aquiescer é que nasceu a mais terrível máquina de guerra do mundo: o *V-2*. Um repórter do *Daily Express* encontrou-o e entrevistou-o, e no fim da reportagem não foi capaz de dizer se, nesse estranho caso, se tratava de monstruoso cinismo ou total inconsciência". Em artigo intitulado "Peenemünde, la cité interdite" [Peenemünde, a cidade proibida], publicado em *France-Soir* em 27 de maio de 1947, Jacques Marette deixa transparecer um certo fascínio: "A guerra não tinha o menor interesse, a destruição e a morte, tampouco; a vitória alemã só o preocupava na medida em que lhe permitia realizar seus projetos. Tal como chamado por Hitler — e só ele recebera esse título quase oficialmente —, ele era o 'Professor'. Um cientista revisitado toda manhã, como um relógio, por esta dupla ideia fixa: os foguetes, a Lua!".

33 DORNBERGER, Walter. *V-2: der Schuß ins All*. Esslingen: Bechtle, 1952. Tradução francesa: *L'Arme secrète de Peenemünde*. Paris: J'ai lu, 1961.

34 Walter Dornberger, "The German V-2", *Technology and Culture*, v. 4, n. 4, 1963, p. 406.

35 NEUFELD, *The Rocket and the Reich*, op. cit., p. 219.

36 Em 22 de março de 1944, von Braun (juntamente com seu irmão Magnus, Klaus Riedel e Helmut Gröttrup) é detido pela Gestapo por ordem de Himmler, sob suspeita de privilegiar a construção de uma nave espacial em detrimento do desenvolvimento dos mísseis-foguetes. Por ser um elemento indispensável, a acusação de sabotagem não é mantida e ele é libertado, em particular depois da intervenção de Speer. NEUFELD, *Von Braun*, op. cit., pp. 169-171.

37 Ele ainda faria uso da patente nos Estados Unidos, depois da guerra, o que evidencia que se orgulhava dela.

38 O barão von Braun nasceu em família de aristocratas plenamente integrados na elite alemã. Em 1932, seu pai foi nomeado ministro da Agricultura do governo reacionário de Franz von Papen (o "gabinete dos barões"). Nacionalista, conservador, mas nem por isso militante da causa nazista, estava ainda assim socialmente predisposto a se posicionar entre os maiores entusiastas do regime. Entra para o partido nazista, o NSDAP, em 1937, e, depois da guerra, justificaria a decisão alegando que isso era uma obrigação tácita de todo aquele que ocupasse posição de destaque no aparelho de Estado nazista — o que era seu caso.

39 PETERSEN, *Missiles for the Fatherland*, op. cit.

40 EISFELD, Rainer. *Mondsüchtig: Wernher von Braun und die Geburt der Raumfahrt aus dem Geist der Barbarei*. Springe: zu Klampen!, 2012 [1996].

41 PETERSEN, *Missiles for the Fatherland*, op. cit., pp. 13-47.

42 WHITMAN, James Q. *Le Modèle américain d'Hitler. Comment les lois raciales américaines inspirèrent les nazis*. Paris: Armand Colin, 2018.

43 KAKEL, Carroll P. *The American West and the Nazi East: A Comparative and Interpretative Perspective*. Basingstoke: Palgrave Macmillan, 2011; WHITMAN, *Le Modèle américain d'Hitler*, op. cit.

44 PETERSEN, *Missiles for the Fatherland*, op. cit.

45 GREENHAW, Wayne. *Fighting the Devil in Dixie: How Civil Rights Activists Took on the Ku Klux Klan in Alabama*. Chicago: Lawrence Hill Books, 2011.

46 WADE, Craig. *The Fiery Cross: The Ku Klux Klan in America*. Nova York: Oxford University Press, 1998.

47 Glenn Feldman. "Soft Opposition: Elite Acquiescence and Klan-Sponsored Terrorism in Alabama, 1946-1950". *The Historical Journal*, v. 40, n. 3, 1997, pp. 753-777.

48 NOLAN, Mary. *Visions of Modernity: American Business and the Modernization of Germany*. Nova York: Oxford University Press, 1994, pp. 30-42.

49 AMBLARD, Damien. *Le "fascisme" américain et le fordisme*. Paris: Berg International, 2014.

50 A indústria automobilística representa o essencial dos negócios da Ford Motor Company, mas em 1956 seus dirigentes investiram no setor aeroespacial. A empresa compra a PHILCO, especializada em rádios e baterias. Em 1963, a PHILCO-Ford se impõe na concorrência com as empresas estabelecidas ao obter o importante contrato para concepção e instalação do centro de controle de voos tripulados na base espacial de Houston. As telas, os *consoles* e o clima febril do Centro de Controle de Missão continuam a alimentar o folclore do programa Apollo.

51 OVERY, R. J. *War and Economy in the Third Reich.* Oxford: Clarendon Press, 1994, pp. 343-375.

52 Entre os empresários industriais da burguesia conservadora, em geral pouco inclinados a defender a República de Weimar, variou o grau de aceitação do novo regime nazista, alternando entre raras adesões precoces ao hitlerismo já antes de 1933 (Emil Kirdorf e Fritz Thyssen), oportunismo, adesismo forçado e desconfiança. Mas se evidencia uma adaptação geral dos empresários e dirigentes das indústrias consideradas "indispensáveis" (naturalmente, as de armamento e conexas) depois de alguns anos de política econômica do III *Reich.* Wener Plumpe, "Les entreprises sous le nazisme: bilan intermédiaire". *Histoire, Économie & Société,* v. 24, n. 4, 2005, pp. 453-472.

53 BILLSTEIN, Reinhold; KUGLER, Anita; LEVIS, Nicholas. *Working For The Enemy: Ford, General Motors, And Forced Labor In Germany During The Second World War.* Nova York: Berghahn Books, 2000.

54 Ver a investigação aprofundada de: BLACK, Edwin. IBM *and the Holocaust: The Strategic Alliance between Nazi Germany and America's Most Powerful Corporation.* Nova York: Three Rivers Press, 2002 [2001].

55 Criado em 1915, esse organismo tem como finalidade dar assistência técnica ao desenvolvimento da aviação e organizar sua indústria (HENRY, John. *Orders of Magnitude: A History of the* NACA *and* NASA, *1915-1990.* Washington: NASA, 1989; MCCURDY, Howard E. *Inside* NASA*: High Technology and Organizational Change in the* U.S. *Space Program.* Baltimore: The Johns Hopkins University Press, 1993). São favorecidas as aplicações aeronáuticas militares, ao passo que as pesquisas de Robert Goddard sobre foguetes movidos a propelente líquido são marginalizadas no deserto do Novo México, contando apenas com o apoio da Fundação Guggenheim. Como frisou Alexander MacDonald, contudo, Goddard sempre se esforçou por tornar seus conceitos e experiências interessantes para o Exército. Logo depois da Primeira Guerra Mundial, preconizou o transporte de armas químicas em foguetes balísticos, ou então — com certo grau de especulação, considerando-se o estado da tecnologia na época — o envio de um foguete explosivo à Lua. Só a partir de 1942-1943 o financiamento militar se torna abundante: enquanto os *V-4* ainda estavam em desenvolvimento em

Peenemünde, Goddard consegue banalizar a ideia de que os foguetes podem desempenhar um papel estratégico crítico para as forças armadas. Sua campanha em favor das viagens interplanetárias articula-se com uma abordagem de engenheiro de armamentos, à maneira de von Braun e outros pioneiros como Hermann Oberth. Ver: MACDONALD, Alexander. *The Long Space Age: The Economic Origins of Space Exploration From Colonial America to the Cold War*. New Haven: Yale University Press, 2017, pp. 121-123, 126, 155.

56 DUNAR, Andrew J.; WARING, Stephen P. *Power to Explore: A History of Marshall Space Flight Center, 1960-1990*. Washington: NASA History Series, 1999.

57 Michael J. Neufeld, "The End of the Army Space Program: Interservice Rivalry and the Transfer of the Von Braun Group to NASA, 1958-1959". *The Journal of Military History*, v. 69, n. 3, 2005, pp. 737-757.

58 Ao mesmo tempo, persiste uma certa desconfiança. O primeiro diretor adjunto da NASA, T. Keith Glennan, adverte para a incompatibilidade dos "princípios" de organização dos antigos profissionais de Peenemünde com a "democracia". Ver: DUNAR; WARING, *Power to Explore*, op. cit., p. 26.

59 Em 1950, contudo, os oficiais do Exército dos Estados Unidos consideram, com base na vigilância dos serviços de informação, que Kurt Debus "deu todas as provas de que abraçou a democracia e o estilo de vida americano. Seu valor para nosso país, em virtude de suas qualificações técnicas e do seu conhecimento dos projetos atuais e futuros no seu campo, é mais importante do que levar em conta sua atividade nazista". LANEY, Monique: *German Rocketeers in the Heart of Dixie: Making Sense of the Nazi Past During the Civil Rights Era*. New Haven: Yale University Press, 2015, pp. 37-38. Ver também: CRIM, Brian E. *Our Germans: Project Paperclip and the National Security State*. Baltimore: The Johns Hopkins University Press, 2018, p. 75.

60 Entrevista com Georg von Tiesenhausen, 22 de janeiro de 1990, por Michael J. Neufeld, *Peenemünde Interviews Project*, National Air and Space Museum.

61 WOODRUM, Robert H. *"Everybody was Black down There": Race and Industrial Change in the Alabama Coalfields*. Athens: The University of Georgia Press, 2007, p. 151.

62 DUNAR; WARING, *Power to Explore*, op. cit., p. 19. Stephen B. Johnson, *The Secret of Apollo: Systems Management in American and European Space Programs*. Baltimore: The Johns Hopkins University Press, 2002, pp. 123-124. Note-se, de passagem, que os "novos métodos" dos empreendedores do *New Space*, especialmente os aplicados pela SpaceX (integração vertical, construção "sob o mesmo teto", teste/retificação etc.), seguem na verdade receitas já testadas.

63 Ver: VAUGHAN, Diane. *The Challenger Launch Decision: Risky Technology, Culture, and Deviance at NASA*. Chicago: The University of Chicago Press,

1996, p. 216. Essa cultura organizacional, que se revelou tão eficaz no decorrer do programa lunar da década de 1960, ficou engessada nas décadas seguintes. Após a partida dos chefes de Peenemünde no fim dos anos 1970, houve um esmorecimento da gestão de controle total e da focalização em uma missão clara com financiamento sem limites, ou quase. O projeto Marshall descansou nas costas dos prestadores, diluiu as cadeias de comando e passou a enfrentar a hostilidade de uma parte do *establishment* político. Antes conservadora e defensiva, baseada na autoridade técnica dos engenheiros, a cultura organizacional gerencializou-se e se tornou disfuncional, criando condições para fracassos desastrosos anos depois, em particular o trágico acidente do ônibus espacial *Challenger* em janeiro de 1986. Ver: Guy B. Adams e Danny L. Balfour, "An Historical Analysis of a Destructive Organizational Culture: The Von Braun Team, the Marshall Space Flight Center and the Space Shuttle Challenger Disaster", *Administrative Theory & Praxis*, v. 20, n. 3, 1998, pp. 300-314.

64 DUNAR; WARING, *Power to Explore*, op. cit., pp. 64, 118.

65 Ibid., pp. 64-65.

66 LOGSDON, John M. *John F. Kennedy and the Race to the Moon*. Basingstoke: Palgrave Macmillan, 2010.

67 In: STUHLINGER, Ernst; ORDWAY III, Frederick I.; MCCALL, Jerry C.; BUCHER, George C. (eds.). *From Peenemünde to Outer Space: Commemorating the Fiftieth Birthday of Wernher von Braun*. Huntsville (AL): George C. Marshall Space Flight Center/NASA, 1962, p. 853.

68 COHEN, Yves. *Le Siècle des chefs. Une histoire transnationale du commandement et de l'autorité (1890-1940)*. Paris: Éditions Amsterdam, 2013.

69 DUNAR; WARING, *Power to Explore*, op. cit., p. 48.

70 MAILER, Norman. *Of Fire on the Moon*. Boston: Little, Brown & Co., 1969, p. 27.

71 SAGE, Daniel. *How Outer Space Made America: Geography, Organization and the Cosmic Sublime*. Farnham: Ashgate, 2014, pp. 57-60.

72 Os executivos do Centro Marshall tinham como método "penetrar" nas empresas terceirizadas para fiscalizar o desempenho da mão de obra, o que irritava os prestadores, preocupados em fazer valer a própria autonomia na realização das missões para as quais haviam sido selecionados pela NASA. DUNAR; WARING, *Power to Explore*, op. cit., p. 44.

73 Secretariado, "L'homme de Dora Von Braun en visite à Paris", *Bulletin de l'Association française Buchenwald-Dora et leurs commandos*, n. 71, junho de 1967, p. 1, anunciado em *Le Monde*, 17 de março de 1967.

74 NEUFELD, Michael J. "'Smash the Myth of the Fascist Rocket Baron': East German Attacks on Wernher von Braun in the 1960s". In: GEPPERT, Alexander

C. T. (ed.). *Imagining Outer Space*. Basingstoke: Palgrave Macmillan, 2012, pp. 106-126.

75 Daniel Brandau. "Peenemünde Contested: Remembering Second World War Technologies in Rural East Germany From 1984 to 1992". *Journal of Educational Media, Memory, and Society*, v. 14, n. 1, 2022, pp. 98-127, p. 104.

76 Ibid.

77 U.S. Government Information, Proceedings of Congress and General Congressional Publications, v. 123, part. 7, 16-23 março de 1977, pp. 8714-8721. Disponível em: <https://www.govinfo.gov/app/details/GPO-CRECB- 1977-pt7/GPO-CRECB-1977-pt7-6-1>.

78 Jimmy Carter, Death of Wernher von Braun Statement by the President, 17 de junho de 1977, The American Presidency Project. Disponível em: <https://www.presidency.ucsb.edu/node/243804>. Acesso em: 24 dez. 2022.

79 Eberhard Rees, OHI, entrevista a Donald Tarter e Konrad Dannenberg, Huntsville, Alabama, 1985. Citado in: *Power to explore*, op. cit., p. 11.

80 NEUFELD, Michael J. "Creating a Memory of the German Rocket Program for the Cold War". In: DICK, Steven J. (ed.). *Remembering the Space Age*. Washington: NASA History Office, 2008, pp. 71-87.

81 ALLEN, *The Business of Genocide*, op. cit., pp. 213-214.

82 SCHAFFT; ZEIDLER, *Commemorating Hell*, op. cit., p. 165.

83 WEGENER, Peter P. *The Peenemünde Wind Tunnels: A Memoir*. New Haven: Yale University Press, 1996, p. 154.

84 Ralph Blumenthal, "Papers show Saturn rocket chief was called 'ardent Nazi' by U.S.". *The New York Times*, 8 de novembro de 1984.

85 FBI, Arthur Louis Hugo Rudolph, part 1 of 1, BUFILE 105-11507. Disponível em: <https://vault.fbi.gov>.

86 MICHEL, *Dora. Dans l'enfer du camp de concentration où les savants nazis préparaient la conquête de l'espace*, op. cit.

87 LANEY, *German Rocketeers in the Heart of Dixie*, op. cit., p. 152.

88 Ibid., pp. 164-200.

89 Ibid., p. 167.

90 Em especial promovendo contrainvestigações para tentar eximir Rudolph. Por exemplo, este livro de FRANKLIN, Thomas, pseudônimo de Hugh McInnish, antigo engenheiro de Redstone: *An American in Exile: The Story of Arthur Rudolph*. Huntsville: Christopher Kaylor Co., 1987.

91 Cabe notar que o personagem ainda desperta admiração em muitos meios, inclusive na SpaceX, onde havia, pelo menos em 2016, uma sala de reunião

com seu nome. Ver: VANCE, Ashlee. *Elon Musk: How the Billionaire* CEO *of SpaceX and Tesla is Shaping our Future.* Londres: Virgin Books, 2015, p. 224.

92 Jeffrey Zaslow, "In Huntsville, Ala., Rocketeers' Legacy Has Complex Echoes", *The Wall Street Journal*, 10 de novembro de 2004.

93 "NASA Refuses to Comment on its Former Official", *The New York Times*, 18 de outubro de 1984.

94 Krafft A. Ehricke, "The Extraterrestrial Imperative", *The New York Times*, 31 de março de 1972. Ver também: "Extraterrestrial Imperative", Conference paper, NASA. Marshall Space Flight Center Space for Mankind's Benefit, 1º de janeiro de 1972. Disponível em: <https://ntrs.nasa.gov/citations/19730005136>.

95 GIRY, Julien. "Lyndon LaRouche, une étude de cas. Quand la radicalité en vient à questionner la rationalité [en] politique". In: FRANÇOIS, Stéphane (dir.). *Un 21e siècle irrationnel? Analyses pluridisciplinaires des pensées alternatives.* Paris: CNRS Éditions, 2018, pp. 127-129. Para LaRouche, a grande visão de Ehricke sobre a futura expansão ilimitada da civilização industrial no espaço, inicialmente pela colonização da Lua, depois de Marte, é uma resposta ao relatório do Clube de Roma "Os limites do crescimento", publicado em 1972.

96 FREEMAN, Marsha. *How We Got to the Moon: The Story of the German Space Pioneers.* Washington: 21st Century Science Associates, 1993, com prefácio de Konrad Dannenberg, contendo uma defesa obstinada da aventura de Peenemünde. Colaboradora regular de publicações larouchistas, ferrenha defensora das "realizações estelares dos pioneiros alemães do espaço", Freeman enxerga por trás dos ataques a Rudolph uma frente convergente de ambientalistas anti-indústria, lobistas antiamericanos, sabotadores soviéticos e traidores da nação. Marsha Freeman, "Arthur Rudolph, space pioneer", *Executive Intelligence Review*, v. 23, n. 4, 1996, pp. 48-50.

97 *Colonize Space! Open the Age of Reason, Proceedings of the Krafft A. Ehricke Memorial Conference*, 15-16 de junho de 1985. Nova York: New Benjamin Franklin House, 1985.

98 Mark R. Campbell, Stanley R. Mohler, Viktor A. Harsch, Denise Baisden, "Hubertus Strughold: The 'Father of Space Medicine'", *Aviation, Space, and Environmental Medicine*, v. 78, n. 7, 2007, pp. 716-719.

99 CAMPBELL, Mark R.; HARSCH, Victor A. *Hubertus Strughold: Life and work in the fields of space medicine.* Neubrandenburg: Rethra Verlag, 2013, pp. 96-118.

100 WEINDLING, Paul Julian. *Nazi Medicine and the Nuremberg Trials: From Medical War Crimes to Informed Consent.* Basingstoke: Palgrave Macmillan, 2004, pp. 311-312.

101 Sarah Scoles, "The Doctor From Nazi Germany and the Search for Life on Mars", *The New York Times*, 24 de julho de 2020.

102 Lucette Lagnado, "A Scientist's Nazi-Era Past Haunts Prestigious Space Prize", *Wall Street Journal*, 30 de novembro de 2012.

103 PELLIS, Neal R. "Ethics in Space Medicine: Holocaust Beginnings, the Present, and the Future". In: RUBENFELD, Sheldon; BENEDICT, Susan (eds.). *Human Subjects Research after the Holocaust*. Cham: Springer, 2014, pp. 217-222.

104 Michael J. Neufeld, "The Nazi Aerospace Exodus: Towards a Global, Transnational History", *History and Technology: An International Journal*, v. 28, n. 1, 2012, pp. 49-67.

105 CRIM, *Our Germans*, op. cit.

106 Michael J. Neufeld, "The Nazi aerospace exodus", *art. cit.*, p. 56. Citação traduzida a partir da versão francesa.

107 SIDDIQI, Asif A. *Challenge to Apollo: The Soviet Union and the Space Race, 1945-1974*. Washington: NASA History Division, 2000.

108 Asif A. Siddiqi, "Germans in Russia: Cold War, Technology Transfer, and National Identity", *Osiris*, n. 24, 2009, pp. 120-143.

109 Olaf H. Przybilski, "The Germans and the Development of Rocket Engines in the USSR", *Journal of the British Interplanetary Society*, v. 55, n. 11-12, pp. 404-427.

110 Anatoly Zak, "Soviet rocket research in Germany after World War II", *Russian Space Web*. Disponível em: <http://www.russianspaceweb.com/rockets_ussr_germany.html>. Acesso em: 22 dez. 2022.

111 Ver: CHERTOK, Boris. *Rockets and People*, v. 2. Washington: NASA History Office, 2005, cap. 4.

112 Ibid., p. 73.

113 VARNOTEAUX, Philippe. *L'Aventure spatiale française. De 1945 à la naissance d'Ariane*. Paris: Nouveau Monde éditions, 2014, pp. 28-30.

114 Vincent Nouzille, Olivier Huwart, "Comment la France a recruté des savants de Hitler", *L'Express*, 20 de maio de 1999.

115 Volny Fages, Jérôme Lamy, "La guerre, la Résistance et les fusées: Jean-Jacques Barré, ingénieur obstiné", *Humanités spatiales*, 24 de novembro de 2024. Disponível em: <https://humanites-spatiales.fr/la-guerre-la-resistance-et-les-fusees-jean-jacques-barre-ingenieur-obstine>.

116 VARNOTEAUX, *L'Aventure spatiale française*, op. cit., pp. 4-25. O general de Gaulle dá carta branca nessa questão, como atesta esta nota confidencial de 1945: "Não faltam motivos para transferir para a França os cientistas ou técnicos alemães de grande valor para interrogá-los à vontade sobre seus trabalhos e eventualmente comprometê-los a ficar à nossa disposição".

117 TEDOLDI, Michel. *Un pacte avec le diable*. Paris: Albin Michel, 2023, pp. 206-207.

118 Ibid., p. 175.

119 Ibid., p. 186.

120 Os engenheiros e suas famílias são instalados longe da hostilidade das populações locais, na pequena colônia de "Buschdorf" (aldeia do brejo).

121 Vincent Nouzille, Olivier Huwart, "Comment la France a recruté des savants de Hitler", *L'Express*, 20 de maio de 1999.

122 HUWART, Olivier. *Du V2 à Véronique. La Naissance des fusées françaises.* Paris: Marines Éditions, 2004.

123 TEDOLDI, *Un pacte avec le diable*, op. cit., p. 181.

124 BERETTI, Michel; LAMY, Jérôme; PARRÉ, Élise. *La Base spatiale d'Hammaguir.* Dijon: Les Presses du réel, 2020.

125 Entrevista de Karl-Heinz Bringer em Vernon, por Roland Hautefeuille e Olivier Huwart, 1997. Musée de la Coupole, Centre d'Histoire et de Mémoire du Nord-Pas-de-Calais.

126 MÉMORIAL *des camps de Dora-Ellrich.* Paris: Éditions du Triolet, 1949.

127 Como sugere Michel Beretti, "Essa contribuição essencial dos cientistas do Reich para a aventura espacial francesa não é um segredo. Todo mundo tem como saber, mas se não se fala muito a respeito, deduz-se que é porque a aventura continuou em outros países". In: BERETTI; LAMY; PARRÉ, *La Base spatiale d'Hammaguir*, op. cit., p. 152.

128 Charlie Hall, "'The Other End of a Trajectory': Operation Backfire and the German Origins of Britain's Ballistic Missile Programme", *The International History Review*, v. 42, n. 6, 2020, pp. 1118-1136.

129 Headquarters Special Projectile Operation Group, *Report on operation "Backfire"*, v. 1. Londres: War Office, 1946.

130 HILL, C. N. *A Vertical Empire: The History of the UK Rocket and Space Programme, 1950-1971.* Londres: Imperial College, 2001, p. 9.

131 Ibid., p. 69 *sq.*

132 BLAMONT, Jacques. *Le Chiffre et le songe. Histoire politique de la découverte.* Paris: Odile Jacob, 1993, p. 890.

133 Teoria por sinal caricaturada no filme *Deu a louca nos nazis* (2012) e na sua continuação, *Deu a louca nos nazis 2* (2019), ambos dirigidos por Timo Vuorensola. Para uma resenha não exaustiva do gênero, ver: WARD, James J. "Nazis on the Moon! Nazis under the Polar Ice Cap! And Other Recent Episodes in the Strange Cinematic Afterlife of the Third Reich". In: MILLER, Cynthia J.; VAN RIPER, A. Bowdoin (eds.). *Horrors of War: The Undead on the Battlefield.* Lanham: Rowman & Littlefield, 2015, pp. 53-71.

134 RENNEBERG; Monika; WALKER, Mark (eds.). *Science, Technology, and National Socialism*. Cambridge (RU): Cambridge University Press, 1994; AGAR, Jon. *Science in the Twentieth Century and Beyond*. Cambridge (RU): Polity Press, 2012, pp. 211-228.

135 PROCTOR, Robert. *Racial Hygiene: Medicine Under the Nazis*. Cambridge (MA): Harvard University Press, 1988.

136 DEICHMANN, Ute. *Biologists under Hitler*. Cambridge (MA): Harvard University Press, 1996.

137 Dwayne A. Day. "The Von Braun Paradigm". *Space Times*, nov.-dez. de 1994, pp. 12-15.

138 NEUFELD, Michael J. "The Von Braun Paradigm and NASA's Long-Term Planning for Human Spaceflight". In: DICK, Steven J. (ed.). NASA's *First 50 Years: Historical Perspectives*. Washington: NASA History Office, 2010, pp. 325-347.

CAPÍTULO II

1 A citação em inglês: "I would like to thank all of you for all of the fine support you have always given to the program. Because without public relations and good presentation of these programs to the public, we would have been unable to do it". Wernher von Braun, citado por Charles K. Siner Jr. In: "You and Neil and Buzz: You made it", *The Quill*, setembro de 1969, reproduzido em SCOTT, David Meerman; JUREK, Richard. *Marketing the Moon: The Selling of the Apollo Lunar Program*. Cambridge (MA): The MIT Press, 2014, p. IX.

2 LOGSDON, John. *After Apollo? Richard Nixon and the American Space Program*. Basingstoke: Palgrave Macmillan, 2015, p. 21.

3 MAHER, Neil M. *Apollo in the Age of Aquarius*. Cambridge (MA): Harvard University Press, 2017.

4 GEPPERT, Alexander C. T. "European Astrofuturism, Cosmic Provincialism: Historicizing the Space Age". In: GEPPERT (ed.), *Imagining Outer Space*, op. cit., pp. 6-9. Ver também: Alexander Geppert, "Rethinking the Space Age: Astroculture and Technoscience", *History and Technology: An International Journal*, v. 28, n. 3, 2012, pp. 229-233.

5 Segundo a sociologia dos campos proposta por Pierre Bourdieu, o interesse pelo jogo construído e reconhecido nos microcosmos sociais é um poderoso vetor de demarcação. É uma força que diz respeito tanto à razão quanto ao afeto, que se impõe como evidente e necessária e inclina os agentes a se investirem em determinado campo relativamente diferenciado e autônomo na sociedade. A *libido scientifica*, por exemplo, mobiliza os cientistas no campo da ciência (ver: BOURDIEU, Pierre. *Science de la science et réflexivité*. Paris:

Raisons d'agir, 2001). Da mesma forma, podemos aventar a hipótese de um interesse específico que confira sentido a uma paixão existencial, a um entusiasmo de comunicação em torno de tudo que diga respeito ao espaço: uma *libido astronáutica*, portanto, que vamos explorar em suas múltiplas variações neste novo capítulo.

6 VERNE, Jules. *Autour de la Lune*. Paris: Pierre-Jules Hetzel, 1870.

7 R. H. GODDARD, R. H. *A Method of Reaching Extreme Altitudes*. Washington: The Smithsonian Institution, 1919.

8 Os empregos militares são considerados tão desejáveis quanto preocupantes, e suscitam especulações entre os observadores: "Fica imediatamente evidente o que um míssil assim significaria: a quase eliminação dos canhões de grosso calibre e a introdução de novos terrores na guerra". James C. Young, "Hopes to Reach Moon with a Giant Rocket", *The New York Times*, 25 de maio de 1924.

9 MACDONALD, *The Long Space Age*, op. cit., pp. 126, 129, 135.

10 JAMES, Andrews T. *Red Cosmos: K. E. Tsiolkovskii, Grandfather of Soviet Rocketry*. College Station: Texas A&M University Press, 2009.

11 ELTCHANINOFF, Michel. *Lénine a marché sur la Lune. La folle histoire des cosmistes et transhumanistes russes*. Arles: Solin-Actes Sud, 2022.

12 Konstantin Eduardovitch Tsiolkovski, carta a B. N. Vorobyev, 1911. Citado in: Kévin Limonier, "La pensée de Konstantin Tsiolkovski (1857-1935). Du cosmisme à la conquête spatiale, itinéraires d'une philosophie récupérée", *Slavica Occitania*, n. 46, 2018, pp. 241-264.

13 Citado in: FREEMAN, Marsha. *How We Got to the Moon: The Story of the German Space Pioneers*. Washington: 21st Century Science Associates, 1993, p. 297.

14 Para uma perspectiva histórica e técnica da visão arquitetônica e urbanística de O'Neill, ver: Fred Scharmen, *Space Settlements*. Nova York: Columbia University Press, 2019.

15 Cabe lembrar, aqui, o "Fuller Earth Program" imaginado por Buckminster Fuller, com o objetivo de usar os equipamentos postos em órbita para modificar o clima.

16 Para uma categorização mais completa dos diferentes tipos de expansionismo cósmico, ver: DEUDNEY, Daniel. *Dark Skies: Space Expansionism, Planetary Geopolitics and the Ends of Humanity*. Nova York: Oxford University Press, 2020, p. 186.

17 Elon Musk, "Making Humans a Multi-Planetary Species", *New Space*, v. 5, n. 2, 2017, pp. 46-61. Essas projeções futuristas do "seu" programa de colonização de Marte datam de setembro de 2016. Com sua audácia e seu otimismo a toda prova, Musk deixou maravilhados os participantes do Congresso Internacional de Astronáutica em Guadalajara. Desde então, correu mais água debaixo

das pontes do que em Marte: em 2023, a nave espacial que deveria levar os primeiros seres humanos a Marte ainda estava em fase de testes, depois de um primeiro voo não concludente.

18 Alexandre Piquard, "Jeff Bezos rêve d'envoyer l'humanité dans l'espace", *Le Monde*, 11 de junho de 2021. Sobre a já antiga paixão de Bezos pelo espaço, particularmente os planos da L5 Society fundada em 1975 por Gerard O'Neill, ver especialmente: DAVENPORT, Christian. *The Space Barons: Elon Musk, Jeff Bezos, and the Quest to Colonize the Cosmos*. Nova York: Public Affairs, 2018, pp. 21-24.

19 Essa filiação mitológica é um lugar-comum do discurso de naturalização eurocêntrica. Entre outras referências em francês, ver: LORIN, Claude. *Cap sur Mars! Psychanalyse existentielle et conquête spatiale*. Paris: L'Harmattan, 2021, p. 29.

20 Uma "biologização" tanto mais duvidosa quando se sabe que, mesmo para os mais ardentes partidários do expansionismo espacial, o DNA humano ainda é tão pouco adaptado à vida extra-atmosférica que seria necessário modificá-lo profundamente durante centenas de anos para tornar a humanidade uma espécie resistente no meio espacial. Ver: MASON, Christopher E. *The Next 500 Years Engineering Life to Reach New Worlds*. Cambridge (MA): The MIT Press, 2021.

21 Esses estereótipos são usados desde as origens da conquista espacial e fazem parte do repertório habitual das justificações. Em pronunciamento na 14ª Conferência Espacial Europeia em Bruxelas, em fevereiro de 2022, Josef Aschbacher, diretor-geral da Agência Espacial Europeia, declara que, segundo ele e os organismos envolvidos nessa busca, a Lua é uma "nova fronteira" e um manancial econômico que a Europa não pode deixar escapulir. Exorta então os dirigentes do continente a promoverem os meios necessários para a realização independente de voos tripulados, acrescentando: "Imaginem Cristóvão Colombo sem a sua caravela!" "*Colombus*", por sinal, é o nome do módulo de pesquisa europeu da Estação Espacial Internacional, espécie de palavra-chave para lembrar a essência exploradora do povo europeu. Ao passo que em Caiena, na Guiana Francesa, de onde são lançados os foguetes *Ariane*, a rua "Cristóvão Colombo" foi rebatizada como "Rua dos Povos Autóctones" em outubro de 2020, enquanto se torna cada vez mais complicado passar a borracha no passado colonial das implantações espaciais, os responsáveis e dirigentes das agências governamentais insistem numa imagística colonial desgastada.

22 Discurso "The Significance of the Frontier in American History", pronunciado numa conferência de historiadores em Chicago em 1893 e publicado em 1920. In: *Annual Report of the American Historical Association*, 1893, pp. 197-227.

23 ROGIN, Michael. *Les Démons de l'Amérique. Essais d'histoire politique des États-Unis*. Paris: Seuil, 1998, pp. 193-194. De certa maneira, podemos comparar essa ficção política à recente ideia de territórios a serem protegidos (*safety zones*) na Lua, na hipótese de um retorno do homem na década de 2020, graças ao programa norte-americano Artemis.

24 MCCURDY, Howard. *Space and the American Imagination*. Baltimore: The Johns Hopkins University Press, 2011, pp. 33-59.

25 WOLFE, Audra J. *Competing with the Soviets: Science, Technology, and the State in Cold War America*. Baltimore: The Johns Hopkins University Press, 2013, p. 76.

26 MICHAUD, Michael A. G. *Reaching for the High Frontier: The American Pro-Space Movement, 1972-84*. Nova York: Praeger, 1986.

27 LOGSDON, *John F. Kennedy and the Race to the Moon*, op. cit., p. 84.

28 "President Kennedy's ninth news conference was held in the State Department Auditorium at 4 o'clock on Wednesday afternoon", 12 de abril de 1961. Disponível em: <https://www.presidency.ucsb.edu/documents/the-presidents-news-conference-211>. Acesso em: 4 jan. 2022.

29 DEGROOT, *Dark Side of the Moon*, op. cit., p. 180; LOGSDON, *John F. Kennedy and the Race to the Moon*, op. cit., p. 178. Note que informações que deixaram de ser sigilosas contradizem as afirmações dos soviéticos, em especial da parte de Brejnev em 1964, de que a Lua nunca foi um objetivo para eles — a natureza dos programas financiados nesse período mostra outra coisa. Ver: SHEEHAN, Michael. *The International Politics of Space*. Nova York: Routledge, 2007, p. 32.

30 Na década de 1960, entre 45% e 60% dos americanos declaram que o Estado não deveria financiar esses programas e que o dinheiro deveria ser empregado em outras prioridades: qualidade do ar, educação, pobreza etc. As exceções são dois picos em outubro de 1968 (quando a missão *Apollo 7* demonstra que os Estados Unidos são capazes de enviar homens ao espaço e de confrontar a URSS) e no momento da chegada à Lua. Cabe registrar que, em 1960, pesquisas feitas fora dos Estados Unidos (França, Alemanha, Reino Unido) mostram que, em cinco anos, a imagem dos Estados Unidos é afetada por seu "atraso" em relação à URSS, que enviou um homem ao espaço em 1961. Embora esse atraso seja muito relativo, considerando-se a real capacidade das duas superpotências, sua percepção e a perda de prestígio a ele associada contribuiriam amplamente para o aumento dos orçamentos destinados às questões espaciais. Ver: Roger D. Launius, "Public opinion polls and perceptions of US human spaceflight", *Space Policy*, v. 19, n. 3, 2003, pp. 163-175. E Thomas E. Cremin, "Security in the space age", *Space Policy*, v. 6, n. 1, 1990, p. 33.

31 MAHER, *Apollo in the Age of Aquarius*, op. cit., pp. 199, 225.

32 MACDONALD, *The Long Space Age*, op. cit., p. 190.

33 Prossegue Gerard DeGroot: "Uma coisa é certa: Kennedy era muito mais útil à NASA morto do que vivo". E por sinal uma teoria da conspiração surgiu dessa afirmação, alegando que a NASA teria mandado assassinar Kennedy para evitar que ele recuasse no programa espacial. DEGROOT, *Dark Side of the Moon*, op. cit., p. 182.

34 Ver: KILGORE, De Witt Douglas. *Astrofuturism: Science, Race, and Visions of Utopia in Space*. Filadélfia: University of Pennsylvania Press, 2003.

35 KAUFFMAN, James L. *Selling Outer Space: Kennedy, the Media, and Funding for Project Apollo, 1961-1963*. Tuscaloosa: The University of Alabama Press, 1994.

36 SANKOVA, Alexandra. *Soviet Space Graphics: Cosmic Visions from the* USSR. Nova York: Phaidon, 2020.

37 BUSS, Jared S. *Willy Ley: Prophet of the Space Age*. Gainesville: University Press of Florida, 2017.

38 DURANT III, Frederick C.; SCHUETZ, Melvin H.; Ron MILLER, Ron. *The Art of Chesley Bonestell Miller*. Londres: Paper Tiger, 2001.

39 DEGROOT, *Dark Side of the Moon*, op. cit., p. 40.

40 De 1952 a 1954, Wernher von Braun assina, sozinha ou em colaboração, cinco artigos na revista *Collier's*: "Crossing the Last Frontier", *Man Will Conquer Space Soon!*, 1952; "The Journey", "The Exploration" (com o dr. Fred Whipple), *Man on the Moon*, 1952; "Baby Space Station" (com Cornelius Ryan), *The Baby Space Station*, 1953; "Can we get to Mars?" (com Cornelius Ryan), *Can We Get to Mars? / Is There Life on Mars?*, 1954.

41 GABLER, Neal. *Walt Disney: The Triumph of the American Imagination*. Nova York: Alfred A. Knopf, 2006, p. 632.

42 *Man in Space*, Disneyland, 1955.

43 Ver: NYE, David E. *American Technological Sublime*. Cambridge (MA): The MIT Press, 1994.

44 Catherine L. Newell, "The Strange Case of Dr von Braun and Mr. Disney: Frontierland, Tomorrowland, and America's Final Frontier", *Journal of Religion and Popular Culture*, v. 25, n. 3, 2013, pp. 416-429.

45 SCOTT, David Meerman; JUREK, Richard. *Marketing the Moon: The Selling of the Apollo Lunar Program*. Cambridge (MA): The MIT Press, 2014, p. 9.

46 Roger D Launius, "Reconsidering the Foundations of Human Spaceflight in the 1950s". Disponível em: <https://launiusr.wordpress.com/2011/06/08/reconsidering-the-foundations-of-human-spaceflight-in-the-1950s>, 8 de junho de 2011. Acesso em: 10 jan. 2023.

47 Catherine L. Newell, "The Strange Case of Dr. von Braun and Mr. Disney: Frontierland, Tomorrowland, and America's Final Frontier", *Journal of Religion and Popular Culture*, v. 25, n. 3, 2013, pp. 416-429.

48 FINDLAY, John M. *Magic Lands: Western Cityscapes and American Culture After 1940*. Berkeley: University of California Press, 1992.

49 Catherine L. Newell, "The Strange Case of Dr. von Braun and Mr. Disney", *art. cit.*, p. 427.

50 DEGROOT, *Dark Side of the Moon*, op. cit., p. 42.

51 ALLEN, Mike. *Live from the Moon: Film, Television, and the Space Race*. Londres: I. B. Tauris, 2009.

52 Bernd Mütter, "*Per media as astra*? Outer Space in West Germany's Media, 1957-87". In: GEPPERT (ed.), *Imagining Outer Space*, op. cit., pp. 165-186.

53 Ibid.

54 ANDERS, Günther. *Der Blick von Mond: Reflexionen über Weltraumflüge*. Munique: C. H. Beck, 1970, pp. 113-114.

55 MCDOUGALL, Walter A. *The Heaven and the Earth, A Political History of the Space Age*. Nova York: Basic Books, 1985, pp. 244-249.

56 VAN DYKE, Vernon. *Pride and Power: The Rationale of the Space Program*. Nova York: Pall Mall, 1965, p. 260.

57 SHEEHAN, *The International Politics of Space*, op. cit., p. 31.

58 NEAL, Valerie. *Spaceflight in the Shuttle Era and Beyond: Redefining Humanity's Purpose in Space*. New Haven: Yale University Press, 2007, p. 22.

59 Wernher von Braun, citado por Charles K. Siner Jr. em "You and Neil and Buzz: You made it", *The Quill*, setembro de 1969 (reproduzido in: SCOTT; JUREK, *Marketing the Moon*, op. cit., p. IX).

60 MAZZUCATO, Mariana. *Mission Economy: A Moonshoot Guide to Changing Capitalism*. Londres: Allen Lane, 2021, p. 92.

61 SCOTT, Richard Jurek, *Marketing the Moon*, op. cit., p. 36.

62 Ibid., pp. 44-48.

63 LINDEE, Susan. *Rational Fog: Science and Technology in Modern War*. Cambridge (MA): Harvard University Press, 2020.

64 Andrew Thompson, Kyle Paoletta, Cade Diehm, "The new pornographers: An analysis of consumer tech review media", *Components*, 2021.

65 MCCURDY, *Space and the American Imagination*, op. cit., p. 209.

66 LOGSDON, John M. *Ronald Reagan and the Space Frontier*. Cham: Palgrave Macmillan, 2019, p. 159.

67 ROSENTAL, Claude. *Les Capitalistes de la science. Enquête sur les démonstrateurs de la Silicon Valley et de la* NASA. Paris: CNRS Éditions, 2007.

68 Cabe notar também o paralelo entre a astronáutica e o setor digital, no qual o mantra "Fake it until you make it" (finja até conseguir) serviu de bússola a muitas empresas que não tinham o que vender, senão conceitos jamais concretizados. Entre os casos mais conhecidos, temos Theranos e Magic Leap. A história da empresa romena ARCA Space enquadra-se na mesma tendência: desde sua fundação em 1999, várias promessas e maquetes de foguetes de fibra de vidro foram apresentadas, atraindo o interesse de muitos investidores. Mas nada subiu aos céus de fato ao longo de 24 anos. Ver: Éric Bottlaender, "Les mille et une vies d'ARCA Space: des fusées ou des arnaques?", *Clubic*, 29 de janeiro de 2023.

69 NASA, *Visions of the future*, 24 de dezembro da 2020.

70 National Air and Space Museum, *Bezos Learning Center*. Disponível em: <https://airandspace.si.edu/about-transformation/bezos-learning-center>. Acesso em: 10 jan. 2023.

71 James S.J. Schwartz, "Space Policy Myth-free space advocacy part III: The myth of educational inspiration", *Space Policy*, v. 43, fevereiro de 2018, pp. 24-32.

72 NOBLE, David. *The Religion of Technology: The Divinity of Man and the Spirit of Invention*. Nova York: Alfred A. Knopf. Inc., 1997, p. 123.

73 Ibid., p. 126.

74 ELTCHANINOFF, *Lénine a marché sur la Lune*, op. cit.

75 OLIVER, Kendrick. *To Touch the Face of God: The Sacred, the Profane, and the American Space Program, 1957-1975*. Baltimore: The Johns Hopkins University Press, 2013.

76 NOBLE, *The Religion of Technology*, op. cit., p. 133.

77 Ibid., p. 135.

78 NEWELL, Catherine L. *Destined for the Stars: Faith, the Future and America's Final Frontier*. Pittsburgh: University of Pittsburgh Press, 2019, p. 6.

79 RUBENSTEIN, *Astrotopia*, op. cit., p. 29.

80 Mike Pence, Remarks by Vice President Pence at the Fifth Meeting of the National Space Council, Huntsville, Alabama, 26 de março de 2019.

81 SAGE, *How Outer Space Made America*, op. cit., pp. 57-73.

82 REDFIELD, Peter. *Space in the Tropics, from Convicts to Rocket in French Guiana*. Los Angeles: University of California Press, 2000, p. 229.

83 Processo rejeitado pela Corte Suprema em 1971, depois que a NASA contribuiu para arregimentar apoio da opinião pública, graças a uma petição lançada por uma rede de rádios religiosas que colheu 1 milhão de assinaturas. NOBLE, *The Religion of Technology*, op. cit., p. 142.

84 LOGSDON, *After Apollo?*, op. cit., p. 13.

85 NOBLE, *The Religion of Technology*, op. cit., p. 145.

86 Roger D Launius, "Escaping Earth: Human Spaceflight as Religion", *Astropolitics*, v. 11, n. 1-2, 2013, pp. 45-64.

87 Segundo Matthew H. Hersch, eles se interessam sobretudo por engenharia, técnica e inovação. Suas motivações estão menos associadas à astronomia ou à exploração do que à perspectiva de avançar na carreira e vencer novos desafios. Ver: HERSCH, Matthew H. *Inventing the American Astronaut*. Nova York: Palgrave Macmillan, 2012, p. 24.

88 Baseado no livro homônimo de WOLFE, Tom. *The Right Stuff*. Nova York: Bantam, 1979.

89 HERSCH, *Inventing the American Astronaut*, op. cit.

90 DEGROOT, *Dark Side of the Moon*, op. cit., p. 103.

91 HERSCH, *Inventing the American Astronaut*, op. cit., p. 86.

92 DEGROOT, *Dark Side of the Moon*, op. cit., p. 111.

93 Ver: MONCHAUX, Nicolas de. *Spacesuit: Fashioning Apollo by Nicolas de Monchaux*. Cambridge (MA): The MIT Press, 2021, p. 95.

94 Roger D Launius, "Heroes in a Vacuum: The Apollo Astronaut as Cultural Icon", *The Florida Historical Quarterly*, v. 87, n. 2, 2008, pp. 174-209.

95 Cabe registrar, por exemplo, o programa independente Mercury 13, financiado por fontes privadas para a realização de testes fisiológicos idênticos aos dos astronautas da NASA, mas com mulheres, até então excluídas dos voos espaciais tripulados. Entre as participantes desse programa está Wally Funk, que se tornou em 2021, aos 82 anos, a pessoa mais idosa a viajar ao espaço, graças à empresa Blue Origin, de Jeff Bezos. Embora o programa Mercury 13 tenha sido cancelado, a experiência leva a NASA a avaliar seu funcionamento e organizar seus próprios testes. Eles são mais que concludentes: os resultados das mulheres se revelam não apenas bons, mas às vezes melhores que os dos homens. Elas se recuperam mais rapidamente dos giros na centrífuga, administram melhor o estresse que o grupo de controle masculino e, de maneira geral, suportam melhor o calor, o frio, a solidão e o ruído.

96 MAHER, *Apollo in the Age of Aquarius*, op. cit., p. 161.

97 Jérôme Lamy, "L'Express et l'espace, de Spoutnik à Apollo-11", *L'Information géographique*, v. 74, n. 2, 2010, pp. 36-44.

98 Robert Nardone, "Le récit de la 'Conquête spatiale' par le journal télévisé en temps de Guerre froide (1954-1984): entre émerveillement & effroi". Tese de doutorado, CNAM, 2020, p. 347.

99 NEAL, *Spaceflight in the Shuttle Era and Beyond*, op. cit., pp. 66-67.

100 Ibid., p. 43.

101 SHEEHAN, *The International Politics of Space*, op. cit., p. 60.

102 Na China, a figura do astronauta é particularmente explorada na propaganda do programa espacial: eles percorrem o país com regularidade e aparecem com frequência nos meios de comunicação. Sensível à opinião pública, o Partido Comunista Chinês chegou a criar em 2016 um "Dia do Espaço na China", feriado nacional, para destacar as realizações do programa, em especial em seu braço tripulado, com grande índice de aprovação da população. Lincoln Hines, "Heavenly Mandate: Public Opinion and China's Space Activities", *Space Policy*, v. 60, 2022, p. 3.

103 ANDERS, Günther. *Vue de la Lune. Réflexions sur les vols spatiaux*. Floch: Ed. Héros-Limite, 2022 [1994].

104 Ibid., p. 94.

105 Ibid., p. 96.

106 Olivier Dessibourg, "L'exploration spatiale n'a rien de magique, c'est juste de l'exploration", *Le Temps*, 22 de maio de 2016.

107 NASA, *Code of Conduct for the International Space Station Crew*, 2018. Disponível em: <https://cdn.vox-cdn.com/uploads/chorus_asset/file/24202117/NASA_Astronaut_Social_Media_Guideline_documents.pdf>. Acesso: 10 jan. 2023.

108 Camille Saint-Cricq, "Une poupée pour que le ciel soit leur seule limite", *Les Nouvelles News*, 12 de julho de 2019.

109 Em sua maioria desconhecidos do grande público: Léopold Eyharts, Michel Tognini, Jean-François Clervoy, Jean-Jacques Favier, Philippe Perrin, Patrick Baudry, Jean-Pierre Haigneré, Claudie Haigneré, Jean-Loup Chrétien. Cabe notar, além disso, o forte componente nacional na familiaridade com os astronautas, seguidos sobretudo no Twitter [hoje x] por pessoas do mesmo país. Na França, por exemplo, a italiana Samantha Cristoforetti e o alemão Alexander Gerst não são conhecidos. Ver: Pierre Bertrand, Dava Newman, Savannah L. Niles, "Human Spaceflight in Social Media: Promoting Space Exploration Through Twitter", *New Space*, v. 3, n. 2, 2015, pp. 117-133.

110 Thomas Pesquet, "Une partie de la Bourgogne, de Dijon au nord à Chalon-sur--Saône au sud (qu'on devine plus qu'on ne voit)...", foto, Facebook, 4 de julho de 2021. Disponível em: <https://www. facebook.com/ESAThomasPesquet/posts/362453048586000>.

111 Thomas Pesquet, @Thom_astro, "Parfois une silhouette familière se dessine à l'horizon alors que nous tournons autour de la terre... vous avez dit hexagone?", 1º de maio de 2021. Disponível em: <https://twitter.com/Thom_astro/status/1388427114421051401>.

112 GARVER, Lori. *Escaping Gravity: My Quest to Transform* NASA *and Launch a New Space Age*. Nova York: Diversion Books, 2022, p. 215.

113 GOLDSMITH, Donald; REES, Martin. *The End of Astronaut: Why Robots Are the Future of Exploration*. Cambridge (MA): Harvard University Press, 2022, p. 30.

114 Solenidade anual em que o presidente apresenta ao Congresso seu programa para o ano em curso.

115 LOGSDON, *Ronald Reagan and the Space Frontier*, op. cit., p. 203.

116 Os arquivos da revista *Spinoff* da NASA podem ser encontrados no site Disponível em: <https://spinoff.nasa.gov>.

117 Para um levantamento mais exaustivo, ver: PELLERIN, Jean-François; CHRÉTIEN, Jean-Loup (Prefácio). *100 inventions tombées du ciel*. Paris: A2C Medias, 2014.

118 MCCURDY, *Space and the American Imagination*, op. cit., p. 209.

119 Ibid., p. 174.

120 NEAL, *Spaceflight in the Shuttle Era and Beyond*, op. cit., p. 153.

121 MANBER, Jeffrey. *Selling Peace: Inside the Soviet Conspiracy that Transformed the U.S. Space Program*. Burlington: Apogee Books, 2009.

122 BRUNIER, Serge. *Impasse de l'espace. À quoi servent les astronautes?*. Paris: Seuil, 2006.

123 MCCURDY, Howard E. *The Space Station Decision: Incremental Politics and Technical Choice*. Baltimore: The Johns Hopkins University Press, 1990.

124 BELL, Robert. *Les Péchés capitaux de la haute technologie. Superphénix, Eurotunnel, Ariane 5*. Paris: Seuil, 1998, p. 49.

125 HARVEY, Brian. *Europe's Space Program: To Ariane and beyond*. Nova York: Springer-Praxis, 2003, p. 314.

126 LOGSDON, *Ronald Reagan and the Space Frontier*, op. cit., p. 106.

127 Lyn Ragsdale, "Politics not science: The U.S. Space Program in the Reagan and Bush Years". In: LAUNIUS, Roger; MCCURDY, Howard E. (eds.). *SpaceFlight and the Myth of Presidential Leadership*. Champaign: University of Illinois Press, 1997, p. 158.

128 BELL, *Les Péchés capitaux de la haute technologie*, op. cit., p. 51.

129 Pierre Verschueren, "André Lebeau (1932-2013), Chaire de Techniques et programmes spatiaux (1980-1998)", *Cahiers d'histoire du* CNAM, v. 4, n. 2, 2015, pp. 87-98.

130 LESGARDS, Roger. *Conquête spatiale et démocratie*. Paris: Presses de Science Po, 1998, p. 27. Registre-se ainda que, em 2001, o Escritório Parlamentar de Avaliação das Escolhas Científicas e Tecnológicas (OPECST) manifesta dúvidas quanto ao voo tripulado à estação, considerando que "as experiências

em ciências da matéria e ciências da vida realizadas no espaço podem levar a resultados perfeitamente interessantes, mas seu custo é por demais elevado". Em 2012, o OPECST levanta abertamente a questão do seu desmantelamento. Ver: OPECST, *La politique spatiale française, bilan et perspective*, 2001, p. 60. Disponível em: <https://www.senat.fr/rap/r00-293/r00-2931.pdf); e OPECST, *Les enjeux et perspectives de la politique spatiale européenne*>, 2012, p. 131 <https://www. senat.fr/rap/r12-114/r12-1141.pdf>.

131 Ver: BRUNIER, *Impasse de l'espace*, op. cit.

132 EKSTRÖM, Sylvia; NOMBELA, Javier G.; MAYOR, Michel (prefácio). *Nous ne vivrons pas sur Mars ni ailleurs*. Lausanne: Favre, 2020.

133 Astrid E. Schwarz, "Escaping from limits to visions of space". In: Arianna FERRARI, Arianna; GAMMEL, Stefan (eds.). *Visionen der Nanotechnologie*. Berlim: Akademische Verlagsgesellschaft, 2009, p. 139.

134 Tales Alenia Space, "Explorer l'espace pour préparer l'avenir sur Terre", 25 de novembro de 2020. Disponível em: <https://www. thalesgroup.com/fr/group/journaliste/magazine/explorer-lespace-preparer-lavenir-terre>. Acesso em: 15 jun. 2023.

135 A título de exemplo, já em 1968 a NASA afirma que um dólar "investido" no espaço renderá o dobro dentro de dez anos. Ver: DEGROOT, *Dark Side of the Moon*, op. cit., p. 149.

136 OPECST, *Les lanceurs spatiaux réutilisables*, nota n. 9, janeiro de 2019. Disponível em: <https://www.senat.fr/fileadmin/Fichiers/Images/opecst/quatre_pages/OPECST_2019_0004_note_lanceurs_spatiaux_reutilisables.pdf>.

137 L. Bach, P. Cohendet, E. Schenk, "Technological Transfers from the European Space Programs: A Dynamic View and Comparison with Other R&D Projects", *The Journal of Technology Transfer*, v. 27, 2002, pp. 321-338.

138 EUSPA EO and GNSS Market Report, 2022 (estudo realizado de dois em dois anos para a Comissão Europeia). Disponível em: <https://www.euspa.europa.eu/sites/default/files/uploads/euspa_market_report_2022.pdf>. Acesso em: 15 jun. 2023.

139 OPECST, Conclusions de l'audition publique du 3 novembre 2022 sur les enjeux du conseil ministériel de l'Agence spatiale européenne des 22 et 23 novembre 2022 et au-delà: pour une politique spatiale française portée par une ambition inédite. Disponível em: <http://www.senat.fr/fileadmin/Fichiers/Images/opecst/auditions_publiques/OPECST_2022_conclusions_AP_ESA.pdf>.

140 Stewart Brand também pode ser considerado um dos responsáveis por essa foto. Em 1966, num terraço de San Francisco, ele se questiona: por que não existe uma foto da Terra inteira tirada do espaço? Promove então a distribuição de bótons com a inscrição "*Why haven't we seen a photograph of the whole*

Earth yet?" (Por que até hoje não vimos uma foto da Terra inteira?), dando início a um engenhoso lobismo junto aos responsáveis da NASA para que a foto fosse tirada — o que foi feito em 1972, requerendo, entre outras coisas, o desvio da trajetória da *Apollo 17*.

141 DEGROOT, *Dark Side of the Moon*, op. cit., p. 230.

142 NEUFELD, *Spaceflight*, op. cit., p. 160.

143 MAHER, *Apollo in the Age of Aquarius*, op. cit.

144 Ibid., p. 97.

145 Ibid., p. 106.

146 Ibid., p. 114.

147 Cabe registrar, nesse sentido, as adaptações de finalidade turística realizadas nessa época na base do Cabo Canaveral, onde são promovidas "visitas" que se estendem às áreas selvagens e, em sentido inverso, passeios pelos santuários ecológicos que incluem passagens pelo Kennedy Space Center. Nas lojas, também se muda o estilo de apresentação das infraestruturas: a agência de relações públicas da NASA passa a fornecer cartões-postais do foguete *Saturn-v-1* cercado de natureza, justapondo dois mundos que poucos anos antes se opunham em tudo. Ver: MAHER, *Apollo in the Age of Aquarius*, op. cit., p. 7.

148 Kim McQuaid, "Selling the Space Age: NASA and Earth's Environment, 1958-1990", *Environment and History*, v. 12, n. 2, 2006, pp. 127-163.

149 NASA, *Ecological Surveys from Space*, Scientific and Technical Information Division, Office of Technology Utilization, National Aeronautics and Space Administration, 1970.

150 NASA, *This island Earth*, Nicks, Oran W, 1970.

151 "Urban overview", editorial, *The New York Times*, 8 de agosto de 1970, p. 22.

152 HERSCH, *Inventing the American Astronaut*, op. cit., p. 140.

153 TEILHARD DE CHARDIN, Pierre. "La planétisation humaine", 1945. In: *L'Avenir de l'homme*. Paris: Seuil, 1959.

154 NOBLE, *The Religion of Technology*, op. cit., p. 134.

155 Anthony Enns, "Satellites and Psychics: The Militarization of Outer and Inner Space, 1960-95". In: GEPPERT, Matthew H.; BRANDAU, Daniel; SIEBENEICHNER, Tilmann (eds.). *Militarizing Outer Space: Astroculture, Dystopia and the Cold War*. Londres: Palgrave Macmillan, 2021, p. 257.

156 GREVSMÜHL, Sébastian Vincent. *La Terre vue d'en haut. L'invention de l'environnement global*. Paris: Seuil, 2014, p. 244.

157 Ibid., p. 245.

158 Ibid., p. 248.

159 Sébastien Dutreuil, "James Lovelock, Gaïa et la pollution: un scientifique entrepreneur à l'origine d'une nouvelle science et d'une philosophie politique de la nature", *Zilsel*, n. 2, 2017, pp. 19-61.

160 WHITE, Frank. *The Overview Effect: Space Exploration and Human Evolution*. Boston: Houghton Mifflin Harcourt, 1987.

161 Grand View Research, *Space Tourism, Market Analysis, 2017-2030: Opportunities beyond* COVID-*19 Crisis*, 2022.

162 LOGSDON, *Ronald Reagan and the Space Frontier*, op. cit., p. 76.

163 Jeff Foust, "NASA revises requirements for ISS private astronaut missions", *SpaceNews*, 2 de agosto de 2022.

164 Arnaud Saint-Martin, "L'histoire longue des promesses du New Space", *Humanités spatiales*, 19 de novembro de 2019. Disponível em: <https://humanites-spatiales.fr/lhistoire-longue-des-promesses-du-new-space>.

165 Uma flexibilização que, entre outras coisas, permitiria remunerar astronautas para promoverem certos produtos, dentro do limite de 90 horas e 175 quilos de carga por ano. Ver: NASA, "Introduction to ISS Commercial Use Policy", 7 de junho de 2019, consultado em 22 de maio de 2023.

166 A linha de Kármán — que leva o nome do americano de origem húngara Theodore von Kármán (1881-1963) — é reconhecida pela Federação Aeronáutica Internacional como a fronteira oficial entre a Terra e o espaço. Ela estabelece o limite a partir do qual, para permanecer em voo, um avião precisa navegar em velocidade orbital, para gerar suficiente capacidade de carga num meio de ar rarefeito. Considerando-se que a atmosfera de um planeta não termina abruptamente em determinada altitude, a linha de Kármán é uma norma arbitrária, e existem outras (80 quilômetros para a NASA e a USAF).

167 AFP, "Virgin Galactic has sold 700 more space tickets", *The Economic Times*, 9 de novembro de 2021.

168 Grand View Research 2022, *Space Tourism Market Size, Share & Trends Analysis Report By Type (Orbital, Sub-orbital), By End Use (Government, Commercial), By Region, And Segment Forecasts, 2022-2030*, 2022. Disponível em: <https://www. grandviewresearch.com/industry-analysis/space-tourism-market-report>.

169 Em 2010, por exemplo, se estimava num estudo que mil voos suborbitais por ano gerariam 600 toneladas de fuligem, que permaneceriam em suspensão na estratosfera durante dez anos. Ver: Martin Ross, Michael Mills, Darin Toohey, "Potential climate impact of black carbon emitted by rockets", *Earth's Future*, v. 37, junho de 2010. Para uma boa síntese do custo ecológico do setor, ver: Roland Lehoucq, Emmanuelle Rio, François Graner, "Tourisme spatial: quand les plaisirs de quelques-uns polluent la planète de tous", *The Conversation*, 19

de setembro de 2021. Ver também: Arnaud Saint-Martin, "La démocratisation de l'espace reste hors de portée", *Ciel & Espace*, abril-maio de 2021, pp. 22-23.

CAPÍTULO III

1 *Missiles, Space and Other Major Defense Matters*, Hearings Before the Preparedness Investigating Subcommittee of the Armed Services Committee in conjunction with the Aeronautical and Space Science Committee, Senate, United States Congress, Washington D.C., 1960, p. 11.

2 "*Détente*", ou distensão, é como ficou conhecido o período da Guerra Fria que se caracterizou por uma diminuição das tensões Leste-Oeste, ligada em particular ao fato de as duas superpotências se sentirem dominando melhor as respectivas armas. Esquematicamente, estende-se de 1963 a 1979.

3 EZELL, Edward Clinton; EZELL, Linda Newman. *The Partnership: A NASA History of the Apollo-Soyuz Test Project*. Mineola (NY): Diver Publications Inc., 2010.

4 OBERTH, Herman. *The Rocket into Planetary Space*. Boston: Walter de Gruyter, 2014 [1923], p. 117.

5 Em 1965, os engenheiros da NASA e os militares trabalham secretamente no projeto Able (que deixou de ser secreto em 1966, tornando-se mais conhecido como Project Moonlight), para instalação de um espelho de 600 metros de diâmetro numa órbita geoestacionária, com a finalidade de iluminar artificialmente a selva vietnamita durante a noite e limitar as atividades do inimigo. Ver: MAHER, *Apollo in the Age of Aquarius*, op. cit., p. 50.

6 GAINOR, Christopher. "The Nuclear Roots of the Space Race". In: GEPPERT; BRANDAU; SIEBENEICHNER (eds.). *Militarizing Outer Space*, op. cit., p. 86.

7 Falamos de velocidade hipersônica a partir de Mach 5: como a velocidade do som varia em função da densidade do ar — por sua vez dependente da temperatura ambiente e da altitude —, Mach 1 equivale a 1.000 km/h no nível do mar, a 0°C.

8 DEUDNEY, *Dark Skies*, op. cit., p. 157. Cabe notar que, considerando que grande quantidade de armas terrestres depende de meios espaciais para alcançar o alvo, a separação entre arsenalização e militarização é também uma questão de perspectiva. Como frisava o comandante da Air Force Space em 2004, "os talibãs e os iraquianos visados pelas armas guiadas por satélites podem ter uma outra impressão". Ver: SHEEHAN, *The International Politics of Space*, op. cit., p. 120.

9 DEUDNEY, *Dark Skies*, op. cit., p. 156.

10 Acrônimo de *Research and Development*. Inicialmente financiada, em 1945, como projeto conjunto da empresa Douglas Aircraft com a Força Aérea do Exército (Army Air Forces), a RAND é um *think tank* inicialmente voltado para a pesquisas de armas, entre as quais os mísseis balísticos. Seu papel de acompanhamento seria aprofundado e ampliado durante a Guerra Fria. Ver: Martin J. Collins, *Cold War Laboratory:* RAND, *the Air Force, and the American State, 1945-1950*. Washington: Smithsonian Institution Press, 2002.

11 BURROWS, *This New Ocean*, op. cit., p. 220.

12 DAVIDSON, Keay. *Carl Sagan: A Life*. Nova York: John Wiley & Sons, 1999, p. 94.

13 BURROWS, *This New Ocean*, op. cit., p. 220.

14 PETERSEN, Philip A. "Strategic Missile Forces and Cosmic Research". In: HIGHAM, Robin; KIPP, Jacob W. *Soviet Aviation and Air Power*. Londres: Routledge, 2019, p. 301. Cabe acrescentar os mísseis lançados de submarinos, entre eles os ICBM *R29* (SS-*N8*) testados a partir de 1969, com alcance de cerca de 8 mil quilômetros e podendo transportar uma ogiva nuclear de até 1,5 megatonelada.

15 STARES, Paul B. *The Militarization of Space:* U.S. *Policy, 1945-1984*. Ithaca: Cornell University Press, 1985, pp. 99-100.

16 LEGAULT, Albert; LINDSEY, George. *Le Feu nucléaire*. Paris: Seuil, 1973. Trata-se da carga útil (uma ogiva nuclear separável de 8 a 20 megatoneladas) instalada no alto do estágio superior de uma versão orbital (8k69) do míssil *R36* — o ICBM mais poderoso da história, o SS-*9 "Scarp"*, segundo os códigos da Otan. Ver também: Anatoly Zak, "The R-36 rocket family". Disponível em: <https://www.russianspaceweb.com/r36.html>, s.d.. Acesso em: 15 mar. 2023.

17 PODVIG, Pavel (ed.). *Russian Strategic Nuclear Forces*. Cambridge (MA): The MIT Press, 2001, p. 128.

18 O artigo 4 estipula: "Os Estados participantes do Tratado se comprometem a não pôr em órbita em torno da Terra nenhum objeto portador de armas nucleares ou de qualquer outro tipo de armas de destruição em massa, a não instalar tais armas em corpos celestes nem posicioná-las de qualquer outra maneira no espaço extra-atmosférico". No caso dos FOBS, os diplomatas soviéticos argumentaram que eram compatíveis com o tratado, pois, segundo eles, não foram postos em órbita, na medida em que não realizaram uma rotação completa em torno da Terra, nem transportavam cargas nucleares.

19 PETERSEN, Philip. "Strategic Missile Forces and Cosmic Research". In: HIGHAM; KIPP. *Soviet Aviation And Air Power*, op. cit., p. 318.

20 GOLOVINE, Michael N. *Conflict in Space: A Pattern of War in a New Dimension*. Londres: Temple Press Limited, 1962, p. 38.

21 GAINOR, Christopher. *The Bomb and America's Missile Age*. Baltimore: The Johns Hopkins University Press, 2018.

22 GOLOVINE, *Conflict in Space*, op. cit., p. 27.

23 STUMPF, David K. *Titan II: A History of a Cold War Missile Program*. Fayetteville: University of Arkansas Press, 2002.

24 STUMPF, David K. *Minuteman: A Technical History Of The Missile That Defined American Nuclear Warfare*. Fayetteville: The University Of Arkansas Press, 2020.

25 Ibid., pp. 40, 46.

26 HUGHES, Thomas P. *Rescuing Prometheus*. Nova York: Prometheus Books, 1998, p. 70.

27 Entre outros feitos, Dornberger dirige o programa de míssil ar-terra supersônico *Rascal*, concebido para transportar armas nucleares, químicas ou bacteriológicas.

28 Marc Wade, "Dynasoar". Disponível em: <http://www.astronautix.com/d/dynasoar.html>, s.d. Acesso em: 7 dez. 2022.

29 BURROWS, *This New Ocean*, op. cit., pp. 251-252.

30 Dominique Pestre, "Le nouvel univers des sciences et des techniques: une proposition générale". In: DAHAN, Amy; PESTRE, Dominique (dir.). *Les Sciences pour la guerre, 1940-1960*. Paris: Éditions de l'EHESS, 2004, p. 12.

31 Ver: Jérôme Lamy, Arnaud Saint-Martin, "Aeronautics and Aerospace: Globalization and Technical Junctions". In: CARNINO, Guillaume; HILAIRE-PEREZ, Liliane; LAMY, Jérôme (eds.). *Global History of Techniques (19th-21st c.)*. Turnhout: Brepols, 2023.

32 LEDBETTER, James. *Unwarranted Influence: Dwight D. Eisenhower and the Military-Industrial Complex*. New Haven: Yale University Press, 2011.

33 HARTUNG, William D. *Prophets of War: Lockheed Martin and the Making of the Military-Industrial Complex*. Nova York: Nation Books, 2011, pp. 67-68.

34 GEPPERT, Alexander C. T.; SIEBENEICHNER, Tilmann. "Spacewar! The Dark Side of Astroculture". In: GEPPERT; BRANDAU; SIEBENEICHNER (eds.). *Militarizing Outer Space*, op. cit., p. 8. A prioridade militar é evidente, por exemplo, no campo dos satélites. Entre 1957 e 1985, 75% deles são lançados para melhorar o desempenho do armamento nuclear na Terra. Ver: SHEEHAN, *The International Politics of Space*, op. cit., p. 92.

35 HANDBERG, Roger. *Seeking New World Vistas: The Militarization of Space*. Westport: Praeger, 2000, p. 53.

36 WOLFE, Audra J. *Competing with the Soviets: Science, Technology, and the State in Cold War America*. Baltimore: The Johns Hopkins University Press, 2013, p. 33.

37 MASCO, Joseph. *The Theater of Operations: National Security Affect from the Cold War to the War on Terror*. Durham: Duke University Press, 2014, p. 9.

38 Ibid., p 7.

39 DEGROOT, Gerard J. *The Bomb: A Life*. Cambridge (MA): Harvard University Press, 2006, p. 185.

40 MCCURDY, *Space and the American Imagination*, op. cit., pp. 64-66.

41 SHEEHAN, *The International Politics of Space*, op. cit., p. 26.

42 KAY, W. D. *Defining* NASA*: The Historical Debate over the Agency's Mission*. Albany: State University of New York Press, 2005, p. 53.

43 MCCURDY, *Space and the American Imagination*, op. cit., p. 76.

44 LOGSDON, *John F. Kennedy and the Race to the Moon*, op. cit., p. 14.

45 Cabe notar que, em 1957, pesquisas realizadas fora dos Estados Unidos (França, Reino Unido) mostram que, num período de cinco anos, a imagem dos Estados Unidos é afetada pelo "atraso" em relação à URSS. Embora esse atraso seja relativo, consideradas as reais capacidades das duas potências, sua percepção e a perda de prestígio a ela associada contribuiriam amplamente para o aumento dos orçamentos do setor espacial nos Estados Unidos. Em 1960, 59% dos britânicos e 37% dos franceses acreditam na superioridade soviética. Ver as pesquisas realizadas pela United States Information Agency, citadas em: MCDOUGALL, *The Heavens and the Earth*, op. cit., pp. 240-241.

46 Inventada pelo matemático e físico John von Neumann, a teoria dos jogos é um ramo da matemática aplicada que estuda as estratégias decisórias em ação nas interações entre indivíduos ou grupos de indivíduos. Teve numerosas aplicações em terrenos como a economia, a política, a biologia e a informática, em particular com o objetivo de entender os mecanismos de cooperação e concorrência dos "jogadores", de maneira a otimizar suas estratégias.

47 EDWARDS, *The Closed World*, op. cit.

48 Saul Friedman, "The Rand Corporation and Our Policy Makers", *The Atlantic*, 1963.

49 EDWARDS, *The Closed World*, op. cit., p. 20.

50 Ibid., p. 10.

51 GHAMARI-TABRIZI, Sharon. *The Worlds of Herman Kahn: The Intuitive Science of Thermonuclear War*. Cambridge (MA): Harvard University Press, 2005.

52 SHEEHAN, *The International Politics of Space*, op. cit., p. 10.

53 MCCURDY, *Space and the American Imagination*, op. cit., p. 78.

54 HEEFNER, Gretchen. *The Missile Next Door: The Minuteman in the American Heartland*. Cambridge (MA): Harvard University Press, 2012, p. 5.

55 GOLOVINE, *Conflict in Space*, op. cit., p. 27.

56 Wendell Rawls Jr, "Missile Silo Explodes", *The New York Times*, 20 de setembro de 1980.

57 SCHLOSSER, Eric. *Command and Control: Nuclear Weapons, the Damascus Accident, and the Illusion of Safety*. Nova York: Penguin, 2013.

58 Proibida entre os profissionais de inteligência, ainda assim a palavra pode ser usada pelos mesmos protagonistas: por exemplo, em 1960, pelo dr. Guenadi Jukov, membro da Academia de Ciências soviética e especialista em direito espacial, disciplina então embrionária: a "espionagem espacial" é uma estratégia agressiva atribuída por ele aos oficiais e dirigentes do Pentágono, sempre empenhados, ainda segundo ele, em dobrar as apostas. Na mesma época, as estratégias soviéticas nesse terreno eram semelhantes. Sempre se é espião de alguém. In: RICHELSON, *America's Secret Eyes in Space*, op. cit., p. 48.

59 DEVORKIN, *Science with a Vengeance*, op. cit., pp. 144-146.

60 BURROWS, William E. *Deep Black: Space Espionage and National Security*. Nova York: Berkley Books, 1988 [1986], p. 79; RICHELSON, Jeffrey. *America's Secret Eyes in Space: the U.S. Keyhole Spy Satellite Program*. Nova York: Harper & Row, 1990, cap. 1.

61 Sebastian Vincent Grevsmühl. "Serendipitous Outcomes in Space History: From Space Photography to Environmental Surveillance". In: Simone TURCHETTI, Peder Roberts (eds.). *The Surveillance Imperative: Geosciences during the Cold War and Beyond*. Nova York: Palgrave Macmillan, 2014, pp. 172-173.

62 Em 1962, os mais altos escalões do Departamento de Defesa ordenam que todas as atividades espaciais militares tenham prosseguimento em total segredo. *Discover*, o nome de fachada do CORONA, deixa de ser usado, e os programas passam a ser designados pelo codinome KEYHOLE, em maiúsculas, como todos os programas secretos. RICHELSON, *America's Secret Eyes in Space*, op. cit., p. 65.

63 HAINES, Gerald. "The National Reconnaissance Office: Its Origins, Creation, and Early Years". In: DAY, Dwayne A.; LOGSDON, John M.; LATELL, Brian (eds.). *Eye in the Sky: The Story of the Corona Spy Satellites*. Washington: Smithsonian Institution Press, 1998, pp. 143-156.

64 John Cloud, "Imaging the World in a Barrel: CORONA and the Clandestine Convergence of the Earth Sciences", *Social Studies of Science*, v. 31, n. 2, 2001, p. 237.

65 GORIN, "ZENIT: The Soviet Response to CORONA". In: DAY; LOGSDON; LATELL (eds.). *Eye in the Sky*, op. cit., p. 167.

66 Para um apanhado geral, ver em particular: MONMONIER, Mark. *Spying with Maps: Surveillance Technologies and the Future of Privacy*. Chicago: The University of Chicago Press, 2002.

67 RICHELSON, Jeffrey T. "The Wizards of Langley: The CIA's Directorate of Science and Technology". In: JEFFREYS-JONES, Rhodri; ANDREW, Christopher (eds.). *Eternal Vigilance? 50 Years of the* CIA. Londres: Routledge, 1997, p. 92.

68 Outras tarefas inicialmente contempladas: inspeção de satélites, teste da precisão de sistemas orbitais de bombardeio e escuta eletrônica. BURROWS, *Deep Black*, op. cit., p. 227.

69 In: RICHELSON, *America's Secret Eyes in Space*, op. cit., p. 83.

70 Ibid.

71 TEMPLE III, L. Parker. *Shades of Gray: National Security and the Evolution of Space Reconnaissance*. Reston (VA): American Institute of Aeronautics and Astronautics, 2005, pp. 444-445.

72 Asif A. Siddiqi, "The Almaz Space Station Complex: A history, 1964-1992: Part 1: 1964-1976", *Journal of the British Interplanetary Society*, v. 54, n. 11-12, 2001, pp. 389-416.

73 LEWIS, Cathleen S. "Space Spies in the Open: Military Space Stations and Heroic Cosmonauts in the Post-Apollo Period, 1971-77". In: GEPPERT; BRANDAU; SIEBENEICHNER (eds.). *Militarizing Outer Space*, op. cit., pp. 313-341.

74 Asif A. Siddiqi, "The Almaz Space Station Complex: A history, 1964-1992: Part 2: 1976-1992", *Journal of the British Interplanetary Society*, v. 55, n. 1-2, 2002, pp. 35-67.

75 RICHELSON, Jeffrey T. *The Wizards of Langley: Inside the* CIA*'s Directorate of Science and Technology*. Boulder (CO): Westview Press, 2002, pp. 215-216. Pela concepção e o aspecto, os KH-11 têm sido comparados ao telescópio espacial *Hubble*, com um espelho primário de diâmetro equivalente.

76 Dwayne A. Day, "Intersections in real time: the decision to build the KH-11 KENNEN reconnaissance satellite (part 2)", *The Space Review*, 16 de setembro de 2019, https://www.thespacereview.com/article/3795/1.

77 MACRAKIS, Kristie. *Nothing Is Beyond Our Reach: America's Techno-Spy Empire*. Washington: Georgetown University Press, 2023, p. 200.

78 Dwayne Day, "Stealing secrets from the ether: missile and satellite telemetry interception during the Cold War", *The Space Review*, 17 de janeiro de 2022. Disponível em: <https:// www.thespacereview.com/article/4316/1>.

79 Esse agrupamento, tendo como símbolos mais visíveis a CIA (Agência Central de Inteligência, organização governamental independente) e o FBI (Birô

Federal de Investigações, parte do Departamento de Justiça), foi promovido pela administração Reagan em 1981.

80 Mesmo assim, apesar de muito raros, sempre são possíveis vazamentos. Em 1977, William Kampiles, antigo empregado da CIA, vendeu um manual do satélite KH-11 a agentes do KGB soviético durante uma estada na Grécia. Condenado ao retornar, passaria dezoito anos na prisão. "Spy Sees Cell Door Opening", *Chicago Tribune*, 8 de abril de 1996.

81 Ver em particular: Charles P. Vick, "MISTY AFP-731", Global Security, 26 de abril de 2007. Disponível em: <https://www.globalsecurity.org/space/systems/afp-731.htm>. Acesso em: 29 mar. 2023.

82 PAGLEN, Trevor. *Blank Spots on the Map: The Dark Geography of the Pentagon's Secret World*. Nova York: Penguin, 2009, pp. 85-107.

83 DOD/CIA-NASA, Agreement on NASA Reconnaissance Programs, 28 de agosto de 1963, Top Secret/BYEMAN. In: "NASA's Secret Relationships with U.S. Defense and Intelligence Agencies", lista de 51 documentos editada por James E. David, *The National Security Archive*, 10 de abril de 2015. Disponível em: <https://nsarchive2.gwu.edu/NSAEBB/NSAEBB509>. Acesso em: 4 abr. 2023.

84 O programa é abandonado em 1967. A NASA considerou que as imagens transmitidas pelas missões *Lunar Orbiter* a partir de 1966 — valendo-se também de tecnologias do NRO — eram suficientes. Vance Mitchell, "Showing the Way: NASA, the NRO and the Apollo Lunar Reconnaissance Program, 1963-1967", *Quest: The History of Spaceflight Quarterly*, v. 17, n. 4, 2010, pp. 38-45.

85 A respeito dessa colaboração prolongada e previsivelmente esquecida, ver: DAVID, James E., *Spies and Shuttles: NASA's Secret Relationships with the DOD and* CIA. Gainesville: University Press of Florida, 2015.

86 Esse satélite é um dos componentes do Sistema de Rastreamento e Transmissão de Dados de Satélites (Tracking and Data Relay Satellite System) da NASA, utilizado para as necessidades de comunicação do ônibus espacial, mais tarde da ISS, dos serviços do NRO e do Pentágono. Daniel Charles, "Spy Satellites: Entering a New Era", *Science*, v. 243, n. 4898, pp. 1541-1543.

87 Para usar a expressão pejorativa da comunidade de inteligência. Ver: Dwayne A. Day, "The spooks and the turkey", *The Space Review*, 20 de novembro de 2006. Disponível em: <https://www.thespacereview.com/article/748/1>.

88 Dwayne Day, "The NRO and the Space Shuttle", *The Space Review*, 31 de janeiro de 2022. Disponível em: <https://www.thespacereview.com/article/4324/1>.

89 NORRIS, Pat. *Watching Earth from Space: How Surveillance Helps us, and Harms us*. Chichester: Springer-Praxis, 2010.

90 Marie-Madeleine de Maack, "La guerre du Golfe ou l'introduction des moyens spatiaux dans l'art de la guerre", *Guerres mondiales et conflits contemporains*, n. 244, 2011, pp. 81-94.

91 GRAHAM JR, Thomas; HANSEN, Keith. *Spy Satellites and Other Intelligence Technologies That Changed History*. Seattle: University of Washington Press, 2007, pp. 100-116.

92 Alexandra Homolar, "Rebels without a conscience: The evolution of the rogue states narrative in US security policy", *European Journal of International Relations*, v. 17, n. 4, 2010, pp. 705-727; MASCO, *The Theater of Operations*, op. cit., p. 195.

93 Uma exceção: este levantamento de SEEDHOUSE, Erik. *Spaceports Around the World: A Global Growth Industry*. Cham: Springer-Praxis, 2017.

94 Os acidentes envolvendo queda de lançadores ou partes de lançadores são suficientemente raros para serem registrados. O mais mortífero foi sem dúvida o do foguete chinês *Longa Marcha 3B*, a 14 de fevereiro de 1996. Ele deveria pôr em órbita o satélite de telecomunicações *Intelsat 708*, lançado da base de Xichang, na província de Sichuan. O lançamento fracassa, o foguete é destruído e cai numa aldeia. O número de mortos é inicialmente estimado em seis pelas autoridades chinesas, depois em 26 e mais tarde em 56. As estimativas dos serviços de inteligência americanos chegam a duzentas. Ver: John Mintz, "Missile Failures Led To Loral-China Link" [arquivo], *Washington Post*, 12 de junho de 1998.

95 Tradicionalmente, os sistemas espaciais são divididos em três segmentos. O segmento solo reúne as estações que recebem os dados fornecidos pelos satélites e as estações de manutenção dos satélites em posição. O segmento espaço diz respeito ao meio no qual o satélite orbita. Por fim, o segmento ligação faz a junção entre o segmento solo e o segmento espaço ou entre os próprios satélites.

96 Ver, por exemplo: FOURNIER, Vincent. *Space Utopia*. Paris: Noeve, 2018; PAPPALARDO, Joe. *Spaceport Earth: The Reinvention of Spaceflight*. Nova York: Overlook Duckworth, 2017.

97 Essa lógica comercial é acompanhada de uma adaptação parcial ou total das bases antes administradas pelos militares. Por exemplo, a base Vandenberg da USAF, ao norte de Santa Barbara, na costa do Pacífico, de onde são lançadas as missões militares e os foguetes comerciais da SpaceX.

98 Essa regra foi reforçada em 1972, depois de entrar em vigor a Convenção sobre Responsabilidade por Danos, que prevê mecanismos de indenização às vítimas de acidentes ou quedas descontroladas.

99 O general de Gaulle é convidado a visitar Baikonur em junho de 1966. Mas os soviéticos tentam dissimular aos visitantes a dimensão militar das instalações,

numa operação batizada de "Palma". Apesar disso, um ajudante de campo do general não consegue deixar de observar que os habitantes são basicamente homens jovens de cabelo curto...

100 LIMONIER, Kevin. *L'Archipel des savants. Histoire des anciennes villes d'élite du complexe scientifique soviétique.* Rennes: Éditions B2, 2018, p. 28.

101 Anatoly Zak, "Nedelin's disaster", *Russian Space Web*, s.d.. Disponível em: <https://www.russianspaceweb.com/r16_disaster.html>. Acesso: 24 abr. 2023.

102 LIMONIER, *L'Archipel des savants*, op. cit.

103 Ibid., p. 51.

104 BESANÇON, Alain. *Anatomie d'un spectre. L'économie politique du socialisme réel.* Paris: Calmann-Lévy, 1981.

105 LIMONIER, *L'Archipel des savants*, op. cit., p. 44.

106 LIMONIER, Kevin. "Baïkonour: grandeur et déclin d'un territoire au service des 'peuples frères'". *Poussières d'empire*, 4 de março de 2015. Disponível em: <https://villesfermees.hypotheses.org/80>.

107 LIMONIER, *L'Archipel des savants*, op. cit., p. 36.

108 Em março de 2023, as autoridades cazaques requisitam os bens do porto espacial russo, em decorrência de uma dívida de 2 bilhões de rublos (24,7 milhões de euros). Ver: Emmanuel Langlois, "Baïkonour saisi par les autorités kazakhes!", *Télé Satellite*, 15 de março de 2023. Disponível em: <https://www.telesatellite.com/actu/62078-baikonour-saisi-par-les-autorites-kazakhes.html>.

109 LIMONIER, *L'Archipel des savants*, op. cit., p. 54.

110 LIMONIER, "Baïkonour: grandeur et déclin d'un territoire au service des 'peuples frères'", art. cit.

111 Vostochny pretende ser o posto avançado de um ressurgimento comercial do setor espacial russo. Mas a instalação da base foi marcada por escândalos de corrupção e falhas organizacionais, com direito a fracassos no lançamento. Voltaremos ao tema no capítulo IV.

112 Viria em seguida o rato Castor, em 1962, depois o rato Pollux no mesmo ano, a gata Félicette em 1963 (único felino enviado ao espaço) e por fim dois macacos, Martine e Pierrette, em 1967. Para um apanhado exaustivo dos primeiros mamíferos no espaço, ver: Christophe Kihm, "Les premiers mammifères de l'Espace", *Revue Strate(s)*, n. 1, 2021, p. 98.

113 SAID, Edward. *L'Orientalisme. L'Orient créé par l'Occident.* Paris: Seuil, 2003.

114 BERETTI; LAMY; PARRÉ, *La Base spatiale d'Hammaguir*, op. cit., p. 185.

115 Ibid., p. 47.

116 REDFIELD, Peter. *Space in the Tropics, from Convicts to Rocket in French Guiana.* Los Angeles: University of California Press, 2000, p. 125.

117 ADÉLAÏDE-MERLANDE, Jacques (dir.). *Histoire des communes. Antilles-Guyane.* V. 6. Genebra: Éd. Georges Naef, 1993, p. 173; apêndice de JOLIVET, Marie-José. *La Question créole. Essai de sociologie sur la Guyane française.* Paris: Éd. de l'Office de la Recherche Scientifique et Technique Outre-mer, 1982, p. 443.

118 GRANGER, Stéphane. "Quarante ans de spatial en Guyane: une domination contestée". In: TOURRAND, Jean-François; SAYAGO, Doris; BURSZTYN, Marcel. DRUMMOND, José Augusto (coord.). *L'Amazonie, un demi-siècle après la colonization.* Versalhes: Éditions Quae, 2010, p. 130.

119 Célia Izoard, "Kourou, ville des astres", *Revue Z, Guyane Trésors et conquêtes,* n. 12, 2018, pp. 174-185.

120 No que diz respeito ao Centro Espacial, embora diferentes organismos efetuem coletas de material para avaliar os efeitos dos lançamentos no ar, na água, na fauna e na flora (especialmente o Serviço Nacional das Florestas, no caso dos grandes mamíferos, e a empresa Hydréco, no das águas), a pesquisa de C. Izoard mostra que o CNES também domina tranquilamente a narrativa de proteção do meio ambiente (inclusive com vídeos exibidos em excursões turísticas). Ele é, por sinal, a única instituição autorizada a divulgar os dados, pois os especialistas dos organismos citados anteriormente não podem, segundo ele, ser contactados fora desse contexto.

121 Montanha de Ouro é o projeto de uma gigantesca mina de ouro a céu aberto que requer o desarraigamento do equivalente a 820 estádios de futebol e pode causar forte poluição por cianeto. Abandonado em 2019, ele pode ser relançado, e projetos semelhantes estão em estudo na região. Patrick Roger, "Le Conseil constitutionnel freine l'exploitation de la mine Montagne d'or en Guyane", *Le Monde*, 18 de fevereiro de 2022.

122 Expressão de Ray A. Williamson: Ray A. Williamson, "Outer Space as Frontier: Lessons for Today", *Western States Folklore Society*, v. 46, 1987, pp. 255-267.

123 Em 2017, durante um grande movimento de mobilização social, milhares de pessoas bloquearam uma parte do país, justamente, para protestar contra a violência urbana, os frequentes cortes de energia e os planos de privatização de um hospital público. No auge das manifestações, na noite de 4 para 5 de abril, o Centro Espacial Guianense é ocupado, o que compromete um lançamento. No dia 21 de abril, o movimento resulta no "Acordo da Guiana — Protocolo Pou Lagwiyann dékolé", prevendo numerosas concessões do poder central à Guiana Francesa e o reforço da presença policial (para conter futuros movimentos sociais).

124 Cabe lembrar aqui uma controvérsia semelhante, em torno da ampliação da base militar de Vandenberg, na Califórnia, para a construção do California Commercial Spaceport (CSS) perto de Santa Barbara, de onde decolam sobretudo os foguetes da SpaceX, erguido em terras autóctones habitadas. No fim da década de 1990, surge uma polêmica entre os ameríndios chumash da reserva de Santa Ynez e a NASA, que pretende se apropriar do local, sagrado para eles. A descoberta de água na Lua e de outros minerais que produzem o combustível necessário para ir a Marte é avaliada na época em 60 trilhões de dólares, de fato tornando difícil qualquer discussão com um povo que reivindica terras que não possui legalmente. Chegou-se a publicar em 1997, no *Journal of Current Anthropology*, um artigo financiado pelo CCS para contestar a legitimidade da filiação, reivindicada pelos chumash, aos antepassados e, portanto, ao território, o que gerou grande consternação. Ver: John M. Anderson, "California's Commercial Spaceport Rises on Native Land", *Earth Island Journal*, outono de 1998.

125 Raymond Ghirardi, Isabelle Sourbès-Verger, "De la base spatiale au port spatial", *La Géographie*, n. 1584, 2022, pp. 18-25.

126 BOWEN, Bleddyn E. *War in Space: Strategy, Spacepower, Geopolitics*. Edimburgo: Edinburgh University Press, 2020, p. 4.

127 BRZEZINSKI, Matthew. *Red Moon Rising: Sputnik and the Rivalries that Ignited the Space Age*. Londres: Bloomsbury, 2007, p. 216; SIDDIQI, Asif A. *Sputnik and the Soviet Space Challenge*. Gainesville: University of Florida Press, 2003, p. 237.

128 Ver: DAY, Dwayne A. "Cover Stories and Hidden Agendas". In: LAUNIUS, Roger D; LOGSDON, John; SMITH, Robert W. (eds.). *Reconsidering Sputnik: Forty Years Since the Soviet Satellite*. Londres: Routledge, 2000, pp. 161-195.

129 Ibid., p. 170.

130 MIECZKOWSKI, Yanek. *Eisenhower's Sputnik Moment: The Race for Space and World Prestige*. Ithaca: Cornell University Press, 2013, pp. 78-79.

131 Dwayne A. Day, "Cover Stories and Hidden Agendas", *art. cit.*, p. 187.

132 ROTH, Armand. *La Prohibition de l'appropriation et les régimes d'accès aux espaces extra-terrestres*. Genebra: Graduate Institute Publications, 1992, cap. 2. Disponível em: <http://books.openedition.org/iheid/4415>.

133 Tratado sobre os princípios que regem as atividades dos países em matéria de exploração e utilização do espaço extra-atmosférico, inclusive a Lua e demais corpos celestes, aberto à assinatura em Moscou, Londres e Washington a 27 de janeiro de 1967 e em vigor desde 10 de outubro de 1967. In: ibid., pp. 275-281.

134 DEUDNEY, *Dark Skies*, op. cit., p. 312.

135 Ibid., p. 236.

136 STINE, G. Harry. *Confrontation In Space*. Englewood Cliffs (NJ): Prentice-Hall, 1981, p. 58.

137 Os pontos de Lagrange — nome do matemático que os teorizou no século XVIII —, também conhecidos como pontos de libração, são posições do espaço em que os campos de gravidade de dois corpos em movimento orbital um ao redor do outro, ambos de massas substanciais, emitem exatamente a força centrípeta, de tal maneira que se um objeto estiver nela, nela vai permanecer.

138 GAILLARD, Florence; FACON, Isabelle; PASCO, Xavier; SOURBÈS-VERGER, Isabelle; ACHILLEAS, Philippe. *Sécuriser l'espace extra-atmosphérique: éléments pour une diplomatie spatiale à l'horizon 2030*. Levallois-Perret: Fondation pour la recherche stratégique, 2016, p. 31.

139 MOLTZ, James C. *The Politics of Space Security: Strategic Restraint and the Pursuit of National Interests*. Stanford: Stanford University Press, 2011 [2008], pp. 187-194.

140 BOFFEY, Philip M.; BROAD, William J.; GELB, Leslie H.; MOHR, Charles; NOBLE, Holcomb B. *Claiming the Heavens: The New York Times Complete Guide to the Star Wars Debate*. Nova York: Times Books, 1988.

141 LAKOFF, Sanford; YORK, Herbert F. *A Shield in Space? Technology, Politics, and the Strategic Defense Initiative*. Berkeley: University of California Press, 1989.

142 PEOPLES, Columba. *Justifying Ballistic Missile Defence: Technology, Security and Culture*. Cambridge (RU): Cambridge University Press, 2010, p. 52.

143 MITCHELL, Gordon R. *Strategic Deception: Rhetoric, Science, and Politics in Missile Defense Advocacy*. East Lansing: Michigan State University Press, 2000, pp. 47-120.

144 NOZETTE, Stewart; KUHN, Robert Lawrence (eds.). *Commercializing* SDI *Technologies*. Nova York: Praeger, 1987. Sobre as implicações ideológicas dessa combinação militar-econômica, ver: BUTRICA, Andrew J. *Single Stage to Orbit: Politics, Space Technology, and the Quest for Reusable Rocketry*. Baltimore: The Johns Hopkins University Press, 2003.

145 A citação completa: "Quem controla a órbita terrestre baixa controla o espaço circunterrestre. Quem controla o espaço circunterrestre domina a Terra. Quem domina a Terra determina o destino da humanidade". DOLMAN, Everett. *Astropolitik: Classical Geopolitics in the Space Age*. Londres: Routledge, 2002, p. 7.

146 JOHNSON-FREESE, Joan. *Space as a Strategic Asset*. Nova York: Columbia University Press, 2007, p. 119; Michael Krepon. "Lost in Space: The Misguided Drive toward Antisatellite Weapons". *Foreign Affairs*, v. 80, n. 3, 2001, pp. 2-8.

147 Susan Eisenhower. "Défense spatiale: ambitions et ambiguïtés américaines". *Politique Américaine*, n. 3, 2005, pp. 11-24.

148 Everett Dolma; Brent Ziarnick; Peter Garretson; Coyote Smith. "Dear President Trump: Here's How to Make Space Great Again". *Wired*, 14 de dezembro de 2016.

149 DEUDNEY, *Dark Skies*, op. cit., p. 178.

150 O que poderia ser ilustrado com dezenas de exemplos. Entre outros projetos espetaculares, o programa soviético Energia/Buran, resposta ao ônibus espacial americano. Apesar das reticências de Mikhail Gorbachev em matéria de armamento espacial, os engenheiros e militares soviéticos consideram que esse ônibus espacial poderia servir como arma do tipo ASAT. Também se contemplava a possibilidade de que ele pusesse em órbita baixa uma estação espacial de combate de 80 toneladas potencialmente armada de *lasers*, réplica aos projetos desenvolvidos no contexto da Iniciativa de Defesa Estratégica americana. Inicialmente, essa estação *Polius* (ou *Skif*-DM) derivada do módulo *Saliut* devia servir de base para uma estação *Mir-2*. O dispositivo não alcançou a órbita depois do lançamento fracassado em 1987, com um foguete *Energia*. Outra estação, *Kaskad* (*17F111*), se destinava ao transporte e uso eventual de mísseis contra outras estações. O ônibus espacial *Buran* só voa afinal uma vez, em 1988, quando o programa é abandonado em virtude do baixo interesse estratégico que apresenta e sobretudo por seu custo proibitivo (superior ao do programa Apollo). Ver: Konstantin Lantratov, "The 'Star Wars' That Never Happened: The True Story of the Soviet Union's Polyus (Skif-DM) Space-Based Laser Battle Stations (Part 1)", *Quest*, v. 14, n. 1, 2007; ROSE, Bill. *Secret Projects: Military Space Technology*. Hersham (Surrey): Midland Publishing, 2008, pp. 163-164.

151 Não faltam referências eruditas ou especializadas à inevitável transferência das forças armadas para um teatro de operações espaciais. Na década de 1980, elas contribuíram amplamente para a construção nos Estados Unidos dessa suposta evidência incontornável: MACVEY, John W. *Space Weapons, Space War*. Nova York: Stein and Day, 1979; KARAS, Thomas. *The New High Ground: Systems and Weapons of Space Age War*. Nova York: Simon & Schuster, 1983 [1982]; FLYNN, Nigel. *War in Space*. Nova York: Exeter Books, 1986; LONG, Franklin A.; HAFNER, Donald; BOUTWELL, Jeffrey (eds.). *Weapons in Space*. Nova York: W. W. Norton & Company, 1986.

152 BOWEN, *War in Space*, op. cit., p. 75.

153 MUTSCHLER, Max. *Arms Control in Space: Exploring Conditions for Preventive Arms Control*. Londres: Palgrave Macmillan, 2013, pp. 168-169.

154 Podemos citar o acesso da França à condição de país com capacidade espacial em 1965, da China e do Japão em 1970, do Reino Unido em 1971, da Índia

em 1975, de Israel em 1978 e mais tarde, depois da Guerra Fria, da Coreia do Norte em 1998 (voo orbital contestado) e do Irã em 2009. Muitas vezes, a capacidade de satelitização está ligada ao desenvolvimento de uma capacidade balística e mesmo nuclear.

155 Ver a base de dados online. Disponível em: <https://www.unoosa.org/oosa/index.html>.

156 Stephen Young, "How Many Satellites Are in Space? The Spike in Numbers Continues", blog *The Equation (Union of Concerned Scientists)*, 11 de julho de 2023. Disponível em: <https://blog.ucsusa.org/syoung/how-many-satellites-are-in-space-the-spike-in-numbers-continues>. Acesso em: 20 jul. 2023.

157 Referimo-nos aqui a satélites ativos. Desde o início, 5.222 satélites *Starlink* foram posicionados em órbita baixa. Ver o levantamento que o astrofísico Jonathan McDowell mantém atualizado em seu site de utilidade pública: Disponível em: <https://planet4589.org/space/con/star/stats.html>. Acesso em: 20 jul. 2023.

158 Como informa Walter McDougall, "a USAF acompanhava com ansiedade a corrida entre o Exército e a Marinha para o lançamento do primeiro satélite americano e esperava convencer Washington de que o espaço era por direito da sua esfera. Os especialistas de relações públicas da USAF logo trataram de inventar a expressão 'aeroespacial', para dar a entender que o ar e o espaço são um *continuum*". MCDOUGALL, *The Heavens and the Earth*, op. cit., p. 166.

159 Res. 58/36, A/RES/58/36, "Prévention d'une course aux armements dans l'espace", 8 de janeiro de 2004.

160 GAILLARD; FACON; PASCO; SOURBÈS-VERGER; ACHILLEAS, *Sécuriser l'espace extra-atmosphérique*, op. cit., p. 205.

161 Em especial a chamada proposta dos "Cinco Embaixadores".

162 Esse "código de conduta" repousava nos seguintes princípios: liberdade de todos os Estados de usarem o espaço extra-atmosférico para fins pacíficos, preservação da segurança e da integridade dos objetos espaciais em órbita, consideração da segurança legítima e, por fim, reconhecimento das necessidades dos Estados em matéria de defesa.

163 Sigla de "Treaty on the Prevention of the Placement of Weapons in Outer Space, the Threat or Use of Force against Outer Space Objects".

164 Vários aperfeiçoamentos à proposta de tratado foram incluídos na versão de 2014 (num "Protocolo Adicional"); elas não convenceram os Estados Unidos, que além disso argumentaram que nada era previsto para impedir experiências, produção e estocagem das referidas armas. GAILLARD; FACON; PASCO; SOURBÈS-VERGER; ACHILLEAS, *Sécuriser l'espace extra-atmosphérique*, op. cit., p. 213.

165 A título de resposta, um teste semelhante foi realizado no ano seguinte pela USAF, com um satélite do NRO.

166 Ver, por exemplo: Regina Hagen, Jürgen Scheffran, "Une interdiction des armes spatiales est-elle possible? Réflexions sur la technologie et la vérification d'un accord de maîtrise des armements dans l'espace". In: Forum du Désarmement, 2003, p. 48.

167 Trata-se da "Missão Shakti", para testar o míssil interceptador *Prithvi Defence Vehicle Mark*-IA, que de fato atingiu o alvo, o satélite de demonstração tecnológica *Microsat-R*.

168 Tiro do míssil russo *Nudol*, que destruiu um antigo satélite espião russo, o *Cosmos 1408*, da era soviética.

169 SOURBÈS-VERGER, Isabelle; BOREL, Denis. *Un empire très céleste. La Chine à la conquête de l'espace*. Paris: Dunod, 2008, pp. 211-217.

170 LUPTON, David E. *On Space Warfare: A Space Power Doctrine*. Maxwell AFB (AL): Air University Press, 1988.

171 A diretriz baixada pelo Pentágono em julho de 1999 ratifica essa situação, especificando que o espaço deve ser considerado "um meio, assim como a Terra, o mar e o ar, no qual serão realizadas atividades militares para atender aos objetivos de segurança nacional dos Estados Unidos. A capacidade de ter acesso ao espaço e de usá-lo é um interesse nacional vital, pois muitas atividades conduzidas no espaço são cruciais para a segurança nacional americana e o bem-estar econômico do país". Em consequência, "a interferência deliberada em sistemas espaciais americanos será vista como um atentado a nossos direitos de soberania", levando os Estados Unidos a "tomar medidas apropriadas de autodefesa", "dissuadir, detectar e se necessário enfrentar um ataque inimigo", "assegurar-se de que forças hostis não possam impedir os Estados Unidos de utilizar o espaço" e, por fim, "enfrentar, se necessário, os sistemas espaciais ou os serviços derivados desses sistemas utilizados com fins hostis". Memorando do secretário de Defesa William Cohen, 9 de julho de 1999, acompanhando a diretriz de política espacial do DOD n. 3100-10 "Defense Department Space Policy". Citado in: GAILLARD; FACON; PASCO; SOURBÈS-VERGER; ACHILLEAS, *Sécuriser l'espace extra-atmosphérique*, op. cit., p. 153.

172 Na década de 1990, o *establishment* político americano se preocupa com um possível aumento do poderio nuclear, militar (especialmente no campo dos ICBM) e espacial da República Popular da China. Uma comissão parlamentar de inquérito é instaurada em 1998 e tem suas conclusões publicadas em 1999 (no chamado relatório Cox, atualmente sem sigilo). Elas são terríveis: a China teria roubado segredos de fabricação várias vezes desde a década de 1980, especialmente em operações de espionagem direcionada ou transferências de tecnologia pouco escrupulosas entre empresas americanas e chinesas, e essa

pilhagem tecnológica incluiria sistemas de lançamento espacial e de construção de satélites. Isso justificaria a intensificação da vigilância dos avanços do setor espacial chinês na virada para o século XXI. Ver: Isabelle Sourbès-Verger, "La Chine et l'espace", *Annales des Mines*, v. 2, 2012, pp. 92-101.

173 MOLTZ, *The Politics of Space Security*, op. cit., p. 46.

174 Guilhem Penent, "La fin de la militarisation limitée de l'espace? La France dans le contexte du retour des armes spatiales", *Les Champs de Mars*, v. 30, n. 1, 2018, pp. 47-55.

175 Kelley M. Sayler, "Defense Primer: Hypersonic Boost-Glide Weapons". Washington, Congressional Research Service, 14 de novembro de 2022. Disponível em: <https://crsreports.congress.gov/product/pdf/IF/IF11459/7>.

176 Joseph Henrotin, "Armes hypersoniques: quels enjeux pour les armées?", Briefings de l'Ifri, Ifri, junho de 2021.

177 Um míssil hipersônico russo *Kh-47 Kinjal* foi lançado em 19 de março de 2021 num entreposto de armas, e depois seis outros, em 9 de março de 2022, em cidades ucranianas. Note que, no dia 6 de maio de 2023, a Ucrânia anuncia ter abatido um deles com ajuda de um sistema de defesa antimísseis americano *Patriot*, o que põe em dúvida a ideia de que esses mísseis sobrepujariam os melhores sistemas de defesa. Não devemos excluir um fator de propaganda da Rússia quanto à sua capacidade. Ver: Pierre Bouvier, "Que sait-on du missile hypersonique russe que les Ukrainiens disent avoir abattu?", *Le Monde*, 12 de maio de 2023.

178 Véhicule Manœuvrant Expérimental (V-MAX) e ASN4G no caso da França e Hypersonic Technology Demonstrator Vehicle (HSTDV) no da Índia. No Japão, os nomes não são oficializados.

179 Jen Judson, "Here are the three companies selected to design hypersonic missile interceptors for MDA", *Defense News*, 22 de novembro de 2021. Sobre o início de uma nova corrida armamentista, ver: Julian E. Barnes, David E. Sanger, "Russia Deploys Hypersonic Weapon, Potentially Renewing Arms Race", *The New York Times*, 27 de dezembro de 2019.

180 O sistema de defesa terrestre de meio percurso, por míssil interceptador, custou 53 bilhões de dólares aos Estados Unidos, estando previsto até 2025 um gasto de mais 10 bilhões. O orçamento anual da Missile Defense Agency é atualmente de 10 bilhões de dólares. Esses gastos são justificados pelos oficiais invocando o armamento das forças militares chinesas, igualmente empenhadas nesse tipo de desenvolvimento tecnológico em nível comparável de investimentos. Victor Riou, "La Chine réussit l'interception d'un missile balistique dans l'espace", *Air & Cosmos*, 21 de abril de 2023.

181 Yannick Genty-Boudry, "Spatial militaire: Pékin défie Washington", *Air & Cosmos*, 16 de setembro de 2020.

182 Andrew Jones, "China carries out secretive launch of 'reusable experimental spacecraft'", *SpaceNews*, 4 de setembro de 2020.

183 Benoît Wagner, "Les cybermenaces, un nouvel enjeu pour la sécurité spatiale", *Policy Paper* do IESD, col. "Analyse technico-capacitaire", n. 2, março de 2021.

184 Sandra Erwin, "Trump signs defense bill establishing U.S. Space Force: What comes next", *SpaceNews*, 20 de dezembro de 2019.

185 *Report of the Commission to assess United States National Security Space Management and Organization*, 2001, p. 80.

186 Documento oficial produzido anualmente pelo governo dos Estados Unidos, enunciando os principais objetivos de segurança nacional, assim como os meios para alcançá-los.

187 Katie Rogers, Helene Cooper, "Trump Authorizes a Space Command. Next, He Wants a Space Force", *The New York Times*, 29 de agosto de 2019.

188 Margaret Hartmann, "Let's Get to Know Space Force, Trump's Most Misunderstood Creation", *Intelligencer*, 2022.

189 Mark R. Whittington, "The Space Force has gone from joke to reality", *The Hill*, 26 de dezembro de 2019.

190 Julian Borger. "US plans new space sensors for missile defence against 'rogue states'", *The Guardian*, 2019.

191 Katie Rogers, Helene Cooper, "Trump Authorizes a Space Command", *art. cit.*; Sarah Scoles, "NASA, Space Force partnership aims to make space exploration safe", *Science*, 22 de setembro de 2020.

192 Laurent Lagneau, "La Chine a testé un planeur orbital hypersonique à capacité nucléaire", *Zone militaire*, 17 de outubro de 2021. Disponível em: <https://www.opex360.com/2021/10/17/la-chine-a-teste-un-planeur-orbital-hypersonique-a-capacite-nucleaire>.

193 Emmanuelle Maitre, "Système de bombardement orbital fractionné (FOBS): une nouvelle capacité chinoise?", Observatoire de la dissuasion, Fondation pour la recherche stratégique, outubro de 2021, pp. 6-8.

194 Citado in: Assemblée Nationale, Rapport d'information déposé en application de l'article 145 du Règlement par la Commission de la Défense Nationale et des Forces Armées en conclusion des travaux d'une mission d'information sur le secteur spatial de défense, 2019, p. 76.

195 Joseph Trevithick, "Space Force has a Unit Dedicated to Orbital Warfare That Now Operates The X-37B Spaceplane", *The War Zone*, 21 de janeiro de 2021. Disponível em: <https://www.thedrive.com/the-war-zone/37361/

space-force-has-a-unit-dedicated-to-orbital-warfare-that-now-operates-the--x-37b-spaceplane>.

196 Sandra Erwin, "U.S. generals planning for a space war they see as all but inevitable", *SpaceNews*, 17 de setembro de 2021.

197 Assemblée Nationale, Rapport d'information, documento citado, p. 76.

198 Nesse sentido, o projeto de demonstrador YODA é uma primeira etapa de uma nova geração de satélites de patrulha para garantir a vigilância de objetos geoestacionários. Ver: Xavier Pasco, Paul Wohrer, "La mise en œuvre de la Stratégie spatiale de défense française: vers la maîtrise de l'espace?", Nota da FRS, n. 12/2023, 19 de abril de 2023.

199 Ministère des Armées, Stratégie spatiale de défense, 2019, p. 9.

200 Assemblée Nationale, Rapport d'information, documento citado, p. 74.

201 "La France accuse la Russie de tentative d'espionnage par satellite", *Le Monde*, 7 de setembro de 2018.

202 Pierre-François Mouriaux, "Troisième exercice spatial militaire AsterX", *Air & Cosmos*, 18 de abril de 2023.

203 Entre as criações recentes na Europa, o UK Space Command (2021), o Weltraumkommando der Bundeswehr (2021) e o Comando delle Operazioni Spaziali (2020).

204 Ashley J. Tellis, "China's Military Space Strategy", *Survival: Global Politics & Strategy*, v. 49, n. 3, 2007, p. 45.

205 Laetitia Cesari, "Une nouvelle étape dans le désarmement spatial: le cas des tests de missiles antisatellites à ascension directe", Fondation pour la Recherche stratégique, dezembro de 2022.

206 Sandra Erwin, "U.S. Space Force game plan: Compete with China, prevent shooting war in orbit", *SpaceNews*, 8 de março de 2023.

207 Segundo o economista e consultor Pierre Lionnet, a China realiza o maior programa espacial institucional do mundo, no mínimo equiparado ao dos Estados Unidos. Em 2021, a China pôs em órbita 140 toneladas, muito à frente da Rússia (cerca de 80) e dos Estados Unidos (um pouco mais de 40). Quanto ao setor espacial militar no período 2012-2021, os volumes são comparáveis: cerca de 310 toneladas no caso da China e um pouco mais de 350 no dos Estados Unidos. Pierre Lionnet, *Space economics*, ASD-Eurospace, 2022.

208 Assemblée Nationale, Rapport d'information, documento citado, p. 50.

209 Cameron Hunter, "The Forgotten First Iteration of the 'Chinese Space Threat' to US National Security", *Space Policy*, v. 47, 2018, pp. 158-165.

210 Lincoln Hines, "Heavenly Mandate: Public Opinion and China's Space Activities", *Space Policy*, v. 60, 2022, p. 101460.

211 Yongjin Zhang, "The eagle eyes the dragon in space: A critique", *Space Policy*, v. 29, n. 2, 2013, pp. 113-120.

212 SHEEHAN, *The International Politics of Space*, op. cit., pp. 98-100.

213 Nesse sentido, ver a pesquisa realizada por Lincoln Hines sobre a percepção do programa espacial chinês entre os próprios chineses, mostrando forte apoio da população aos projetos tripulados de conquista lunar, discordância em relação à militarização do espaço e interesse por uma potencial colaboração com os Estados Unidos. Lincoln Hines, "Heavenly Mandate", *art. cit.*

214 Philippe Jacqué, "L'Union européenne se dote d'une stratégie spatiale pour la défense", *Le Monde*, 16 de março de 2023.

215 MACRAKIS, Kristie. *Nothing is Beyond our Reach: America's Techno-Spy Empire.* Washington: Georgetown University Press, 2023.

216 Grégoire Chamayou, "Dans la tête de la NSA: une histoire philosophique du renseignement américain", *Revue du Crieur*, n. 1, 2015, pp. 20-39.

217 Alessandro Aresu, Raffaele Mauro, "La nouvelle conquête de l'espace", *Le Grand Continent*, 25 de maio de 2022.

218 Sandra Erwin, "Space Force to become 18th member of the U.S. intelligence community", *SpaceNews*, 9 de dezembro de 2020.

219 David Roza, "Space Force Budget Would Soar by 15 Percent in 2024", *Air & Space Forces Magazine*, 13 de março de 2023. Em comparação, o orçamento proposto pela administração Biden para a NASA é de 27,2 bilhões de dólares.

220 Sandra Erwin, "SpaceX launches 10 satellites for U.S. Space Development Agency", *SpaceNews*, 2 de abril de 2023.

CAPÍTULO IV

1 Traduzido do inglês: "What's happening right now is a bubble funded by big government money. There will be many businesses, which will die, and because we control the satellites and the data and the rockets, we will buy them and consolidate the market. Then things will continue because humanity has a passion for space. It is the final frontier". VANCE, Ashlee. *When the Heavens Went on Sale: The Misfits and Geniuses Racing to Put Space Within Reach.* Nova York: Harper Collins, 2023, p. 436.

2 Existem versões jornalísticas sofisticadas dessa empolgação: FERNHOLZ, Tim. *Rocket Billionaires: Elon Musk, Jeff Bezos, and the New Space Race.* Boston: Houghton Mifflin Harcourt, 2018; DAVENPORT, Christian. *The Space Barons: Elon Musk, Jeff Bezos, and the Quest to Colonize the Cosmos.* Nova York: Public Affairs, 2019.

3 O último voo tripulado americano sob controle direto da NASA foi realizado em 2011, no ônibus espacial *Atlantis*. Desde então, os voos para a ISS ficaram a cargo dos russos.

4 Cf. esta nota de "prospecção" do banco Morgan Stanley: "Space: Investing the Final Frontier", 24 de julho de 2020. Disponível em: <https://www.morganstanley.com/Themes/global-space-economy>. Acesso em: 25 abr. 2023.

5 O emprego do conceito de capitalismo para caracterizar as propriedades e o funcionamento da economia do espaço ainda é tímido, e com mais forte razão o uso de expressões específicas e em geral intercambiáveis como "capitalismo espacial", "astrocapitalismo" ou "capitalismo cósmico". Esses últimos conceitos circulam no campo recém-surgido dos estudos sociais acerca de atividades e organizações espaciais (para o qual nosso trabalho, naturalmente, pretende contribuir), mas também, para fins de *branding* (estratégia de marca) chique, no ambiente das finanças de *startups* espaciais (muitos fundos de capital de risco se inserem nesse setor: Space Capital, Space Fund, Cosmic Capitals etc.) e na gestão de formas de inovação ligadas a um improvável "astroempreendedorismo".

6 Em 2023, apenas duas bases de lançamento ativas estavam em poder do setor privado: a base da Rocket Lab na Nova Zelândia e a da SpaceX no Texas. Sua atividade representa menos de 1% da massa posta em órbita anualmente.

7 A expressão de David Harvey também é um jogo de palavras: "*fix*" remete a uma expansão geográfica em busca de escoadouros, mas, em sentido figurado, também pode ser entendido como satisfação de uma necessidade irresistível, como no caso de um viciado em crise de abstinência. HARVEY, David. *Les Limites du capital*. Paris: Éditions Amsterdam, 2020.

8 Para uma primeira tentativa de integrar a abordagem crítica de D. Harvey, ver: DICKENS, Peter; ORMROD, James. *Cosmic Society: Towards a Sociology of the Universe*. Londres: Routledge, 2009 [2007]. Ver também uma atualização recente: DICKENS, Peter. *Cosmic Capitalism*. Cham: Palgrave Macmillan, 2023.

9 Arthur C. Clarke. "Extraterrestrial Relays", *Wireless World*, v. LI, n. 10, outubro de 1945, pp. 303-308.

10 DICKENS; ORMROD, *Cosmic Society*, op. cit., p. 102.

11 LAUNIUS, Roger D. "Global Instantaneous Telecommunications and the Development of Satellite Technology". In: LAUNIUS, Roger D.; MCCURDY, Howard (eds.). NASA *Spaceflight: A History of Innovation*. Cham: Palgrave Macmillan, 2018, p. 71.

12 WHALEN, David J. *The Rise and Fall of* COMSAT: *Technology, Business, and Government in Satellite Communications*. Cham: Palgrave Macmillan, 2014, p. 11.

13 A Telstar já havia prestado esse serviço, mas em caráter experimental.

14 David J. Whalen, "Communications Satellites: Making the Global Village Possible". Washington: NASA Headquarters, 1997. Disponível em: <https://www.academia.edu/1091661/Communications_satellites_making_the_global_village_possible>.

15 LAUNIUS, Roger D. "Global Instantaneous Telecommunications and the Development of Satellite Technology". In: LAUNIUS; MCCURDY (eds.), NASA *Spaceflight*, op. cit., pp. 57-58.

16 Em 1974 e em 1975, os satélites de telecomunicações *Symphonie-A* e *Symphonie-B* são postos em órbita geoestacionária por foguetes *Thor-Delta* operados pela NASA. As autoridades americanas, a começar pelo Departamento de Estado, obrigam o consórcio industrial franco-alemão formado para o lançamento dos satélites *Symphonie* (CIFAS) a limitar os satélites a uso exclusivamente experimental e científico, e não comercial, para não entrar em concorrência com o sistema Intelsat. MCLUCAS, *Space Commerce*, op. cit., p. 92.

17 A criação da ESA decorre sobretudo do fracasso do lançador europeu *Europa*. Duas agências são fundidas para formá-la: a Organização Europeia de Pesquisa Espacial (European Space Research Organisation — ESRO), cujo objetivo era o lançamento de satélites científicos, e a Organização Europeia de Desenvolvimento de Lançadores (European Launcher Development Organisation — ELDO).

18 Nezih Dincbudak, "Déréglementation de l'industrie des télécommunications: le cas américain", *Réseaux*, v. 5, n. 23, 1987, pp. 7-37.

19 Max-Henrik Blom, Nicolas Sennequier, "L'espace privatisé: les transitions originales au secteur privé de l'opération de satellites", *Annales des Mines*, novembro de 2000, pp. 10-15.

20 Para dar uma ideia dos preços: 3.660 euros o aparelho, com uma assinatura entre 53 e 76 euros mensais. Ver: DURET, Alain. *Conquête spatiale: du rêve au marché du rêve au marché*. Paris: Gallimard, 2002, p. 106.

21 "Iridium Satellite Buys Iridium", *Wired*, 12 de dezembro de 2000.

22 Em 2022, a Apple injetou 450 milhões de dólares na Globalstar para o desenvolvimento de um sistema de chamadas de urgência a partir do iPhone 14. Ver: Carlos Pires, "Le service SOS d'urgence par satellite pour l'iPhone 14 désormais disponible en France", *Télé Satellite*, 14 de dezembro de 2022. Disponível em: <https://www.telesatellite.com/actu/61485-le-service-sos-urgence-par-satellite-pour-iphone-14-desormais-disponible.html>.

23 No dia 19 de dezembro de 1958, o presidente Eisenhower gravou uma mensagem à ONU e a dezessete países em desenvolvimento, transmitida pelo satélite SCORE. Ver: Anne-Marie Malavialle, "Les satellites de communications: des

promesses techniques aux réalités politiques et industrielles", *Hermès*, v. 34, n. 2, 2002, pp. 191-204.

24 Citado in: GALLOWAY, Jonathan F. *The Politics and Technology of Satellite Communications*. Lexington (MA): Lexington Books, 1972, p. 26.

25 Peter L. Hays, *United States Military Space: Into the Twenty-First Century*, INSS Occasional Paper 42, USAF Institute for National Security Studies, USAF Academy, Colorado and Air University Press Maxwell AFB, Alabama, 2002, p. 60.

26 LAUNIUS, Roger D. "Global Instantaneous Telecommunications and the Development of Satellite Technology". In: LAUNIUS; MCCURDY, NASA *Spaceflight*, op. cit., p. 72.

27 Arnold J. Toynbee, "A Message for Mankind from Telstar", *The New York Times Magazine*, 12 de agosto de 1962.

28 Muitos livros são publicados então sobre o tema: *The Population Explosion* (1962), *The Population Dilemma* (1963, 1969), *The Silent Explosion* (1965) e *The Population Bomb* (1968).

29 PARKS, Lisa. *Cultures in Orbit Satellites and the Televisual*. Durham: Duke University Press Books, 2005, p. 32.

30 DICKENS; ORMROD, *Cosmic Society*, op. cit., p. 109.

31 Em 1972, a Unesco adota uma "Declaração de Princípios" que estabelece, em seu artigo II, a necessidade de uma radiodifusão por satélite "apolítica" e que "respeite os direitos dos indivíduos e das entidades não governamentais, tal como reconhecidos pelos Estados e o direito internacional".

32 DICKENS; ORMROD, *Cosmic Society*, op. cit., p. 113.

33 Mensagem do vice-presidente Al Gore à Conferência de Representantes da UIT, Minneapolis, 12 de outubro de 1998, *Nouvelles de l'*UIT, n. 8, 1998.

34 HANDBERG, Roger. *The Future of the Space Industry: Private Enterprise and Public Policy*. Westport (CT): Quorum, 1995; MCLUCAS, John L. *Space Commerce*. Cambridge (MA): Harvard University Press, 1991.

35 LEBEAU, André. *L'Espace en héritage*. Paris: Odile Jacob, 1986, p. 113. O autor, responsável durante muito tempo pelas políticas espaciais no CNES e na ESA, analisa essa "fase capital no desenvolvimento da técnica espacial" pelo ângulo de uma "engrenagem das aplicações", num "espaço dominado", e não mais a ser explorado para fins exclusivamente científicos.

36 DICKENS, *Cosmic Capitalism*, op. cit., p. 41.

37 Ibid., p. 19.

38 VERGER, Fernand. *L'Observation de la Terre par les satellites*. Paris: PUF, 1982, p. 124.

39 DUPAS, Alain. "Techniques de détection depuis l'espace". In: DUCROCQ, Albert (dir.). *L'Espace au service de la Terre*. Paris: Sciences & Avenir/Cosmos Encyclopédie, 1970, pp. 175-195.

40 MACK, Pamela E. *Viewing the Earth: The Social Construction of the Landsat Satellite System*. Cambridge (MA): The MIT Press, 1990, pp. 174-175.

41 MCLUCAS, *Space Commerce*, op. cit., p. 119.

42 LOGSDON, *Ronald Reagan and the Space Frontier*, op. cit.

43 GÄRDEBO, Johan. *Environing Technology: Swedish Satellite Remote Sensing in the Making of Environment 1969-2001*. Estocolmo: KTH Royal Institute of Technology, 2019.

44 MACK, *Viewing the Earth*, op. cit., p. 194.

45 ARNAUD, Jean-François. *Les Moissons de l'espace. Recherche spatiale et vie quotidienne*. Paris: Plon, 1982, p. 176.

46 Jérôme Lamy, "Soutenir la recherche, s'inscrire dans le marché: le conseil d'administration du CNES ou la gestion des contradictions (1981-2001)", *Entreprises et Histoire*, n. 102, 2021, pp. 54-77. "Estabelecimento público científico e técnico, de caráter industrial e comercial", de acordo com os estatutos da fundação em 1961, o CNES faz parte, assim, do projeto de desenvolvimento e valorização econômica do setor que tem como missão "pilotar".

47 Étienne Benson, "One infrastructure, many global visions: The commercialization and diversification of Argos, a satellite-based environmental surveillance system", *Social Studies of Science*, v. 42, n. 6, 2012, pp. 843-868.

48 Ibid., p. 856.

49 Entre os usos-chave do SPOT estão o controle administrativo de superfícies cultivadas, especialmente no contexto da Política Agrícola Comum da União Europeia, e o fornecimento de "produtos" cartográficos e estatísticos para a "cooperação" com "países em vias de desenvolvimento considerados subadministrados". Sylvain Brunier, "Quels usagers pour les images satellite? De l'observation des terres émergées à la surveillance des activités agricoles (1972-1990)", *Études Rurales*, n. 209, 2022, pp. 20-38.

50 A título de exemplo, a Spot Image fatura para o Exército dos Estados Unidos uma venda de imagens no montante de 5,7 milhões de dólares. VILLAIN, *Satellites espions*, op. cit., p. 7.

51 Joanne Irene Gabrynowicz, "The promise and problems of the land remote sensing policy act of 1992", *Space Policy*, v. 9, n. 4, 1993, pp. 319-328.

52 A Orbital Imaging é uma filial da Orbital Sciences Corporation, fundada em 1992 e comprada em 2013 pela DigitalGlobe, por sua vez reestruturada sob a

marca Maxar Technologies em 2017, depois da fusão com a empresa canadense MacDonald, Dettwiler et Associés (MDA).

53 Em 2003, a NGA firma contratos com a Space Imaging e a DigitalGlobe no valor de 500 milhões de dólares cada. Essa estratégia de compra de serviços de entidades comerciais seria aprofundada na década seguinte. Ray A. Williamson, John C. Baker, "Current US remote sensing policies: opportunities and challenges", *Space Policy*, v. 20, n. 2, 2004, p. 111.

54 A integração da Google no funcionamento da comunidade de inteligência não se deu espontaneamente. Os caixeiros viajantes da empresa trataram de recrutar um antigo diretor da In-Q-Tel, Rob Painter, na esfera federal, precisamente para ter segurança nos contratos e promover atividades de lobismo em Washington. LEVINE, Yasha. *Surveillance Valley: The Rise of the Military-Digital Complex*. Nova York: Public Affairs, 2018, p. 109.

55 Charles Thibout, "Google et l'État fédéral états-unien: interdépendance, contestation et hybridation", *Entreprises et Histoire*, n. 104, 2021, pp. 142-163.

56 Ibid., p. 112.

57 Arnaud Saint-Martin, "Un nouvel esprit du capital-risque spatial? Sur quelques tendances récentes du financement de l'industrie spatiale américaine", *art. cit.*, p. 128.

58 PASCO, *Le Nouvel Âge spatial*, op. cit., p. 120.

59 "Planet, toujours plus près de la NGA", *Intelligence Online*, 24 de maio de 2017.

60 Debra Werner, "Planet's NGA contract extended for Earth imagery, automated data", *SpaceNews*, 8 de abril de 2019.

61 Entre eles os que são produzidos com base em dados dos satélites ERS, *Radarsat* ou da Disaster Monitoring Constellation.

62 Ao contrário do que acontecera nas anteriores gerações SPOT *1-5*, a Airbus D&S financia a construção dos satélites SPOT *6* e *7* com um investimento de 300 milhões de euros. Mas esse último exemplar, capaz de gerar imagens de 50 centímetros de resolução, é vendido à agência espacial do Azerbaijão em dezembro de 2014 (Peter B. de Selding, "Airbus Sells In-orbit Spot 7 Imaging Satellite to Azerbaijan", *SpaceNews*, 4 de dezembro de 2014). Complementando o SPOT *6* — ao qual a agência azerbaijana já tem acesso —, o satélite "*Azersky-1*" serve "à agricultura, à ecologia e ao meio ambiente, ao planejamento e vigilância de infra-estruturas, à atualização de dados cadastrais, a pesquisas sobre poluição por hidrocarbonetos no mar e em terra e em outros setores, mas também na defesa e segurança do país... e muito provavelmente na guerra contra a vizinha Armênia" (Philippe Varnoteaux, "Dixième anniversaire du premier satellite de l'Azerbaijan", *Air & Cosmos*, 7 de fevereiro de 2023).

63 Podemos acrescentar os investimentos na nova frota de quatro satélites *Pléiades Neo*, a cooperação com a agência espacial italiana para o sistema de satélites radar COSMO-*Skymed* e o envolvimento na concepção e desenvolvimento de missões militares de observação (cf. as missões Helios e mais adiante os satélites de Componente Espacial Ótica do programa MUSIS (Multinational Space-based Imaging System, ou Sistema Multinacional de Imagística a partir do Espaço).

64 John Krige, "Crossing the Interface from R&D to Operational Use: The Case of the European Meteorological Satellite", *Technology and Culture*, v. 41, n. 1, 2000, pp. 27-50.

65 Ibid., p. 48.

66 Gemma Cirac-Claveras, "Trading with weather: Governmental and commercial meteorological satellites", *Entreprises et Histoire*, n. 102, 2021, pp. 78-98.

67 SORENSEN, Christian. *Understanding the War Industry*. Atlanta: Clarity Press, 2020.

68 GOODRICH, Jonathan N. *The Commercialization of Outer Space: Opportunities and Obstacles for American Business*. Westport (CT): Quorum, 1989, p. 73.

69 VILLAIN, *Satellites espions*, op. cit., p. 76.

70 MCLUCAS, *Space Commerce*, op. cit., pp. 179-181.

71 DUPAS, Alain. *Ariane et la navette spatiale*. Paris: Hachette, 1981, pp. 85-102.

72 "Ariane contre Goliath", *Le Monde*, 31 de março de 1987.

73 Segundo dados oficiais de 1983, o *Delta* pode enviar no máximo 1,350 tonelada em órbita geoestacionária, por cerca de 53 mil dólares o quilo, ao passo que a capacidade de transporte do *Ariane-4* em regime geoestacionário é de 4,5 toneladas, ao custo de aproximadamente 42 mil dólares o quilo. Congress, Office of Technology Assessment, International Cooperation and Competition in Civilian Space Activities. Washington, OTA-ISC-239, julho de 1985, p. 132.

74 "Annulation d'une plainte contre Arianespace aux États-Unis", *Le Monde*, 25 de julho de 1984.

75 "David contre Ariane?", *Le Monde*, 13 de outubro de 1982.

76 MICHAUD, *Reaching for the High Frontier*, op. cit., pp. 262-265.

77 Trata-se da fachada da divisão secreta n. 13, o Ministério de Construções Mecânicas, ou MOM.

78 LARDIER, Christian; BARENSKY, Stefan. *The Proton Launcher: History and Developments*. Londres: ISTE, 2018, p. 231.

79 Ibid., p. 234.

80 Ele consistia em 2 mil a 4 mil armas nucleares táticas, 176 armas estratégicas nucleares de longo alcance e 130 lançadores ICBM. GARDNER, Hall. *Surviving*

the Millennium: American Global Strategy, the Collapse of the Soviet Empire, and the Question of Peace. Westport: Praeger, 1994, pp. 165-166.

81 Marcia S. Smith, "Buying Russian technology — pros and cons for the US programme", *Space Policy*, novembro de 1992, pp. 362-366.

82 MOLTZ, James Clay. "Russia and China: Strategic choices in space". In: COLETTA, Damon; PINCH, Frances T. (eds.). *Space and Defense Policy*. Londres-Nova York: Routledge, 2009, p. 274.

83 DUBBS, Chris. Emeline Paat-Dahlstrom. *Realizing Tomorrow: The Path to Private Spaceflight*. Lincoln: University of Nebraska Press, 2011, pp. 90-91.

84 Ibid., p. 256.

85 Albert Ducrocq, "Quand l'industrie spatiale voit petit. Une floraison de mi-nilanceurs", *Le Figaro*, 8 de abril de 1997.

86 Concorrente direto do *Saturn-V* do programa Apollo. Seus quatro voos fracassaram entre 1969 e 1972.

87 DURET, *Conquête spatiale: du rêve au marché*, op. cit., p. 144 (itálicos do autor).

88 Sobre a gênese e os desdobramentos posteriores do programa, ver: Arnaud Saint-Martin, "La construction politique d'un programme spatial lunaire: le cas du Space Launch System", *Zilsel*, n. 12, 2023, pp. 246-290.

89 Henry Lambright, "NASA, Industry, and the Commercial Crew Development Program: The Politics of Partnership". In: LAUNIUS, Roger; MCCURDY, Howard E. (eds.). NASA *Spaceflight: A History of Innovation*. Houndmills: Palgrave Macmillan, 2015, pp. 349-377.

90 Uma diminuição de custos parcialmente alimentada por fundos provenientes da própria NASA, para o desenvolvimento dos lançadores (*Antares, Falcon*) e das naves (*Cygnus, Dragon-1, Dragon-2* e o *Dream Chaser* da Sierra Nevada Corporation), num total de 17,8 bilhões de dólares entre 2017 e 2024. Ver: NASA, *Audit of commercial resupply services to the International Space Station*, 26 de abril de 2028, p. 3.

91 O regulamento prevê que a NASA pague apenas pelos fornecimentos efetivos dos parceiros, segundo um calendário preciso das diferentes etapas a serem observadas. Certas empresas selecionadas nas primeiras fases não conseguiram atender aos requisitos da agência espacial e ficaram de fora; por exemplo, o contrato inicial da Rocketplane Kistler — criada com essa finalidade e liquidada em 2010 — chegava a 207 milhões de dólares, mas a empresa "só" recebeu 32 milhões, por não ter cumprido o compromisso em outubro de 2007. Brian Berger, "NASA Shows Patience as Private Spaceflight Firm Hunts Financing", Space.com, 1º de agosto de 2007.

92 VENCE, *When the heavens went on sale*, op. cit., p. 36.

93 Desenvolvido no fim da década de 1990, esse padrão define um formato de base modular para satélites de pequeno tamanho. Fazendo uso do sistema Meccano, a unidade de base 10×10×10 centímetros (1U) é montada segundo traçados técnicos adequados às exigências das missões. Esses satélites são muito leves e podem ser postos em órbita por microlançadores, ou às dezenas, sob a coifa de lançadores convencionais do tipo *Falcon-9*, graças a programas de transporte compartilhado (*rideshare*).

94 BERGER, Eric. *Liftoff: Elon Musk and the Desperate Early Days That Launched SpaceX*. Londres: Harper Collins, 2021.

95 Leslie Wayne, "Rocketing into a cheaper space race", *The New York Times*, 5 de fevereiro de 2006.

96 Os conceitos em estudo evoluíram muito: anunciado em 2006, o *Falcon Heavy* (aproveitando o *design* do *Delta-*IV *Heavy*) foi lançado em 2018, depois de plenamente validado o desenvolvimento operacional do *Falcon-9*. O *Falcon-5*, por sua vez, foi proposto em 2004 e cancelado em 2006.

97 A empresa visa o mesmo nicho que o lançador aerotransportado *Pegasus* operado pela Orbital Sciences. Desse modo, um voo do *Falcon-1*, vendido oficialmente por 6 milhões de dólares no fim de 2003, ficaria muito mais em conta que o *Pegasus*, oferecido por 30 milhões de dólares. Jeff Foust, "The Falcon and the showman", *The Space Review*, 8 de dezembro de 2003. Disponível em: <https://www.thespacereview.com/article/70/1>.

98 No dia 4 de dezembro de 2003, por exemplo, a SpaceX realizou uma recepção muito concorrida no prestigioso National Air and Space Museum de Washington, a poucos quarteirões do Capitólio e da sede da NASA. Um exemplar do *Falcon-1* foi exposto horizontalmente na Avenida da Independência. O objetivo era causar sensação e preocupação na concorrência, no primeiro aniversário da *startup*. Keith Cowing, "SpaceX Falcon Launch Vehicle Unveiled in Washington D.C.", *SpaceRef*, 4 de dezembro de 2003. Disponível em: <https://spaceref.com/uncategorized/spacex-falcon-launch-vehicle-unveiled-in-washington-dc>.

99 SEEDHOUSE, Eric. *SpaceX: Making Commercial Spaceflight a Reality*. Chichester: Praxis-Springer, 2013, p. 37.

100 A Northrop processa a *startup* recém-fundada por roubo de segredos industriais de propriedade da TRW, em especial a concepção técnica do projeto Low Cost Pintle Engine: em questão, o motor a bico de injetor, o TR-106, de *design* baseado no injetor inicialmente desenvolvido pela TRW na década de 1960 para equipar o motor do aterrissador do programa Apollo, o *Lunar Excursion Module*. Em reação, a SpaceX contra-ataca no mesmo tribunal da Califórnia, acusando os engenheiros da Northrop — também assessores da US Air Force, logo, em contato com a SpaceX — de espionar os progressos no desenvolvimento do motor *Merlin*. A disputa judicial, encerrada com

um acordo em 2005, sem que qualquer das partes admitisse culpa, resume o espírito da concorrência entre empresas nesse segmento. Jonathan Karp, "Northrop Settles Rocket Dispute with SpaceX", *The Wall Street Journal*, 11 de fevereiro de 2005.

101 Michael Belfiore, "Behind the Scenes with the World's Most Ambitious Rocket Makers", *Popular Mechanics*, 1º de setembro de 2009; VANCE, *Elon Musk*, op. cit., pp. 110-111.

102 Trata-se de um antigo centro de fabricação de bombas e motores para mísseis balísticos reconvertidos em 1997 para as operações da Beal, num terreno de 1,6 mil hectares.

103 Jeremy Singer, "DOD Small-Rocket Contract Produces Fierce Competition", *SpaceNews*, 23 de maio de 2005.

104 MATHIEU, Béatrice; BOTTA, Emmanuel. *Elon Musk*. Paris: Robert Laffont, 2023, pp. 120-122.

105 Griffin vê em Musk um eventual futuro Henry Ford. Josh Friedman, "Entrepreneur Tries his Midas Touch in Space", *Los Angeles Times*, 22 de abril de 2003.

106 Quando a empresa finalmente é escolhida pela NASA em 2008, no contexto do programa Commercial Orbital Transportation Services (Serviços Comerciais de Transporte Orbital), com um contrato de 1,6 bilhão de dólares, a situação é extremamente crítica. O contrato permitiria à SpaceX dar prosseguimento ao desenvolvimento do *Falcon-9* e da cápsula *Dragon*, garantindo-lhe um certo conforto. VANCE, *Elon Musk*, op. cit., p. 210.

107 Para os economistas libertários Peter Lothian Nelson e Walter E. Block, a SpaceX se posiciona fora do sistema de livre comércio: trata-se na verdade, acusam eles, escolhendo bem as palavras, de um "fascismo econômico, de um intervencionismo governamental, de um capitalismo de compadres". In: *Space Capitalism: How Humans Will Colonize Planets, Moons, and Asteroids*. Cham: Palgrave Macmillan, 2018, p. 190.

108 Braddock Gaskill, "SpaceX vs. Boeing and Lockheed Lawsuit Dismissed", NasaSpaceFlight, 17 de fevereiro de 2006. Disponível em: <https://www.nasaspaceflight.com/2006/02/spacex-vs-boeing-and-lockheed-lawsuit-dismissed>; Brian Berger, "SpaceX Fighting for USAF Launches", Space.com, 31 de outubro de 2005. Disponível em: <https://www.space.com/1726-spacex-fighting-usaf-launches.html>.

109 Loren Grush, "SpaceX still pressing ahead with its Air Force lawsuit, despite winning coveted Air Force contract", *The Verge*, 20 de agosto de 2020. Disponível em: <https://www.theverge.com/2020/8/20/21377025/spacex-air-force-nssl-defense-department-lsa-awards-lawsuit-ula>.

110 Em 2014, a SpaceX processa o departamento federal incumbido das compras na Força Aérea, contestando o monopólio de fato concedido à ULA desde 2006 para missões de segurança nacional. Depois de dois anos de verificações e certificações de uma infinidade de parâmetros e critérios de qualidade, de demonstrações de voo e auditorias, a SpaceX finalmente é qualificada em maio de 2015 para prestar esses serviços de alta rentabilidade, para os quais o cliente não poupa gastos. Amy Hudson, "SpaceX Certified for National Security Launches", *Air & Space Forces Magazine*, 27 de maio de 2015.

111 Noam Scheiber, Ryan Mac, "SpaceX Employees Say They Were Fired for Speaking Up About Elon Musk", *The New York Times*, 21 de novembro de 2022.

112 Embora não seja legalmente possível proibir a sindicalização, as ameaças de represálias contra os que a desejam são bem reais. Em 2018, o bilionário anunciou no Twitter que os assalariados que quisessem se sindicalizar em outra das suas empresas, a Tesla, perderiam suas *stock-options*. Ver: Daniel Wiessner, "Elon Musk's 2018 tweet on Tesla union campaign illegal, US court rules", Reuters, 1º de abril de 2023.

113 Por volta de 2010, o bilionário, arruinado pelo divórcio e os caminhos tortuosos tomados pela Tesla, estava a ponto de desmoronar. Andrew Ross Sorkin, "Elon Musk, of PayPal and Tesla Fame, is Broke", *The New York Times*, 21 de junho de 2010. Essas extravagâncias continuam causando preocupação: seria politicamente admissível confiar missões envolvendo a segurança nacional a um capitão de indústria de comportamento imprevisível? Ver: Arnaud Saint-Martin, "Elon Musk, flambeur du capitalisme technologique", *La Vie des idées*, 26 de outubro de 2018.

114 VANCE, *Elon Musk*, op. cit., pp. 260-261.

115 Jérôme Marin, "Avec SpaceX, Google veut étendre Internet dans le monde", *Le Monde*, 21 de janeiro de 2015.

116 Tim Sullivan, "Blitzscaling", *Harvard Business Review*, abril de 2016, pp. 45-50.

117 Peter B. de Selding, "SpaceX says reusable stage could cut prices 30 percent, plans November Falcon Heavy debut", *SpaceNews*, 10 de março de 2016.

118 Sophie Primas, Jean-Marie Bockel, Rapport d'information n. 131 sur la politique des lanceurs spatiaux (2019-2020), 19 de novembro de 2019. Disponível em: <https://www.senat.fr/rap/r19-131/r19-131_mono.html>, p. 34.

119 Vários projetos com essa finalidade estão em andamento na Europa: na ESA, no CNES, no DLR (o Centro Alemão para a Aeronáutica e a Astronáutica) e no Ariane Group, com os demonstradores *Themis*, *Callisto* e *Prometheus*. Cabe notar que, embora o interesse ecológico dos reutilizáveis seja mencionado com frequência para justificar seu emprego, ele nunca é cotejado com o nítido aumento do número de lançamentos, nem com a ampliação do setor

astronáutico em geral, que também envolve infraestruturas terrestres, trajetos dos empregados nas bases etc.

120 Vazamentos recentes relatam que a empresa gerava lucros modestos, mas perdia dinheiro globalmente. Ver: Micah Maidenberg, Corrie Driebusch, Berber Jin, "A Rare Look Into the Finances of Elon Musk's Secretive SpaceX", *The Wall Street Journal*, 17 de agosto de 2023.

121 Morgan Stanley (18 de outubro de 2023): "SpaceX escape velocity… who can catch them?", nota aos investidores e clientes do banco (disponível em: <https://www.bloomberg.com/news/articles/2021-10-19/trillionaire-musk--will-be-powered-by-spacex-morgan-stanley-says#xj4y7vzkg>). O banco justifica a rentabilidade futura da Starlink pela diminuição radical do custo de lançamento em vinte anos, possibilitado apenas pela *Starship*.

122 Loren Grush, "Elon Musk says Raptor engine production is a 'disaster' that puts SpaceX at risk of bankruptcy", *The Verge*, 30 de novembro de 2021. Disponível em: <https://www.theverge.com/2021/11/30/22809720/elon-musk-spacex-raptor-engine-crisis-bankruptcy-starship>.

123 ISAACSON. Walter. *Elon Musk*. Paris: Fayard, 2023.

124 Ronan Farrow, "Elon Musk's Shadow Rule", *The New Yorker*, 21 de agosto de 2023.

125 Michael Sheetz, "SpaceX wins first Pentagon contract for Starshield, its satellite network for military use", CNBC, 27 de setembro de 2023.

126 Ver os arquivos de suas doações: Disponível em: <https://www.opensecrets.org/donor-lookup/results?name=elon+musk>.

127 Cassandra Khaw, "SpaceX chooses the poorest US city for its launchpad", *The Verge*, 5 de agosto de 2014. Disponível em: <https://www.theverge.com/2014/8/5/5970175/spacex-facility-brownsville-texas>.

128 Marina Koren, "Why SpaceX wants a tiny Texas neighborhood so badly", *The Atlantic*, 11 de fevereiro de 2020.

129 Bill Gabbert, "SpaceX Starhopper test flight ignites brush fire in Texas", *Wildlife Today*, 26 de julho de 2019. Disponível em: <https://wildfiretoday.com/2019/07/26/spacex-starhopper-test-flight-ignites-brush-fire-in-texas>.

130 Erin Sheridan, "The Fine Print Part Two; Space X's Lack of Transparency as a Tool for Recolonization", *Trucha*, 24 de junho de 2022. Disponível em: <https://truchargv.com/the-fine-print-part-two>.

131 FAA, Final PEA Executive Summary, junho de 2022. Disponível em: <https://www.faa.gov/sites/faa.gov/files/2022-06/Final_PEA_Executive_Summary.pdf>.

132 Ver em particular o blog de Eric Roesch: ESG Hound. Disponível em: <https://blog.esghound.com/p/spacexs-texas-rocket-is-going-to>.

133 Frank Hopper, "Defending Native Sacred Sites From Elon Musk and SpaceX", *Yes! Magazine*, 21 de junho de 2022. Disponível em: <https://www.yesmagazine.org/social-justice/2022/12/21/sacred-site-spacex>.

134 Andrea Leinfelder, "SpaceX Starship prototype reaches new heights before hard, fiery landing in South Texas", *Houston Chronicle*, 9 de dezembro de 2020.

135 Steve Clark, "Brownsville mayor says $10m donation will speed revitalization", *The Brownsville Herald*, 23 de abril de 2021.

136 Gary Long, "Musk Foundation awards Brownsville ISD additional $2 million", MRGV, 26 de janeiro de 2022. Disponível em: <https://myrgv.com/local-news/education/bisd/2022/01/26/musk-foundation-awards-brownsville-isd-additional-2-million>.

137 No verão de 2018, a descoberta de que um antigo supermercado Wal-Mart da cidade se transformou em centro de retenção de migrantes menores desacompanhados provoca um escândalo nacional. Manny Fernandez, "Inside the Former Walmart That Is Now a Shelter for Almost 1,500 Migrant Children", *The New York Times*, 14 de junho de 2018.

138 NEUFELD, *Von Braun*, op. cit., pp. 406-407.

139 Trata-se de um asteroide geocruzador, ou seja, cuja órbita cruza a da Terra.

140 LEWIS, John S. *Mining the Sky: Untold Riches from the Asteroids, Comets, and Planets*. Reading (MA): Helix Books Group, 1996, p. 112.

141 POP, Virgiliu. *Who Owns the Moon? Extraterrestrial Aspects of Land and Mineral Resources*. Dordrecht: Springer, 2008, p. 112.

142 BENAROYA, Haym. *Turning Dust to Gold: Building a Future on the Moon and Mars*. Cham: Springer-Praxis, p. 157.

143 WINGO, Dennis. *Moonrush: Improving Life on Earth with the Moon's Resources*. Burlington: Apogee Books, 2004.

144 DAVID, Leonard. *Moon Rush: The New Space Race*. Washington: National Geographic, 2019.

145 Especialmente no artigo 11, que especifica: "A Lua e seus recursos naturais constituem patrimônio comum da humanidade".

146 Arnaud Saint-Martin, "S'approprier la Lune? Une histoire longue et contrariée des prospections de l'économie lunaire, aux États-Unis et au-delà", *art. cit.*, pp. 169-187.

147 K. Henson, "Bulletin from the Moon Treaty Front", *L-5 News*, v. 5, n. 1, janeiro de 1980. Ver também: JAKHU, Ram S.; PELTON, Joseph N.; NYAMPONG, Yaw Otu Mankata. *Space Mining and Its Regulation*. Cham: Springer-Praxis, 2017.

148 Krafft Ehricke, "Lunar Industrialization and Settlement — Birth of Polyglobal Civilization". In: MNDELL, W, W. (ed.). *Lunar Bases and Space Activities of the 21st Century*. Houston: Lunar and Planetary Institute, 1985, pp. 827-855.

149 KAY, *Defining* NASA, op. cit., pp. 118-121.

150 Matthew Johnson, "Mining the high frontier: sovereignty, property and humankind's common heritage in outer space". Tese de doutorado em filosofia, University of Technology Sydney, 2020, pp. 56-57.

151 RAGSDALE, Lyn. "Politics not science: The U.S. Space Program in the Reagan and Bush Years". In: LAUNIUS, Roger; MCCURDY, Howard E. (eds.). *Spaceflight and the Myth of Presidential Leadership*. Urbana: University of Illinois Press, 1997, p. 164.

152 De 1994 a 2009, sucederam-se as seguintes missões: *Clementine*, que reiniciava a campanha (1994, NASA), *Lunar Prospector* (1998, NASA), SELENE (JAXA, Japão, 2007-2009), *Chang'e 1* (CNSA, China, 2009), *Chandrayaan-1* (ISRO, Índia, 2009) e *Lunar Reconnaissance Orbiter* (NASA, 2009).

153 POP, *Who Owns the Moon?*, op. cit., pp. 8-10.

154 Alan Boyle, "Interview: Jeff Bezos lays out Blue Origin's space vision, from tourism to off-planet heavy industry", *Geekwire*, 13 de abril de 2016.

155 A empresa Lonestar, por exemplo, arrecada 5 milhões de dólares em 2023 para montar *data centers* na Lua. Ver: Debra Werner, "Lonestar raises $5 million for lunar data centers", *SpaceNews*, 6 de março de 2023.

156 Marie Delumeau, "À Ivry-sur-Seine, la *start-up Interstellar Lab* vise la Lune avec ses serres de culture", *Les Échos*, 2 de fevereiro de 2023.

157 PA Media, "Rolls-Royce secures funds to develop nuclear reactor for moon base", *The Guardian*, 16 de março de 2023.

158 "Lunar Industry Vision. Toward the Planet 6.0 Era", Lunar Industry Vision Council, 14 de julho de 2021. Disponível em: <https://www.jgc.com/en/news/2021/20210714.html>.

159 Lei de 20 de julho de 2017 sobre a exploração e a utilização dos recursos do espaço. Disponível em: <http://data.legilux.public.lu/eli/etat/leg/loi/2017/07/20/a674/jo>.

160 Philippe Achilleas, Isabelle Sourbès- Verger, "L'exploitation des ressources de la Lune au cœur de la nouvelle diplomatie américaine", *Annuaire Français de Relations Internationales*. Paris: Éditions Panthéon-Assas, 2022, pp. 739-754.

161 Peter J. Hill, "Are All Commons Tragedies? The Case of Bison in the Nineteenth Century", *The Independent Review*, v. 18, n. 4, 2014, pp. 485-502.

162 A expansão das zonas marítimas é concretizada depois do envio de um dossiê à Comissão de Limites da Plataforma Continental (CLPC) da ONU, com base no

princípio de continuidade da plataforma continental. Ver: VILLIERS, Laurent Adam de; TELLENNE, Cédric; NOCETTI, Julien. "Nouveaux espaces et nouvelles frontières de la mondialisation". In: DELAMOTTE, Guibourg; TELLENNE, Cédric (dir.), *Géopolitique et géoéconomie du monde contemporain.* Paris: La Découverte, 2021, pp. 305-349.

163 "President Obama Signs Bill Recognizing Asteroid Resource Property Rights into Law", *SpaceRef*, 25 de novembro de 2015.

164 Philippe Achilleas, Isabelle Sourbès- Verger, "L'exploitation des ressources de la Lune au cœur de la nouvelle diplomatie américaine", *art. cit.*, p. 745.

165 Mais precisamente, o decreto afirma que "os americanos devem ter o direito de empreender a exploração comercial, a aquisição e a utilização dos recursos do espaço extra-atmosférico, de acordo com o direito em vigor. O espaço extra-atmosférico é um domínio da atividade humana único no plano jurídico e físico, e os Estados Unidos não o consideram como um bem comum mundial".

166 Em 2020, os Acordos Artemis foram assinados por representantes das agências espaciais nacionais de oito países: Austrália, Canadá, Itália, Japão, Luxemburgo, Emirados Árabes Unidos, Reino Unido e Estados Unidos. Numa segunda etapa, assinaram Ucrânia, Coreia do Sul, Nova Zelândia, Brasil, Polônia, México, Israel, Romênia, Bahrein, Cingapura, Colômbia, França, Arábia Saudita, Espanha, Equador e Índia.

167 Ver: *The Artemis Accords, Principles for Cooperation in the Civil Exploration and Use of the Moon, Mars, Comets, and Asteroids for Peaceful Purposes*, versão assinada, 13 de outubro de 2020. Disponível em: <https://www.nasa.gov/specials/artemis-accords/img/Artemis-Accords-signed-13Oct2020.pdf>. Acesso em: 14 abr. 2023.

168 A proteção das zonas é antes de tudo uma preocupação técnica, visando garantir a continuidade dos serviços durante as operações na superfície da Lua. Os primeiros que pousarem sistemas e infraestruturas têm direito de precedência, cabendo-lhes a responsabilidade de explorar e utilizar essas zonas com toda segurança, sem exercerem a apropriação soberana (em teoria). Mas na prática as zonas serão delimitadas, definindo, assim, territórios e, portanto, fronteiras. Temendo que a futura base de pesquisas da China seja na realidade uma instalação militar, dirigentes da *Space Force* não hesitam em proclamar publicamente a necessidade de uma presença militar para fiscalizar e proteger as atividades das empresas envolvidas na economia lunar americana, em cooperação com a NASA. Embora esse conceito deva ser recodificado no direito, seria criado, portanto, um problema de segurança nacional. Sandra Erwin, "The moon emerging as the next frontier for military operations", *SpaceNews*, 16 de abril de 2022.

169 Jessy Kate Schingler, “Imagining safety zones: Implications and open questions”, *The Space Review*, 8 de junho de 2020. Disponível em: <https://www.thespacereview.com/article/3962/1>.

170 Éric Lagadec, “Un ciel observable starlinké? Quand un projet commercial peut faire obstacle à l’avancée des connaissances”, *Zilsel*, n. 9, 2021, pp. 11-25.

171 Ver em particular: Olivier R. Hainaut, Andrew P. Williams, “Impact of satellite constellations on astronomical observations with ESO telescopes in the visible and infrared domains”, *Astronomy & Astrophysics*, v. 636, abril de 2020, A121; e J. Anthony Tyson, Željko Ivezić, Andrew Bradshaw, Meredith L. Rawls, Bo Xin, Peter Yoachim, John Parejko, Jared Greene, Michael Sholl, Timothy M. C. Abbott, “Mitigation of LEO Satellite Brightness and Trail Effects on the Rubin Observatory LSST”, *The Astronomical Journal*, v. 160, 2020.

172 International Astronomical Union, *Dark and Quiet Skies for Science and Society: Report and Recommendations*, Oficina online, 29 de dezembro de 2020.

173 Sandor Kruk, Pablo García-Martín, Marcel Popescu, Ben Aussel, Steven Dillmann, Megan E. Perks, Tamina Lund, Bruno Merín, Ross Thomson, Samet Karadag, Mark J. McCaughrean, “The impact of satellite trails on Hubble Space Telescope observations”, *Nature Astronomy*, v. 7, 2023, pp. 262-268.

174 J. Tregloan-Reed, A. Otarola, E. Unda-Sanzana, B. Haeussler, F. Gaete, J. P. Colque, C. González-Fernández, J. Anais, V. Molina, R. González, E. Ortiz, S. Mieske, S. Brillant, J. P. Anderson, “Optical-to-NIR magnitude measurements of the Starlink LEO Darksat satellite and effectiveness of the darkening treatment”, *Astronomy & Astrophysics*, v. 547, março de 2021.

175 Jeff Foust, “NSF and SpaceX reach agreement to reduce Starlink effects on astronomy”, *SpaceNews*, 12 de janeiro de 2023.

176 Para um balanço inicial, ver: SIMPSON, J. A. (ed.). *Preservation of near-Earth space for future generations.* Cambridge (RU): Cambridge University Press, 1994.

177 N. L. Johnson, “Nuclear power supplies in orbit”, *Space Policy*, n. 2/3, 1986, pp. 223-233.

178 BONNAL, Christophe. *Pollution spatiale: l’état d’urgence.* Paris: CNRS Éditions, 2016, p. 119.

179 Jeff Foust, “FCC approves new orbital debris rule”, *SpaceNews*, 29 de setembro de 2022.

180 European Space Agency, *Generated using compliance data with the 25-year postmission presence rule as reported in the European Space Agency’s Annual Space Environment Report*, 2020.

181 Para uma visão mais exaustiva da evolução internacional das regras sobre detritos orbitais, ver: BONNAL, *Pollution spatiale*, op. cit., pp. 111-127.

182 NASA, *Space Activities in 2022*, 2023, p. 5.

183 ESA, *Space debris by the numbers*, em 27 de março de 2023.

184 O aumento da concentração de CO_2 na atmosfera tem como efeito global esfriar cada vez mais as camadas da média e da alta atmosfera, logo, diminuindo a densidade da termosfera (90-500 quilômetros de altitude). Essas mudanças físicas no clima da alta atmosfera, provocadas pelas emissões de CO_2 e observadas com grande frequência, têm implicações práticas para os operadores de satélites em órbita terrestre baixa. A diminuição da densidade reduz o efeito de frenagem da alta atmosfera e, portanto, a duração de vida de um satélite, que poderá cruzar na queda com detritos presentes em grande quantidade. Ingrid Cnossen, "A realistic projection of climate change in the upper atmosphere into the 21st century", *Geophysical Research Letters*, v. 49, n. 19, 2022, e2022GL100693.

185 BONNAL, *Pollution spatiale*, op. cit., pp. 105-106.

186 Christophe Bonnal, Jean-Marc Ruault, Marie-Christine Desjean, "Active debris removal: Current status of activities in CNES", *Proc. 6th European Conference on Space Debris*, Darmstadt, Alemanha, 22-25 de abril de 2013.

187 "La Russie reconnaît avoir détruit un satellite avec un missile", *Le Monde*, 15 de novembro de 2021.

188 Camille Gévaudan, "Collision de satellites évitée: l'ESA réclame un code de la route spatial", *Libération*, 4 de setembro de 2019.

189 Pierre Barthélémy, "L'espace sous la menace des mégaconstellations de satellites", *Le Monde*, 18 de fevereiro de 2020.

190 Darren McKnight *et al.*, "Identifying the 50 statistically-most-concerning derelict objects in LEO", *Acta Astronautica*, v. 181, 2021, pp. 282-291.

191 Ibid., pp. 282-291.

192 Sylvain Béal, Marc Deschamps, Hervé Moulin, "Taxing congestion of the space commons", *Acta Astronautica*, v. 177, 2020, pp. 313-319.

193 BONNAL, *Pollution spatiale*, op. cit., p 1.

194 A probabilidade global de haver alguma vítima na queda de um grande objeto é da ordem de uma chance em dez mil, e a probabilidade em escala individual é bilhões de vezes menor. Ver: ibid., p. 80.

195 Cabe notar que desde 1988 a Federal Aviation Administration avalia o custo de uma vida humana em 3 milhões de dólares, em caso, por exemplo, de acidente aéreo. Esse valor é considerado muito baixo pelo Government Accountability Office (GAO), em virtude da inflação e dos riscos estatisticamente maiores de acidentes em casos de repetidos voos de foguetes não longe de zonas habitadas (por exemplo, em Boca Chica, de onde partem certos lançadores da SpaceX).

Ver: Dave Mosher, "$3 million is what your life is worth if you're killed in a rocket accident, according to the FAA. Here's why government auditors say that number is a problem", *Business Insider*, 31 de janeiro de 2020.

196 BONNAL, *Pollution spatiale*, op. cit., p. 73.

197 J. A. R., J. V, "Reabierto el espacio aéreo español que fue cerrado por la alerta de caída de un cohete chino", *El País*, 4 de novembro de 2022.

198 Atossa Araxia Abrahamian, "How the asteroid-mining bubble burst: A short history of the space industry's failed (for now) gold rush", MIT *Technology Review*, 26 de junho de 2019.

199 Bryce Space and Technology, *Start-up Space: Update on Investment in Commercial Space Ventures*, 2020. Disponível em: <https://brycetech.com/reports.html>.

200 Esse aumento decorre sobretudo de investimentos espetaculares em empresas que não são mais *startups*: SpaceX (962 milhões de dólares), Virgin Galactic (682 milhões), OneWeb (1,25 bilhão) e Blue Origin (cerca de 1 bilhão injetado por seu fundador, Jeff Bezos).

201 VANCE, *When the heavens went on sale*, op. cit., p. 385 *sq*.

202 Segundo a bases de dados públicos SPAC Insider (<https://spacinsider.com/stats>), 59 unidades efetivaram uma entrada na bolsa recorrendo a esse dispositivo em 2019, três vezes mais que em 2015 (o que representava 13,6 bilhões de dólares). Em 2021 o número passou a 248 (83,3 bilhões). No primeiro semestre de 2021, 330 SPACs foram criadas (104,9 bilhões).

203 Leïla Marchand, "Pourquoi Virgin Galactic s'envole en Bourse", *Les Échos*, 19 de fevereiro de 2020.

204 Nicholas Schmidle, "The Red Warning Light on Richard Branson's Space Flight", *The New Yorker*, 1º de setembro de 2021.

205 Doug Messier, "Bank of America Rips Virgin Galactic for Failure to Disclose Out of Airspace Mishap on Richard Branson Flight", *Parabolic Arc*, 16 de setembro de 2021. Disponível em: <https://parabolicarc.com/2021/09/16/bank-of-america-rips-virgin-galactic-for-failure-to-disclose-out-of-airspace-mishap-on-richard-branson-flight>.

206 Jon Ungoed-Thomas, "'Wings like cracked eggshells': Richard Branson faces turbulence over safety of space flights", *The Guardian*, 14 de janeiro de 2023.

207 Cabe assinalar a aquisição da OneWeb pela Eutelsat em 2023, por 3,4 bilhões de euros. Elise Pontoizeau, "En officialisant sa fusion avec OneWeb, Eutelsat s'impose comme un leader mondial des télécommunications spatiales", *L'Usine Nouvelle*, 28 de setembro de 2023.

208 Nat Rubio-Lichet, "SpaceX Works to Produce Cheaper Starlink Satellite", *Los Angeles Business Journal*, 8 de setembro de 2021.

209 Dominique Gallois, Alexandre Piquard, "SpaceX voit Starlink comme une activité cruciale pour financer les missions vers Mars", *Le Monde*, 14 de dezembro de 2022.

210 365 satélites foram eliminados desde o início dos lançamentos. A 150 mil dólares a peça (estimativa bem por baixo), sem seguro, isso representa um peso-morto de 55 milhões de dólares. Dados fornecidos pelo astrofísico de Harvard Jonathan McDowell. Disponível em: <https://www.planet4589.org/space/con/star/stats.html>. Acesso em: 13 jun. 2023.

211 O que representa, em 2021, um total de 976 satélites, 259 toneladas em órbita; e em 2022, 1.722 satélites com um peso total de 517 toneladas. Essas estimativas se baseiam nas informações da página da Wikipédia sobre os lançamentos da SpaceX: Disponível em: <https://en.wikipedia.org/wiki/List_of_Falcon_9_and_Falcon_Heavy_launches>. Acesso em: 14 jun. 2023. A tarifa comercial pública de um voo do *Falcon-9* para órbita baixa é, até 2022, de 62 milhões de dólares, equivalendo aproximadamente de 3 mil a 4 mil dólares o quilo. É impossível saber o custo de cada voo especificamente destinado à satelitização dos *Starlink*, mas com uma tarifa preferencial de mil dólares por quilo, o investimento é considerável: 15 milhões de dólares por voo (aos quais cabe acrescentar, naturalmente, o custo dos satélites conduzidos: cinquenta por voo em média, a 150 mil a peça numa estimativa (muito) baixa, ou seja, 7,5 milhões de dólares). São mais de 500 bilhões de dólares empatados desde 2022.

212 No momento em que escrevemos, cerca de 150 estações foram instaladas, basicamente na América do Norte (disponível em: <https://starlinkinsider.com/starlink-gateway-locations>; acesso em: 14 jun. 2023). Cada estação comporta cerca de quarenta antenas. Não é conhecido o custo dessa infraestrutura, que inclui as despesas ligadas às iniciativas da SpaceX junto aos governos dos países onde o serviço é implantado. A empresa precisa instalar o máximo possível para a segurança das comunicações, não sem certas dificuldades, como no caso da França.

213 No início, o aluguel do terminal custa 499 dólares, valor que já passou para 599.

214 Dados fornecidos por Jonathan McDowell. Disponível em: <https://www.planet4589.org/space/con/ow/stats.html>. Acesso em: 13 jun. 2023. No conjunto dos 634 em órbita, os demais ainda estão sendo posicionados e outros são ou serão lançados pela... SpaceX, empresa numa tal situação de monopólio no segmento dos lançamentos comerciais que chega a atender os próprios concorrentes. Rachel Jewett, "SpaceX Launches its First Mission for OneWeb", *Via Satellite*, 8 de dezembro de 2022.

215 Dados fornecidos por Jonathan McDowell. Disponível em: <https://www.planet4589.org/space/con/star/stats.html>. Acesso em: 13 jun. 2023. A contextualizar no total de satélites operacionais: cerca de 5,5 mil no fim de abril de 2022, dos quais 4,7 mil em órbita baixa (fonte: Union of Concerned Scientists Satellite Database, 1º de maio de 2022; disponível em: <https://www.ucsusa.org/resources/satellite-database>; acesso em: 14 jun. 2023).

216 São 8 mil satélites em órbita a apenas 500 quilômetros de altitude, e os outros 4 mil a cerca de 1,2 mil quilômetro.

217 Os *V-2* "mini" ainda são postos em órbita pelos *Falcon-9*. Esses novos satélites são três vezes mais pesados (800 kg) que a primeira geração, têm 4 metros de comprimento e a envergadura das placas solares é de 30 metros (o triplo da primeira geração). Os 7,5 mil satélites *V-2* a serem posicionados pesariam entre 1,2 e 2 toneladas, a plataforma tem 7 metros de comprimento e as placas passam de 20 metros. Os primeiros testes não foram concludentes. A maior parte dos 21 *V-2* "mini" enviados no fim de fevereiro de 2023 foi incapaz de se posicionar na órbita de trabalho e foi desorbitada. Rachel Jewett, "FCC Approves SpaceX's Starlink Gen 2 Application Up to 7,500 Satellites", *Via Satellite*, 2 de dezembro de 2022.

218 Joan Engebretson, "Analyst: Good Luck With That Starlink Broadband Plan, SpaceX Launch Cycle Doesn't Add Up", *Telecompetitor*, 18 de janeiro de 2022. Disponível em: <https://www.telecompetitor.com/analyst-good-luck-with-that-starlink-broadband-plan-spacex-launch-cycle-doesnt-add-up>.

219 Jason Rainbow, "SpaceX loses $900 million in rural broadband subsidies", *SpaceNews*, 10 de agosto de 2022.

220 Frédéric Schmitt, "Starlink encore moins cher en France", *Télé Satellite*, 8 de julho de 2023. Disponível em: <https://www.telesatellite.com/actu/62806-starlink-encore-moins-cher-en-france.html>.

221 Guilhem Penent, Guillaume Schlumberger, "Guerre en Ukraine: révélatrice de ruptures dans le secteur spatial?", *Notes de l'Ifri*, Ifri, fevereiro de 2023.

222 Sandra Erwin, "SpaceX Rolls out New Business Line Focused on Military Satellite Services", *SpaceNews*, 3 de dezembro de 2022.

223 Joey Roulette, "Elon Musk's SpaceX is accepting $99 Starlink deposits amid 'deep chasm' of red ink", *The Verge*, 9 de fevereiro de 2021.

CAPÍTULO V

1 MANDRYKA. *Conc et Chou Lanceurs d'alerte*. Châtenay-Malabry: Alain Beaulet Éditeur, 2017.

2 O 73º Congresso Internacional de Astronáutica (IAC), realizado em Paris em setembro de 2022, exemplificou a grande confusão reinante no meio da astronáutica. Por trás do *slogan* "Space for all" (O espaço para todos), era difícil distinguir que objetivos a indústria realmente visava, num salão em que conviviam duvidosos grupos de pressão pró-espaço, astronautas ou ex-astronautas em campanha promocional, empresas atuantes no turismo espacial ou no setor do luxo, muitas vezes deixando em segundo plano a importância de uma utilização científica do espaço. Ver: Irénée Régnauld, Arnaud Saint-Martin, "Espace à vendre — de retour du Congrès international d'astronautique", AOC, 14 de outubro de 2022.

3 LINDEE, Susan. *Rational Fog: Science and Technology in Modern War.* Cambridge (MA): Harvard University Press, 2020, p. 11.

4 Poderíamos estender essa reflexão às "ciências nazistas", empreendimento político conduzido a partir de 1933 sob o comando de Heinrich Himmler, o senhor da SS, com o objetivo de justificar e consolidar a dominação alemã e o projeto político do III *Reich*. A arqueologia e a antropologia são as disciplinas-chave do programa, que atrairia numerosos cientistas alemães, a serviço da legitimação ideológica do regime. Nesse contexto seriam efetuadas experiências particularmente bárbaras com seres humanos, com resultados científicos nulos.

5 Ibid., p. 168.

6 Ibid., p. 180.

7 Hurricane Research Division, "History of Project Stormfury" [arquivo], NOAA. Disponível em: <https://www.aoml.noaa.gov/hrd/hrd_sub/sfury.html>. Acesso em: 11 maio 2023.

8 GREVSMÜHL, *La Terre vue d'en haut*, op. cit., p. 266.

9 Ibid., p. 294.

10 Kim McQuaid, "Selling the Space Age: NASA and Earth's Environment, 1958-1990", *art. cit.*, pp. 127-163.

11 MAHER, *Apollo in the Age of Aquarius*, op. cit., p. 119.

12 SHEEHAN, *The International Politics of Space*, op. cit., pp. 65, 126.

13 Christophe Camus, "Cousteau à la NASA", *Terrestres*, 18 de março de 2021.

14 Ibid.

15 NASA. NASA *Leadership and America's Future in Space: A Report to the Administrator by Dr Sally K. Ride*, agosto de 1987.

16 LOGSDON, *Ronald Reagan and the Space Frontier*, op. cit., p. 364.

17 Dennis Overbye, "NASA to Cut Back Scientific Missions Because of Budget", *The New York Times*, 1º de março de 2006.

18 Science News Staff, "Trump once again requests deep cuts in U.S. science spending", *Science*, 11 de março de 2019.

19 André Lebeau, "Le développement de la météorologie spatiale en Europe", *Hermès*, n. 34, 2002, pp. 183-189.

20 Jérôme Lamy, Arnaud Saint-Martin, "Faire politique d'un système d'observation de la Terre: l'élaboration du programme européen Copernicus/GMES (Global monitoring for environment and security)", *L'Année Sociologique*, v. 63, n. 2, 2013, pp. 429-472.

21 Para um balanço mais exaustivo dos desdobramentos recentes, ver: Carole Deniel, Camille Viatte, "Mesure des polluants depuis l'espace", *Annales des Mines*, n. 4, 2019, pp. 99-103.

22 Hugo Ruher, "L'intelligence artificielle pour éviter les débris spatiaux", *Le Temps*, 1º de junho de 2022.

23 Global Climate Observing System, "Essential Climate Variables". Disponível em: <https://gcos.wmo.int/en/essential-climate-variables>. Acesso em: 29 jun. 2023.

24 Em 2019, o mesmo Elon Musk esclareceu num tuíte que se referia, com essa expressão, a um fluxo contínuo de explosões nucleares que deixassem poucos resíduos acima da atmosfera, para criar sóis artificiais. Igualmente demiúrgico.

25 ROCARD, Francis. *Dernières Nouvelles de Mars*. Paris: Flammarion, 2020, p. 156.

26 National Research Council, *Pathways to Exploration: Rationales and Approaches for a U.S. Program of Human Space Exploration*. Washington: The National Academies Press, 2014, p. 156.

27 United Nations Environment Programme, Adaptation Gap Report 2020, Nairóbi, UN, 2021.

28 Ver: Astronomical, 2011. Disponível em: <https://mishkahenner.com/Astronomical-2>. Acesso em: 29 jun. 2023.

29 M. L. Litvak, I. G. Mitrofanov, A. B. Sanin, B. Bakhtin, D. V. Golovin, C. Zeitlin, "Observations of neutron radiation environment during Odyssey cruise to Mars", *Life Sciences in Space Research*, v. 29, maio de 2021, pp. 53-62.

30 *Biosphere* II é um sistema ecológico artificial e fechado no deserto do Arizona, que tinha como objetivo criar um ecossistema viável de maneira autônoma. Passados alguns meses, os níveis de oxigênio caem drasticamente (de 21% a 14%): integrantes da equipe adoecem, não se entendem mais e o ecossistema desmorona. Uma segunda missão empreendida em 1994 termina com resultados semelhantes. Ainda hoje se realizam pesquisas nessas instalações, que, no entanto, se tornaram sobretudo uma atração turística.

31 Mais de uma dezena de simulações de vida marciana na Terra foram realizadas e ainda são. Entre as mais conhecidas: Mars500 (Rússia), HI-SEAS (Havaí),

Mars Desert Research Station (Estados Unidos), Euromars (Japão), Flashline Mars Arctic Research Station (Canadá).

32 Jean Baudrillard, "La Biosphère II" (*ca.* 1991). In: SCOTT, Felicity D. *Un climat sur mesure. Les colonies de la* NASA *(1972-1982)*. Paris: B2, 2019, p. 59.

33 EKSTRÖM; NOMBELA, *Nous ne vivrons pas sur Mars, ni ailleurs*, op. cit.

34 GOLDSMITH, Donald; REES, Martin. *The End of Astronauts: Why Robots are the Future of Exploration*. Cambridge (MA): Belknap Press, 2022.

35 Suzy Collin-Zahn, Thérèse Encrenaz, "Habiter la planète Mars?", *Raison Présente*, n. 225, 2023, p. 105.

36 Anders Sandberg, "We should stop sending humans into space to do a robot's job", *Quartz*, 19 de julho de 2019.

37 BRUNIER, *Impasse de l'espace*, op. cit., p. 247.

38 25 Years of Continuous Robotic Mars Exploration — From Pathfinder to Perseverance. NASA, 13 de setembro de 2022. Disponível em: <https://www.nasa.gov/feature/25-years-of-continuous-robotic-mars-exploration-from-pathfinder-to-perseverance>. Acesso em: 29 jun. 2023.

39 Uma bioassinatura é uma propriedade, uma substância ou um rastro físico ou químico identificável como prova de uma vida passada ou presente.

40 Alexandra Witze, "NASA's Mars rover makes 'fantastic' find in search for past life", *Nature*, 16 de setembro de 2022.

41 Sobretudo depois da queda do aterrissador *Schiaparelli* em 2016 e do abandono da missão conjunta com a Roscosmos — a agência espacial russa —, *ExoMars*, em virtude do início da guerra na Ucrânia.

42 Esse anúncio recente ainda deve ser confirmado. Andrew Jones, "China aims to bring Mars samples to Earth 2 years before NASA", *SpaceNews*, 20 de junho de 2022.

43 Desde 1960, 17 missões foram perdidas num total de 44 (incluindo os fracassos na decolagem), na maioria dos casos soviéticas. Ver: EKSTRÖM; NOMBELA, *Nous ne vivrons pas sur Mars, ni ailleurs*, op. cit., p. 89.

44 Johan Eriksson, Lindy M. Newlove-Eriksson, "Outsourcing the American Space Dream: SpaceX and the Race to the Stars", *Astropolitics*, v. 21, n. 1, 2023, pp. 46-62.

45 Como exemplo supremo dos modelos de negócios extravagantes, o projeto Mars One, apesar de abandonado, não tem equivalente. Promovido por uma empresa holandesa de organização de eventos, previa o envio de uma tripulação de quatro pessoas a Marte em 2012, sem possibilidade de retorno, num montante estimado em 6 bilhões de dólares. Foram registradas duzentas mil candidaturas. Para uma avaliação irretorquível dos obstáculos orçamentários

do projeto (no mínimo 100 bilhões de dólares em despesas acumuladas), ver: Sydney Do, Andrew Owens, Koki Ho, Samuel Schreiner, Olivier De Weck, "An independent assessment of the technical feasibility of the Mars One mission plan — Updated analysis", *Acta Astronautica*, v. 120, março-abril de 2016, pp. 192-228.

46 Note-se que a Mars Society e a Planetary Society já conceberam a bandeira de Marte, com base em uma ideia de Kim Stanley Robinson em sua famosa trilogia de romances *Red Mars, Green Mars* e *Blue Mars*. O desenho consiste em três faixas verticais de três cores: o vermelho junto ao mastro simboliza o atual planeta Marte; o verde e o azul representam as etapas de uma possível terraformação do planeta.

47 Emmanuel Derville, "L'Inde, premier pays à alunir sur le pôle Sud", *La Tribune de Genève*, 23 de agosto de 2023.

48 National Academies of Sciences, Engineering, and Medicine, *Origins, Worlds, and Life: A Decadal Strategy for Planetary Science and Astrobiology, 2023-2032* (pré-publicação). Washington: The National Academies of Sciences, 2022.

49 Omitimos neste capítulo as numerosas outras missões passadas e futuras, envolvendo sondas de sobrevoo de diferentes astros, e que chegam a centenas.

50 Arnaud Saint-Martin, "Science-fiction et futurologie de la colonisation martienne", *Socio*, n. 13, 2019, pp. 45-69.

51 KEUCHEYAN, Razmig. *Les Besoins artificiels. Comment sortir du consumérisme*. Paris: Zones, 2019.

52 "La France met en ligne ses archives sur les ovnis", *Le Monde*, 23 de março de 2007.

53 Trata-se de uma fantasia ridícula para os meios racionalistas, nas décadas de 1970 e 1980. Ver: LAURENS, Sylvain. *Militer pour la science. Les mouvements rationalistes en France (1930-2005)*. Paris: EHESS, 2019. Sobre a história das pesquisas ufológicas na França, divididas entre especialistas oficiais e investigadores amadores, ver: WIROTH, Manuel. *Ovnis sur la France, des années 1940 à nos jours. Apparitions et chercheurs privés*, t. 1. Agnières: Le Temps Présent, 2017.

54 É um terreno minado para os especialistas convencidos do interesse dessas investigações. Em 1999, a publicação do relatório da associação Comité D'études Approfondies (COMETA) é recebida com uma onda de protestos. Com uma centena de páginas, esse relatório (*Les* OVNIS *et la Défense: à quoi doit-on se préparer?*, disponível em: https://www.cnes-geipan.fr/sites/default/files/Cometa.pdf) é preparado por altas patentes militares e especialistas, entre eles o diretor do SEPRA, sob a presidência do ex-diretor do CNES André Lebeau. Suas conclusões, enviadas ao primeiro-ministro Lionel Jospin

e ao presidente da República, Jacques Chirac, são categóricas: "Não se deve zombar da questão dos OVNIS. Com toda verossimilhança, objetos voadores totalmente desconhecidos, de desempenho de voo e silêncio notáveis, impressionam fortemente, com suas manobras, pilotos civis e militares, que hesitam em falar, principalmente por receio do ridículo. A hipótese de uma origem extraterrestre dessas máquinas, formulada já em 1947 por militares americanos, foi suficientemente elaborada por cientistas para ser hoje em dia mais plausível que qualquer outra. Não foi comprovada categoricamente, mas, se for exata, está carregada de consequências. Uma vigilância cósmica é hoje imperativa, no mínimo para desarmar possíveis manipulações nos meios de comunicação" (p. 16).

55 Steven J. Dick, "Other Worlds: The Cultural Significance of the Extraterrestrial Life Debate", *Leonardo*, v. 29, n. 2, 1996, pp. 133-137.

56 LAGRANGE, Pierre. *La Rumeur de Roswell.* Paris: La Découverte, 1996.

57 O balão resgatado fazia parte do programa secreto de balões de reconhecimento Mogul, de vigilância dos testes nucleares soviéticos.

58 PFLOCK, Karl T. *Roswell: Inconvenient Facts and the Will to Believe.* Amherst: Prometheus Books, 2001.

59 GILBERT, James. *Redeeming Culture: American Religion in the Age of Science.* Chicago: The University of Chicago Press, 1997, p. 230.

60 BARTHES, Roland. *Mythologies.* Paris: Seuil, 1957, p. 44.

61 HESS, David J. *Science in the New Age: The Paranormal, Its Defenders and Debunkers, and American Culture.* Madison: University of Wisconsin Press, 1996; Katerine Kinney, "The-X-Files and the Borders of the Post-Cold War World", *Journal of Film and Video*, v. 53, n. 4, 2001, pp. 54-71.

62 SALER, Benson; ZIEGLER, Charles A.; MOORE, Charles B. UFO *Crash at Roswell: The Genesis of a Modern Myth.* Washington: Smithsonian Institution Press, 1997.

63 Keith Klorr, "UFOs Won't Go Away", *Issues in Science and Technology*, v. 35, n. 3, 2019, pp. 49-56.

64 Alexander C. T. Geppert, "Extraterrestrial Encounters: UFOs, Science and the Quest for Transcendence, 1947-1972", *History and Technology*, v. 28, n. 3, 2012, pp. 335-362.

65 O caso da seita Heaven's Gate, fundada na Califórnia na década de 1970, é particularmente dramático. No dia 26 de março de 1997, 39 adeptos dessa seita religiosa ufológica se suicidam durante a passagem do cometa Hale-Bopp, considerado por eles uma nave espacial transportando Jesus. Ver: LALICH, Janja. *Bounded Choice: True Believers and Charismatic Cults.* Los Angeles: University of California Press, 2004.

66 RIBES, Jean-Claude; Monnet, Guy. *La Vie extraterrestre. Communications interstellaires, colonisation de l'espace*. Paris: Larousse, 1990, pp. 12-16.

67 William R. Macauley, "Inscribing Scientific Knowledge: Interstellar Communication, NASA's Pioneer Plaque, and Contact with Cultures of the Imagination, 1971-1972". In: GEPPERT (ed.), *Imagining Outer Space*, op. cit., p. 285.

68 SAGAN, Carl (ed.). *Communication with Extraterrestrial Intelligence*. Cambridge (MA): The MIT Press, 1973; DICK, Steven J. *Life on Other Worlds: The 20th-Century Extraterrestrial Life Debate*. Cambridge (RU): Cambridge University Press, 1998, pp. 200-235.

69 DICK, Steven J.; STRICK, James Edgar (eds.). *The Living Universe: NASA and the Development of Astrobiology*. New Brunswick: Rutgers University Press, 2004.

70 Stephen J. Garber, "Searching for Good Science: The Cancellation of NASA's SETI Program", *Journal of the British Interplanetary Society*, v. 52, 1999, pp. 3-12.

71 DICK, Steven J. "Astrobiology and Society: An Overview at the Beginning of the Twenty-First Century". In: *Space, Time, and Aliens: Collected Works on Cosmos and Culture*. Cham: Springer, 2020, pp. 229-238.

72 Simon Pete Worden, Jamie Drew, Peter Klupar, "Philanthropic space science: The breakthrough initiatives", *The NewSpace Journal*, v. 6, n. 4, 2018, pp. 262-266.

73 O envolvimento nessas missões para salvar a humanidade não só aumenta o prestígio dos financiadores altruístas como permite "otimizar" a gestão da fortuna econômica. Thomas Depecker, Marc-Olivier Déplaude, Nicolas Larchet, "La philanthropie comme investissement. Contribution à l'étude des stratégies de reproduction et de légitimation des élites économiques", *Politix*, n. 121, 2018, pp. 9-27.

74 Jeff Foust, "NASA to support initial studies of privately funded Enceladus mission", *SpaceNews*, 9 de novembro de 2018.

75 Avi Loeb escreveu a respeito um *best-seller* traduzido em 25 línguas, combinando considerações científicas, filosóficas e autobiográficas: *Le Premier Signe d'une vie intelligente extraterrestre*. Paris: Seuil, 2021.

76 Philippe Henarejos, "Oumuamua, vecteur de propagande extraterrestre", *Ciel & Espace*, 7 de novembro de 2018.

77 Joey Roulette, "Military Memo Deepens Possible Interstellar Meteor Mystery", *The New York Times*, 15 de abril de 2022.

78 Sam Dinkin, "Thinking big at Bigelow Aerospace", *The Space Review*, 20 de dezembro de 2004. Disponível em: <https://www.thespacereview.com/article/292/1>.

79 SEEDHOUSE, Erik. *Bigelow Aerospace: Colonizing Space One Module at a Time*. Cham: Springer-Praxis, 2015.

80 DUBBS, Chris; PAAT-DAHLSTROM, Emeline. *Realizing Tomorrow: The Path to Private Spaceflight*. Lincoln: University of Nebraska Press, 2011, p. 258.

81 Rand Simberg, "Bigelow Aerospace Shows Off Bigger, Badder Space Real Estate", *Popular Mechanics*, 28 de outubro de 2010.

82 Jeff Foust, "Bigelow Aerospace lays off entire workforce", *SpaceNews*, 23 de março de 2020.

83 Sarah Scoles, "Inside Robert Bigelow's Decades-Long Obsession with UFOS", *Wired*, 24 de fevereiro de 2018; SOLOMON, Lewis D. *The Privatization of Space Exploration: Business, Technology, Law and Policy*. New Brunswick: Transaction Publishers, 2012, pp. 84-85.

84 SEEDHOUSE, *Bigelow Aerospace*, op. cit., pp. 6-8.

85 Além da estocagem de tecnologias extraterrestres em suas instalações de Las Vegas, "pesquisadores" do MUFON (Mutual UFO Network, fundado em 1969 e contando atualmente com cerca de três mil membros) alegam que Robert Bigelow teria sido informado dos planos hostis dos invasores, e por isto estaria desenvolvendo habitats espaciais, como cápsulas de sobrevivência. Erik Seedhouse, *Bigelow Aerospace*, ibid., p. 8.

86 Helene Cooper, Ralph Blumenthal, Leslie Kean, "Glowing Auras and 'Black Money': The Pentagon's Mysterious U.F.O. Program", *The New York Times*, 16 de dezembro de 2017.

87 Julian E. Barnes, Helene Cooper, "U.S. Finds No Evidence of Alien Technology in Flying Objects, but Can't Rule It Out, Either", *The New York Times*, 3 de junho de 2021; Leonard David, "Experts Weigh In on Pentagon UFO Report", Scientific American, 8 de junho de 2021.

88 Alexander C. T. Geppert, "Extraterrestrial Encounters: UFOs, Science and the Quest for Transcendence, 1947-1972", *art. cit.*, p. 337.

89 Roger D. Launius, "Public opinion polls and perceptions of US human spaceflight", *Space Policy*, v. 19, n. 3, 2003, pp. 163-175.

90 MAHER, *Apollo in the Age of Aquarius*, op. cit., p. 12.

91 Ibid., p. 26.

92 Ibid., p. 67.

93 Ibid., p. 49.

94 Um excelente exemplo de distanciamento em relação à violência colonial na grande narrativa da conquista espacial pode ser encontrado em Robert Zubrin. Todos os propagandistas da conquista do planeta vermelho leram seu best-seller *The Case for Mars*, que descreve em detalhes as condições científicas, técnicas e econômicas a serem preenchidas para uma colonização bem-sucedida. As referências à conquista do Oeste são onipresentes no livro.

Encontramos por exemplo uma tabela com projeções de dados demográficos baseada em "uma comparação da colonização de Marte com a da América do Norte". Num trecho mais prospectivo, o autor contempla as futuras relações comerciais entre Marte, a Terra e o cinturão de asteroides, retomando com a maior naturalidade a ideia de um "comércio triangular" interplanetário, "semelhante ao que existia entre a Grã-Bretanha, suas colônias da América do Norte e as Antilhas no período colonial". ZUBRIN, Robert. *The Case for Mars*. Londres: Simon & Schuster UK, 1996, pp. 263-265.

95 Jane M. Young, "Plaints soient les Indiens du cosmos. Perspectives amérindiennes sur le programme spatial des États-Unis", *Revue d'anthropologie des connaissances*, v. 12, n. 1, 2018, p. 87.

96 Ibid., p. 86.

97 Ibid., p. 84.

98 Jeff Foust, "UN secretary-general criticizes 'billionaires joyriding to space'", *SpaceNews*, 24 de setembro de 2021.

99 Oxfam, *Les inégalités tuent*, relatório, janeiro de 2022, p. 9.

100 Wuhu Feng, John M. C. Plane, Martyn P. Chipperfield, Alfonso Saiz-Lopez, Jean-Paul Booth, "Potential Stratospheric Ozone Depletion Due To Iodine Injection From Small Satellites", *Geophysical Research Letters*, v. 50, n. 7, 2023, 10.1029/2022GL102300.

101 Fridays for Future ironic Tourism of MARS campaign, 23 de fevereiro de 2021. Disponível em: <https://www.youtube.com/watch?v=hlfi9drsO38>.

102 Jeff Foust, "New Shepard astronauts rave about suborbital spaceflight experience as Bezos faces backlash", *SpaceNews*, 20 de julho de 2021.

103 A quarentena imposta aos astronautas e aos minerais lunares trazidos pelas missões Apollo no interior do Laboratório de Recepção Lunar (Lunar Receiving Laboratory — LRL) — instalação concebida para essa finalidade específica — foi sob muitos aspectos ineficaz, deixando muitas brechas que poderiam ter provocado contaminações, se existissem micróbios lunares. Cabe notar também que o protocolo previa que, se um astronauta voltasse doente em razão de tais micróbios, deveria ser levado ao hospital, lugar ideal para desencadear uma pandemia. Dagomar Degroot, "A lunar pandemic in the 1960s, NASA went to huge expense to contain possible pathogens from the Moon. What can we learn from the attempt?", *Aeon*, 22 de dezembro de 2020.

104 HARGROVE, Eugene C. (ed.). *Beyond Spaceship Earth: Environmental Ethics and the Solar System*. San Francisco: Sierra Club Books, 1987.

105 Frank Tavares, "Ethical Exploration and the Role of Planetary Protection in Disrupting Colonial Practices: A submission to the Planetary Science and

Astrobiology Decadal Survey 2023-2032", 2020. Disponível em: <https://arxiv.org/ftp/arxiv/papers/2010/2010.08344.pdf>.

106 Planetary Science Decadal Survey, publicação do Conselho Nacional de Pesquisas dos Estados Unidos realizada de dez em dez anos para definir os eixos prioritários de pesquisa e selecionar as missões espaciais interplanetárias.

107 Robert Zubrin, "Wokeists Assault Space Exploration", *National Review*, 14 de novembro de 2020.

108 RUBENSTEIN, *Astrotopia*, op. cit., p. 181.

109 Ibid., p. 181.

110 *The 6th World*, 8 de maio de 2021, realizado por Nanobah Becker, descrição em https://itvs.org/films/6th-world. Disponível em: <https://vimeo.com/256611676>.

111 Cabe notar, contudo, que a designação "navajo" é de matriz ocidental, tendo sido usada pelos espanhóis. Os próprios navajos se chamam de diné.

112 Disponível em: <https://vimeo.com/350723399>. Com apoio da Cité du Design de Saint-Étienne, por encomenda do Vitra Design Museum e do Design Museum.

113 BOLTANSKI, Luc; CHIAPELLO, Ève. *Le Nouvel Esprit du capitalism*. Paris: Gallimard, 1999.

114 Joelle Renstrom, "Why sending a Native American into space is a big deal", *Wbur*, 11 de outubro de 2022.

115 Para uma reflexão coletiva pioneira, ver: HARGROVE (ed.), *Beyond Spaceship Earth*, op. cit.

116 POMPIDOU, Alain. *The Ethics of Space Policy*, relatório do grupo de trabalho "Ethics of Outer Space". Paris: UNESCO, World Commission on the Ethics of Scientific Knowledge and Technology, 1999.

117 SCHWARTZ, James S. J.; MILLIGAN, Tony. "The Scope and Content of Space Ethics". In: *The Ethics of Space Exploration*. Cham: Springer, 2016, pp. 1-7.

118 Para um exemplo recente, ver: NESVOLD, Erika. *Off-Earth: Ethical Questions and Quandaries for Living in Outer Space*. Cambridge (MA): The MIT Press, 2023.

119 Robert Zubrin, "Wokeists Assault Space Exploration", *art. cit.*

120 James S. J. Schwartz, Tony Milligan, "'Space ethics' according to space ethicists", *The Space Review*, 1º de fevereiro de 2021. Disponível em: <https://www.thespacereview.com/article/4117/1>.

121 Linda Billings. "Neoliberalism: Problematic. Neoliberal Space Policy? Extremely Problematic". In: SCHWARTZ, James S. J.; BILLINGS, Linda; NESVOLD, Erika (eds.). *Reclaiming Space: Progressive and Multicultural Visions of Space Exploration*. Nova York: Oxford University Press, 2023, p. 33.

122 Ibid., p. 35.

123 Frank J. Malina. "On the Visual Fine Arts in the Space Age", *Leonardo*, v. 3, n. 3, 1970, pp. 323-325; DE SMET, Elsa. *Voir l'espace: astronomie et science populaire illustrée (1840-1969)*. Estrasburgo: Presses Universitaires de Strasbourg, 2018, pp. 191-206.

124 PETERSEN, Stephen. *Space-Age Aesthetics: Lucio Fontana, Yves Klein, and the Postwar European Avant-Garde*. Filadélfia: Penn State University Press, 2009.

125 *Concetto spaziale, Natura* (59-60-N.36) (Conceito espacial, Natureza), 1959-1960. Disponível em: <https://www.centrepompidou.fr/fr/ressources/oeuvre/ORE5dEA>. Acesso em: 14 jul. 2023. Sobre Fontana, ver: WHITE, Anthony. *Lucio Fontana: Between Utopia and Kitsch*. Cambridge (MA): The MIT Press, 2011.

126 Nota sobre a exposição "Vasarely: le partage des formes", 2019, Centre Pompidou, Paris. Disponível em: <https://www.centrepompidou.fr/fr/programme/agenda/evenement/cEgR5on>. Acesso em: 14 jul. 2023.

127 Nicola Triscott. "Transmissions from the Noosphere: Contemporary Art and Outer Space". In: ORMROD, James S.; DICKENS, Peter (eds.). *The Palgrave Handbook of Society, Culture and Outer Space*. Londres: Palgrave Macmillan, 2016, pp. 426-427.

128 Brian Holmes, "Un théâtre-laboratoire dans le temps", *Multitudes*, n. 15, 2004, p. 121.

129 Jérôme Lamy, "Sous l'utopie, la critique. L'Association des Astronautes Autonomes ou la critique artiste contre l'exploitation de l'espace", *Sociétés et représentations*, n. 57, maio de 2024, pp. 217-234.

130 ASSOCIATION des Astronautes Autonomes. *Quitter la gravité*. Nîmes: Éditions de l'Éclat, 2001.

131 "See You in Space: The Final Introduction", See You in Space, *The Fifth Annual Report of the Association of Autonomous Astronauts*, 2000, p. 4, citado por Jérôme Lamy, "Sous l'utopie, la critique. L'Association des Astronautes Autonomes ou la critique artiste contre l'exploitation de l'espace", *art. cit.*

132 Marta Wiktoria Bryll, "Eyewitness to Space: The NASA Art Program", *DailyArt Magazine*, 4 de fevereiro de 2023. Disponível em: <https://www.dailyartmagazine.com/nasa-art-program>.

133 BIZONY, Piers. *The Art of NASA: The Illustrations That Sold the Missions*. Beverly (MA): Motorbooks, 2020.

134 Frank J. Malina, "In Defense of Space Art: The Role of the Artist in Space Exploration", *International Astronautical Union Colloqium*, n. 112, janeiro de 1991, pp. 145-152.

135 Anne Hull, "Moon and Stars Align for Performance Artist", *Washington Post*, 30 de junho de 2004.

136 Peter G. David, "Weird Science", *New York Magazine*, 2 de março de 2005.

137 "Télescope intérieur: la première œuvre d'art en apesanteur: entretiens de Jacques Donguy avec Eduardo Kac", *Inter. Art Actuel*, n.128, 2018, pp. 6-9.

138 WEDDIGEN, Tristan. "Alien Spotting: Damien Hirst' Beagle 2 Mars Lander Calibration Target and the Exploitation of Outer Space". In: GEPPERT (ed.), *Imagining Outer Space*, op. cit., pp. 304-3015.

139 Ted Loos, "Loving Art to the Moon and Back", *The New York Times*, 23 de junho de 2022.

140 Meghan Bartels, "Yusaku Maezawa's #DearMoon Project Aims for Lunar Art. Here's What Some Artists Think", *Space*, 20 de setembro de 2018. Disponível em: <https://www.space.com/41881-dearmoon-art-project-spacex-moon-artists-respond.html>.

141 Arnaud Saint-Martin, "Falcon Heavy, plus qu'une curiosité spatiale", AOC, 14 de fevereiro de 2018.

142 Isabelle Dellerba, "Une boule polluante dans l'espace", *Le Monde*, 2 de fevereiro de 2018.

143 Ibid.

144 Para um levantamento exaustivo, ver: Morgan Jouvenet, Jérôme Lamy, Arnaud Saint-Martin, "Les activités spatiales, objet sociologique", *Histoire de la recherche contemporaine*, t. IV, n. 2, 2015, pp. 171-179. Numa variante mais interdisciplinar e inspirada sobretudo pela filosofia teológica de Bruno Latour, ver o manual de ambição fundadora de SALAZAR, Juan Francisco; GORMAN, Alice (eds.). *The Routledge Handbook of Social Studies of Outer Space*. Londres: Routledge, 2023.

145 LAGADEC, Éric. *L'Odyssée cosmique. Une histoire intime des étoiles*. Paris: Seuil, 2023.

146 SAGAN, Carl. *Pale Blue Dot: A Vision of the Human Future in Space*. Nova York: Random House, 1994.

147 DICKENS, *Capital and the Cosmos*, op. cit., pp. 151-154.

148 BERNÉ, Olivier. *Destination Orion. Voyage à bord du télescope James Webb*. Paris: Dunod, 2023.

149 MERTON, Robert K. "The Normative Structure of Science" (1942). In: *The Sociology of Science: Theoretical and Empirical Investigations*. Chicago: The University of Chicago Press, 1973, pp. 267-278.

150 Ian Mitroff, “Norms and Counter-Norms in a Select Group of the Apollo Moon Scientists: A Case Study of the Ambivalence of Scientists”, *American Sociological Review*, v. 39, n. 4, 1974, pp. 579-595.

151 VIGROUX, Laurent. *L’Astronome. Du chapeau pointu à l’ordinateur*. Paris: CNRS Éditions, 2016, p. 236 *sq*.

152 Volny Fages, Laurence Guignard, “Introduction [au dossier *libido sciendi*]”, *Revue d’Histoire du* XIXe *siècle*, n. 57, 2018, pp. 9-20.

153 Baseamo-nos nos primeiros resultados de uma pesquisa sociológica em curso sobre as comunidades da astronomia amadora na França, realizada por Jérôme Lamy e um de nós dois (Arnaud Saint-Martin).

154 ORY, Michel. *Chasseur de comètes. La quête de nos origines*. Louvain-la-Neuve: De Boeck Supérieur, 2021.

155 Jean-Luc Dauvergne, “Enquête: les satellites Starlink sèment la panique chez les astronomes”, *Ciel & Espace*, 16 de julho de 2020.

156 CHALLÉAT, Samuel. *Sauver la nuit. Comment l’obscurité disparaît, ce que sa disparition fait au vivant, et comment la reconquérir*. Paris: Premier Parallèle, 2019.

157 Fabio Falchi, Pierantonio Cinzano, Dan Duriscoe, Christopher C. M. Kyba, Christopher D. Elvidge, Kimberly Baugh, Boris A. Portnov, Nataliya A. Rybnikova, Riccardo Furgoni, “The new world atlas of artificial night sky brightness”, *Science Advances*, v. 2, n. 6, 2016. Disponível em: <https://www.science.org/doi/10.1126/sciadv.1600377>.

158 Christopher Kyba, Yiğit Öner Altıntaş, Constance E. Walker, “Citizen scientists report global rapid reductions in the visibility of stars from 2011 to 2022”, *Science*, v. 379, n. 6629, 2023, pp. 265-268.

159 Fabrice Mottez, “Les astronomes amateurs face à la pollution lumineuse du ciel”, sessão “À qui appartient le ciel?” do seminário Politiques des Sciences, Paris, 16 de dezembro de 2021. Disponível em: <https://saf-astronomie.fr/a-qui-appartient-le-ciel> e <https://www.youtube.com/watch?v=IDeYRMLWYBS>. Ver também: Antonia M. Varela Perez, “The increasing effects of light pollution on professional and amateur astronomy”, *Science*, v. 380, n. 6650, 2023, pp. 1136-1140.

160 Daniel Clery, “Astronomers stumble in diplomatic push to protect the night sky”, *Science*, 27 de fevereiro de 2023. Disponível em: <https://www.science.org/content/article/astronomers-stumble-diplomatic-push-protect-night-sky>.

161 Meredith Rawls, “Megaconstellations are changing the night sky forever, forcing astronomers to adapt”, *Astronomy*, 1º de março de 2023.

162 IAU CPS Statement on BlueWalker 3, 28 de novembro de 2022. Disponível em: <https://www.iau.org/news/pressreleases/detail/iau2211>.

163 Pierre Barthélémy, "Comment les satellites Starlink d'Elon Musk parasitent le travail des astronomes", *Le Monde*, 19 de fevereiro de 2020.

164 John C. Barentine, Aparna Venkatesan, Jessica Heim, James Lowenthal, Miroslav Kocifaj, Salvador Bará, "Aggregate effects of proliferating low-Earth-orbit objects and implications for astronomical data lost in the noise", *Nature Astronomy*, v. 7, 2023, pp. 252-258.

165 Andy Lawrence, Meredith L. Rawls, Moriba Jah, Aaron Boley, Federico Di Vruno, Simon Garrington, Michael Kramer, Samantha Lawler, James Lowenthal, Jonathan McDowell, Mark McCaughrean, "The case for space environmentalism", *Nature Astronomy*, v. 6, 2022, pp. 428-435.

166 União Astronômica Internacional, Resolução B5 da 27ª Assembleia Geral sobre a Defesa do Céu Noturno e o Direito à Luz das Estrelas, 2009. Disponível em: <https://www.iau.org/static/resolutions/IAU2009_French.pdf>.

167 IDA, "IDA appeals FCC approval of SpaceX Gen2 satellite constellation", DarkSky, 6 de janeiro de 2023. Disponível em: <https://www.darksky.org/ida-appeals-fcc-approval-of-spacex-gen2-satellite-constellation>; Jeff Foust, "NSF and SpaceX reach agreement to reduce Starlink effects on astronomy", *SpaceNews*, 12 de janeiro de 2023.

168 PENDLE, George. *Strange Angel: The Otherworldly Life of Rocket Scientist John Whiteside Parsons*. Londres: Weidenfeld & Nicolson, 2005; CHARDONNET, Ewen. *Mojave épiphanie. Une histoire secrète du programme spatial américain*. Paris: Inculte, 2016.

169 MACDONALD, Fraser. *Escape From Earth: A Secret History of the Space Rocket*. Londres: Profile Books, 2019, pp. 22-34.

170 W. Patrick McCray, *Keep Watching the Skies!: The Story of Operation Moonwatch and the Dawn of the Space Age*, Princeton, Princeton University Press, 2008, p. 171 sq.

171 CHENG, John. *Astounding Wonder: Imagining Science and Science Fiction in Interwar America*. Filadélfia: The University of Pennsylvania Press, 2012, pp. 251-300.

172 STINE, G. Harry. *Handbook of Model Rocketry:* NAR *Official Handbook*. Nova York: Follett, 1967 [1965], p. 206.

173 Yves Agnès, "La conquête de l'espace: des pétards parfois mortels", *Le Monde*, 20 de janeiro de 1973.

174 Douglas R. Pratt, "Would'Be Mars Explorers Have Their Day", *The New York Times*, 1º de agosto de 1976.

175 Anônimo, "The Amateur Scientist: About the Activities and the Trials of Amateur Rocket Experimenters", *Scientific American*, v. 196, n. 6, 1957, pp. 174-187.

176 Stephen Joiner, "The Mojave Launch Lab: A community of alternative rocketeers who may one day dominate the space biz", *Smithsonian Magazine*, maio de 2011. Disponível em: <https://www.smithsonianmag.com/air-space-magazine/the-mojave-launch-lab-442836>.

177 Kim Stringfellow, "Peace, Love and Rockets: Amateur Rocketry in the Mojave", KCET, 31 de agosto de 2017. Disponível em: <https://www.kcet.org/shows/artbound/peace-love-and-rockets-amateur-rocketry-in-the-mojave>.

178 Siegfried W. Janson, "A Brief History of Nanosatellites". In: CARVALHO, Rogério Atem de; ESTELA, Jaime; LANGER, Martin (eds.). *Nanosatellites: Space and Ground Technologies, Operations and Economics*. Nova York: John Wiley & Sons, 2020, pp. 1-30.

179 Cheah, Kean How. *Space Micropropulsion for Nanosatellites: Progress, Challenges and Future*. Cambridge (MA): Elsevier, 2022, pp. 3-19.

180 TWIGGS, Bob; PUIG-SUARI, Jordi. "Introduction: The history of the CubeSat". In: CAPPELLETTI, Chantal; BATTISTINI, Simone; MALPHRUS, Benjamin K. (eds.). *Cubesat Handbook*. Cambridge (MA): Academic Press, 2021, pp. XXI-XXVIII.

181 Dados fornecidos por Bryce Tech, Smallsats by the Numbers, 2022. Disponível em: <https://brycetech.com/reports/report-documents/Bryce_Smallsats2022.pdf>. Acesso em: 3 jul. 2023.

EPÍLOGO

1 Alexandra Dorozinsky, "La colonisation de l'espace", *Science & Vie*, n. 728, maio de 1978, pp. 51-60.

2 Ibid.

3 Émile P Torres, "Against longtermism: It started as a fringe philosophical theory about humanity's future. It's now richly funded and increasingly dangerous", *Aeon*, 19 de outubro de 2021.

4 LEBEAU, *L'Espace en héritage*, op. cit.

5 Irénée Régnauld, Arnaud Saint-Martin, "Espace à vendre — de retour du Congrès international d'astronautique", *art. cit.*

6 Report of the High-Level Advisory Group on Human and Robotic Space Exploration for Europe, RevolutionSpace, março de 2023. Disponível em: <https://esamultimedia.esa.int/docs/ corporate/ h-lag_brochure.pdf>. Acesso em: 1º jul. 2023.

7 Com destaque para a do programa SOLARIS, financiado pela Agência Espacial Europeia. Pelas previsões mais otimistas, essas tecnologias poderiam suprir de 10% a 15% das necessidades energéticas europeias até 2050. Ver: Amin Skibba, "A Bold Plan to Beam Solar Energy Down From Space", *Wired*, 7 de fevereiro de 2023.

8 ESA, "Un village sur la Lune?", 1º de março de 2016. Disponível em: <https://www.esa.int/Space_in_Member_States/ France/Un_village_sur_la_Lune>. Acesso em: 1º jul. 2023.

9 Arianespace, "Arianespace signs unprecedented contract with Amazon for 18 Ariane 6 launches to deploy Project Kuiper constellation", 5 de abril de 2022. Disponível em: <https://www.arianespace.com/press-release/ arianespace-signs- unprecedented- contract-with-amazon-for-18-ariane-6- launches-to-deploy-project- kuiper-constellation/>.

10 Em astronomia e exobiologia, uma zona habitável é uma zona em torno de uma estrela na qual as condições são favoráveis ao surgimento da vida tal como a conhecemos na Terra, o que significa em especial a possibilidade de existir água em forma líquida nos planetas dessa zona.

Este livro foi composto com as fontes Baskerville e Minion Pro.
O papel do miolo é o Pólen Natural 80g/m².

A Geográfica concluiu esta impressão
para a Da Vinci Livros em outubro de 2025,
aos 68 anos do lançamento do *Sputnik 1* pela União Soviética.
A viagem do *Sputnik*, primeiro satélite artificial da Terra,
marca o início da corrida espacial.